चाणक्य
तुम लौट आओ

चाणक्य
तुम लौट आओ

शिवदास पाण्डेय

प्रभात
पेपरबैक्स
www.prabhatbooks.com

प्रकाशक

प्रभात पेपरबैक्स

4/19 आसफ अली रोड, नई दिल्ली-110002

फोन : 23289777 • हेल्पलाइन नं. : 7827007777

इ-मेल : prabhatbooks@gmail.com ❖ वेब ठिकाना : www.prabhatbooks.com

संस्करण

2020

मूल्य

दो सौ रुपए

अ.मा.पु.स. 978-93-5186-233-8

मुद्रक

नरुला प्रिंटर्स, दिल्ली

CHANAKYA TUM LAUT AAO
novel by Shivdas Pandey

Published by **PRABHAT PAPERBACKS**
4/19 Asaf Ali Road, New Delhi-110002

ISBN 978-93-5186-233-8

₹200.00

लोकचेतना, लोकसंस्कृति एवं
लोकमंगल की उत्सवधर्मिता
और
नर-नारी संबंधों के बीच उपस्थित
वर्तमान सांस्कृतिक-सामाजिक संकट से
उबारनेवाली समर्थ कला-शिल्पी
श्रीमती मृदुला सिन्हा
महामहिम राज्यपाल, गोवा
के कर-कंजों में सादर

—शिवदास पाण्डेय

भावांजलि

मग-मगध-मैगरा-मणिमाल्य

आचार्य जानकीवल्लभ शास्त्री

की

पावन स्मृति में।

प्राक्कथन

कहानी बहुत पुरानी है, पुराणों से भी कुछ पुरानी—यों कुछ पुराणों में संक्षिप्त-प्रक्षिप्त रूप से उपस्थित भी। किंतु पूर्व से पश्चिम तक के सभी विद्वान् एकमत व सहमत हैं और इसे इतिहास का ही हिस्सा स्वीकारते हैं, पुराणों का नहीं—कथाकार भी, इतिहासकार भी। ऐसी एक कहानी है यह कि जब इसे कथाकार सुनाने लगता है तो उसका मिजाज तो पौराणिकता की ओर भटकने लगता ही है, एक इतिहासकार भी जैसे ही इतिवृत्त सुनाने की मुद्रा में उतरता है, उसे इतिहास के किले, जो सामने बस ऊँचे-ऊँचे भग्नावशेषों के टीले भर नजर आते रहे, कल्पना और तिलिस्म के आकर्षक किंतु विवादास्पद हवामहल बनकर जीवंत हो जाते हैं। राजाओं की कहानियों को तो यों ही कहानियाँ हो जाना ज्यादा ही पसंद है। इतिहास में रहकर भी वे रोमांच या रोमांस में ही काया-कल्पित होकर जीना चाहती हैं—दादी-नानी हों, चाहे मुन्नू-चुन्नू, सब शुरू करते हैं एक ही शैली में—'एक था राजा' और कहानी वृद्ध इतिहास की हो, प्रौढ़ वर्तमान की हो या काल्पनिक भविष्य की, शुद्ध रोमांच और कपोल कथा बनकर रह जाती है। फिर एक ऐसी कहानी के चरण, जो पुराणों के गाँव से इतिहास के महानगर की यात्रा पर पहली-पहली बार निकले हों, अंधकार में हँसते-जगमगाते तारों के प्रांगण से प्रकाश में हाँफते बाजारों की ओर कैसे आगे बढ़ें—बार-बार क्यों न पीछे देखते रह जाएँ—मुड़-मुड़कर? चंद्रगुप्त-चाणक्य की यह कहानी इतिहास के ऐसे ही एक दौर की कहानी है, जिसे विशुद्ध इतिहास के संस्कार में प्रस्तुत करना वस्तुतः एक कठिन काम है—एक अत्यंत ही दुष्कर काम।

'जातक कथाएँ' और 'पंचतंत्र' के घटाटोप मायालोक या छायालोक में सुख की साँस लेते कपोल-कल्पित एक संसार को यथार्थ के क्षितिज पर उतारकर स्थापित कर देना दुष्कर तो है ही। चाणक्य की कथा शुरू करनेवाले हर कहानीकार को इसी द्वंद्वात्मक स्थिति से गुजरना पड़ता होगा—सहज अनुभव की बात है। यही कारण है

शायद, जिसके चलते बातें तो होती हैं इतिहास-पुरुष सिकंदर और महापद्मनंद के जमाने की, किंतु हम उतर जाते हैं—कभी मत्स्यपुराण और वराहपुराण के अथाह समंदर में तो कभी वायुपुराण और विष्णुपराण के असीम-अनंत आकाशलोक में, मानो नागयज्ञ संपन्न करनेवाले जनमेजय और नंद वंश के कालिय नाग का नाश करनेवाले चाणक्य-चंद्रगुप्त जैसे एक ही युग के दो महानायक हों। भारतीय मान्यतानुसार, जनमेजय यदि जीवित होते तो आज उनकी उम्र लगभग 6 से 7 सहस्र वर्ष की होती, क्योंकि इतिहासकारों ने हड़प्पा-हर्यूपिया की पुरातात्त्विक उम्र ईसा से 3,000-3,500 वर्ष पूर्व मानी है और महाभारत के युद्ध की उम्र ईसा के प्रायः 5,000-5,500 वर्ष पूर्व, क्योंकि हड़प्पा के टीलों की खुदाई से प्राप्त प्रदर्शों या द्वारका के राजभवन के तत्कालीन स्तंभों-अवशेषों को एक साथ देखने पर चित्र ऐसा ही बनता है।

विलियम जोंस को, जो धरती की ही उम्र छह हजार सत्रह वर्ष दस महीने पूर्व मानते हैं, संभवतः हड़प्पा-द्वारका के पुरातत्त्व-सम्मत इस इतिहास को जानकर कुछ परेशानी होती, यदि वे जीवित होते। तब भी उन्हीं की मान्यता दुर्भाग्यवश अधिकांश पाश्चात्य इतिहासकारों की अब भी बनी हुई है, क्योंकि उन्हें किसी भी स्थिति में ऋग्वेद की उम्र ईसा पूर्व एक हजार वर्ष से अधिक मानना स्वीकार नहीं—पुराणों को तो वैसे ही वे ईसा से 500 वर्ष से 1,000 वर्ष के बीच की या बाद की रचना मानते हैं। मेगस्थनीज की 'इंडिका' में अंकित यात्रा-विवरणों को तो हमें इतिहास मानना ही होगा और उन विवरणों को आधार मान लें तो सैंड्रोकोटस (चंद्रगुप्त) तथा मगध की राजधानी पालिबोथरा (पाटलिपुत्र) में वे ईसा के 320 वर्ष पूर्व से 290 वर्ष पूर्व तक उपस्थित रहे तथा कभी तक्षशिला तो कभी नालंदा और पाटलिपुत्र को केंद्र बनाकर सारे भारतवर्ष का भ्रमण किया—विशेषकर उन स्थानों का, जो बुद्धकाल से अब तक विद्या और वैभव के केंद्र थे—ओदंतपुरी, सोमापुर, जगदल्लू, नागार्जुन कुंड, विक्रमशिला, शारदा पीठ, बल्लभी, वाराणसी, कांचीपुरम, मान्याखाता, पुष्पपुरी तथा रत्नागिरि अर्थात् उत्तर से दक्षिण तथा पूर्व से पश्चिम तक संपूर्ण मगध महाराज्य या भारतखंड का। इतिहास की इसी धूप-छाँहवाले एक कालखंड से संबंधित 'चाणक्य' की यह कथा पाठकों को जातकों की कथा की तरह 'कथा' का स्वाद भर नहीं देकर इतिहास की कथा का स्वाद भी दे सकी तो मुझे लगेगा, मेरा भी यह कथानक सार्थक हो गया। गौतम बुद्ध की ज्ञान-कथा—'गौतम-गाथा' यदि एक ऐतिहासिक उपन्यास हो सकी तो 'चाणक्य' की कूट-कथा को तो अधिक ठोस इतिहास कथा बनना चाहिए ही।

मेगस्थनीज के तक्षशिला विश्वविद्यालय और नालंदा विद्यापीठ के चतुर्दिक् 30 वर्षों तक परिक्रमा करने का उद्देश्य यही था कि वह इन दो संस्थानों के बहाने

भारतवर्ष की वैदिक संस्कृति से लेकर उपनिषदकालीन ब्राह्मण संस्कृति, महावीर कालीन जैन दर्शन संस्कृति, बौद्ध दर्शन संस्कृति और यहाँ तक कि चार्वाक दर्शन की संस्कृति और भाषा एवं साहित्य की प्रासंगिकता का अध्ययन करना चाहता था। उसने संस्कृत ही नहीं सीखी, पालि सीखी, प्राकृत सीखी—और अधिकांश नालंदा विद्यापीठ के प्रांगण में बैठकर सीखी—सारिपुत्त तथा महामौद्गल्यायन के शिष्यों से, आचार्य सुवासिनी और अन्य आचार्यों से तथा भद्रबाहु जैसे जैन ऋषि-मुनियों से। चणक और चाणक्य की योजनानुसार प्रस्तावित नालंदा विश्वविद्यालय को न केवल बौद्ध दर्शन के लिए वरन् जैन तथा वैदिक दर्शन के लिए भी अध्ययन का केंद्र बनाया जाना था। सबसे बड़ा आकर्षण था नालंदा का युद्ध-शास्त्र तथा उससे भी अधिक उसका राजनीतिक-कूटनीतिक रणनीति-शास्त्र। यह दीगर बात थी कि सबकुछ होते हुए भी नालंदा को विश्वविद्यालय का आकार लेते-लेते अशोक के शासनकाल में पूर्णरूप से बौद्ध साहित्य एवं बौद्ध दर्शन का केंद्र बनकर रह जाना पड़ा, यद्यपि इसकी अंगीभूत इकाइयाँ अपने-अपने स्थानीय प्रभाव के अनुसार चलती रहीं।

इतिहास-कथा से मेरा तात्पर्य महाराज महापद्मनंद या महाराज चंद्रगुप्त की कथा से कम, वरन् ग्रीस, रोम, बेबिलोन तथा मिस्र की संस्कृतियों के रू-बरू खड़ी एक वैसी संस्कृति के इतिहास से अधिक है, जिसके सामने उपर्युक्त संस्कृतियों के विजेता सिकंदर ने अपना मस्तक झुकाया था। मस्तक केवल इसलिए ही नहीं झुकाया था कि चंद्रगुप्त की सैन्य शक्ति सिकंदर की सैन्य शक्ति से अधिक बलवती थी वरन् इसलिए भी झुकाया था कि जिस बृहत्तर भारत का निर्माण चाणक्य के मार्गदर्शन व नेतृत्व में सफल हुआ था, उस भारत की नींव बुद्ध की संघीय प्रेरणा-शक्ति पर आधारित थी—संघं शरणं गच्छामि। राष्ट्रीय सत्ता पाटलिपुत्र में केंद्रित थी और जन्मना राजतंत्री सोलहों जनपद ही नहीं, कपिलवस्तु और मोरिय से वैशाली तक के सभी गणपद तथा मद्र-कंबोज से खैबर-बोलन तक के सारे राजतंत्री राज्य भी संघात्मक सत्ता की इकाइयों के रूप में सहयोगी राज्यों की तरह कार्यरत थे। नंद वंश के नरेश के पीछे वस्तुतः चणक अथवा चाणक्य के अपमान का प्रतिकार-प्रतिशोध तो इस महाराज्य के गठन का एक बहाना था, उद्देश्य नहीं। यद्यपि इस बात से भी इनकार नहीं किया जा सकता कि यदि चाणक्यावतार नहीं हुआ होता तो आज के विश्व को वह मार्ग नहीं दिखा होता, जिस पर चलते-चलते वह क्षीर सागर नहीं मिला होता, जिसे अनंत रूप से मथते-मथते प्रजातंत्र या लोकतंत्र अथवा संघतंत्र का अमृत-घट अंततः प्राप्त हो गया। राजा वही हो, जो कुलीन-राजकुलीन तो हो, किंतु मात्र इसलिए हो कि वह दिव्य बुद्धि-युक्त है और यदि वह दिव्य बुद्धि नहीं हो सका तो जो ही दिव्य बुद्धि (दैव बुद्धि

श्रेष्ठ) हो वही राजा हो। राजा वही हो, जो सत्त्व-संपन्न होने पर भी स्व-संपन्न होने में ही निरत न हो सके, अहंकारी नहीं, विनीत हो और यदि ऐसा नहीं हो तो राजा कौन हो, यह निर्णय लोक करे, प्रजा करे, संघ के सदस्य राज्य करें।

मौर्य चंद्रगुप्त को वस्तुत: राजतंत्र के आवरण में लोकतंत्र के इतिहास में विश्व का प्रथम लोक सम्राट् होने का गौरव प्राप्त है और विशेषता यह कि चंद्रगुप्त का निर्माता, नियंत्रक और पथ-प्रदर्शक एक ऐसा व्यक्ति हुआ, जो राजभवन के ऐश्वर्यशाली जीवन के स्थान पर अपना निवास-स्थान जन्म-जन्मांतर से प्राप्त वैसी ही एक कुटिया में रखे जैसी एक कुटिया उसके पिता से मिली थी, उसे और इस संकल्प के साथ कि वह आजीवन ब्रह्मचारी रहे, ऋषि कण्व की तरह और उसके वंशज तो हों, किंतु काण्वायनों की तरह के चाणक्यायन—केवल भारत में ही नहीं, विश्व के हर देश में जहाँ राज्य हो, लोकतंत्र हो, प्रजातंत्र हो और विशेषता यह कि लोकतंत्र में तंत्र प्रबल नहीं हो, लोक सबल हो, प्राथमिकता लोक की हो।

इतिहासकारों से—और विशेषकर पाश्चात्यों व उनकी प्रभा से अभिभूत कुछेक भारतीय इतिहासकारों से भी—यह प्रमाद हुआ-सा लगता है कि उन्होंने इतिहास की खोज के लिए पुराणों को आधार तो बनाया, किंतु भूल गए वे कि अधिकांश पुराणों में कालांतर में तत्कालीन राजाओं की इच्छा के अनुसार अथवा उनको प्रसन्न करने के उद्देश्य से उनमें उनके महिमामंडितीकरण से संबंधित प्रक्षिप्त कथाएँ गढ़ती-जुड़ती चली गईं और फलत: वे अविश्वसनीय होते गए। इतिहासकारों को तो निर्भर होना चाहिए था—या तो तत्कालीन साहित्य पर या तत्कालीन सर्वेक्षित भूगर्भीय अवशेषों पर। सिंधु घाटी सभ्यता और संस्कृति को आधार मानते हुए बौद्ध और जैन साहित्यों तथा इसी संदर्भ में यदि कौटिल्य-रचित साहित्य को—अर्थशास्त्र, चाणक्य नीति, पंचतंत्र आदि ग्रंथों को ठीक से परखा जाए तो शायद उस समय का सच्चा इतिहास उजागर हो सके। दुर्भाग्य से ऐसा हो नहीं सका और स्मिथ व माइल्स डेविज जैसे पाश्चात्य ही नहीं, डी.डी. कौसांबी, डॉ. रामशरण शर्मा, वी.डी. महाजन, रॉय चौधरी और डॉ. हेमचंद्र चौधरी जैसे इतिहासकार भी नंद वंश के नाश के पीछे जातीय विद्वेष की भावना से प्रेरित निष्कर्ष और निहितार्थ निकालते रह गए। राष्ट्रीय राजनीति में नैतिकता की भूमि और कूटनीति की भूमिका तथा राजधर्म में लोकधर्म व राष्ट्रधर्म की महत्ता जैसे बिंदु उनकी दृष्टि से ओझल रह गए।

'चाणक्य' उपन्यास तत्कालीन साहित्य तथा तत्पश्चात् भूतल से निकलकर समतल पर प्रदर्शित पुरातात्त्विक सर्वेक्षणों को आधार मानकर तत्कालीन इतिहास का एक सही चित्र कथा की कला के अधीन प्रस्तुत करने का एक प्रयास है, एक विनम्र प्रयास। राजा

नंद का 'नंद' से 'महानंद' और 'महानंद' से 'महापद्मनंद' हो जाना या उसकी गज सेना तथा हय सेना में विशिष्ट वर्ग के हाथियों और अश्वों-ऐरावतों और उच्चै:श्रवाओं की उपस्थिति आदि तथ्यों को भारतीय संस्कृति के परिप्रेक्ष्य में विश्लेषित करने पर स्वभावत: कुबेर से 'महापद्म' छिनकर धारण कर लेनेवाले सप्तशती के शुंभ-निशुंभ का स्मरण होने लगता है अथवा कश्यप-कद्रू पुत्र 'महापद्म' नामक नाग की याद ताजा करनेवाली नागकुलीन विषैली संस्कृति का। स्वभावत: एक दिव्य संस्कृति की स्थापना के पक्ष में नंद वंश के विनाश की एक राजनीतिक आवश्यकता एक ऐतिहासिक आवश्यकता की ही तरह अवश्यंभावी प्रतीत होने लगती है और सबसे बड़ी बात तो यह है कि संपूर्ण बृहत्तर भारत के ही नहीं—यूनान, रोम, मिस्र और बेबिलोन के प्रतिनिधि राजागण भी अंतत: इस उद्देश्य की सराहना करते हैं तथा अपना सहयोग एवं वैवाहिक संबंधों की स्थापना तथा राजदूतों का अंतर्संबंध स्थापित कर इस तथ्य की पुष्टि करते प्रतीत होते हैं और अपना सक्रिय सहयोग देने लगते हैं।

चाणक्य की कथा न तो वेदोक्त 'नाराशंसी' जैसी या बुद्धोक्त 'गाथा' जैसी कोई जीवन-गाथा है और न किसी राजा-रानी के विभव-पराभव की कोई परीकथा अथवा किसी संत-संन्यासी या किसी नेता-प्रणेता के व्यक्तित्व का कोई महिमामंडितीकरण अथवा महाचाटुकारी-गायन या कोई इतिवृत्तात्मक जीवनी ही। यह इतिहास के एक महत्त्वपूर्ण युग के जीवन की एक झलक है। जीवन, जो शाश्वत काल के प्रवाह की गति की एक विशिष्ट स्थिति का चित्रण होता है और काल, जो हम चाहें, न चाहें—अपनी छाप, अपने होने और अपने गुजरने की राह की रश्मि-रेखा जगत् के मस्तक पर खींचे बिना कभी जाता ही नहीं। इतिहास को जब किसी युगांतरकारी घटना का संवाहक होने का गौरव मिलता है और इस गौरव को उक्त काल के भाल का शीर्षक तो उसी व्यक्ति का वह नाम होता है, जो कथित युगांतरण का प्रणेता हुआ करता है। भारतवर्ष के इतिहास में परीक्षित-जनमेजय से सिंधु-सरस्वती तक, सिंधु-सरस्वती से बुद्ध-महावीर तक और बुद्ध-महावीर से चंद्रगुप्त-अशोक तक का काल भारतवर्ष के लिए ही नहीं, संपूर्ण विश्व के लिए एक बहुत ही महत्त्वपूर्ण युगांतरकारी जागरण का काल रहा है, जिसका प्रणेता बस एक व्यक्ति रहा है और वह व्यक्ति है चाणक्य। किंतु दुर्भाग्य यह है कि धार्मिक-सांप्रदायिक शक्तियों के दुराग्रह-पूर्वग्रह के कारण इसी काल को अर्थात् ईसा से 5000 वर्ष पूर्व और 500 वर्ष पश्चात् तक का यही काल इतिहास का अंधकार युग घोषित होकर रह गया है और इसका प्रतिफल यह है कि सभ्यता-संस्कृति की प्रगति के सच का वैज्ञानिक विवरण आज तक प्रस्तुत नहीं हो सका। विलियम जोन्स तथा ईसाई धर्मावलंबियों द्वारा कही और प्रचारित की गई मिथकीय

कथा में तथ्यगत इतिहास अथवा उनके द्वारा कही गई कथा की कोई वैज्ञानिक व्याख्या जैसे रंच मात्र भी समाहित नहीं हो सकी और दुर्भाग्य यह कि सभ्यता के विकास का मूल्यांकन इसी मिथ कथा को आधार मानकर किया जाता रहा। मुझे लगता है, 'चाणक्य' की इस कथा को मिथ के प्रलय से निकालकर मैंने इतिहास के आँगन में सँवारने का प्रयत्न अवश्य किया है।

मैंने अपनी औपन्यासिक कृतियों 'द्रोणाचार्य', 'गौतम-गाथा', 'चाणक्य' एवं ऐतिहासिक कृति 'मिथ एंड रियालिटी ऑफ दि आर्यन क्वेश्चन' के माध्यम से इस अंधकारग्रस्त पथ पर प्रकाश की कुछ किरणें बिखेरने का प्रयास किया है। इस कथन की पुष्टि इसी बात से हो जाएगी कि 'चाणक्य' उपन्यास चाणक्य के केवल उस अंश की कथा है, जो उसके जीवन के प्रथम 25-30 वर्षों में ही घटित हो सकी है। शेष जीवन अर्थात् शेष प्राय: 50 वर्षों का 'उत्तर चाणक्य' अभी प्रतीक्षित है।

प्रस्तुत कृति के प्रणयन के संदर्भ में मुझे प्रेरित करने का श्रेय दो महान् व्यक्तियों को जाना चाहिए—प्रथमत: तो कविकुल शिरोमणि स्व. आचार्य जानकीवल्लभ शास्त्रीजी को और द्वितीयत: मेरे एक अधिवक्ता मित्र पशुपति कुमार शर्मा को—प्रथम को मौन प्रेरणा के लिए और द्वितीय को मुखर, अति मुखर प्रोत्साहन के कारण।

'चाणक्य' मेरी विषय-सूची में अवश्य रहा था, बहुत पहले से ही; किंतु मुझे विदित था कि शास्त्रीजी की यशस्विनी लेखनी उठ चुकी है चाणक्य पर और मैं स्वभावत: न तो उनके लिखते लिखने का साहस जुटा सका, न इसे उचित या बहुत आवश्यक ही समझा। 'बेला' के कुछ अंकों में मैं उनके चार-पाँच अध्याय देख भी चुका था और इसी प्रतीक्षा में रहने लगा था कि जल्दी-से-जल्दी उनकी यह कृति आ जाए। 'कालिदास' को देखकर आशाएँ-उत्सुकताएँ बढ़ गई थीं, किंतु लंबी प्रतीक्षा धैर्य खोने लगी थी। एक दिन एकांत चर्चा में मैंने 'चाणक्य' की प्रगति पर उनसे जिज्ञासा कर दी तो उत्तर उत्साहपूर्ण नहीं लगा। उन्होंने कई वैयक्तिक उलझनों और परेशानियों की ओर संकेत किया। फिर कहने लगे—देखिए, पूरा कर पाता हूँ या नहीं। और यदि नहीं ही कर सका तो आप लोग भी तो हैं—कोई कर दे मेरी जिंदगी में तो मुझे अपने ही करने का सुख होगा। अब तो पढ़ना दुष्कर हो रहा है—लिखने की क्या बात करूँ। आपका 'द्रोणाचार्य' भी कहाँ पढ़ सका—उलट-पलट लेने के अतिरिक्त।'

मेरे मन में आया, शायद शास्त्रीजी के अंतरतम में कुछ अपेक्षा मुझसे भी है—सोई हुई रचना-पिपासा जगने लगी। एक दिन मैंने अपने एक हितैषी मित्र तथा स्थानीय अधिवक्ता पशुपति कुमार शर्मा से यह चर्चा की तो उन्होंने हिम्मत बढ़ाई—शास्त्रीजी नहीं लिखेंगे तो फिर आपके सिवा कौन लिखेगा! आपने 'द्रोणाचार्य' दिया, अब 'चाणक्य'

भी आप ही देंगे। मैं 'गौतम-गाथा' में लगा हुआ था, कुछ बोला नहीं; किंतु पूर्व संकल्प का बीज अंदर-ही-अंदर अँकुराने लगा। 'गौतम-गाथा' के मुद्रण में जाते ही मेरे अंदर जैसे कोई चाणक्य-भाव जगने लगा। तब मैं अपनी कनिष्ठ पुत्री भावना के साथ मुंबई में था। मेरे जामाता नेतरहाटी संस्कृति के अतिरिक्त एक ऊँची साहित्यिक परंपरा की संतति हैं—उन्हें बहुत आनंद आता है मुझे किताबों-कलमों की दुनिया में उलझा देने में—एक के बाद एक। और अबकी तो उन्होंने मुझे इंटरनेट पर भी पढ़ना सिखा दिया और यह लो, तीन-चार महीने में मेरे पास अच्छी-खासी सामग्री तैयार हो चली। फिर क्या था—भागवत कथा की तरह चाणक्य कथा भी शुरू हो गई। वस्तुतः चाणक्य की रचना तो सुधा और 'सुधांजलि' के सुधा-धार-संस्कार की शक्ति की देन है—पंच शक्तियों—वंदना-अर्चना-आराधना-उपासना और भावना—पाँच-पाँच महाशक्तियों की स्नेह-सुधा-धार की शक्ति की देन।

मैं अपना सौभाग्य मानता हूँ कि तीरभुक्ति तिरहुत की इस सांस्कृतिक धरती मुजफ्फरपुर में जहाँ साहित्यकारों-कलाकारों-संस्कृतिकर्मियों का मेला-सा सज जाता है—निराला निकेतन तथा सुधांजलि जैसे एकाधिक साहित्य-संस्कृति से संबंधित आयोजनों व उत्सवों के अवसर पर और जो सुनाम-बदनाम है हिंदी जगत् की खेमेबाजी की क्रीड़ा-भूमि के रूप में, वहाँ भी मेरे साथ रचने-बसनेवाले साहित्यकार खेमे की दीवारों को लाँघकर मेरा सहयोग करते हैं, मुझे अपना स्नेह देते हैं, आशीर्वाद देते हैं। स्वाभाविक है, यदि स्नेही-सहयोगियों के नाम गिनाने लगूँ तो सूची बहुत लंबी हो जा सकती है और किन्हीं के नाम विस्मृत हो गए तो लेने के देने पड़ जा सकते हैं। इसलिए मैं नाम नहीं गिनाकर अपने सारे स्नेहियों-सहयोगियों के प्रति अपना विनम्र आभार-भाव अर्पित करता हूँ। किंतु मौके-मौके पर जिन मित्रों ने मुझे अपनी सारस्वत सहायता-सहयोगिता से अनुगृहीत किया है, उनके प्रति केवल आभार-प्रदर्शन से नाहक मेरी कंजूसी का प्रदर्शन हो जा सकता है। प्रो. (डॉ.) प्रमोद कुमार सिंह, डॉ. महेंद्र मधुकर, डॉ. रामप्रवेश सिंह, स्व. डॉ. विजेंद्र नारायण सिंह, डॉ. रेवतीरमण, बालसखा अवधकिशोर सिंह, डॉ. संजय पंकज, डॉ. रामेश्वर द्विवेदी तथा हेरंब कमल आदि ऐसे ही कुछ स्नेही मित्र हैं जिनका अनुराग ही नहीं, अनुग्रह भी मुझे मिला है। किंतु इस कृति की उत्प्रेरणा का श्रेय मुख्यतः शास्त्रीजी और शर्माजी को ही जाना चाहिए। मेरा दुर्भाग्य है कि मैं 'चाणक्य' को मग-मैगरा-मगध के मणिरत्न के चरणों में नहीं रख सका, किंतु 'चाणक्य' है तो वस्तुतः उन्हीं की प्रेरणा-प्रसूत वस्तु-मूलतः। तो 'त्वदीयं वस्तु गोविंद तुभ्यमेव' कहकर मन को हलका करने के अतिरिक्त और क्या हो ही सकता! उस महान् आत्मा को सादर नमन् करता हूँ। इसी क्रम में अपने एक अग्रज डॉ. (प्रो.) शैलेंद्रनाथ श्रीवास्तव को भी

नमन करना मेरा धर्म बनता है, जिन्होंने जीवन भर मुझे साहित्य-संस्कृति की दुनिया में उपस्थित रखने तथा प्रोत्साहन देकर स्थापित करनेवाले अभिभावक की भूमिका निभाई। उनकी धर्मपत्नी और अपनी सहपाठिनी डॉ. (प्रो.) वीणा श्रीवास्तव के प्रति भी मैं अपना स्नेह-आभार अभिव्यक्त करता हूँ, जिन्होंने मेरी प्रशंसा के पुल बाँध-बाँधकर मेरे साहित्य के प्रति उनका रुझान बढ़ाया। यह मेरा दुर्भाग्य रहा कि काल ने अकाल ही उन्हें हमसे छीन लिया और वह तो चले ही गए, वीणाजी भी उनके बिछोह की पीड़ा में अभी तक मुझ पर अपनी अद्‌भुत शक्ति-संपन्न लेखनी नहीं उठा सकीं।

यहाँ इस बात का उल्लेख करना अत्यंत प्रासंगिक है कि 'चाणक्य' की रचना-प्रक्रिया में सतत साथी-सहयोगी मेरा एक—और बस एकमात्र—सहपाठी मित्र कृष्ण मोहन प्रसाद 'मोहन' रहा है, और कोई नहीं। यदि कोई रहा भी हो तो मात्र आसंगिक-आकस्मिक। मित्रगण के बोझ से लदा हूँ—कृतज्ञ हूँ।

ईमानदारी तो यह भी स्वीकारने को कहती है कि 'द्रोणाचार्य' और 'गौतम-गाथा' के प्रकाशन के पश्चात् अल्पावधि में दोनों के दो-दो संस्करणों के प्रसारण-प्रोत्साहन ने भी राष्ट्रीय स्तर पर मौजूद मेरे पाठकों-प्रशंसकों से भी जुड़ने का मौका मुझे दिया, जिससे मेरा उत्साहवर्द्धन हुआ है, हो रहा है। पठनीय के लिए भी पाठकीय संकट के दुर्भाग्यपूर्ण इस कालखंड में जब चेन्नई, त्रिवेंद्रम, बंगलुरु, पुणे, मुंबई, इंदौर, भोपाल और दिल्ली से ही नहीं, कभी-कभार कनाडा और कैलिफोर्निया से भी दूरभाष से कुछ प्रशंसा व प्रोत्साहन के स्वर कानों में आते हैं तो मुझे लगने लगता है कि मेरा सारा श्रम सार्थक हो गया।

इधर देखता हूँ—हमारी अपनी पीढ़ी के पढ़ने-लिखने की उस जन्मजात संस्कृतिवाले लोग अब धीरे-धीरे या तो काल-कवलित होते जा रहे हैं या मौन-मूक या अदृश्य-अश्रव्य या उत्साह-स्खलित या लेखन-पठन क्षमता-क्षरित। दूसरी पीढ़ी मूलतः बाजारवादी होती जा रही है—सस्ती चीजें रंगों से सजाकर परोसने-भुनानेवाली—बड़ी निराशा होती है। अब तो रही-सही सारी आशा नहीं भी तो अपेक्षा भी तीसरी पीढ़ी से ही है। अपने चतुर्दिक् पौत्रों-दौहित्रों तथा पौत्रियों-दौहित्रियों का अपने साहित्य के प्रति रुझान और आग्रह देखकर कुछ आशा तो बँधती ही है—सत्साहित्य मरेगा नहीं। चि. विवेक-विशाख, आरुषि-सुरभि, अन्वेषा-दृष्टि, आणवी-आसवी, कुशाग्र-ईशी, अभ्युदय-वैष्णवी तथा सबके अंत में तीसरी पीढ़ी की अंतिम शिशु आद्या—सबके सब अपने स्नेह के लिए भरपूर आशीर्वाद के अधिकारी बन गए हैं और आशीष यही है कि वे आधुनिकता के बाजार में तो फलें-फूलें सातवें आसमान की ऊँचाइयों तक, किंतु उनके अंदर की मनुजता बाजार में नहीं बिके, वरन् उनकी लेखनी रंगों-कूचियों के रास्ते कागज पर

उतरे—उतरती रहे और उनकी आस्था अपने अंतरतम में स्थित आणवी चणक-शक्ति में सदैव तपती-पकती रहे।

संपूर्ण धरती पर बसे सभी देश सारी धरती के लोगों को जननी की तरह ही प्रिय हों, स्वर्ग की तरह अभीष्ट हों, यद्यपि अपनी-अपनी मातृभूमि उन सबके लिए स्वर्गादपि गरीयसी हो। ऐसा हो सकता, तभी तो धरती का एकात्म भाव—एक राष्ट्र-एक एकराट् राष्ट्र अथवा 'वसुधैव कुटुम्बकम्' के रूप में आकार ले सकेगा। तथास्तु!

मेरा अहोभाग्य 'चाणक्य'—किसी का स्वप्न, किसी की आकांक्षा, किसी की अपेक्षा या किसी की प्रतीक्षा—सबकुछ एक साथ आपके हाथों में है। वैसे मेरी भी एक अपेक्षा है, मात्र एक ही अपेक्षा—पर आप सबसे—

॥ वयं राष्ट्रे जागृयाम पुरोहिताः॥

—शिवदास पाण्डेय

सुधांजलि
मिठनपुरा, पो.-रमना, मुजफ्फरपुर-842002
बिहार
मो. : 0941239631, फोन : 0621-2285075

भूमिका

इतिहासकारों से और विशेषकर पाश्चात्यों एवं उनकी प्रभा से अभिभूत कुछेक भारतीय इतिहासकारों से भी—यह प्रमाद हुआ-सा लगता है कि उन्होंने इतिहास की खोज के लिए पुराणों को आधार तो बनाया—किंतु भूल गए वे कि अधिकांश पुराणों में कालांतर में तत्कालीन राजाओं की इच्छा के अनुसार अथवा उनको प्रसन्न करने के उद्देश्य से उनमें उनके महिमामंडितीकरण से संबंधित प्रक्षिप्त कथाएँ गढ़ती-जुड़ती चली गईं और फलत: वे अविश्वसनीय होते गए। इतिहासकारों को तो निर्भर होना चाहिए था या तो तत्कालीन साहित्य पर या तत्कालीन सर्वेक्षित भूगर्भीय अवशेषों पर। सिंधु घाटी सभ्यता और संस्कृति को आधार मानते हुए बौद्ध और जैन साहित्यों तथा इसी संदर्भ में यदि कौटिल्य-रचित साहित्य को—अर्थशास्त्र, चाणक्य नीति, पंचतंत्र आदि ग्रंथों को ठीक से परखा जाए तो शायद उस समय का सच्चा इतिहास उजागर हो सके। दुर्भाग्य से ऐसा हो नहीं सका और स्मिथ एवं माइल्स डेविज जैसे पाश्चात्य ही नहीं, डी.डी. कौसांबी, डॉ. रामशरण शर्मा, वी.डी. महाजन, रॉय चौधरी और डॉ. हेमचंद्र चौधरी जैसे इतिहासकार भी नंद वंश के नाश के पीछे जातीय विद्वेष की भावना से प्रेरित निष्कर्ष व निहितार्थ निकालते रह गए। राष्ट्रीय राजनीति में नैतिकता की भूमि और कूटनीति की भूमिका तथा राजधर्म में लोकधर्म व राष्ट्रधर्म की महत्ता जैसे बिंदु उनकी दृष्टि से ओझल रह गए।

'चाणक्य' उपन्यास तत्कालीन साहित्य तथा तत्पश्चात् भूतल से निकलकर समतल पर प्रदर्शित पुरातात्त्विक सर्वेक्षणों को आधार मानकर तत्कालीन इतिहास का एक सही चित्र कथा की कला के अधीन प्रस्तुत करने का एक प्रयास है, एक विनम्र प्रयास।

'चाणक्य' की कथा न तो वेदोक्त 'नाराशंसी' जैसी या बुद्धोक्त 'गाथा' जैसी कोई जीवन-गाथा है और न किसी राजा-रानी के विभव-पराभव की कोई परीकथा या किसी संत-संन्यासी अथवा किसी नेता-प्रणेता के व्यक्तित्व का कोई महिमामंडितीकरण या महाचाटुकारी गायन अथवा कोई इतिवृत्तात्मक जीवनी ही। यह इतिहास के एक महत्त्वपूर्ण

युग के जीवन की एक झलक है, जीवन जो शाश्वत काल के प्रवाह की गति की एक विशिष्ट स्थिति का चित्रण होता है और काल जो हम चाहें, न चाहें अपनी छाप, अपने होने और अपने गुजरने की राह की रश्मि-रेखा जगत् के मस्तक पर खींचे बिना कभी जाता ही नहीं। इतिहास को जब किसी युगांतकारी घटना का संवाहक होने का गौरव मिलता है और इस गौरव को उक्त काल के भाल का शीर्षक तो उसी व्यक्ति का वह नाम होता है जो कथित युगांतरण का प्रणेता हुआ करता है। भारतवर्ष के इतिहास में परीक्षित-जनमेजय से सिंधु सरस्वती तक, सिंधु-सरस्वती से बुद्ध-महावीर तक और बुद्ध-महावीर से चंद्रगुप्त-अशोक तक का काल भारतवर्ष के लिए ही नहीं संपूर्ण विश्व के लिए एक बहुत ही महत्त्वपूर्ण युगांतकारी जागरण का काल रहा है जिसका प्रणेता बस एक व्यक्ति रहा है और वह व्यक्ति है चाणक्य। किंतु दुर्भाग्य यह है कि धार्मिक-साम्प्रदायिक शक्तियों के दुराग्रह-पूर्वाग्रह के कारण इसी काल को अर्थात् ईसा से पाँच हजार वर्ष पूर्व और पाँच सौ वर्ष पश्चात् तक का यही काल इतिहास का अंधकार युग घोषित होकर रह गया है और इसका प्रतिफल यह है कि सभ्यता-संस्कृति की प्रगति के सच का वैज्ञानिक विवरण आज तक प्रस्तुत नहीं हो सका। विलियम जोंस तथा ईसाई धर्मावलंबियों द्वारा कही और प्रचारित की गई मिथकीय कथा में तथ्यगत इतिहास अथवा उनके द्वारा कही गई कथा कि कोई वैज्ञानिक व्याख्या जैसे रंचमात्र भी समाहित नहीं हो सकी और दुर्भाग्य यह की सभ्यता के विकास का मूल्यांकन इसी मिथकथ को आधार मानकर किया जाता रहा। मुझे लगता है 'चाणक्य' की इस कथा को मिथ के प्रलय से निकालकर मैंने इतिहास के आँगन में सँवारने का प्रयत्न अवश्य किया है।

—शिवदास पाण्डेय

: 1 :

"नहीं पुत्र, नाम मात्र नाम भर नहीं होते। नामों में सृष्टि और जीवन के सार तत्त्व समाहित होते हैं। 'नाम में क्या रखा है? नाम तो नाम भर हैं', यह एक पाश्चात्य अवधारणा हो सकती है—एक भ्रामक, एक दृष्टिहीन, एक आकस्मिक स्थिति में की गई एक निरर्थक टिप्पणी भर, जिसे अवधारणा कहना ही उपयुक्त नहीं। वस्तुतः नाम तो संस्कृतियों के इतिहास के वाहक होते हैं—मूक-विलुप्त संस्कृतियों के वाचाल प्रवक्ता, प्रसुप्त इतिहास के जीवित स्वप्न, सामाजिक अचेतन के बोलते जीवाश्म। सच पूछो पुत्र, तो आज जो पृच्छा तुमने की है मुझसे, ठीक वही पृच्छा मैंने भी अपने पिताश्री से कभी की थी और जब उन्होंने मुझे समझाया कि मेरा नाम 'चणक' क्यों रखा गया था तो मेरे हिमाच्छादित शीश का ठंडा दीप एकाएक प्रदीप्त हो उठा और उसकी ज्योति से मेरा संपूर्ण अस्तित्व आलोकित हो गया, रोमांचित हो गया।"

तक्षशिला विश्वविद्यालय को अंतिम प्रणाम कहकर मगध वापस हुए जगत्-प्रसिद्ध तक्षशिला विश्वविद्यालय के विश्वविख्यात कुलपति आचार्य चणक ने नालंदा स्थित एक छोटे से विद्यालय की सेवा स्वीकार कर ली थी, जिसमें पाटलिपुत्र और मगध क्षेत्र के प्रतिभाशाली विद्यार्थी तक्षशिला की ही शिक्षा-प्रणाली पर आधृत शिक्षा प्राप्त कर लाभान्वित होने लगे थे। इन्हीं विद्यार्थियों में से एक विद्यार्थी उनका एकमात्र पुत्र विष्णुगुप्त भी था। विष्णुगुप्त प्रतिभाशाली ही नहीं, सौभाग्यशाली भी था, क्योंकि उसे यह विशेष सुविधा उपलब्ध थी कि वह विद्यालय आने और विद्यालय से लौटनेवाले समय का भी विद्योपार्जन हेतु उपयोग कर सके और पिता की बुद्धि, मेधा और अनुभव-संपन्न ज्ञान का लाभ उठा सके। प्रातः व संध्याकाल भी विष्णुगुप्त को पिता का सान्निध्य प्राप्त था और पिता भी इस बात से प्रसन्न थे कि तक्षशिला विश्वविद्यालय तो छूट गया, किंतु रहने के लिए अपना घर और सेवा के लिए अपनी मिट्टी, अपना देश, अपना परिवार, अपना पुत्र तो उपलब्ध हो गया। यज्ञोपवीत संस्कार संपन्न होने के तुरंत बाद विष्णुगुप्त का तक्षशिला जाना तय था। किंतु विदेशियों के आक्रमणों और उनसे प्रभावित ज्ञानागारों तथा ज्ञानियों के समक्ष उपस्थित खतरों के आलोक में विद्वान् शिक्षकों ने विश्वविद्यालय

छोड़कर अन्य स्थानों को अपनी सेवा का केंद्र बनाना प्रारंभ कर दिया था। कात्यायन, दांड्यायन और राक्षस जैसे विद्वानों को तो सत्ता एवं शासन-व्यवस्था में उचित पद प्राप्त हो गए थे, किंतु चणक को मगधराज के आग्रह को ठुकराने का प्रतिफल झेलना ही था और उन्हें एक साधारण विद्यालय के प्रधान की हैसियत में संतोष करना पड़ा। किंतु इस संतोष का सबसे बड़ा संतोष था विष्णुगुप्त का मनोवांछित विकास--चणक के सारे सपने विष्णुगुप्त में आकार लेते दिखते। चणक सांध्य पूजा-प्रार्थना से निवृत्त होकर विष्णुगुप्त के साथ उसके अध्ययन-स्थान पर अपना आसन भी जमा देते और उसके वेदपाठ के पश्चात् उससे मंत्रों एवं ऋचाओं की व्याख्या करवाते, व्याकरण की विशिष्टताओं को अर्थों के संदर्भ में विश्लेषित करते, दर्शन की गुत्थियों को सुलझाते चलते, एक वैज्ञानिक की दृष्टि से तत्त्वों का परीक्षण करते-करवाते और ऋषियों व मंत्र-द्रष्टाओं के नामों की सार्थकता भी स्पष्ट करते चलते : बिलकुल 'तेजस्वीनावधीतमस्तु' की शैली में।

विष्णुगुप्त के समक्ष सामान्यतया ऋषियों के जो भी नाम आते, अर्थ-गांभीर्य उनसे जैसे टपकता होता—अंगिरा, बृहस्पति, भृगु, जमदग्नि, भरद्वाज, वसिष्ठ, विश्वामित्र, पराशर, व्यास, कण्व आदि नाम उसे बड़े आकर्षक लगते और उन नामों के सामने 'विष्णुगुप्त' जैसा थोथा-भोंडा नाम निरर्थक-सा लगता। स्वयं 'चणक' नाम भी कितना प्रभावोत्पादक था, कितना सार्थक, कितना आकर्षक—फिर उसी पिता, उसी ऋषितुल्य विद्वान् पिता ने इस प्रतिभा-पुंज पुत्र को अपने सा ही कोई क्वणन-क्वणन ध्वन्यात्मक नाम न देकर यह विष्णुगुप्त जैसा घिसा-पिटा नाम क्यों दे दिया—यह बात विष्णुगुप्त को खटकती रहती।

एक दिन दीक्षा व आग्नेयी जैसी माताओं और अंगिरा, भृगु या कण्व जैसे पूर्वजों के नामों की सार्थकता की स्तुति करते हुए विष्णुगुप्त ने चणक के समक्ष यह पृच्छा प्रस्तुत कर ही दी—''पिताश्री, इस 'विष्णु' शब्द के प्रति आपके जैसे वैयाकरण पिता के सम्मोहन के पीछे कुछ-न-कुछ विशिष्ट कारण तो अवश्य रहे होंगे, अन्यथा आप अपने एकमात्र पुत्र के लिए यह थोथा सा नाम 'विष्णु' तो नहीं ही थोप देते। 'विष्णु' तो भला कुछ चलता भी, उसके आगे 'गुप्त' लगाकर तो जैसे आपने सारे गुड़ को मिट्टी ही बना दी।''

चणक के मुखमंडल पर स्वाभिमान की एक आभा जैसी बिखर गई जैसे और बोलने लगे चणक—

''हाँ पुत्र, कुछ तो विशिष्ट अवश्य है इस 'विष्णु' नाम में, जिस कारण अपने ही सहस्र पर्यायों में भी यही शब्द, यही नाम अन्यतम माना गया, अत्यंत मूल्यवान् रत्न-तत्त्व। कुछ तो विशिष्ट अवश्य छिपा है इस विष्णु शब्द में, कुछ-न-कुछ विशेष सार्थक—तभी तो त्रिदेवों में सर्वश्रेष्ठ इसी देव को माना गया। कुछ तो विशिष्ट अवश्य है 'विष्णु'

की छत्रच्छाया में कि मृत्यु के उपरांत जीव की एकमात्र अभिलाषा होती है कि उसे विष्णुलोक प्राप्त हो। किंतु इन सभी विशिष्टताओं से बढ़कर यह 'विष्णु' शब्द हमारे-तुम्हारे वंश के उस गुण से संबद्ध है पुत्र, जिसने हमारे रक्त में प्रवहमान अहंकार और क्रोध की अग्नि को शांत कर हमारे संस्कार को लोकोपयोगी तथा सर्वग्राह्य बनाया, क्रोध की अग्नि क्षमा का दीप बन गई, अहंकार का तूफान मलय पवन में परिवर्तित हो गया। बड़ी लंबी कहानी है हमारे कुल-संस्कार को धन्य-धन्य करने की और हम फिर इसकी चर्चा करेंगे—लोकधर्मानुकूल बना सकने की यह कथा। अभी तुम 'अष्टाध्यायी' के सूत्रों का स्मरण-विश्लेषण करने का अभ्यास करो।

"मैं फिर कभी विष्णु तथा वैष्णव धर्म अंगीकार करने की कहानी भी तुम्हें सुनाऊँगा, अवश्य ही सुनाऊँगा—कई बार, बार-बार।"

"नहीं पिताश्री, यह विष्णु से विष्णुगुप्त तक पहुँचने की कहानी सुनाने का ही समय है—दादी-नानी की कहानियों की तरह। जब तक यह दादा-नाना की नाम-कथा सुनते-सुनते मैं सो नहीं जाऊँ, आप यह अथक कथा अकथ अमरकथा की तरह सुनाते रहिए—कागभुशुंडी की तरह, शिव की तरह, याज्ञवल्क्य की तरह, ताकि ज्ञान की बुभुक्षा से बेचैन मेरा मन सती की तरह या भरद्वाज की तरह, या गरुड़ की तरह ज्ञानामृत के पान से तृप्त होकर शांति और आनंद की मुद्रा में निद्रा लोक और उससे भी आगे आनंद के लोक में प्रवेश कर परम सुख का अनुभव कर सके।"

"तो सुनो पुत्र, यह कहानी बहुत पुरानी है। उस पुरातन काल की कथा, जब 'ईश्वर' की अभिव्यक्ति एक ब्रह्म से तीन देवों के रूप में हो चुकी थी—तृक्योग की तब बड़ी मर्यादा थी—त्रिदेव, त्रिलोक, त्रिवेद, त्रिवर्ग, त्रिगुण, त्रिपुरारि, त्रिविक्रम, त्रिवेणी आदि-आदि। त्रिदेव को छोड़कर अन्य सभी ऋषियों में तो परस्पर श्रेष्ठता के स्तर समाज द्वारा ही स्वीकृत हो चुके थे, अतः देवताओं और ऋषि-मुनियों ने तय किया कि त्रिदेवों की भी परस्पर श्रेष्ठता निर्धारित होनी ही चाहिए और सबने मिल-जुलकर हमारे परपितामह भृगु को इस कार्य के लिए मनोनीत कर दिया। भृगु शिव अंगिरस के पुत्र एवं अंगिरा के पौत्र थे और अपनी आग्नेय प्रकृति के लिए विख्यात थे। भृगु इस महान् दायित्व के निर्वाह हेतु निकल पड़े और सर्वप्रथम शिवलोक में पहुँचे। वहाँ शिव के गणों ने उन्हें बताया कि अभी शिवशंकर पार्वती के साथ केलिरत हैं, अभी मिल पाना संभव नहीं। भृगु के अंदर की आग भड़क उठी। उन्होंने शाप दे दिया—जाओ शिव, तुम इसी कर्म के लिए जाने जाओगे और तुम्हारी पूजा तो होगी, किंतु लिंग-योनि के प्रतीक के रूप में। किंतु तुम्हारी पूजा का प्रसाद कोई भी ग्रहण न करेगा। फिर वे ब्रह्मलोक पहुँचे, जहाँ ब्रह्मा चाटुकारों और दरबारियों से घिरे हुए तरह-तरह के प्रपंच में रत मिले। भृगु ने उन्हें भी शापित कर दिया—तुम प्रपंची और पाखंडी हो, ब्रह्मा! तुम्हारी तो कहीं पूजा ही

नहीं होगी। तुम्हारे नाम से कोई पूजा स्थल या मंदिर भी नहीं होंगे।

''अंत में भृगु क्षीरसागर पहुँचे—विष्णुलोक, जहाँ विष्णु शयनकक्ष में लक्ष्मी के साथ विश्राम कर रहे थे। भृगु विष्णु की निष्क्रियता देखकर भड़क उठे और उनकी छाती पर अपने पैरों से प्रहार कर दिया। विष्णु जग गए और भृगु के चरणों को सहलाते हुए कहने लगे—भगवन्, इन मृदुल चरणों को तो बड़ी चोट लगी होगी। मुझे इन चरणों को सहलाने दीजिए और प्रमाद के लिए क्षमा प्रदान कीजिए।

''विष्णु की विनम्रता को महसूस कर भृगु की क्रोधाग्नि शीतलता में परिवर्तित हो गई और भृगु ने विष्णु के समक्ष नतमस्तक होकर उनकी श्रेष्ठता स्वीकार कर ली। देवों और मनुष्यों के लिए त्रिदेवों में विष्णुदेव श्रेष्ठतम घोषित हो गए। स्वयं भृगु का भी तो संस्कार ही जैसे बदल गया।

''यद्यपि विष्णुप्रिया लक्ष्मी भृगु से कुपित हो गईं और घोषित कर दिया कि वे भूलकर भी कभी भृगुवंशियों के घर में पैर नहीं रखेंगी। किंतु स्वयं भृगु इतने प्रभावित हुए विष्णु के इस आचरण से कि इस घटना के बाद से ही भार्गवों के देव एकमात्र विष्णु हो गए और सभी भार्गव गोत्रीय वंशज वैष्णवधर्मी। भृगु ने तब के क्षीरसागरस्थ शाकद्वीप या शाकल द्वीप का नामकरण भी विष्णु के नाम पर 'विष्णुद्वीप' कर दिया और विष्णु के आसन को 'विष्णुपद तीर्थ' घोषित कर दिया।

''तत्पश्चात् तो यह शाकद्वीप या शाकल द्वीप अथवा विष्णुद्वीप ही भार्गववंशियों का निवास ही हो गया और विष्णुपदतीर्थ उनका एकमात्र तीर्थ बन गया। विष्णु तथा उनके अन्य ग्यारह अनुजों में भार्गवों ने विष्णु को ही अपने देवता के रूप में अंगीकार कर लिया।

''विष्णुगुप्त, तुम उसी विष्णु संस्कृति का एक जाज्वल्यमान नक्षत्र बनोगे, इसी आकांक्षा के साथ तुम्हारा नाम 'विष्णुगुप्त' पड़ा है। तुम इसी संस्कृति को जीते रहोगे और विष्णु संस्कृति एवं आदित्य या सूर्य संस्कृति की प्रभा से सारे विश्व को ज्योतित करोगे—यही अपेक्षा है तुमसे। सदा स्मरण रखना पुत्र, यह विष्णु या वैष्णव संस्कृति पालन और विकास की संस्कृति है। सारे विश्व को तुम विष्णुपदी की धारा-सी अमृत रस से सींचते रहो।''

''यह तो वस्तुतः बड़े ही गौरव की बात है हम शाकलवंशियों के लिए, पिताश्री। किंतु आपने यह तो बताया ही नहीं कि इस 'विष्णु' जैसे सांस्कृतिक शब्द के साथ आपने मेरे नाम में यह लोकभाषिक 'गुप्त' शब्द क्यों जोड़ दिया?''

''हाँ पुत्र, तुम्हारी झपक रही आँखों पर दृष्टिपात कर मैंने इस बिंदु को अपने मन में ही रहने दिया था; किंतु अब यह भी सुन ही लो, तभी तुम्हें सुख की नींद भी आएगी। वस्तुतः इस 'विष्णु' नाम के अंदर कुछ और भी विशिष्ट गुण समाहित है। कुछ ऐसा गुप्त

गुण है वह—कुछ ऐसा विशिष्ट, जो न तो सृष्टि-निर्माता ब्रह्मा के अंदर है और न सृष्टि-संहारक शिव के ही अंदर। यही कारण है पुत्र, कि मैंने सोचा तो था कि तुम्हें 'विष्णुदास' कहकर पुकारा जाए, किंतु मैंने तुम्हारे लिए सटीक नाम 'विष्णुगुप्त' ही तय किया।''

''वह क्या है पिताश्री, मुझे विस्तार से सुनाइए, ताकि मैं अपने को इस योग्य भी बना सकूँ कि मुझसे आपकी जो भी अपेक्षाएँ हैं, उन्हें पूरी कर सकूँ।''

''तो सुनो पुत्र, वस्तुतः इस विशिष्ट गुण को सार्थक करने की ही अपेक्षा है तुमसे और आज वह समय भी आ गया है, जब तुम विष्णु के उस गुप्त गुण अर्थात् मनुष्य के रूप में अवतरित हो सकने के गीतोक्त गुण और एतद् विषयक महावाणी को सार्थक करो—

यदा-यदा हि धर्मस्य ग्लानिर्भवति भारत।
अभ्युत्थानमधर्मस्य तदात्मानं सृजाम्यहम्॥

''पुत्र, यह गुण केवल विष्णु में ही छिपा है—सज्जनों और समाज की पीड़ा का हरण करने के लिए तुम जैसे मनुष्यों में भी विष्णुदेव की तरह ही अवतार लेने की क्षमता होती है। तुम्हें जन्म देना मेरे लिए सार्थक तब होगा जब तुम राम, कृष्ण अथवा परशुराम की तरह उचित समय पर इस गुप्त गुणवाली भूमिका में उतर सको, अवतरित हो सको और आनेवाले नवयुग को नई व्यवस्था तथा नवीन नीतियों से सुसज्जित कर सको।

''हाँ पुत्र, सागर अभी तूफानी उफान पर है, श्रीहीन श्रीयुक्त है, अपराधकर्मी उन्मुक्त है, पालक संहाररत है, निर्माणधर्मी विनाशरत, रक्षक भक्षक और समय किसी विष्णु के अवतरित होने की प्रतीक्षारत। अँधेरा है, बड़ा घना अँधेरा। सर्वत्र भय का भूत भ्रमणशील है। चलो, यह विश्राम का समय है।''

और देखते-देखते ही विष्णुगुप्त की पलकें निद्रादेवी की गोद में झूलने लगीं। धीरे-धीरे दोनों पिता-पुत्र अपने-अपने आसनों पर शयनस्थ हो गए।

: 2 :

अंगिरा ब्रह्मा के मानस-पुत्र थे और संभवतः स्वयंभुव मन्वंतर के मानस-पुत्र सप्त ऋषियों मरीचि, अत्रि, अंगिरा, प्रलह, क्रतु, पुलस्त्य और वसिष्ठ में ज्येष्ठ ही नहीं, सर्वश्रेष्ठ भी। अथर्ववेद के प्रादुर्भावक होने के कारण अंगिरा को ही अथर्वा भी कहा गया। कहते हैं, वारुण यज्ञ में ब्रह्मा द्वारा हविष देते समय अंगार से उत्पन्न होने के कारण ही इन्हें अंगिरा कहा गया। अग्निदेव ने इन्हें अपना पुत्र माना था और इस कारण इनकी माता 'आग्नेयी' कहलाईं। इन्हें चौथे द्वापर का व्यास भी माना जाता है। भृगु, बृहस्पति, जमदग्नि तथा परशुराम इन्हीं के वंशज थे। चणक की मान्यता थी कि ऋषि

कण्व तथा काण्वायन मूल के ब्राह्मण भी इसी परंपरा और इसी संस्कृति के वाहक थे और इसी कारण उनमें आग्नेय संस्कार प्रबल था। वे यह भी मानते थे कि विष्णु की विनम्रता से द्रवित भृगु के हृदय-परिवर्तन के पश्चात् इन शाकल द्वीपीय ब्राह्मणों के संस्कार में क्रोध की आग्नेयता व प्रतिशोध की दाहकता न्यूनतर होती गई और क्षमाशीलता के कारण रचनात्मकता की ओर उन्मुख होने लगी। आग तो रह गई, किंतु अंगारे भस्म होते गए, ब्रह्मा से वंशागत निर्माण शक्ति प्रबल व प्रखर होती गई—भृगु से अधिक मेधातिथि में, मेधातिथि से अधिक त्रिरेफ में और फिर कण्व व कणाद में। कणाद ने तो जीवनपर्यंत तंदुल कण के आहार पर रहकर एक वैश्विक समाहारी विचार का एक वैज्ञानिक दर्शन सृजित कर एक आदर्श ही स्थापित कर दिया। एक कण का टूटना असंख्य अनुकणों को क्षिप्र से क्षिप्रतर और तीव्र से तीव्रतर कणों का सक्रिय होना है और ऐसी मान्यता थी इनकी कि इन लघु और लघुतम कणों में ब्रह्मांड का धारक अस्तित्व और ब्रह्मोस की मारक क्षमता समाहित होती है। चणक अपने को एक ऐसा ही शक्ति-संपन्न मारक किंतु क्षमाभावित आग्नेय क्षमता का यंत्र मानते थे और पुत्र विष्णुगुप्त में इसी मारकता-दाहकता के साथ ही क्षमाशील रचनात्मकता के उच्चादर्शों को भी चरितार्थ होते देखने के अभिलाषी थे, बिलकुल अवनीपति आदित्यदेव की तरह या जगत्पति विष्णुदेव की तरह। सूर्य को अग्नि का प्रतिरूप मानते हुए वह अंगिरा से विष्णुगुप्त तक सबको सूर्यपुत्र मानते थे और इसीलिए संभवत: वैवस्वत कुल के क्षत्रियों अर्थात् सूर्यवंशियों के साथ उनका समभाव तथा सद्‌भाव था और इसीलिए संभवत: सूर्यवंशियों की ही तरह वह भी विष्णु को अपना आराध्य स्वीकार कर सके थे। विष्णुगुप्त में भी इसीलिए वह ठीक उसी तरह अवतारी होने की क्षमता के आकांक्षी थे जिस तरह की क्षमता नृसिंह में, परशुराम में या राम में थी। शाकल द्वीप या विष्णुद्वीप में निर्मित सूर्यमंदिर तथा विष्णुपद तीर्थ की शक्तिमत्ता में शाकल द्वीप में इन सौर ब्राह्मणों का जमाव उसी तरह बढ़ता गया था जिस तरह सूर्यवंशी क्षत्रियों का और सूर्यवंशी क्षत्रिय इन दिव्य ब्राह्मण वंशियों के प्रति ठीक वही श्रद्धा तथा पूज्य भाव रखते थे जिस भाव से विष्णु ने लक्ष्मी सहित भृगु के चरणों में अपने को समर्पित किया था—सत्यव्रत-प्रियवत से चलकर पृथु तक, पृथु से दशरथ तक, राम तक, कुश तक और किसी-न-किसी रूप में आज तक। नि:स्पृह जीवन, स्वाभिमान और आत्मोत्सर्ग के आदर्शों के साथ ये सूर्यपुत्र धीरे-धीरे 'कृण्वंतो विश्वमार्यम्' का संदेश लेकर शाकद्वीप की सीमाओं को पार कर पूरे जंबू द्वीप में फैलने लगे—मगध और कलिंग, कोशल और काशी, मिथिला और वैशाली, वत्स और अवंती तक ही नहीं, सप्तसिंधु की सीमाओं के पार—फारस एवं बेबिलोन तक, यूनान एवं रोम तक और कालक्रम से सारे विश्व में सूर्य को ठीक अपनी ही तरह पूजनीय बना दिया। सूर्य विज्ञान पर आधारित ज्योतिष-शास्त्र एवं सूर्य शक्ति से संधारित लता-द्रुम और गाछ

वृक्षों में धारित सूर्य शक्ति से संबद्ध आयुर्विज्ञान को उन्होंने अपनी आजीविका बनाई और व्यर्थ के कर्मकांडों को अलविदा कह दिया। जरतपुत्र जरथुस्त्र ने कभी जो काम फारस और ईरान में किया था, वही काम आज चणक मगध में करने लगे थे, यद्यपि मगध की राजनीतिक स्थितियाँ उनकी सोच और संस्कार के बिलकुल विपरीत थीं—मगध-कुश और मग का मगध जैसे मधु और कैटभ का मगध बन चुका था—न अब वे जरासंध थे, न वृहद्रथ, न बिंबिसार, न अजातशत्रु। मगध पर नागों और कागों की जैसे काली छाया की बदली छा चुकी थी—शिशुनाग के साथ, काकवर्ण के साथ, कालाशोक ही नहीं, महानंदिन और महापद्मनंद के साथ। तक्षशिला के विश्व-विश्रुत विश्वविद्यालय में वर्षों वैदिक साहित्य, नक्षत्र विज्ञान, छंद, व्याकरण तथा राजधर्म एवं राजनीति की प्राध्यापकी करने के बाद एक बहुत बड़े दायित्व के साथ चणक आज पाटलिपुत्र में थे और जब भी उन्हें निराशा होने लगती तो वे पुत्र विष्णुगुप्त के साथ अपनी पीड़ा बाँटने लगते। विष्णुगुप्त ने कल जब अपने नाम की सार्थकता से संबंधित कुछ पृच्छाएँ उनके समक्ष रखीं तो जैसे उनकी पीड़ा की नदी बाँध तोड़कर बह चली।

आज सायं विष्णुगुप्त ने पुनः कल की कथा के सूत्र को आगे बढ़ाया—"पिताश्री, आपकी विद्वत्ता की जो स्वर्णिम किरणें हिमालय के शिखर जैसे ज्ञान-विज्ञान के मस्तक तक्षशिला से दहकते-दमकते मार्तंड के प्रकाश से संपूर्ण विश्व के आँगन को ज्योतित कर रही थीं, उन किरणों को आपने किस उद्देश्य से मगध की सीमाओं के अंदर कैद करा दिया? कात्यायन और राक्षस तो भला मगध साम्राज्य के ऊँचे राज्यासनों पर आसीन हो राजसुख भोग रहे हैं। आपको द्रोण की तरह द्रुपद के इस राज्य में एक गुरुकुल की चहारदीवारी के अंदर अपने पुत्र को अश्वत्थामा और अपनी पत्नी को कृपी-सी भिक्षुणी बनाकर क्या मिला, यह तो मेरी समझ में नहीं आता।"

"नहीं पुत्र, न तो द्रोण मेरे आदर्श रहे हैं और न अश्वत्थामा मेरा अभीष्ट। हस्तिनापुर में मेरी अभिरुचि अवश्य है, किंतु किसी अहिक्षत्र के छत्र के लिए नहीं है—हस्तिनापुर में बढ़ रहे अत्याचार-अनाचार, भय, भूख, भ्रष्टाचार, छल-कपट और अविश्वास के राज को समाप्त करने के लिए है, हस्तिनापुर का विस्तार करने के लिए है—साम्राज्य के रूप में नहीं, संघ के रूप में। मैं चाहता हूँ कि जंबू द्वीप के अंदर भारत खंड नहीं हो, वरन् आर्यावर्त के अंदर अर्थात् आर्यावर्त के 'सर्वे भवंतु सुखिनः' वाले आदर्श के अंदर सातों द्वीप और सातों सागर आ सकें और हम संपूर्ण संसार को एक परिवार में ढाल सकें और पुनः ये सारी आकांक्षाएँ मगध और पाटलिपुत्र के भविष्य पर ही तो टिकी हुई हैं। मैंने तक्षशिला को छोड़ दिया, किंतु कात्यायन और राक्षस की तरह नहीं, किसी महापद्मनंद या किसी घनानंद की राजकृपा और किसी सत्ता-सुख के लिए नहीं, मैंने तक्षशिला को इसीलिए छोड़ दिया, क्योंकि तक्षशिला को बचाने के लिए, हस्तिनापुर और कौशल-

काशी, वत्स-अवंती, कुरु-जांगल, अंग-बंग-कलिंग, वैशाली-मगध को बचाने के लिए अब मेरा पाटलिपुत्र में होना, मगध में होना अनिवार्य हो गया था। मैं नहीं जानता विष्णु, कि मैं कहाँ तक अपने उद्‌देश्यों को आगे ले जा सकूँगा; किंतु चलो, मैं न भी रहा तो तुम तो हो न! मुझे पूरा विश्वास है कि मेरे अधूरे आदर्शों को तुम अपनी जिंदगी की जिम्मेदारी मानोगे और मेरे सारे सपनों को जमीन पर उतारोगे। पुत्र का तो धर्म ही है पिता के सभी अधूरे कार्यों को पूरा करना, उसके सभी सपनों को यथार्थ में परिवर्तित करना।''

''पिताश्री, आपने अपने उद्‌देश्यों की ओर तो अवश्य संकेत दिया, किंतु कभी अपने सपनों की चर्चा तक नहीं की।''

''विष्णु, कुछ सपने, कुछ नहीं अधिकांश सपने तो नींद में देखे जाते हैं और नींद में देखे गए सपने, अधिकांश सपने तो नींद खुलते ही हवा हो जाते हैं। उन सपनों का पूरा होना क्या, अधूरा रहना क्या! किंतु कुछ सपने बेटे, खुली हुई आँखों से पूरी जिंदगी देखे और देखे जाते रह जाते हैं। वे जब पूरे नहीं होते तो उनको पूरा करने के लिए एक और जीवन धारण करने की तड़प जीवन छोड़ने के समय भी साथ नहीं छोड़ती। ऐसे ही कुछ सपने किंतु अत्यंत ही मोहक कुछ सपने कुछ पिता जो छोड़ जाते हैं, उनके पूरा करने की आकांक्षा वे अपने पुत्र के जीवन में देखना चाहते हैं। मेरे भी कुछ सपने हैं, जो तुम्हें बताऊँगा कभी। अभी तो आधी जिंदगी अपनी ही है, देखो, क्या कर पाता हूँ मैं। तुम अपने अध्ययन में लगे रहो और अपने पिता से आगे बढ़कर दुनिया के सामने एक सुयोग्य पुत्र होने का उदाहरण प्रस्तुत करो।''

''पिताश्री, आपके सपनों को तो अब मैं भी 'विष्णुगुप्त' की आप द्वारा की गई व्याख्या में देखने लगा हूँ—जागते हुए भी, सोते हुए भी और उन्हें मैं पूरा करने में कुछ भी उठा नहीं रखूँगा। किंतु आप मुझे यह तो बता दें कि आपके पिताश्री ने किन सपनों और आदर्शों को अपने द्वारा आपको दिए गए एक त्रिसूत्री-त्र्याक्षरी नामकरण के बहाने आपके गले में पहना दिया था।''

''हाँ पुत्र, तुमने ठीक ही स्मरण दिलाया। कल ही मैं तुम्हें बताना चाहता था—'चणक' शब्द की सार्थकता। मेरे पिताजी ने अपने परमातामह पाणिनि के सूत्रों के आलोक में इसकी व्याख्या करते हुए मेरे अंतर में अपने सपनों और आदर्शों का बीज वपन किया था। पिताश्री की यह मान्यता थी कि 'चणक' शब्द का अर्थ ही है 'चिनगारी' अर्थात् अंगारा, अर्थात् अंगार जिसका सीधा जुड़ाव अंगिरा, आग्नेयी और अग्नि से है। अग्नि का ही प्रतिरूप है—सूर्य। सूर्य के मुख्यत: बारह पर्याय उसके बारह गुणों को प्रतिभाषित करने के लिए उच्चरित हैं—आदित्य, दिवाकर, भास्कर, प्रभाकर, सहस्रांशु, त्रिलोचन, हरिदश्व, विभावसु, दिनकर, द्वादशात्मक, त्रयी मूर्ति और अंतिम सूर्य और ये नाम सर्वदु:खनाशक कहे गए हैं। इन सभी नामों में से एक नाम 'सहस्रांशु' विशेष रूप

से विचारणीय है, सहस्र किरणोंवाला तेजोराशि सूर्य-अग्नि के सहस्र अंगारों का सूचक है, जिनकी दहक से भौतिक धातुएँ चमकती हैं, चनकती हैं, टूटती हैं, विस्फोट करती हैं—विस्फोट करती रहती हैं तब तक जब तक उनकी नाभिकीय शक्ति विस्फोट बंद नहीं करती और इसी नाभिकीय शक्ति को शास्त्रों ने ब्रह्मशक्ति या ब्रह्मास्त्र अथवा ब्रह्मोस की संज्ञा दी है।''

''यह तो बड़ी रोमांचक व्याख्या है, पिताश्री!''

''पुत्र, सारी सृष्टि के प्रदूषण को दूर करने के लिए एक सूर्य शक्ति ही पर्याप्त है। मेरे पिताश्री तो अंदर से मुझमें इसी शक्ति के विस्फोट की अपेक्षा रखते थे। उनकी मान्यता थी कि जिस तरह मात्र एक ही सूर्य संपूर्ण धरित्री के समस्त अंधकार और समग्र प्रदूषण को विनष्ट कर देने के लिए पर्याप्त है, ठीक उसी प्रकार मात्र एक व्यक्ति, मात्र एक अणु, एक अनल-कण अर्थात् एक अग्निपुत्र अनुकूल वायु प्राप्त कर प्रचंड ज्वाला फैला सकता है और संपूर्ण अंबर के प्रदूषण को विनष्ट कर सकने में सफल हो सकता है। 'चणक' शब्द का एक और अर्थ पिताश्री बताते थे—'चना' और कहते थे कि यदि 'चना' को पर्याप्त उत्ताप दिया जाए, जिससे उसमें नाभिकीय विस्फोट घटित हो सके तो अकेला एक चना भी पाप और प्रदूषण के किसी भी भांड को खंड-खंड कर सकता है और इस लोकोक्ति को झुठला सकता है कि अकेला चना भाड़ नहीं फोड़ सकता। चने के अंदर नाभिकीय विस्फोट का घटित होना ही उसे अंगार या चिनगारी अर्थात् चणक में परिवर्तित कर देना होता है। मैंने तक्षशिला छोड़ने के समय पिताश्री के उसी संदेश को सामने रखकर यह संकल्प लिया कि मैं मगध अवश्य जाऊँगा और कात्यायन व राक्षस की तरह नहीं, बिलकुल मार्तंड की तरह तथा अपने आभामंडल यानी अपने चतुर्दिक् व्याप्त सौरमंडल को अपनी ऊर्जा और तेजस्विता की शक्ति से ऊर्जस्वित कर संपूर्ण आकाश के प्रदूषण को मिटा दूँगा और इस तरह फिर एक ऐसी शक्ति को तैयार करूँगा, जिसके बल पर आर्यावर्त के पश्चिमोत्तर क्षितिज पर जो विदेशी ताकतों के बादल घिरने लगे हैं, उन्हें महाराज पृथु और भगवान् राम की पवित्र धरती से सदा-सदा के लिए वापस भगा सकूँगा। बेटे, यह बहुत कठिन और बहुत ही बड़ा संकल्प है और आवश्यकता इस बात की है कि चणक शक्ति, अर्थात् इस महान् राष्ट्र की नाभिकीय शक्ति को आगे ले चल सकने हेतु भारत देश में आनेवाले भविष्य के लिए एक आग्नेय कुल का निर्माण किया जाए, जो सूर्य की तरह सतत शाश्वत चल-चलकर एवं जल-जलकर एक निरामय संसार का सृजन कर सके।''

''मैं धन्य हुआ, पिताश्री।'' कहते हुए विष्णुगुप्त का मस्तक चणक के चरणों पर झुक गया। विष्णुगुप्त ने प्रतिज्ञा की, ''पिताश्री, मैं अपने कुलदेवता भगवान् भास्कर की शपथ लेकर यह प्रतिज्ञा करता हूँ कि मैं आपके कुल को इस योग्य बनाने के लिए वह

सबकुछ करूँगा, जिससे ऋषिवर्य कुंडिन के कौंडिन्य, संकृत के सांकृत्यायन और कण्व के काण्वायन कुल की तरह चणक के बाद एक चाणकायन चाणक्य कुल का भी निर्माण संभव हो सके और इस चाणक्य कुल या इस चाणकायन-चाणक्यायन-शक्ति और चाणक्य नीति के बल पर पुनः एक बार भारत को जगद्गुरु का शीर्षासन प्राप्त हो सके और हमारे पूर्वजों का आदि संकल्प—'कृण्वंतो विश्वमार्यम्' को सार्थक सिद्ध करते हुए एक अभिनव वैश्विक परिवार का निर्माण किया जा सके।"

"मैं प्रसन्न हुआ पुत्रवर, तुम्हें विष्णुगुप्त नाम बहुत पुरातन और बहुत ही भोंडा लगता था न! चलो, आज से मैं तुम्हें अब एक अत्यंत सार्थक नाम देता हूँ—आज से तुम विष्णुगुप्त के अतिरिक्त 'चाणक्य' नाम से भी जाने जाओगे और जब तक तुम तक्षशिला विश्वविद्यालय में विद्यार्जन के पश्चात् पुनः वापस लौटोगे तब तक तो तुम्हारा चाणक्य नाम मगध के लोक-जीवन में व्याप्त हो चुका होगा। फिर तो एक ऐसा भी समय आएगा, जब चाणक्य नीति अथवा कौटिल्यीय नीति और सारे विश्व में राज्य-संचालन की अभिनव नीति कूटनीति के रूप में मान्यता प्राप्त कर लेगी। ध्यातव्य है पुत्र, कि कौटिल्यीय नीति के रूप में अभी तक किसी नीति की शिक्षा-दीक्षा की व्यवस्था तक्षशिला में भी नहीं है और इस विद्या की शिक्षा-दीक्षा की व्यवस्था का भार भी अब मेरे-तुम्हारे कंधों पर ही अटका है। यदि मैं कुछ भी कर सका तो मगध महाराज्य के अंदर तक्षशिला का एक प्रतिरूप अधुनातन एक विश्वविद्यालय अपने इसी नालंदा विद्यापीठ की आधारशिला पर खड़ा करके दिखाऊँगा। मुझे संतोष है कि मैंने तक्षशिला को भी बचा दिया और मुझे आत्मानंद की अनुभूति होगी, यदि इस विद्यापीठ की मिट्टी में रचे-बसे बुद्ध और सारिपुत्र के सपनों को भी मगध की धरती पर उतार सका। और मुझे विश्वास है पुत्र, कि जो काम चणक से छूट जाएगा, उसे मेरा चाणक्य अवश्य ही पूर्ण कर दिखाएगा।

"रात आधी रात में परिणत होने लगी है। वह देखो, चंद्रमा तुम्हारे शीश पर अमृत की वर्षा करने आ गया है और यह चाणक्यायन सद्यः प्रस्फुटित बेला की मादक सुरभि से मह-मह करने लगा है। जाओ बेटे, अब विश्राम करो।"

इसी आदेश के साथ चणक और चाणक्य दोनों पिता-पुत्र अपने-अपने आसनों की ओर बढ़ चले।

: 3 :

ईसा के पूर्व, हजारों वर्ष पूर्व न केवल भारत में ही वरन् संसार के कई अन्य देशों में भी गुरु-शिष्य परंपरा जन्म ले चुकी थी। किंतु गुरुकुल की व्यवस्था, स्थापित व्यवस्था, एक विशिष्ट व्यवस्था, एक श्रेष्ठ व्यवस्था—भारत जैसी व्यवस्था तब भी

अन्य भूखंडों के लिए बस एक आदर्श उदाहरण थी। आश्रमों और वर्णों में विभाजित सामाजिक व्यवस्था के अनुसार निर्धारित वय-विभाजनानुसार सोलह संस्कारों की एक प्रक्रिया में जीवन आबद्ध था। ग्रामों-नगरों के आस-पास के जंगलों में प्रकृति और प्राकृतिक संसाधनों के साथ गुरु एवं गुरुकुलों की व्यवस्था स्थापित थी और विद्यार्जन हेतु निर्धारित वय-सीमा के अधीन निर्धारित विद्या अर्जित कर विद्यार्थी ब्रह्मचर्य से गृहस्थ हो जाते और फिर गृहस्थ से वानप्रस्थ और वानप्रस्थ से संन्यास की ओर प्रस्थित हो जाते थे। जंगलों के अंदर नदियों और पहाड़ों के बीच कोई सुरम्य पठारी प्रदेश होता, जहाँ ऋषियों के आश्रम बने होते और आश्रमों में सारी आवासीय व्यवस्था होती—विद्यार्जन ऐसे ही आवासीय विद्यालयों में होता और इन्हें ही 'गुरुकुल' कहा जाता। कुछ ऐसी ही व्यवस्था ग्रीस में भी आरंभ होने लगी थी, रोम में भी, मिस्र में भी, चीन में भी, ईरान-बेबिलोन में भी। अपनी-अपनी भाषा में सबके अपने-अपने नाम होते।

किंतु सारे संसार के लिए एक विश्वविद्यालय यदि कहीं भी था तो वह तक्षशिला में था, जिसमें संपूर्ण भारत के अग्रणी विद्वान् विभिन्न विषयों के विशेषज्ञ के रूप में अध्यापन का कार्य करते। तक्षशिला की संस्कृति गुरुकुल से भिन्न नहीं थी। अंतर केवल इतना ही था कि गुरुकुलों में शिक्षकों की संख्या और विषय गिने-चुने होते, तक्षशिला में शिक्षकों की संख्या हजारों में, वैसे ही विषयों का विभाजन भी अनेक विधाओं में—भाषा, साहित्य, छंद, व्याकरण, आयुर्वेद, धनुर्वेद, नौकायन, आयुध-शास्त्र, आयुष-विज्ञान इत्यादि-इत्यादि।

चणक तक्षशिला के विद्यार्थी भी थे और तक्षशिला में वर्षों अध्यापक भी, प्रशासक भी और इस कारण चाहे उनका विष्णुपुर स्थित आवास हो, चाहे नालंदा स्थित उनका विद्यालय—दोनों की व्यवस्था तक्षशिला विश्वविद्यालय की संस्कृति से ही संचालित होती—उषा-जागरण से लेकर रात्रि-शयन तक। सायं संध्या-वंदन के पश्चात् पिता-पुत्र दोनों स्वाध्याय में तल्लीन हो जाते, स्वाध्याय के पश्चात् भोजन का समय निर्धारित था और भोजन व शयन के बीच का समय मनोरंजन का, कथा-कहानियों का, विचार-विमर्श का—''सहनौ भवतु सहनौ भुनक्तु सहवीर्यं करवावहै। तेजस्विनामधीतमस्तु मा विद्विषावहै॥''

आज के लिए पुत्र की जिज्ञासा का विषय था—मगध।

''पिताश्री, आपकी सांस्कृतिक सूझ-बूझ, आपकी अद्‌भुत भाषा और वैज्ञानिक पकड़ विश्व-विश्रुत है। मेरा सौभाग्य ही तो है कि आज एक ऐसे बहुज्ञ आचार्य का इतना निकट साहचर्य मुझे प्राप्त हो सका है। पितृवर, मेरे मन में एक प्रश्न सदैव कौंधता रहता है, उबलता रहता है कि हम जिस राज्य के वासी हैं उसे 'मगध' नाम किसने दिया, क्यों दिया, कब दिया। हमें मगध जैसे गौरवशाली साम्राज्य के सांस्कृतिक वैभव

की पृष्ठभूमि से परिचित तो होना ही चाहिए न!''

''पुत्र, दो शब्द हैं—मग और मगध। बिलकुल अंड और पिंड की तरह, बीज और फल की तरह। जिस तरह यह कहना बड़ा कठिन है कि अंड से पिंड बना या पिंड से अंड और बीज से फल बना या फल से बीज, ठीक उसी तरह यह भी कह सकना बड़ा कठिन है कि मग से मगध बना अथवा मगध या मागध से मग। पौराणिक कथा तो यह है कि जब ऐक्ष्वाकु राजा पृथु कृषि संस्कृति के विस्तार और कार्यान्वयन के क्रम में पहाड़ों को काटकर भूमि को कृषि योग्य बनाने के अभियान में संपूर्ण पृथ्वी की महायात्रा में गंगा, सोन और निरंजना के पहाड़ी उपत्यका प्रक्षेत्र में पहुँचे तो भूमि के समतलीकरण और उसे कृषि योग्य बनाने में यहाँ के स्थानीय शासक मागध का श्रम और श्रम-फल देखकर प्रसन्न हो गए—बज्रगिरि बिलकुल कृष्ण की ब्रजभूमि जैसा फलों व फूलों की सुषमा से सज्जित था।

''महाराज पृथु बज्रगिरि का नाम बदलते हुए बोल पड़े—विश्वरथपाणि, तुमने तो गाधि-तनय विश्वरथ की तरह वज्रगिरि को अगाध अन्न भंडार के सर्वथा योग्य बना दिया और इस पर्वतीय भूमि को सुजलां-सुफलां, शस्य श्यामलां—बिलकुल विश्वामित्र की तरह और बज्रगिरि के बज्र को बिलकुल ब्रज की तरह हरा-भरा बना दिया। आज से इसे बज्रगिरि नहीं गिरिब्रज कहकर पुकारा जाए और गिरिब्रज को इस क्षेत्रीय जनपद की राजधानी बनाया जाए और इस क्षेत्र का नामकरण तुम्हारे नाम पर 'मागध' या 'मगध' किया जाए। मागध या मगध अर्थात् अगध अर्थात् अशेष। कश्मीर से कन्याकुमारी तक और कंबोज से बंग-कलिंग तक किसी ने कृषि-क्रांति के दृष्टिकोण से ऐसी सफलता नहीं प्राप्त की जितनी तुम मागध ने। तुम मगध के अधिराज घोषित किए जाते हो और तुम्हें निर्देश है मेरा—तुम इस कार्य को आगे बढ़ाओ। मगध की कोई सीमा-रेखा नहीं होगी और दश दशकों के अंदर तुम जिस-जिस क्षेत्र को इस तरह विकसित कर सकोगे वह क्षेत्र तुम्हारे मगध साम्राज्य का अंग घोषित कर दिया जाएगा। मागध विश्वरथपाणि यद्यपि चित्रगुप्त द्वारा नामित कैवर्त-पुलिंद प्रजाति के थे, तथापि पृथु के आदेश से विश्वामित्र ने कई अन्यों के साथ उन्हें भी नवक्षत्रिय घोषित कर दिया। महाराज जरासंध भी इसी वंश के एक महान् राजा हो चुके हैं।

''इसके विपरीत, शाकल द्वीप से प्रव्रजित मग ब्राह्मणों की मान्यता है कि मगध नाम मगों की कर्मभूमि होने के कारण बहुत पूर्व से चलता रहा है और कैवर्त कुलीय मागध नाम ही मगों के शाकल द्वीप प्रवास के बाद की स्थिति का सूचक है।''

''यह शाकल द्वीप के मगों को मागध या मगध प्रवास का क्या प्रयोजन था, पिताश्री?''

''पुत्र, कथा यह है—मगों की आदि कर्मभूमि तो वस्तुत: शाकद्वीप या विष्णुद्वीप

अथवा शाकल द्वीप ही है और इस द्वीप को मग वर्ण के लोग किसी भी स्थिति में छोड़ना नहीं चाहते थे। कारण, यहाँ उनके आदिदेव और एकमात्र देव सूर्य का एक विशाल मंदिर था, जिसमें सूर्यदेव की सुवर्णनिर्मित प्रतिमा स्थापित थी। विष्णुपद तीर्थ और सूर्य मंदिर की पूजा—ये उनके बहुत बड़े आकर्षण के केंद्र थे।

''किंतु महाभारत काल में एक ऐसी स्थिति उत्पन्न हो गई, जिसके चलते मगों को शाकल द्वीप छोड़कर बाहर निकलना पड़ा और वे एक बार बाहर निकले क्या, भारतवर्ष के कई भूभागों में फैल गए। स्थिति यह थी कि कृष्ण एवं जांबवती के पुत्र सांब दुर्वासा और नारद के शापवश कुष्ठ रोग से ग्रसित हो गए। कृष्ण को किसी ने बताया कि सूर्य की स्वर्णिम प्रतिमा बनाकर एक मंदिर में प्राण-प्रतिष्ठा कराने पर यदि सांब बारह वर्षों तक पूजा-अर्चना करें तो संभव है, सूर्य देव प्रसन्न हो जाएँ और सांब कुष्ठ से मुक्त हो सकें।

''एक दिन जब सांब चंद्रभागा नदी में स्नान कर रहे थे, उनके सामने नदी की धारा से एक स्वर्णिम प्रतिमा निकली, जो सूर्य की प्रतिमा का प्रतिरूप थी।

''कृष्ण के निर्देश पर इस प्रतिमा को द्वारका के एक मंदिर में स्थापित करने की तैयारी चलने लगी। द्वारका की सीमा के अंदर मूर्ति की स्थापना हो गई। किंतु प्राण-प्रतिष्ठा एवं पूजन प्रारंभ करने हेतु पुरोहित एवं ब्राह्मण आचार्यों की खोज के क्रम में कृष्ण को बताया गया कि शाकल द्वीप के मग अर्थात् ब्राह्मण ही उत्तम कोटि के ब्राह्मण हैं और वे ही सर्वश्रेष्ठ विधि व भक्तिपूर्वक यह कार्य संपन्न करें तो सूर्य भगवान् का आशीर्वाद सुनिश्चित होगा। शाकल द्वीप की प्रचलित प्रथा के अनुसार समाज के चार वर्णों के नाम तब ब्राह्मण, क्षत्रिय, वैश्य, शूद्र नहीं वरन् मग, मामग, मानस और मंदग थे, जो मंत्रओम के प्रतिरूप माने जाते थे।

कार्तिक मास की शुक्ल षष्ठी तिथि निर्धारित हो गई। कृष्ण ने अपने पुत्र सांब को गरुड के साथ शाकल द्वीप भेजा और उनके आमंत्रण को स्वीकार कर अठारह मग आचार्य द्वारका लाए गए, जिन्होंने प्राण-प्रतिष्ठा और सूर्य-पूजन सविधि संपन्न करवाई। पूजा के दूसरे दिन से ही सांब का कुष्ठ दूर होने लगा और मगों की विदाई के पहले ही वे पूर्णत: स्वस्थ हो गए। कृष्ण ने उन दिव्य आचार्यों की सादर विदाई की और उन्हें 'दिव्य ब्राह्मण' कहकर संबोधित किया। चलते-चलते कृष्ण ने उनसे कहा कि उन्होंने जिस राजा जरासंध का कभी वध करा दिया था, उसका एकमात्र पुत्र राजा धृष्टकेतु कुष्ठ रोग की पीड़ा से मगध देश में छटपटा रहे हैं, उन्हें भी आपकी कृपा और करुणा की आवश्यकता है। चले तो थे वे शाकल द्वीप, किंतु मार्ग में ही गंतव्य बदल लिया और गरुड़ के साथ बज्रगिरि पहुँच गए। बज्रगिरि उतरने के बाद उन्हें विदित हुआ कि धृष्टकेतु राजा होते हुए भी अनाथ और असहाय का जीवन व्यतीत कर रहे हैं। उनके परिवार की रक्षिका देवी नागकन्या जरा भी निष्कासित हो चुकी थी और आर्यों के किसी भी देव या मनुष्य उन्हें अपना समझकर

स्नेह, सहानुभूति या सेवा प्रदान करने से पूर्णतः विरत थे।

"दिव्य ब्राह्मण गण को वहाँ ठहरकर राजा की सहायता उचित लगी; किंतु इसी बीच गरुड को द्वारका वापस आ जाना पड़ा। अठारह ब्राह्मणों को वहीं रुक जाना पड़ा और बाद में उन्हें पता चला कि यही राजा जरासंध के वंशज धृष्टकेतु का राज है। वे अठारह ब्राह्मण अठारह गाँवों में बस गए और धीरे-धीरे उनकी संख्या तो बढ़ो ही, उनके राज्य जंबूद्वीप का भी विस्तार सबसे बड़े साम्राज्य के रूप में हो गया।

"कुछ का मानना यह भी है कि इस तरह मार्ग-परिवर्तन कर विपुल, विभ्राज तथा बज्रगिरियों के पठारों पर बस जाने के कारण भी उन्हें पालि भाषा में 'मगा' अर्थात् 'मग' ब्राह्मण कहा जाने लगा। कहा तो यह भी जाता है कि पितरों की मुक्ति हेतु श्राद्धकर्म करने हेतु उन्हें गया आने की तीव्र इच्छा थी, जहाँ गयासुर तथा विष्णुपद का स्पर्श कर उनमें भवसागर तर जाने की भी अभिलाषा थी। विष्णुपद के समीप सूर्य मंदिर बनाकर विष्णु और सूर्य की छत्रच्छाया में बस जाना उन्हें बिलकुल शाकल द्वीप में बसने जैसा ही लगा, अतः जंबूद्वीप में इस तरह इनकी स्थायी वासभूमि बन गई और ये मग नाम से प्रतिष्ठित हो चले।"

"जो भी हो पिताश्री, किंतु यहाँ के मूलवासी या आदिवासी अथवा प्राचीनतम वासी तो जरासंध के पूर्वज ये पुलिंद-कैवर्त ही सिद्ध होते हैं—मग नहीं। मुझे तो स्पष्टतः यही प्रतीत होता है कि मगध की मूल संस्कृति आएदिनों इसी पुलिंद के मूल संस्कारों के कारण ही प्रदूषित हो गई होगी। यही पुलिंद संस्कृति अर्थात् कृषि और श्रम की संस्कृति, पुलिंद संस्कृति अर्थात् सुर संस्कृति के समानांतर प्रवहमान एक पातालोन्मुखी संस्कृति अर्थात् असुर संस्कृति या अशुर अथवा अहुर संस्कृति बनकर फारस गई, बेबिलोन गई और अहुरबनिपाल के नेतृत्व में पूरे विश्व में फैल सकी।"

"तुम ठीक कहते हो पुत्र, मुझे भी यही लगता है कि यही अहुरबनिपाल या असुरबनिपाल वह भारतीय अथवा मागधी संस्कृति दूत था, पुलिंदों का ही कोई पूर्वज जिसे मयूरध्वज वाणासुर भी कहा गया है, तीसरी दुनिया अर्थात् पाताल-लोक का राजा, जिसकी राजधानी शोणितपुर विख्यात है। और पुत्र, महाराज पृथु के प्रतापी उत्तराधिकारी महाराज कुश ने पुलिंदराज विश्वरथपाणि वृहद्रथ की कृषि क्रांति को सफल करने में अग्रणी भूमिका निभाने के लिए गौरवान्वित करने हेतु मागधराज के रूप में कुशस्थली में सिंहासनारूढ़ कर दिया। तब के समकालीन राज्यों में इक्ष्वाकु, पंचाल, हैहय, कलिंग, शका कुरु, शूरसेन और वीतिहोत्र, सबके सब पुलिंदों से अपने को उच्चतर संस्कारवाले मानते थे। यही कुशस्थली कुशाग्रपुर भी कही गई, जो आगे चलकर ब्रजगिरि में स्थानांतरित हुई। कुशस्थली का ही कुशाग्रपुर वृहद्रथ की राजधानी था, प्रसेनजित् ने इसे ब्रजगिरि में स्थानांतरित किया, बिंबिसार ने राजगृह में, अजातशत्रु ने चंपा में और उदायी ने पाटलिपुत्र में। और इस परिवर्तन के इतिहास

में मगध के इतिहास की बहुत बड़ी सच्चाई छिपी हुई है।

"यह तो स्वीकार करना ही पड़ेगा हमें कि काल के अनंत प्रवाह में चलकर वाणासुर की संस्कृति अर्थात् कैवर्ती-पुलिंदी संस्कृति पूर्णत: पातालोन्मुखी या पतनोन्मुखी हो चली। संसार का सारा धन-वैभव प्राप्त करने के लिए साधन की पवित्रता का खयाल रखे बिना कुछ भी कर गुजरने की संस्कृति थी पुलिंद संस्कृति। धन-वैभव या राजसिंहासन प्राप्त करने के लिए चाहे अपने मालिक या अपने पिता की ही हत्या क्यों न कर देनी पड़े, जीवन का सुख भोगने के लिए, चाहे किसी भी अन्य की संपत्ति या अकुलीन चरित्रहीन पराई स्त्री का ही हरण क्यों न करना पड़े इत्यादि-इत्यादि। वाणासुर ने तो हजारों गोपियों का अपहरण किया—यह कथा तुम्हें विदित ही है।"

"यह तो सचमुच पतनशील चरित्र है पिताश्री, और इसे तो संस्कृति नहीं, अपसंस्कृति ही कहना चाहिए।"

"इसी अपसंस्कृति को रोकने के लिए यानी मगध अर्थात् मागध संस्कृति को ऊर्ध्वमुखी गति प्रदान करने के लिए ही तो मग-संस्कृति अर्थात् अंधकार की संस्कृति में उत्पन्न होनेवाले प्रदूषणों को रोकने के लिए प्रकाश की संस्कृति, ज्ञान की संस्कृति, शुद्ध आचरणवाली सूर्य संस्कृति का प्रादुर्भाव हुआ था। पुलद प्रभावित मागध संस्कृति जब सूर्य अर्थात् मग संस्कृति के संस्पर्श या संपर्क में रहेगी, तभी तो वह पातालोन्मुखी नहीं होगी। वह आकाशोन्मुखी होगी, आकाशीय नहीं; संपूर्ण धरती की, पूरी पृथ्वी की अर्थात् मानव-मात्र की आदर्श संस्कृति बन सकेगी। यही कारण है और यही विशेषता है पुत्र, कि सारी दुनिया के लिए मगध या पाटलिपुत्र की संस्कृति एक आदर्श संस्कृति मानी जाती रही है। हमारे पूर्वज भृगु से लेकर परशुराम तक इसी श्रमशक्ति व सदाचार की मिश्रित संस्कृति की स्थापना के लिए वसिष्ठों अर्थात् तथाकथित सुरसंस्कृति से संघर्ष करते रहे हैं। बेटे, आज कुश और कुरु-संस्कृति की रक्षा तथा महापद्मनंद के शासन में भी आदर्श संस्कृति पर संकट के बादल छा गए हैं। नंद के राज्य में भी आज कामधेनु नंदिनी सुरक्षित नहीं है और ऐसी स्थिति में मगध के कल्याण के लिए कुछ कर गुजरना हमारे संस्कार एवं हमारी संस्कृति की पहली और सबसे महत्त्वपूर्ण चुनौती है। तुम संकल्प लो चाणक्य, कि इस महत् कार्य के लिए तुम जमदग्नि-सुत परशुराम बनने के लिए तैयार रहोगे। परशुराम को हैहय-पुलिंद कार्तवीर्यी संस्कार के विरुद्ध हथियार उठाना पड़ा था—तुम्हें भी ऐसा कर सकने को विवश होना पड़ सकता है। परंतु हर क्षण यह स्मरण रखना होगा कि हमारी लड़ाई किसी व्यक्ति या जाति के विरुद्ध नहीं, अपसंस्कृति के विरुद्ध होगी।"

"यही होगा पूज्यवर! जमदग्नि-पुत्र की तरह चणक-पुत्र भी अपने कर्तव्य से चूकेगा नहीं, विश्वास कीजिए। पिताश्री, आपकी कामधेनु का हरण किसी भी स्थिति में वह नहीं होने देगा।"

रात ढलने लगी थी। थोड़ी ही देर में पिता-पुत्र कब निद्रा की गोद में प्रवेश कर गए, किसी ने नहीं जाना।

: 4 :

पिता-पुत्र की विचार-संध्या के सांध्य विमर्श का आज चतुर्थ सत्र था। चणक जल्दी-से-जल्दी मिथक के महासमुद्र से निकलकर इतिहास के तट पर खड़ा होकर पुत्र को मगध के इतिहास और मगध के वर्तमान की ओर प्रस्थान कराने के लिए उत्सुक थे, किंतु चाणक्य का बाल स्वभाव जैसे कथा के मिथकीय जाल से निकलने के पूर्व मिथक और इतिहास के अंतर्संबंधों की पूर्ण पहचान के लिए विकल और अपने हठ से हिलने को प्रस्तुत ही नहीं था। आज भी उसने बातें शुरू कीं इसी प्रश्न से—"पिताश्री, आपने जरासंध-वध की कथा तो बताई, किंतु यह नहीं बताया कि द्वारका से शाकल द्वीप नहीं जाकर और गिरिब्रज अवतरित होकर मग ब्राह्मणों ने मगधराज धृष्टकेतु का कुष्ठ-निवारण कैसे किया तथा इसका प्रभाव मगध की संस्कृति और राजनीति पर भी पड़ा या जरा और तक्षक की पूजा-आराधना करनेवाला राज-संस्कार मगध की शिराओं में पूर्ववत् प्रवहमान ही रह गया। आखिरकार कृष्ण जैसे कूटनीतिज्ञ महापुरुष के जरासंध-वध और धृष्टकेतु के राज्यारोहण के पीछे भी तो कोई-न-कोई दूरगामी नीति ही रही होगी!"

"तुम्हारा प्रश्न वस्तुतः मगध की मूल समस्या से जुड़ा प्रश्न है पुत्र, और इसका उत्तर सुने बिना मगध की वर्तमान दशा और भविष्य के लिए उपयुक्त दिशा का सटीक निर्धारण शायद कठिन होता। तो सुनो—

"कृष्ण ने जरासंध-वध के पश्चात् और धृष्टकेतु के राज्यारोहण के पूर्व सर्वप्रथम नागदेवी जरा को मगध के राजभवन से निष्कासित कर पाताल लोक पहुँचा दिया। कालक्रम से नागवंशियों ने इस अपमान का प्रतिशोध अवश्य ही जर व्याध द्वारा कृष्ण का वध कराकर ले लिया, किंतु जरा के निष्कासन के साथ कृष्ण ने मगध की संस्कृति को एक नई आत्मा और नई कथा तो दे ही दी।

धृष्टकेतु के दरबार में ही नहीं, उसके राजशासन में भी जरा और नागवंशियों को प्राप्त सभी महत्त्वपूर्ण स्थान मग ब्राह्मणों को प्राप्त हो गए और धृष्टकेतु के अधिकांश मंत्री अब आदित्याराधक तथा वैष्णव धर्मी मग होने लगे। फिर क्या था—मगध और मग धीरे-धीरे दूध-पानी की तरह मिल गए और मगध के इतिहास के बीज-वृक्ष या अंड-पिंड अर्थात् अंडजीव बनकर जैसे एकाकार हो चले और मगध की उस संस्कृति के प्रतीक हो चले, जिसे भारत के सोलहों जनपदों ने कभी अपना आदर्श कहा, कभी

उसकी छत्रच्छाया स्वीकार की। यों कभी-कभी मागध चाक्रवर्त्य को चुनौती भी दी और कभी-कभी तो ऐसा भी हो गया कि मगध के सिंहासन पर अवंति-नरेश भी आकर आसीन हो गए। यह कथा-विश्वरथपाणि वृहद्रथ से शुरू होकर मगध सम्राट् रिपुंजय के ठीक पूर्व तक की कथा तक तो वस्तुत: बड़ी गौरवमयी है, पुत्र। किंतु मगध के इतिहास का एक काला अध्याय ही कहो इसे कि रिपुंजय की निस्संतान मृत्यु के बाद मगध की आपसी फूट से लाभ उठाकर वीर्तिहोत्र वंशीय अवंति-नरेश महासेन प्रद्योत ने बिना किसी युद्ध के ही मगध के शासन पर अधिकार जमा लिया। यह तो बिंबिसार की महानता थी, जिसने वीतिहोत्र क्षेमवर्द्धन और क्षमौजा को युद्ध में परास्त कर मगध को अवंती की अधीनता से मुक्त कर लिया। मुक्त ही नहीं किया, एक समय ऐसा भी आया जब मगध की प्रताप-पताका के नीचे अवंती ही नहीं, वत्स, काशी, कोशल, अंग-बंग, कलिंग तथा वैशाली तक को आना पड़ा।''

''ऐसे गौरवशाली साम्राज्य को फिर किस स्थिति में नागवंशियों के अधीन जाने को विवश होना पड़ा, पितृवर?''

''पुत्र, बिंबिसार-पुत्र अजातशत्रु से ही या यों कहो कि स्वयं बिंबिसार के उत्तरवर्ती शासनकाल से ही प्राचीन पुलिंद नस्लीय संस्कार मगध की पुन:प्रस्फुटित वृहद्रथ संस्कृति पर हावी होने लगा और हुआ तो यह भी कि अजातशत्रु, दर्शक और उदायी के उत्तराधिकारी नागदशक को कमजोर पाकर उसी के द्वारा नियुक्त काशी के शासक तथा मगध के मंत्री शिशुनाग ने ठीक वैसे ही उसे डँस लिया जैसे कभी राजा परीक्षित को तक्षक नाग ने डसकर कलियुग का उद्‌भव संभव किया था। ठीक उसी तरह मगध का सिंहासन फिर पातालोन्मुखी हो चला और तल-वितल का भ्रमण करता हुआ आज नंदिवर्धन से महानंद या महापद्‌मनंद तक पहुँच गया है। अब मेरी-तुम्हारी या हम-तुम जैसे सुधी लोगों की प्रथम जिम्मेदारी है चाणक्य, कि वृहद्रथ-विश्वरथ परंपरा का पुनरुद्धार करें और नागों के नागपाश से ही नहीं, विनाशकारी नंदों के पापपाश से भी मगध संस्कृति को मुक्त करें।''

''हाँ बेटे, शिशुनाग एक साधारण सैनिक से नागदशक का रक्षा मंत्री बनकर ठीक उसी तरह राजसिंहासन तक पहुँच गया था जैसे तक्षक फलों-फूलों की डलिया में लघु रूप धारण कर परीक्षित के शयन कक्ष तक पहुँच गया था। तक्षक ने परीक्षित के पैर में डँसा था, शिशुनाग ने नागदशक के कलेजे में छुरा भोंक दिया और इस तरह 723 वर्ष पुराने महाभारत काल से भी प्राचीन वृहद्रथ के गढ़ का केसरिया ध्वज उतारकर उसपर शिशुनाग वंश का काला झंडा फहरा दिया। फिर क्या था मगध का आकाश काले बादलों की काली छाया से आच्छन्न हो गया—शिशुनाग, काकवर्ण और कालाशोक और बस, केवल काल और कालिमा का काला शासन।''

"यह तो भयंकर अनर्थ हुआ, पिताश्री।"

"नहीं पुत्र, इससे भी भयंकर अनर्थ तो तब हुआ जब कालाशोक ने अधीनस्थ राज्य अवंती की किसी कुल-गोत्रहीन वेश्या को अपनी रानी के रूप में स्वीकार कर लिया, जिसके तथाकथित या कि छद्मवेशी कोई प्रेमी पुत्र महानंदिन या नंदिवर्धन अवंती से आकर मगध के राजसिंहासन पर आरूढ़ हो गया। कहते हैं, इतिहास दोहराता रहता है अपने को। कैसा अद्भुत संयोग था कि जिस तरह शिशुनाग ने कभी अंतिम वृहद्रथ नागदशक के कलेजे में खंजर मारकर मगध के राजसिंहासन का स्वामित्व ग्रहण कर लिया था, ठीक उसी तरह नंदिवर्द्धन ने, एक वेश्या-पुत्र ने, एक कुल-गोत्रहीन पतित व्यक्ति ने, एक शत्रु देशीय अवंतिवासी ने, अपने तथाकथित पिता कालाशोक के गले में छुरा घोंप दिया और नंद वंश के नाम से एक नई राज व्यवस्था का सूत्रपात कर दिया। राजभवन का अंत:पुर रक्त से रंजित हो गया। सभी देखते रह गए। भीष्म और द्रोणाचार्य जैसे विद्वान् और आचार्य महापुरुष, विदुर जैसे महात्मा देखते रह गए। सभी राजे-रजवाड़े देखते रहे तथा मगध की गद्दी पर एक अवैध, अनैतिक और हाँ पुत्र, एक नितांत अवैध तथा बत्तीस पुश्तों और बत्तीस पुतलियोंवाले वृहद्रथ सिंहासन पर वृहद्रथ कुल का हिंसक तथा कुल-गोत्रहीन व्यक्ति शासनारूढ़ हो गया। न युधिष्ठिर, न दुर्योधन, न युयुत्सु कुछ भी कर सके—सबके सब केवल देखते ही नहीं रह गए, राज्याभिषेक के उत्साह में लग गए और उस अवैध सम्राट् ने सबसे हटकर एक ऐसा सिक्का चलाया, एक ऐसा सिक्का जो केवल मगध जनपद का ही नहीं, पूरे मगध साम्राज्य की पहचान बन गया—गिरिव्रज से पाटलिपुत्र तक ही नहीं, अंग-बंग-कलिंग तक, काशी-कोशल तक, वत्स-अवंती तक, सिंधु-सौवीर तक, कंबोज-गंधार तक, वैशाली-कपिलवस्तु और मुरिय-पंचनद तक। यह अवैध किंतु महाबलशाली सम्राट् था—नंदिवर्द्धन, महानंद जिसने अपने नाम को अलंकृत कर महापद्मनंद कर लिया अर्थात् पद्म-पद्म महापद्म, अशेष स्वर्ण-मुद्राओं का कुबेर, एक महापद्म सैनिकों का सेनापति, हाथी-घोड़ों-पैदल सेनानियों के अभेद्य व्यूहों को रचनेवाला योद्धा। महापद्मनंद के राज के मंत्री महापंडित थे, किंतु मौनद्रष्टा और केवल हाँ में हाँ मिलानेवाले शास्त्रज्ञ।"

"इतने विशाल साम्राज्य की कुछ उदाहरणीय विशेषताएँ भी तो होंगी ही, पितृवर!"

"हाँ पुत्र, थीं, अवश्य थीं। युद्ध के लिए तो कोई राजा साहस ही नहीं कर पाता। हाँ, प्रतियोगिताएँ, अलंकरण समारोह जैसे बहुत सारे कार्यक्रम आयोजित होते थे—तक्षशिला विश्वविद्यालय के प्राध्यापक, नालंदा विद्यापीठ के अध्यापक, कवि, दार्शनिक, वैज्ञानिक, चिकित्सा-शास्त्री सबके अलंकरण हेतु सम्मान-सभाएँ आयोजित होतीं और इन समारोहों के लिए आमंत्रित राजे व महाराजे बहुमूल्य भेंटों के साथ अपनी उपस्थिति सुनिश्चित करते।"

"इतनी विशाल सेना, इस तरह की अकूत धनराशि, इतने बड़े-बड़े विद्वान् मंत्री और पदाधिकारी—आखिर क्यों एकत्र की थी महाराज महापद्मनंद ने, पितृवर?"

"पुत्र, साम्राज्य के सभी सुयोग्य लोग राजाधिराज की ही महत्त्वाकांक्षा की पूर्ति में लगे हुए थे और महापद्मनंद राजमहल में एक-से-एक रूपवती युवतियों और एक-से-एक रानियों-पटरानियों के साथ रंग-रास में रत। वैसे विधिवत् महापद्मनंद की एक ही पत्नी है, जिसका नाम सुनंदा है और जिससे आठ पुत्र हैं जो महानंद सहित नौनंद के रूप में विख्यात हैं और जिनमें ज्येष्ठ पुत्र घनानंद है। आज भी अत्याचार, अनाचार, दुराचार और भ्रष्टाचार में महापद्मनंद ने रावण एवं कंस को भी पीछे छोड़ दिया है। मगध के सिंहासन पर नंद वंश का ही रक्तबीज राज करे, इस उद्देश्य से महापद्मनंद ने अपनी मुरिय कुलीन अपहृता पत्नी मुरा को अन्य पटरानियों की ही तरह राजमहल में तो रखा है, किंतु दासी के रूप में प्रचारित करता है। मुरा का एकमात्र पुत्र अपने मामा के संरक्षण में यत्र-तत्र लुक-छिपकर जीवन बिता रहा है।"

"पिताश्री, ऐसे में ही तो पंडितों और विद्वानों की महत्त्वपूर्ण भूमिका होती है। क्यों नहीं आप कात्यायन, शकटार और राक्षस जैसे अमात्यों से विचार-विमर्श करते और महापद्मनंद को सन्मार्ग पर चलने की प्रेरणा व प्रोत्साहन देते?"

"शकटार, कात्यायन और मैं सभी सबकुछ करके थक चुके हैं, चाणक्य। बस, एक राक्षस है, जो चाहे तो राजा को कुछ नैतिकता और सद्विचार की बातें कह सके; किंतु राक्षस तो ऐसा है कि हम लोगों से हम लोगों की तरह बातें करता है, किंतु राजा से हम लोगों की सारी गुप्त योजनाएँ भी बता देता है और फलतः हम तीनों का भविष्य क्या, जीवन भी खतरे में है। मेरा क्या बिगाड़ेगा महानंद बेटे, किंतु शकटार और कात्यायन को तो अमात्य पद से तुरंत ही वह च्युत कर देगा।"

"आपसे महानंद क्यों इतना नाराज रहता है, पिताश्री?"

"चाणक्य, तुम्हें यह जानना चाहिए भी पुत्र, कि कोई भी दूरदर्शी राजा सबसे पहले इस बात का यत्न करता है कि उसका शासन काल अधिक-से-अधिक दिनों तक चलता रहे—यहाँ तक कि उसकी मृत्यु के बाद भी उसी का वंश सत्तासीन होता रहे। इसे संभव करने के लिए उसकी पहली आवश्यकता यह होती है कि अपने राज्य के अधिकांश ही नहीं, भरसक सबके सब बुद्धिजीवी व प्रबुद्ध समाज के सदस्य उसके प्रशासन तंत्र से जुड़कर उसके यश का गुणगान करनेवाले हो जाएँ। बेटे, ये प्रबुद्ध व बुद्धिजीवी वर्ग के लोग ही अन्याय और शोषण के विरुद्ध समाज को जगाने तथा सतर्क करने का काम कर सकते हैं और यदि ये सबके सब राजतंत्र के अंग नहीं बन गए तो कभी-न-कभी ये ही लोग सत्ता के आलोचक और अन्याय-भ्रष्टाचार की जड़ खोदने लग जाते हैं। कात्यायन, शकटार, राक्षस और अन्य अनेक विद्वानों ने महापद्मनंद के आमंत्रण पर तक्षशिला छोड़

दिया था। कुछ ने पद-लोलुपता के कारण तो कुछ ने तक्षशिला पर हो रहे विदेशियों के आक्रमणों के भय से। मैंने तक्षशिला को दुश्मनों के आक्रमण से पहले ही उसे ध्वस्त मान लेना समयानुकूल नहीं समझा और धर्मरक्षित व पुंडरीक जैसे विद्वानों के साथ सरस्वती की सेवा तथा भारत के गौरव स्तंभ तक्षशिला की गरिमा को बचाना अधिक श्रेयस्कर समझा। महापद्मनंद ने तभी राक्षस से कहा था—यह काला ब्राह्मण बड़ा अभिमानी है। काला शूद्र सज्जन होगा, विश्वसनीय भी होगा; किंतु काला ब्राह्मण, ईश्वर बचाए इससे। अच्छा, मैं इसके दर्प का भी दलन कभी-न-कभी अवश्य करूँगा।''

''पिताश्री, अंततः तो आपको तक्षशिला को छोड़ ही देना पड़ा। मुझे लगता है, नंद को आपने नाहक ही नाराज कर शत्रुता मोल ले ली। आज आप भी मगध के कोई अमात्य तो रहते ही और आपका परिवार सुवासिनी के पिता और उनके परिवार की तरह ही राजसुख तो भोगता ही रहता।''

''यह सुवासिनी कौन है, पुत्र?''

''पिताश्री, सुवासिनी आपके कभी के कनीय सहकर्मी महामात्य राक्षस की एकमात्र पुत्री-रत्न है, जो सच पूछिए तो अपने मगध राज्य की राजकुमारी है—रूप, गुण, ऐश्वर्य सबसे परिपूर्ण। हम दोनों पाटलिपुत्र के राज्य-संचालित विद्यालय में साथ-साथ पढ़ते थे। सौभाग्यवश वह वहीं ज्ञानार्जन कर रही है। मैं इतने अच्छे विद्यालय को आवश्यक शुल्क नहीं दे सकने के कारण वहाँ से हट गया और आज आपके इस विद्यालय में होने की स्थिति में हूँ। आज यदि महामात्य आप होते तो आपका पुत्र निःशुल्क श्रेष्ठ राजकीय शिक्षा से लाभान्वित होता। आज तो आप स्वयं भी महसूस करते होंगे कि आपने नंद के आमंत्रण को ठुकराकर बहुत बड़ी भूल की—राजकृपा की जगह राजकोप के शिकार हो गए।''

''नहीं पुत्र, मैं आज भी यही मानता हूँ कि मैंने कोई भूल नहीं की। मैं चणक हूँ बेटे, आग का एक जाज्वल्यमान अंगार। बुझने के पहले मैं विस्फोट तो कर ही सकता, अकेले भी आकाश में आग तो लगा ही सकता ब्रह्मांड तक और मिट्टी-निर्मित भांड तो भांड ही है, सारे ब्रह्मांड में आग भी तो फैला ही सकता हूँ, निद्राग्रस्त लोगों को जगा ही सकता हूँ; अंधकार को, परतंत्रता को, देश के दुश्मनों को अपनी सीमाओं के बाहर भगा ही सकता हूँ। मैंने तक्षशिला में रहकर सिकंदर और सेल्यूकस को समीप से देखा, उनकी युद्ध नीतियों और उनके व्यूहों की समीक्षा की, पोरस का पराजित होकर भी गौरवान्वित होना देखा और मुझे यह दृढ़ विश्वास हो गया है बेटे, कि सिकंदर को रोक पाना यदि पोरस से संभव नहीं हो सका तो अब यह काम अवंती से भी नहीं होगा, वत्स से भी नहीं, काशी-कोशल से भी नहीं। यह काम यदि कोई कर सकता है तो बस केवल मगध। किंतु आज का मगध तो बाहर-बाहर भले शक्तिशाली दीखता हो, अंदर-अंदर खोखला होता जा रहा है—आपसी विद्वेष से, शोषण से, अत्याचार से, भ्रष्टाचार से, अनाचार-दुराचार से।

"ऐसी स्थिति में तुम ही सोचो, मेरा मगध में आकर जागरण की मशाल जलाना कितना आवश्यक था! चाणक्य, मैं इसी कार्य में लगा हुआ हूँ—कात्यायन, शकटार, यहाँ तक कि स्वयं राक्षस और ऐसे सभी प्रबुद्ध लोगों को अपने साथ जोड़ने के प्रयास में हूँ। देखो, मुझे मगध को एक शक्तिशाली साम्राज्य ही नहीं, एक कल्याणकारी चक्रवर्ती सत्ता बनाने और उसकी शक्ति से शकों, हूणों व यवनों को देश की सीमा से बाहर खदेड़ देने के क्रम में किन-किन संकटों और समस्याओं से जूझना पड़ता है। मैं असफल नहीं होऊँगा पुत्र, क्योंकि मेरा विश्वास है कि यदि मैं नंद का कोपभाजन भी हो गया और किसी गुप्त योजना का शिकार होकर मारा भी गया तो भी तुम तो हो न। चणक न भी रहे तो चाणक्य तो है न! चाणक्य रहेगा बेटे, चाणक्य के बाद भी कोई चाणक्य और फिर कोई चाणक्य और जब तक इस देश में चाणक्य और चाणक्य की संततियाँ और आत्मा जिंदा रहेगी, यह देश टूटेगा नहीं, यह देश परतंत्र नहीं रहेगा। तुम चाणक्य नाम को चणक की आत्मा बनकर सार्थक कर दिखाओगे, यह विश्वास तो है ही अपना।"

"ऐसा ही होगा पिताश्री, ऐसा ही होगा। होकर रहेगा।"

इसी वार्त्तालाप के साथ पिता-पुत्र दोनों अपने-अपने बिस्तरों की ओर बढ़ चले। किंतु आज की रात बीती रातों-सी विश्रामदायिनी नहीं, बड़ी विकट रात हो गई दोनों के लिए। चणक अपने बिस्तर पर और चाणक्य अपने—रात भर तारे गिनते रह गए; योजनाएँ बनाते—कभी भारत के भविष्य की, कभी मगध की दशा-दिशा की।

: 5 :

अब मगध की राजधानी वह प्राचीन कुशावती या कुशस्थली अथवा कुशाग्रपुरी की कुश-संकुल कंटकाकीर्ण धरती या वज्रगिरि की वज्र कठोर पर्वती मिट्टी या राजगिरि की विभ्राज-विपुल-आदि तथा विष्णु-गिरि-कुल की पठारी भूमि नहीं थी। अब राजधानी थी वह लावण्यमयी-महिमामयी धरती, जो कभी पुष्पपुर-कुसुमपुर के नाम से विख्यात रही, कभी पाटलिपुत्र से, कभी पाटल-शोभित पाटलिग्राम से और कभी पाटन महिमान्वित पाटनपुरी से, जिसे गाधि-पुत्री पाटलि या पाटन देवी के नाम पर ऋषि-श्रेष्ठ कुंडन के यशस्वी ऋषि-पुत्र कौंडिन्य ने तीर्थराज प्रयाग की तरह आर्य संस्कृति के एक तीर्थ के रूप में बसाया था, जिसे राजा वृहद्रथ ने कुबेर की गंधर्व नगरी अलका-सी इंद्रधनुषी रंगों से सजाया था, सरस्वती की वीणा-सी बजाया था और जिसे उनके बत्तीस उत्तराधिकारियों ने सँवारा था, सँजोया था और नाम दिया था—पाटलिपुत्र। गंगा, सोन तथा पुनपुन की त्रिवेणी पर निर्मित, बुद्ध और महावीर की वाणी से संस्कारित इसी पवित्र नगरी में स्थापित बत्तीस पुतलियोंवाले एक स्वर्ण-निर्मित-रत्नजटित सिंहासन, जिस पर कभी सूर्यवंशी सम्राट्

कुश ने कुरुवंशी वृहतपाणिरथ वृहद्रथ को आसीन किया था, आज उसी सिंहासन पर मगधाधिपति के रूप में आसीन था शत्रु देशीय अज्ञात कुलशील एक परदेशी—कभी उज्जयिनी की बदनाम गलियों का वासी राजा नंदिवर्द्धन या नंदिन या नंद जो अपने को अब महानंद कहने लगा था। उसने उज्जयिनी की प्रसिद्ध गणिका-सुंदरी आनंदी को, जिसे तत्कालीन मगधराज कालाशोक प्यार से नंदी या नंदिनी कहकर भी पुकारते थे तो राजमाता घोषित कर अपनी गृहदेवी के रूप में राजभवन में स्थापित कर लिया था। कालाशोक ने अवंती विजय के बाद वर्षों आनंदी का निवास अवंती में ही रखा था। किंतु जैसे-जैसे उम्र ढलने लगी, कालाशोक का अवंती-प्रवास उनके मंत्रियों-अमात्यों की दृष्टि में असुरक्षित-सा लगने लगा—पता नहीं कब, महासेन प्रद्योत के वंशज उन्हें बंदी बना लें और एक बार फिर मगध के सिंहासन पर आसीन हो जाएँ।

एक दिन उनके महामात्य ने सम्राट् से कहा, "परमभट्टारक महाराजाधिराज, अब जब पाटलिपुत्र में सर्वत्र अवंती सुंदरी देवी आनंदी की चर्चा महारानी के नाम से होने ही लगी है तो क्यों नहीं सम्राज्ञी को सादर अवंती से लाकर राजभवन के अंत:पुर में समुचित स्थान पर सुस्थापित कर दिया जाए।"

परामर्श को मनोनुकूल समझकर सम्राट् ने कहा, "प्रधानामात्य का यह प्रस्ताव सर्वथा उचित व समयानुकूल है और मुझे स्वीकार भी। किंतु संभवत: अमात्यमंडल और राजपरिवार को यह प्रस्ताव स्वीकार्य नहीं हो और इसका प्रमुख कारण आनंदी के साथ स्वभावत: उसके तथाकथित मित्र या पुत्र नंदिवर्द्धन का भी आ जाना तथा राजभवन में किसी अतिथि की तरह नहीं, बल्कि राजकुमार की तरह छा जाना। महामात्य, नंदिन मेरा रक्तबीज नहीं होते हुए भी रक्त की तरह ही प्रिय है और इसलिए नंदिन को सम्राट् के दैनंदिन सान्निध्य से वंचित कर पाना भी मेरे लिए संभव नहीं प्रतीत होता। नंदिन महत्त्वाकांक्षी भी है, किंतु आनंदी को प्राणों से भी अधिक प्रिय। आनंदी को प्रसन्न रखने के लिए मैंने भी कई बार उससे वादा किया है कि अब शीघ्र ही किसी शुभ अवसर पर नंदिवर्द्धन को युवराज के रूप में अभिषिक्त हो जाने का सौभाग्य मिलने वाला है।"

कालक्रम से एक दिन ऐसा भी आया कि आनंदी अवंती से आकर पाटलिपुत्र के राजमहल में स्थापित हो गई और उसके साथ ही नंदिन भी समादृत—"बिलकुल युवराज की तरह। राजा जब आनंदी के सौंदर्यपाश में कैद होते नंदिन राजदरबार में सुशोभित। शासनादेशों को अन्वित-क्रियान्वित करते रहने के लिए सर्वथा उन्मुक्त, पूर्णत: स्वतंत्र। कुछ ही दिनों में तो नंदिन का प्रभाव राज्य के शासन-प्रशासन पर स्पष्टत: दृष्टिगोचर होने लगा। सम्राट् सुंदरी और सुरा के आगोश में बेहोश रहते और नंदिन सत्ता-सुख में मदहोश। अब पाटलिपुत्र का असली राज प्रशासन सबकी दृष्टि में नंदिन के हाथों में था और प्रतीक्षा थी उस शुभ समय की, जब कालाशोक काल-कवलित हों और नंदिवर्द्धन मगध के सम्राट्

घोषित हो जाएँ। किंतु इस प्रतीक्षा में खतरे अनेक थे। शिशुनाग वंश के ही अनेक ऐसे राजकुमार थे—कालाशोक के अपने भाई-भतीजे, जो इसी प्रतीक्षा काल में सिंहासन पर आसीन हो जाने की तैयारी में तत्पर सुने जाते।

नंदिन ने आनंदी से मंत्रणा की—''माते, यह मगध साम्राज्य का अमृत फल वृक्ष पर कब पकेगा और कब गिरेगा, इसकी प्रतीक्षा में यह भी तो हो सकता है कि किसी दिन मौसम बिगड़ जाए, आँधी-तूफान ऐसा उठे और ऐसी घनघोर बारिश होने लगे कि अमृत फल को धारण करनेवाला यह आम्र-तरु ही उखड़कर ध्वस्त हो जाए और इस राजफल पर राजकुल का कोई अधिकारी राजकुमार अपना उत्तराधिकार घोषित कर राजा बन बैठे। आखिर मगध की जनता के मन में भी तो अवंती का यह नंदिन, जिसे ये लोग शूद्र कहकर अपने नागकुल को कलंकित करनेवाला कहा करते हैं, वृहद्रथ के राजरथ पर आसीन होने की अर्हता नहीं धारण करता। शूद्र होने के अतिरिक्त भी वह शत्रुदेश-निवासी होने के कारण स्वीकार्य क्यों होगा—एक दिन ऐसा भी तो आ सकता है माँ, कि हम दोनों को राजमहल से निकालकर कारागार में स्थान दे दिया जाए। हो तो यह भी सकता है सम्राज्ञी कि ये सब मिलकर किसी दिन मेरी हत्या करा दें और तुम्हें 'पुनर्मूषिकोभव'—एक बार फिर उज्जयिनी की उन्हीं अभिशप्त गलियों में जीने को विवश कर दिया जाए।

''तुम ठीक ही सोचते हो नंद, आनंदी की तकदीर में आनंद, सुख-चैन, सुख-शांतिवाला आनंद लगता है, लिखा ही नहीं। वहाँ उज्जयिनी की अभिशप्त गलियों में अवंती का जन-समूह यही कहता था, यही कहते थे वहाँ के राजकुल के सत्ता-वंचित राजकुमार कि यह आनंदी गणिका ही नहीं, दलिता ही नहीं, पतिता भी है। एक-से-एक ऐश्वर्यशाली-सौंदर्यशाली अपने देश के राजकुमारों को धता बताकर हमारी ही नजरों के सामने 'अवंती सुंदरी' की राजोपाधि से विभूषित यह गणिकबाला क्यों एक काले नागवंशी की अंकशायिनी बन गई है और यहाँ पाटलिपुत्र में भी यही विदेशी होने की भर्त्सना, यही गणिका होने का अपमान, यही दलिता-शूद्रा की पहचान मुझे मिल रही है। पुत्र, अब तो तुम्हारे सुंदर भविष्य में ही मेरा वह शांतिगर्भित सुख-आनंद संभव दीखता है।

''माँ, तुम मेरी सहायता करो तो मुझे भी अमृतफल प्राप्त हो जाए और तुम्हें भी अमृत आनंद और मेरा नंद-नंदिन नाम सार्थक हो जाए। तुम इस बूढ़े नाग को किसी तरह एक बार फिर उज्जयिनी ले चलने की योजना कार्यान्वित कर दिखाओ। मेरी सारी योजना की सफलता तुम्हारी इसी सफलता में छिपी है।

''मुझे स्पष्टतः समझाओ पुत्र, कि कैसे तुम नंदराज बन सकोगे, ताकि संपूर्ण गोकुल के राजा जिसकी छत्रच्छाया में रहकर हम दोनों इस कालिय नाग नामक नागवंश के शेषनाग कालाशोक की गुलामी और भय-आतंक के साए से मुक्त हो सकें।

''माँ, कालाशोक ने अवंती पर आक्रमण कर वहाँ के राजा की हत्या करने के

पश्चात् ही 'अवंती-नरेश' की उपाधि पाई थी। हम अवंतीवासी ही तो हैं और जब तक हम अवंती के खून का बदला मगध के खून से नहीं ले लेंगे तब तक हमारा खून हमें धिक्कारता रहेगा। माते, कालाशोक को उज्जयिनी के राजमहल में जो सुख-शांति मिलती है—ऐश्वर्य का सुख ही नहीं, विजय का सुख भी, वह उसे पाटलिपुत्र में कहाँ नसीब! तुम किसी तरह उसे उज्जयिनी कुछ दिनों के प्रवास पर ले तो चलो, मैं वहीं आकर अपनी योजना तुम्हें बताऊँगा और तत्पश्चात् हम भी जीवन भर पाटलिपुत्र में रहकर वही विजय-सुख भोगते रहेंगे—युग-युगांतर तक के लिए—जब तक जी चाहे पाटलिपुत्र में, जब जी चाहे उज्जयिनी में।''

आनंदी के लिए इस योजना को कार्यान्वित करना बस एक अदा या अंदाज भर था, खेल भर था। बस, दूसरे ही दिन गहराती-अलसाती शाम के नशीले क्षणों की प्रतीक्षा थी। उसने कालाशोक के हाथों में सुरा का प्याला पेश किया और बोली, ''महाराज, पाटलिपुत्र गौरवशाली मगध साम्राज्य की राजधानी होने के कारण सारे देश में गौरवान्वित है। गंगा, सोन और पुनपुन की त्रिवेणी के तट पर अवस्थित इस पवित्र मिट्टी में सोना फलता है। यह सब तो है महाराज, किंतु कभी का पुष्पपुर और कभी का कुसुमपुर कहे जानेवाले इस नगर में पता नहीं क्यों, वह गुलाबी खुशबू नहीं मिल पाती, जो उज्जयिनी की विशेषता है। महाकाल की पवित्रता धारण करने के साथ-साथ उज्जयिनी के पोर-पोर में जो गुलाबी नशा प्रवाहित होता रहता है, उसमें जिसने एक बार अपने को भिगो लिया, वह उसी का गुलाम होकर जीना चाहने लगता है। आपकी आनंदी वही गुलाब की गुलामीवाला सुख-आनंद भोगने की आदी हो गई है और उसने भरसक वह कभी तृप्त नहीं होनेवाली भूख-प्यास अपने महाराज के अंतर में भी उतारने का प्रयास किया है। गुलाम यानी मेरा यह कालाशोक—मेरा यह काला गुलाब और गुलाम यानी आनंद की जीवंत मूर्ति आनंदी। क्यों नहीं महाराज, कुछ दिनों के लिए हम दोनों पुनः एक बार उज्जयिनी के दो अजनबी गुलाब और गुलाम बनकर नित्य नवीन सुख-आनंद का भोग करें।''

जहरीली नागिन के नखरे पर न्योछावर नाग जिस तरह नशे में नाचने लगता है, कालाशोक ने आनंदी को अपने अंक में समेटते हुए कहा, ''तुम सचमुच आनंदी हो मेरी रानी, आनंदी अर्थात् आनंदिनी, आनंद की कामधेनु 'नंदिनी' की साक्षात् अवतार। कालाशोक के लिए सर्वत्र सुख-ही-सुख है, आनंद-ही-आनंद, यदि वहाँ आनंदी की गोरी-गोरी बाहों का सहारा हो। चलो, हम कल ही चलते हैं उज्जयिनी। आखिर वह भी तो अपना ही घर है—जहाँ यक्षी वहीं अलका, जहाँ शची वहीं इंद्रासन। यों भी तो राजा को, राजा ही नहीं, महाराजा को तो थोड़े-थोड़े अंतराल पर रस का आस्वाद बदलते भी रहना चाहिए ही। और अब मगध की चिंता भी नहीं—नंद तो है ही न! सेनापति से

लेकर सभी अमात्य गण का सहयोग इसे सहज ही प्राप्त है।''

फिर क्या था, दूसरे ही दिन प्रात: मगध का सबसे शानदार रथ 'राजहंस' सज-सजाकर सामने था—लगता जैसे साक्षात् विश्वरथपाणि का वृहद्रथ सामने खड़ा हो। आगे-आगे राजहंस धीमी गति से और पीछे-पीछे दास-दासियों का अनंत डोलियाँ-पालकियाँ। तीन दिन और तीन रातों की यात्रा तय कर पहुँच गई आनंदी की सवारी गुलाबों के परी-लोक और जब दासियाँ उसे नहलाकर ले आईं अंत:पुर में तो उसे लगा, वह साक्षात् लक्ष्मी हो और क्षीरसागर में विष्णु के साथ सहस्रदल कमल के पंखों पर बेसुध-विमुग्ध हो और वह भी पूरे चातुर्मास्य के लिए।

इधर मगध की जीवन-यात्रा नंद के अधिराजत्व में यथावत् चलती रही। चार ही मास में लगता जैसे पाटलिपुत्र में कालाशोक किसी कालातीत घटना का नाम हो। सर्वत्र बस एक ही राग गूँजता—'नंद को आनंद भयो' जैसे। चार मास की समाप्ति निकट हो चली तो पुत्र नंद ने महाराज को पाटलिपुत्र वापस लाने का कार्यक्रम स्वयं अपने हाथों में लिया और एक बड़े लाव-लश्कर के साथ स्वयं पहुँच गए उज्जयिनी।

अवंती पर जब कालाशोक ने मगध का विजय-ध्वज फहराया था तब वहाँ का राजा था विशाखयूप और विशाखयूप की निर्मम हत्या कालाशोक ने अपने हाथों से की थी। उसकी गरदन कालाशोक की तलवार का शिकार बनी थी। नंद क्या, प्राय: सभी अवंतीवासियों ने विशाखयूप के सिर का बदला उसके पुत्र ने कालाशोक के सिर से चुकाने की कसम खाई थी।

नंद ने आनंदी से कहा, ''माते, आज की रात बड़ी भयंकर हो सकती है—आज की रात कालाशोक की कालरात्रि है, अंतिम रात्रि। आज माँ, कुछ ऐसा करो कि हम दोनों निर्धारित समय पर आज की रात जब महाराज कालाशोक महानिद्रा में हों, उन्हें चिरनिद्रा में सुला दें। मैं जैसे-जैसे कहता हूँ, ऐसी सारी व्यवस्था सुनिश्चित करना तुम्हारा काम और रात्रि के अवसान काल में शोक-यात्रा की तैयारी करना मेरा काम। फिर तो माँ, यही शोक-यात्रा तुम्हारे पुत्र की राज्यारोहण यात्रा में परिवर्तित हो जाएगी—तुम राजमाता बनोगी और तुम्हारी पुत्रवधू सुनंदा मगध व अवंती दो-दो महाराज्यों की अधिरानी। हाँ माँ, यही आनंदी और यही सुनंदा, जिन्हें सारे वृहद्रथों ने सारे वीतिहोत्रों ने कभी उज्जयिनी की अँधेरी गलियों की अप्सराओं-सी सुंदर किन्नरियों को अज्ञात कुलशील गणिकाएँ कहकर अपमानित किया है, वे ही अब मगध साम्राज्य की राजमाता और राजरानी बनकर वंदित-अभिनंदित होने वाली हैं और ऐसा ही हुआ। नंदिवर्धन ने कालाशोक से विशाखयूप का बदला चुका लिया, खून का बदला खून से, सिर का बदला सिर से और प्रात:काल एक शवयात्रा, एक शोकयात्रा के रूप में पाटलिपुत्र के लिए रवाना हो चली। पूर्व नियोजित कार्यक्रम के अनुसार शव का अंतिम संस्कार और इसके पूर्व

नंदिवर्द्धन और सुनंदा का राज्याभिषेक संस्कार दोनों विधिवत् संपन्न हो गया और अपने विभिन्न कारणों से तब पाटलिपुत्र में कहीं भी अशांति की कोई स्थिति नहीं थी। नंदि नंद के आसन पर महानंद बनकर तथा सुनंदा आनंदी के आसन पर विराजमान हो चले थे—महाराज और महारानी के रूप में।

: 6 :

आषाढ़ मास का कृष्ण पक्ष। चढ़ती रात आधी रात की ओर उन्मुख थी। तारे बहुत थे। संध्या काल में जब विष्णुपुर गाँव के दक्षिणी किनारे अवस्थित एक पर्णशाला के प्रांगण में बैठी, उदास बैठी वत्सला ने पुत्र विष्णु के साथ चिंतामग्न महर्षि के पाटलिपुत्र से लौटने की प्रतीक्षा आरंभ की थी। किंतु रात गहराने क्या लगी, आकाश काले-काले बादलों से पट गया। चंद्र तो दूर—थोड़ी-थोड़ी तारक तरित-सी जो उज्ज्वलता धरती पर होती, वह भी अंधकार के घटाटोप में समा गई। कहते हैं—बड़ी गहरी नींद आई थी विष्णुदेव को आज की रात, जो चार मास के लंबे अंतराल के बाद खुली थी। आज थी विष्णु हरि शयनी एकादशी—विष्णु तिथि पर हरि के शयन की पावन रात्रि। पास के जंगल से किसी शृगालिनी के और पास की गली से किसी श्वान के रोने की आवाज जब कानों में आती तो वत्सला किसी भयंकर अशुभ की आशंका से भयाकुल हो उठतीं। विष्णुगुप्त माँ की बेचैनी की गहराई तो माप नहीं सकता, फिर भी उनकी चिंता का कारण उसकी भी चिंता का विषय तो बन ही जाता। रात ही आचार्य ने चाणक्य को बता दिया था कि कल महामात्य राक्षस द्वारा आहूत मंत्रियों की एक सभा में उन्हें विशेष आमंत्रित सदस्य के रूप में सम्मिलित होना पड़ेगा और फलतः कल वे विद्यालय नहीं जाएँगे, जिसकी जानकारी विद्यालय के छात्रों व आचार्यों को उपलब्ध है। सभा के विचारणीय विषयों की जिज्ञासा के उत्तर में आचार्य ने बताया था कि प्रतिवर्ष की नंद वंशीय परंपरा के आलोक में आगामी व्यास पूर्णिमा के दिन एक बड़े आयोजन की तैयारी चल रही है। बड़े आयोजन अर्थात् नंद वंश के इतिहास का संभवतः सबसे महत्त्वपूर्ण आयोजन—गुरु पूर्णिमा का प्रतिवर्ष संपन्न उत्सव नहीं, महोत्सव।

उसने जिज्ञासा की—"महोत्सव क्यों, पिताश्री? पूर्व संपन्न उत्सवों की परंपरा में ही आयोजित यह उत्सव किन अर्थों में महोत्सव कहलाने योग्य है?"

तब पिताश्री बोले, "तुमने उचित बिंदु पर उचित प्रश्न सामने रखा है, पुत्र। वस्तुतः बुद्ध और महावीर के महासंघ और महात्मा-मंडित वातावरण में पल्लवित-पुष्पित नंद वंश के इतिहास में 'महा' का विशेषण नहीं था, ऐसी तो कोई बात नहीं थी; किंतु उस 'महा' को भी गौरवान्वित करनेवाले किसी अलंकरण पर पंडितों को विचार करना है।

संभवत: मित्रवर कात्यायन ने अमात्य शक्तल या महामात्य राक्षस ने इसका तात्त्विक या शास्त्रीय पक्ष प्रस्तुत करने हेतु मेरा नाम सुझा दिया हो और फलत: मुझे विशेष आमंत्रित की भूमिका में उपस्थित होने का आदेश जारी हो गया हो।''

चाणक्य ने बात अब आगे बढ़ाई, ''महामात्य राक्षस 'महा' शब्द की अर्थ-व्यापकता से अवगत नहीं होंगे, ऐसा तो नहीं हो सकता पिताश्री, क्योंकि उनके पद-नाम में ही यह विशेषण पहले ही से उनके पद को विभूषित कर रहा है। फिर भी, आपने जरूर कुछ विशिष्ट व सार्थक विश्लेषण तथा व्याख्या की होगी, जिसके संदर्भ में यह महोत्सव भी आयोजित हो रहा होगा। वह सुनाइए, पिताश्री।''

पिताश्री बोलने लगे माँ, और तब तुम्हारा यह पुत्र हतप्रभ हो गया।

उन्होंने शुरू किया आदिदेव से। चाणक्य माँ को सुनाने लगा ऋषि वचन—

''बेटे, इस 'महा' या 'महत्' अथवा 'महान्' शब्द का प्रयोग सर्वश्रेष्ठ के रूप में तब हुआ था जब इस विषय पर देवताओं के बीच चिंतन हो रहा था कि विष्णु, शिव और ब्रह्मा इन त्रिदेवों में कौन श्रेष्ठ है। महर्षि भृगु ने यह निर्णय दे दिया था कि त्रिदेवों में श्रेष्ठ हैं—विष्णु। इस निर्णय से सुर भले सहमत हों, असुर बिलकुल सहमत नहीं थे। उन्होंने विष्णु के पालनहार चरित को स्वीकार तो किया, किंतु यह तो शिकायत उनकी थी ही कि विष्णु देवताओं का हित अधिक देखते हैं—असुरों, दानवों तथा अन्य लोगों का कम। देवताओं और दानवों, सुरों और असुरों की एक संयुक्त सभा में उन्होंने सर्वव्यापक या बृहत्तर चरित्र विष्णु नहीं, शिव का पाया और उसी दिन से यह नियम बन गया कि किसी भी यज्ञ तथा पुण्य कार्य की पूर्णाहुति महादेव से होगी—महादेव अर्थात् शिव की वंदना से—हर-हर महादेव से।''

चाणक्य बोलता रहा—''पिताश्री ने इस बात की पुष्टि में जिस महापरंपरा का वर्णन किया वह तो माताश्री, यह तो वे ही कर सकते हैं शायद। उन्होंने 'महर्षि' शब्द से आरंभ किया—ब्रह्मा के सात मानस पुत्रों से, जिनमें से स्वयं भृगु और अन्य सप्त ऋषिगण स्मरण किए जाते रहे हैं। आगे बढ़कर उन्होंने गौतम बुद्ध द्वारा अभिज्ञापित-अधिघोषित भिक्षुओं-भिक्षुणियों की चर्चा भी की महाप्रज्ञ महामौद्गल्यायन से महाश्वालायन तक। महाभिक्षणी महास्थविर महाप्रजापति तक, महाबोधि से महामुक्ति तक, यहाँ तक कि कुछ सिद्ध भिक्षु-भिक्षुणियों के महाभिक्षु-महाभिक्षुणी तथा महास्थविर-महास्थविरी होने तक। फिर क्या था, बुद्ध के बाद इस 'महा' शब्द ने विशेषण से आगे बढ़कर अलंकरण का रूप धारण कर लिया और फिर क्या था, छोटे से बड़े तक सभी राजे-राजे से महाराजे कहलाने लगे, सभी आचार्य से महाचार्य, सभी पंडित से महापंडित, आचार्य से महाचार्य; किंतु नंद तक आते-आते यह विशेषण इतना घिस-पिट गया कि जहाँ नंदिवर्द्धन-पुत्र नंदि ने अपने पुत्र का नाम महानंद कहकर संतोष किया था और नंद वंश

पर श्रेष्ठता की मुहर लगाई थी, वहीं नंद के पुत्र और घनानंद-योगानंद के पितामह महानंद तक चलनेवाली परंपरा को उन्हीं के पुत्र ने इत्यलम् नहीं कहा और कल की सभा में इस 'महा' विशेषण को अलंकृत कर कोई नई संज्ञा गढ़ने की इच्छा व्यक्त कर दी। उनकी महत्त्वाकांक्षा थी माँ, कि मगध राज्य नहीं, एक महाराज्य बने और वे अन्य राजों की तरह 'महाराज' पुकारे जाकर उन्हीं के समकक्ष नहीं प्रतीत होने लगे। और इसीलिए इस बार की गुरु पूर्णिमा का उत्सव उत्सव नहीं, महोत्सव के रूप में आयोजित है और उस महोत्सव में अनेक राजाओं को 'महाराज' की उपाधि दी जाने की योजना है। इसी तरह कुछ अत्यंत जाने-माने विद्वानों को भी 'महाचार्य' अथवा 'महापंडित' की उपाधियाँ दी जाएँगी। मुझे लगता है, यदि मेरा सुझाव उन्हें भा गया तो एक ऐसी उपाधि वे तुम्हारे पिता को भी प्रदान कर सकते हैं। किंतु शर्त यह है कि नंदराज के लिए चयनित अलंकरणोपाधि उन्हें हृदय से भा जाए, पसंद आ जाए।"

शाक्तल नंदराज के निजी कार्यालय के प्रभारी अमात्य थे और कात्यायन का कहना था कि यदि यह अलंकार-उपाधि राजा को भा गई तो उपाधि के प्रस्तावक को अमात्यमंडल में भी स्थान दिया जा सकता है। उन्होंने तो यहाँ तक संभावना व्यक्त की थी कि उनका मनभावन प्रस्ताव चणक के अतिरिक्त अन्य कोई नहीं दे सकेगा। अतः चणक का अमात्य बनना भी सुनिश्चित समझना चाहिए और यदि चणक अमात्यमंडल का सदस्य हो गया तो कहीं प्रधानामात्य राक्षस की कुसुम कोमल पुत्री सुवासिनी का पाणिग्रहण भी करने का सौभाग्य चणक-पुत्र चाणक्य को ही नहीं प्राप्त हो जाए। और तब, फिर तुम्हारे भविष्य का क्या कहना!

बहुत बड़ी-बड़ी उम्मीदें लेकर चणक आज की सभा में सम्मिलित होने गए थे और वत्सला-पुत्र विष्णुगुप्त और रूप-गुणों की जीवंत प्रतीक राक्षस की देवी तुल्य पुत्री सुवासिनी को पुत्र और पुत्रवधू के रूप में पाने को बेचैन। शृगालों और श्वानों का अर्थहीन कोलाहल तो उन्हें हर रात की घटना की तरह चिंता का कोई कारण नहीं होता, किंतु शृगालिनी और श्वानों का करुण क्रंदन उन्हें अनिष्टकारी तो लग ही रहा था।

अमात्य कात्यायन तक्षशिला विश्वविद्यालय में चणक के कनीय सहयोगी रह चुकने के कारण यह चाहते कि मगध प्रशासन के अधीन किसी सम्मानित पद को चणक भी सुशोभित करें तो मगध के गौरव की अभिवृद्धि हो; किंतु चणक ऐसे कि राष्ट्र के गौरव तथा अपने कुल के पारंपरिक स्वाभिमान के साथ कोई भी समझौता करने को तैयार नहीं थे। शाकल द्वीप तथा आस-पास की मद्र देशीय संस्कृति को प्राण शक्ति की तरह धारण करनेवाले मगों ने बड़ी पीड़ा तथा बड़े-बड़े संकल्पों के साथ मद्र छोड़ा था और जंबूद्वीप की सबसे बड़ी शक्ति भारत और भारत के सबसे बड़े राज्य मगध के नेतृत्व में सिकंदर व सेल्यूकस जैसे शक्तिशाली विदेशियों से भारत को मुक्त कराकर

संपूर्ण विश्व में आर्य आदर्शों को स्थापित करने का लक्ष्य निर्धारित कर रखा था। चणक किसी सामाजिक प्रदर्शन के लिए सत्ता में सम्मिलित नहीं होना चाहते थे। वे चाहते थे कि मगध भारतभूमि का एक ऐसा सूत्र बने, जिसमें संपूर्ण भारत देश एक माला की तरह गूँथा जा सके। मगध एक ऐसा राज्य, एक ऐसा साम्राज्य बन सके, जो भारत के अन्य सभी जनपदों के लिए एक आदर्श हो—अनाचार-दुराचार-अत्याचार-भ्रष्टाचार से मुक्त मगध, जहाँ का राजा नाम से तो राजा हो, किंतु कर्तव्य से जन-जन का आदर्श प्रतिनिधि; जहाँ का राजकोष प्रजा की समृद्धि के अतिरिक्त अन्य किसी कार्य में व्यय नहीं हो; जहाँ की सैन्य शक्ति का उपयोग मुख्यत: बाहरी शक्तियों को सीमाओं से बाहर रखने में ही हो; जहाँ का राज्य राम के राज्य जैसा हो, रावण या कंस या हिरण्यकशिपु जैसा नहीं। चणक इसी संस्कृति की उपज थे, इसी संस्कृति की पारिस्थितिकी में विकसित हुए थे, अत: जब कभी या जहाँ कहीं राजा अपनी सीमाएँ तोड़ता, चणक की आत्मा विस्फोट कर जाती।

महानंद के विरोध में यदा-कदा उनका वाचाल होना कात्यायन को चणक के हित के विरुद्ध लगता और वे संकेत देते रहते कि प्रशासन और सत्ता के विरोध में अपनी वाग्मिता की वल्गा को नियंत्रण में ही रखने की चेष्टा करें। महानंद द्वारा एक श्रेष्ठी से कर वसूली के लिए उठाई गई अवैधानिक दमनात्मक काररवाइयों की निंदा या राजदरबार में राज्य के अंदर या बाहर की प्रतिष्ठित परिवारों की रूपसी कन्याओं अथवा वेश्याओं का आना-जाना उन्हें असह्य था। नंद वंश के जनक नंदिवर्द्धन से लेकर आज तक इस चरित्र में अभिवृद्धि ही होती रही। इसमें चणक को अवंती की अपसंस्कृति की छाप दिखाई पड़ती, जिसकी निंदा करने से वे कतराते नहीं। कात्यायन ने यह भी संकेत दिया था कि नंद वंश का गुप्तचर विभाग बड़ा मजबूत था और हर प्रकार के संतोष-असंतोष एवं समर्थन-विरोध का समाचार प्रतिदिन शक्तला के द्वारा महानंद तक पहुँच ही जाते और ऐसी गतिविधियाँ चणक के हित में श्रेयस्कर नहीं थीं।

आज की सभा में पहले तो अलंकरण प्रस्ताव पर विचार-विमर्श हुआ और अंतत: आचार्य चणक का यह सुझाव आया कि नवों निधियों के स्वामी मगध के राजा को मात्र 'महा' की जगह 'महापद्म' की उपाधि से अलंकृत किया जाए और गुरुपूर्णिमा के गरिमामय महोत्सव में उन्हें 'महानंद' के स्थान पर 'महापद्मनंद' नाम से अभिषिक्त कर गंधर्वराज कुबेर के रूप मे शोभायमान किया जाए। महाराज के अनुमोदन हेतु यह प्रस्ताव भी पारित हो गया कि वत्स के राजा उदयन-पद्मावती पौत्र राजा धर्मकेतु को 'महाराज' की उपाधि से अलंकृत किया जाए और इसी क्रम में आचार्य धर्मरक्षित के मुख्य अतिथित्व में आचार्य शांतिरक्षित, आचार्य पद्मसंभव, आचार्य शैवाल और आचार्य चणक को 'महाचार्य' के अलंकरण से विभूषित किया जाए।

किंतु महामात्य की इच्छानुसार जब इन प्रस्तावों को लेकर अमात्य शक्तलाचार्य महाराज महानंद से मंत्रणा करने गए तो महाराज ने शक्तला से 'महापद्म' अलंकरण के अंदर छिपी व्यंजना या अर्थ-चमत्कार अथवा पद्म का सबसे महत्त्वपूर्ण और नंद वंश के लिए सबसे उपयुक्त अर्थ की व्याख्या सुननी चाही और उसे ही सर्वसम्मति से स्वीकृत होने से संबंधित अमात्यों और आचार्यों की टिप्पणी जानने की इच्छा प्रकट की—

"शाक्तल, यह 'पद्म' अलंकरण तो श्रुतिप्रिय भी और अर्थपूर्ण भी दोनों ही परिलक्षित होता है। मुझे यह बताओ कि आचार्य कात्यायन, जो तक्षशिला विश्वविद्यालय में अध्यात्म और वैदिक संस्कृति के अध्यापक रह चुके हैं, की क्या टिप्पणी थी?"

शाक्तल ने कात्यायन की सराहना की और बोलने लगे, "महाराजाधिराज, कात्यायन इस पद्म को परमानंद और परम सत्य स्वरूप परमात्मा से जोड़कर देखते हैं और प्राण शक्ति के ऊर्ध्वमुखी होकर सहस्रार कमल के रूप में प्रस्फुटित होकर रसधार की वर्षा की कल्पना से जोड़ते हुए मानव जीवन के परम ध्येय पुरुषार्थ मोक्ष तक पहुँचाने का एक साधन मानते हैं। वे कहते हैं कि इसीलिए कमल को सभी पुष्पों का अधिराज समझा जाता है और इसीलिए ब्रह्मा, विष्णु, महेश से लेकर सारे देवी-देवताओं को पद्म सर्वाधिक प्रिय है। संपूर्ण सृष्टि के रचनाकार ब्रह्मा को तो 'पद्मनाभ' कहकर संबोधित ही किया गया है और उनकी उत्पत्ति विष्णु के नाभि कमल से मानी गई है।"

"यह तो आध्यात्मिक तथा धार्मिक अवधारणा है, शक्तला। मैं देवता नहीं हूँ, जो कमल के पीछे पागल बन जाऊँ। मुझे यह बताओ कि हमारे प्रधानामात्य राक्षस को यह अलंकरण क्यों भा गया?"

शक्तलाचार्य बोलने लगे—"महाराज, महामात्य राक्षस का कहना था कि इस संसार में जो भी वस्तु सुंदर और सुकुमार है, उसकी तुलना बस कमल से ही की गई है। चरण सुंदर हैं—कमल की तरह, नयन सुंदर हैं—कंज की तरह, मुख सुंदर है—पंकज की तरह। हमारे महाराज की रूपाकृति भी राजा राम से कम नहीं है—नवकंज लोचन, कंजमुख करकंज नव कंजारुणम्—यह विशेषण तो उन्हीं के लिए जैसे बना हो। उसके अतिरिक्त भी, उनके अनुसार एक और विशेषता जो हमारे महाराज के संदर्भ में बहुत उपयुक्त है, यह है कि महाराज आप जैसे चक्रवर्ती सम्राट् ही तो थे राम, जिन्हें अयोध्या से संपन्न राज्यारोहण महोत्सव में देवताओं ने कमल पुष्पों की माला पहनाई थी और कमल के पाटलों की वर्षा की थी—गुरुपूर्णिमा को हम यह दृश्य भी सार्थक कर के दिखाएँगे, यदि महाराज को यह विशेषण उपयुक्त और यह विश्लेषण पसंद आ जाए।"

"शक्तल, तुमने यह तो बताया ही नहीं कि स्वयं चणक, जो पाणिनि के कुल से जुड़े हैं और तक्षशिला में भाषा-दर्शन और भाषा-विज्ञान का अध्यापन कर चुके हैं, की

क्या व्याख्या है, 'पद्‌म' शब्द की।''

शक्तल ने चणक के शब्दों को दुहराया—''महाराजाधिराज, चणक का कहना था कि उपर्युक्त सारी बातें उनके ध्यान में तो थीं ही, किंतु उनके चिंतन में जो सबसे महत्त्वपूर्ण बात थी वह यह थी—

कमल का चरित्र ही है जल में उत्पत्ति, पंक में भी उत्पत्ति—अर्थात् कमल किसी बड़े घराने में ही उत्पन्न होता हो, यह नहीं है। वह एक अति साधारण या निम्न कोटि के कुल में भी उत्पन्न हो सकता है और प्रस्फुटित होकर देवताओं के सिर पर भी चढ़ सकता है। इतना ही नहीं, पंक में रहकर भी, जल से जुड़ा रहकर भी कमल जल में लिप्त नहीं होता। कमल की तरह अन्य कोई भी पुष्प शतदल या सहस्रदल नहीं होता। कमल का पुष्प जल में खिलकर भी जल से बहुत ऊपर खिलता है और पुष्प की कौन कहे, इसका पत्र भी जल से ऊपर ही उठा रह जाता है—'पद्‌मपत्रमिवांबसा'। और इससे भी बड़ी बात और बड़ा ही उत्तम चरित्र यह है कमल का कि जल से ऊपर उठता है और बढ़ते जल के साथ बढ़ते-बढ़ते सारे सरोवर पर छा जाता है और उससे भी स्तुत्य गुण तो यह है कि घटते-घटते भी यह विनष्ट नहीं हो सकता। जल और पंक के सूख जाने पर भी अपना अस्तित्व नहीं खोता।

चणक का सोचना है महाराज कि यह नंद साम्राज्य रूपी पद्‌म भी एक दिन बढ़ते-बढ़ते सारे भारत के मस्तक पर और सारा भारत क्या, संपूर्ण विश्व को भी आच्छादित कर सकता है और घटते-घटते भी जड़ को नहीं छोड़ सकता। पद्‌म विपदाग्रस्त तो कभी हो ही नहीं सकता। फिर दिन बहुरे, फिर कमल निकला, बढ़ा, फैला, पुष्पित हुआ और सारे संसार का प्रिय बन गया। पद्‌म से ही तो विश्व के स्रष्टा ब्रह्मा की भी उत्पत्ति हुई है भगवान् विष्णु की पद्‌मनाभि से। चणक का तो ऐसा मानना है राजन्, कि भविष्य में अनंत काल के लिए कम-से-कम भारत में तो पद्‌म पुरस्कार योजना राज्य की योजनाओं में एक उत्सवधर्मी कार्यक्रम के रूप में अंगीकृत हो जाएगी। और तब तो महाराज, इतिहास इस बात का साक्षी हो जाएगा कि इस महत्त्वाकांक्षी योजना के जनक हैं—महामहिम महापद्‌मनंद नंद वंश के सबसे प्रतापी महाराज।

महापद्‌म प्रसन्नता से उछल पड़े और कहा, ''शक्तलाचार्य, यह पंडित सामान्य पंडित नहीं है। इसे तो 'महापंडित' कहना चाहिए, आचार्य नहीं, महाचार्य! किंतु…''

शक्तला ने कहा, ''अब किंतु और परंतु क्यों, राजन?''

महानंद ने बताया कि ''गुप्तचर विभाग द्वारा उन्हें ऐसी आसूचनाएँ मिली हैं कि चणक नंद राज्य में भू-राजस्व के रूप में उत्पादन का षष्ठांश लिये जाने की राजकीय व्यवस्था के विरोध में किसानों के बीच विरोध का वातावरण तैयार करने का षड्‌यंत्र करने में तत्पर है। वह श्रेष्ठि समाज में और विशेषकर स्वर्णकार समाज में विक्रय-कर में

कटौती करने के लिए आंदोलन खड़ा करने का षड्यंत्र रच रहा है। शक्तल, चणक साधारण ब्राह्मण नहीं है—तुम-सा कोई साधारण पंडित या पुरोहित। चणक काला ब्राह्मण है, काला नाग-सा, कालेश्वर-सा, काकवर्ण-सा। चणक से सचेत रहना होगा। नाग को दूध पिलाना आत्मघाती होता है। उसमें भी काला नाग। इसे तो छेड़ो नहीं, छेड़ो तो छोड़ो नहीं।''

फिर महाराज ने अमात्य शक्तलाचार्य और महामात्य राक्षस को साथ बैठाकर ऐसा गोपनीय आदेश दे दिया कि गुरुपूर्णिमा के महोत्सव के बाद किसी भी दिन चणक को कारागार में बंदी बनाकर रखा जा सकता है। उसके आगे क्या किया जाएगा, इस आदेश की प्रतीक्षा की जाए। उन्होंने आदेश दिया—''गुरुपूर्णिमा महोत्सव नंद वंश का वार्षिक राजकीय महोत्सव घोषित किया जाए और इस दिन गुरुओं को सम्मान मात्र नहीं, पद्म पुरस्कारों से अलंकृत भी किया जाए।'' उन्होंने महामात्य को पद्म पुरस्कारों की विस्तृत योजना तैयार कर उनका अनुमोदन शीघ्र लेने और योजना को क्रियान्वित करने का निर्देश दे दिया। तत्पश्चात् महामात्य राक्षस और शिक्षामात्य कात्यायन ने भी मंत्रणा की और तय किया कि आज रात्रिकाल चणक को कात्यायन के घर पर रोका जाए और उनकी विचारधारा में परिवर्तन लाने हेतु उनका मस्तिष्क-प्रक्षालन किया जाए।

रात को आधी रात होने में देर नहीं लगी थी, किंतु आधी रात तो आई क्या जैसे आकाश में जम गई, चिपक गई थी और ऐसी जमी कि गलने-ढलने का नाम ही नहीं लेती। उस रात कब उषा छिटकी और कब सूरज की किरणें बिखरीं-निखरीं, यह तो मालूम ही नहीं हो सका—न तो वत्सला को, न चाणक्य को।

: 7 :

आज ही गुरुपूर्णिमा थी—आषाढ़ मास की पूर्णिमा। गुरु व्यास के नाम पर अब विद्वत्समाज में इसे व्यासपर्व या व्यास पूर्णिमा के रूप में, महोत्सव के रूप में मनाने की परिपाटी, रीति और परंपरा से ऊपर उठकर महापर्व का रूप ले चुकी थी। इसी महापर्व को महानंद ने महोत्सव का रूप दिया और निर्णय लिया कि आज से यह महोत्सव नंद वंश के प्रथम और सर्वश्रेष्ठ राजकीय वार्षिक महोत्सव के रूप में मनाया जाता रहेगा और आज के दिन साहित्य-संगीत-कला के अतिरिक्त ज्ञान-विज्ञान एवं नीति-राजनीति के क्षेत्र में उल्लेखनीय काम करनेवाली विभूतियों को यथोचित पद्म पुरस्कारों के साथ तथा साथ ही साम्राज्य की सर्वश्रेष्ठ किन्हीं दो विभूतियों को ज्ञानानंद एवं पद्मानंद सम्मानों से विभूषित किया जा सकेगा। महाराज ने यह आदेश भी अभिज्ञापित करा दिया कि इसी वर्ष से अब आगे शरद् महोत्सव को कृष्ण-लीला या रास उत्सव तथा कवि एवं काव्य सम्मेलनों तक सीमित कर दिया जाए और संगीत का कार्यक्रम

शारदीय नवरात्र के लिए अधिसूचित कर दिया जाए। इन सम्मानों को परिभाषित करते हुए उन्होंने घोषणा की कि ये सम्मान-पुरस्कार दो कोटियों के होंगे, जिनमें से एक स्वर्ण पुरस्कार होगा, दूसरा रजत पुरस्कार। आज के महोत्सव के लिए भी सारे संभावित तथा अनुशंसित नामों के संबंध में राज्यादेश जारी हो गए थे और बस, आज इस महोत्सव को नंद साम्राज्य के वैभव की प्रतिच्छाया के रूप में जन-जीवन के समक्ष परोस देना था।

राजभवन का सिंहद्वार ही नहीं सज्जित हुआ था, राजप्रांगण भी आज मुक्ताकाश के अंकपाश से मुक्त था—एक उन्मुक्त नृत्यांगना की तरह, जो स्वतंत्र रूप से सज-सँवरकर तारक-तारिका से मंडित इंद्रासन के रंगमंच से उतरकर जनजीवन के मंच, लोकमंच पर थिरकने की तैयारी में थी। प्रांगण में अवस्थित रंगमंच आज जनमंच के रूप में सज चुका था और उस पर नंद साम्राज्य के अभ्यागत अतिथि, राजे-रानियाँ, कलाकार-विद्वान्, दार्शनिक-कवि सब धीरे-धीरे स्थान लेते जा रहे थे। सबको प्रतीक्षा थी तो महाराजाधिराज महानंद के शुभागमन की, ताकि प्रस्तावित पूजन-यज्ञ का सूत्रपात हो सके। प्रथम सत्र का खुला अधिवेशन गुरु-पूजन से संबंधित कर्मकांडों को समर्पित था और इसी सत्र में लोकमंच से उन नामों की घोषणा महामात्य राक्षस के मुखारविंद से होनी थी, जिन्हें 'ज्ञानानंद' सम्मान तथा 'पद्मानंद' सम्मान से विभूषित होना था। सम्मान-पुरस्कार समारोह दूसरे सत्र को समर्पित था, जो सभागार के विशाल कक्ष में प्रस्तावित था।

"महाराजाधिराज आनंदकंद महामहिम जन-जन के हृदयहार महासम्राट् श्री महानंद महाराज पधार रहे हैं!" की उद्घोषणा होते ही संपूर्ण प्रांगण—'अग्निमीले पुरोहितं स्वाहा, इदं अग्नये इदं न मम' की मंत्र ध्वनि से गूँज गया—ध्वनि से ही नहीं, उस सुवास से भी जो सुगन्धित हवन सामग्रियों से निःसृत धूम्रावर्त में व्याप्त थी। मंत्रोच्चारण होते रहे और यजुर्वेद-सामवेद की ऋचाएँ गूँजती रहीं। आरती और स्वस्ति-वाचन के उपरांत महाराजाधिराज की आज्ञानुसार महामात्य राक्षस ने कुछ नामों की घोषणा की और कुछ नामों की घोषणा स्वयं महाराजाधिराज के कंजमुख से सुनने की प्रतीक्षा का आह्वान किया। घोषणा का आरंभ उन्होंने गुरु महिमा मंत्र से किया—

"गुरुर्ब्रह्मा गुरुर्विष्णुः गुरुर्देवो महेश्वरः।
गुरुः साक्षात् परब्रह्म तस्मै श्रीगुरवे नमः॥

"महाराजाधिराज, विभिन्न जनपदों से आगत-अभ्यागत अतिथिगण, सभासदो तथा मगध साम्राज्य के प्रतिनिधि देवियो और सज्जनो! मुझे आपके समक्ष महाराजाधिराज महामहिम सम्राट् महानंद महोदय के आदेश से आज के पूजन यज्ञ के समापन की घोषणा करते हुए आपको यह सूचना देनी है कि गौरवशाली मगध साम्राज्य के इतिहास के स्वर्णिम पन्नों में आज से एक नया अध्याय जोड़ा जाने वाला है। महामहिम महानंदजी महाराज

का निर्णय है कि आज से आज के ही दिन इसी प्रांगण में मगध साम्राज्य के गौरव का प्रतीक गुरु पूर्णिमा महोत्सव राजकीय वार्षिक महोत्सव के रूप में मनाया जाएगा और अनंत काल तक मनाया जाता रहेगा। यह महोत्सव पद्मपर्व महोत्सव के नाम से ख्यात होगा और इस महोत्सव में प्रतिवर्ष उन विभूतियों को सम्मानित व पुरस्कृत किया जाएगा, जो न केवल मगध में वरन् पूरे भारत देश में ज्ञान-विज्ञान, साहित्य-संगीत-कला या नीति-राजनीति के क्षेत्रों में भारत स्तर की ख्याति अर्जित करेंगे। मुझे यह भी सूचित करते हुए अपार हर्ष का अनुभव हो रहा है कि इस पद्मपर्व का शुभारंभ अमात्यमंडल के सर्वसम्मत निर्णयानुसार हमारे महामहिम श्री महानंदजी महाराज से होगा।

'सभासदो, निर्णय है कि आज के समारोह का शुभारंभ प्रथम सम्मान-पुरस्कार-मणिरत्न मंडित 'पद्मानंद' पुरस्कार प्रदान करने के साथ हो और यह सर्वश्रेष्ठ पुरस्कार सर्वप्रथम आज के समारोह के मुख्य अतिथि महाचार्य श्री धर्मरक्षितजी महाराज के कर-कमलों से महामहिम महानंदजी को प्रदान किया जाए।''

सभा प्रांगण में उपस्थित जनसमूह की करतल-ध्वनि से सारा सभा-मंडल गूँजने लगा। महामात्य ने आगे दूसरे पद्म पुरस्कार अर्थात् 'स्वर्ण पद्म पुरस्कार' की घोषणा की, जो महाराजाधिराज की कृपा से आज के मुख्य अतिथि ही नहीं, भारतीय ज्ञान की गमक को दूर-दूर के देशों तक पहुँचानेवाले तथा तक्षशिला विश्वविद्यालय के कुलपति महिमामंडित पंडित तथा महाचार्य श्री धर्मरक्षितजी की ख्याति को चार चाँद लगाएगा। अन्य बहुत सारे पद्म पुरस्कारों की घोषणा महाराज दूसरे सत्र में करते जाएँगे और सम्मानपर्व को इतिहास के शीर्ष स्थान पर पहुँचाएँगे।

सांध्य सत्र के समय की उद्घोषणा के साथ मंच सभागार की ओर तथा पंच सिंहद्वार की ओर प्रस्थित होते गए और सभागार में शंखध्वनि के साथ सम्मान समारोह आरंभ हो गया।

सभा मंच के मध्य स्थान पर अर्थात् मंच के ठीक केंद्रबिंदु पर महामहिम सुशोभित होने वाले थे, किंतु अगल-बगल के सारे स्थान भर चुके थे। बाईं ओर महामात्य राक्षस सुशोभित हो रहे थे तो दाईं ओर महाचार्य धर्मरक्षित। धर्मरक्षित ही आज के समारोह के मुख्य अतिथि थे। महामात्य की बगल में वत्सराज धर्मकेतु और धर्मकेतु की बगल में काशी-नरेश दिवोदास। धर्मरक्षित की बाईं ओर महाचार्य शांतिरक्षित थे और फिर इसी योजना के क्रम में आचार्यों के सामने सभामंडप में वरिष्ठता तथा वरीयता के क्रम में पूरे देश की विद्वन्मंडली बैठी थी और राजों-महाराजों के समक्ष पूरे देश के सभी जनपदों के राजे-महाराजे। सभामंडप के आचार्यों की प्रथम पंक्ति में उन्हीं आचार्यों को स्थान दिए गए थे, जिन्हें पद्म पुरस्कारों, पद्मश्री, पद्मभूषण, पद्मविभूषण जैसे सम्मान-पुरस्कारों से अलंकृत होने की संभावना थी।

सभामंच के अग्रभाग को भी इसी योजना के अनुसार सुसज्जित किया गया था—मध्य में एक स्वर्णपीठिका पर एक रत्नदीप रखा था और रत्नदीप के ठीक पीछे एक रत्नजटित कलाकृति—स्वर्ण निर्मित एक यक्षी की मूर्ति थी, जो हीरे-माणिक्यों से जड़ी हुई थी और जिसकी नाभि के नीचे एक स्वर्णकमल देदीप्यमान हो रहा था। यही था आज का सर्वश्रेष्ठ 'मणिपद्मानंद' पुरस्कार, जो आज के सर्वश्रेष्ठ साम्राज्य के सर्वप्रिय अधिराज आज के सर्वश्रेष्ठ सम्मान 'पद्मानंद' सम्मान के रूप में महानंद महाराज को दिया जाना था।

मंच के बाएँ किनारे पर 'ज्ञानानंद सम्मान' के उपरांत दिए जानेवाले पुरस्कार सजाए गए थे, जिनमें दो स्वर्णनिर्मित यक्षी की प्रतिमाएँ—एक थोड़ी बड़ी, दूसरी थोड़ी छोटी सजी थीं। इसी तरह दाईं ओर भी—बड़ी-छोटी दो स्वर्ण-निर्मित यक्षी प्रतिमाएँ और दो रजत-निर्मित छोटी-बड़ी यक्षी प्रतिमाएँ।

दो सम्मान—एक पद्मानंद तथा एक ज्ञानानंद सम्मान तो घोषित थे, किंतु अभी तक बाकी अघोषित पुरस्कारों के आकांक्षी अपने-अपने मन में मन की मनचाही मिठाइयाँ खा रहे थे और ईश्वर से प्रार्थना कर रहे थे कि आज उसकी कृपा राजकृपा बनकर उसी के नाम की घोषणा करा दे। दृश्य बिलकुल तक्षशिला के दीक्षांत समारोह के प्रतिरूप-सा लगता। राजसी और राजकीय वेशभूषा में बैठे राजे-महाराजे तथा विद्वन्मंडल के लोग ललचाई दृष्टि से पुरस्कारों को निहार रहे थे।

पुरस्कारों को अपलक दृष्टि से निहारनेवालों में प्रथम पंक्ति में सुशोभित आचार्य चणक भी थे, जो इस पुरस्कार को पुरस्कार से आगे के सपनों से जोड़कर देख रहे थे। पुरस्कार तो एक मंच था, एक प्रस्तर-पीठ था, जिस पर पहुँचकर ऊँची छलाँग लगाई जा सकती थी और यह ऊँची छलाँग न केवल उन्हें अमात्यमंडल के सप्तऋषियों में स्थान दिला सकती थी वरन् उन्हें महामात्य के समकक्ष खड़ा कर सकती थी—राक्षस के समधी के रूप में और वत्सला की आकांक्षाओं की देवी एवं चाणक्य के सपनों की राजकुमारी राक्षस-सुता सुवासिनी को विष्णुपुर की पर्णशाला की शोभा बना सकती थी, सीता की तरह दंडकारण्य की पर्णशाला को अयोध्या के राजमहल में परिवर्तित कर सकती थी। चणक की पंक्ति में भी शोभायमान थे आचार्य पद्मनाभ तथा उसी पंक्ति में स्थित थे आचार्य शैवाल भी और दोनों महत्त्वाकांक्षी कमोबेश आचार्य चणक के ही समान।

सर्वप्रथम महामात्य ने भारत के सर्वश्रेष्ठ पुरस्कार के रूप में 'मणिपद्मानंद' पुरस्कार तथा सबसे बड़े सम्मान के अधिकारी के रूप में महाराज महानंद की घोषणा की और आचार्य धर्मरक्षित से अनुरोध किया कि वे आगे आएँ—उद्घाटन का स्वर्णदीप प्रज्वलित करें और स्वर्ण चंदन के तिलक से सम्राट् महानंद के मस्तक को महामंडित करें और तत्पश्चात् उन्हें पुरस्कार प्रतीक व सम्मान-पत्र प्रदान कर इस समारोह को

सफल बनाएँ। वैसा ही हुआ—जैसे-जैसे नंद महानंद से महापद्मनंद के रूप में संबोधित आवाहित होते गए, उनके मन का सहस्रदल कमल जल से आकाश की ओर उठता हुआ प्रस्फुटित होने लगा। सभाभवन पद्मानंद महानंद की जयध्वनि से देर-देर तक गूँजता ही रह गया। आचार्य धर्मरक्षित ने सबसे पहले 'पद्मानंद प्रशस्ति-पत्र' का वाचन किया, फिर महाराज के कर-कमलों में मणिपद्म प्रदान करते हुए उद्घोषणा की—

"सभासदो, आज से महाराज महानंद 'महाराज महापद्मनंद' के नाम से जाने जाएँगे और यह नाम भारतवर्ष ही नहीं, संपूर्ण संसार के इतिहास में एक शीर्षस्थ नाम के रूप में स्वर्णाक्षरों में लिखा जाएगा।"

महानंद ने विनयपूर्वक सबकुछ स्वीकार किया और अपने आसन पर आसीन हो गए।

इसके शीघ्र ही बाद महामात्य ने महाराजाधिराज को आवाहित किया और पद्म पुरस्कारों की घोषणा करते हुए उन्हें स्वयं अपने ही कर-कमलों से प्राप्तकर्ताओं के नामों की उद्घोषणा तथा पुरस्कारों को ग्रहण कर अनुगृहीत करने का अनुरोध किया। सबसे पहले महापद्मनंद ने आचार्य धर्मरक्षित को पुकारा और उन्हें स्वर्ण सम्मान—'स्वर्ण पद्म विभूषण' से प्रतिष्ठित करते हुए उन्हें स्वर्ण निर्मित यक्षी की पद्मभुजाधारी प्रतीक प्रतिमा भेंट की। तत्पश्चात् उन्होंने वत्सराज धर्मकेतु को सादर आवाज दी तथा उन्हें स्वर्ण पद्मभूषण सम्मान से विभूषित करते हुए स्वर्ण यक्षी की प्रतीक प्रतिमा हस्तांतरित की।

यहाँ तक तो जो होगा, यह सभी कल्पना कर सकते थे; किंतु आगे क्या होता है, यह बड़ा ही रहस्यपूर्ण और रोमांचकारी अनुभव था। महाराज ने आचार्य शांतिरक्षित को पुकारा और उन्हें भी स्वर्ण पद्मभूषण सम्मान से विभूषित किया और स्वर्ण यक्षी की कतिपय न्यूनतर आकृतिवाली प्रतीक प्रतिमा भेंट की। अवंति-नरेश सुसेन चंद्रप्रद्योत का मन आंदोलित था—यह सुनने के लिए कि अब उन्हीं का नाम पुकारा जाने वाला है, किंतु महाराज ने जो नाम उच्चारा वह सुसेनचंद्र प्रद्योत नहीं बल्कि उनकी दृष्टि में एक राज खद्योत काशिराज दिवोदास का था।

काशिराज प्रथम पंक्ति में आसीन राजाओं के बीच से उठे और चंद्रमा की तरह आकाश की ऊँचाइयों पर आसीन हो गए। फिर आचार्यों की बारी थी—चणक बस आह्वान के क्षण की प्रतीक्षा कर रहे थे। चणक क्या, मगध का संपूर्ण अमात्यमंडल भी इसी घड़ी की प्रतीक्षा में था कि महाराज आचार्य शैवाल की प्रशंसा के शब्दों को उच्चारित करते सुने गए और फिर क्या था—चणक के मुखमंडल पर जो काले गुलाब की तरह पुष्पित-प्रस्फुटित होता रक्ताभ दीखने को था, एकाएक कालिमा के रंग से और अधिक श्याम हो गया। महामात्य राक्षस को लगा कि महाराज विस्मृत हो गए कि यह पुरस्कार आचार्य चणक को प्रदेय था।

उन्होंने उनके कानों में धीरे से यह भूल सुनाई तो महाराज बोल पड़े—''नहीं महामात्य, यह स्वर्णिम पद्म पुरस्कार किसी सघन श्यामल और गर्दभाकार मुखाकृतिवाले व्यक्तित्व के लिए नहीं बल्कि गांधार निवासी चंदन वदन आकृतिवाले आचार्य शैवाल को सुशोभित करने वाला है। चणक के लिए हम फिर कभी अन्य किसी योग्य पुरस्कार हेतु बाद में विचार कर सकेंगे।''

कई शताब्दियों तक काशी पर शासन करनेवाले प्रसेनजित् तथा शूद्रक के पौत्र कुलक सभा में एक सम्मानित अतिथि के रूप में आमंत्रित थे। दशकों तक कई बार मगध को ही पराजित कर राज करनेवाले अवंति-नरेश, हैहय कुल के तेजस्वी राजपुत्र, कुमार नयसेन अग्रगण्य अतिथियों में सुशोभित थे। पुरुवंशी अंग और दधिवाहन के वंशज वृषसेन सामने थे। वैशाली के तृणबिंदु थे। मिथिला के विदेह थे। किंतु पता नहीं क्यों केवल वत्स और काशी पर ही राज दृष्टि गई, अन्य सबके सब उपेक्षित रह गए—आश्चर्य और खुले अपमान के साथ सबकुछ एकटक निहारते।

एकाएक मंच से लेकर पूरी दर्शक दीर्घा विशृंखलित-सी होने लगी—जब चणक महाराज महानंद की इस रुक्ष टिप्पणी से आहत होकर अचानक सभा-भवन से बाहर चलने लगे। चणक के ठीक पीछे-पीछे दर्शक दीर्घा से निकलकर चाणक्य ने भी पिता के निर्णय को स्वीकृति दी। चाणक्य क्या निकला सभा से कि शीघ्र ही महाराज के आदेशानुसार आचार्य कात्यायन ने संक्षिप्त धन्यवाद ज्ञापन कर दिया और सभा विसर्जित घोषित हो गई।

सूरज ढल चुका था और धुँधले आकाश में सावन की बदली गहराने लगी थी। लगा, आज की रात्रि कहीं तूफानों की जननी न हो जाए और रात्रिकाल में आयोजित सांगीतिक सभाएँ अवरुद्ध। और देखते-ही-देखते पश्चिम दिशा से कोई आँधी-सी उठी और संगीत सभा की सज्जाओं को नष्ट-भ्रष्ट कर दिया। प्रतिफल भी इसका दूरगामी हुआ और प्रतिकूल मौसम के परिप्रेक्ष्य में सारे सांगीतिक कार्यक्रम भविष्य में नवरात्रों के लिए कर्णांकित कर देने की पृष्ठभूमि तैयार होने लगी।

: 8 :

चणक का यह अप्रत्याशित अपमान किसी को भी उचित नहीं लगा—न कात्यायन को, न शक्तलाचार्य को, न राक्षस को, न धर्मरक्षित-शांतिरक्षित को। तक्षशिला से नालंदा तक, मथुरा से अवंती तक, उज्जैन से काशी तक, वैशाली से विदेह तक, श्रावस्ती से कपिलवस्तु तक जैसे पूरी धरती एक साथ काँप गई। काँप गई धरती। काँप ही नहीं गई, जैसे हिल गई धरती मूल से चूल तक। लगा, उबल रही है धरती और

कहना चाहती है कि वह फट भी सकती है; लावा भी, आग के गोले भी उगल सकती है, आग की लपटें फैला सकती है, पूरे अंबर में आग भी लगा सकती है। सब देखते रह गए और सबके अंदर प्रवाहित गुरुभक्ति की आग—वसिष्ठ से लेकर विश्वामित्र तक, व्यास से लेकर वैशंपायन तक, अगस्त्य से लेकर परशुराम तक, द्रोण से लेकर अग्निवेश तक, सांदीपनि तक और गुरुवर्यगण ही नहीं, पुरुषोत्तम राम और कृष्ण तक, वीरवर अर्जुन और दुर्योधन तक, कर्ण और एकलव्य तक—सबके अंदर सोई अपमान की आग जल उठी। अतल के तल में सोई हुई आग में धुआँ उठने लग गया जैसे। लगा, किसी ने अंदर से ऐसा उकसा दिया है कि धरती विस्फोट की मुद्रा में विनाश का कोई अप्रिय अध्याय ही शुरू कर देगी। आँधी न उठ जाए। शांत नहीं होनेवाली इस आँधी की यज्ञाग्नि को दावाग्नि बनकर हरित वन-प्रांतर को भी राख में परिवर्तित करने से कौन रोक देगा? गुरुपर्व के पवित्र दिन कोई ऐसा भयंकर अनर्थ हो जाएगा, कोई नहीं जानता था—गुरुपर्व में गुरुवर्य का ऐसा भयंकर अपमान!

चणक सीधे विष्णुपुर के लिए प्रस्थान करना चाहते थे; किंतु पुत्र ने उन्हें विपत्तिकाल में धैर्य नहीं त्यागने की उन्हीं के द्वारा दी गई शिक्षा की याद दिलाई और उन्हें विष्णुपुर लौटने के पूर्व राक्षस व शक्तल दोनों से मिलकर इस घटना की तह में छिपे रहस्यों का उद्घाटन कर लेने का परामर्श दिया।

''पिताश्री, हम ऋषि परंपरा के लोग हैं। अपमान का प्रत्युत्तर प्रतिशोध से देने का निर्णय लेने के पूर्व हमारा धर्म धैर्यधारण की सीख संभवत: इसी उद्देश्य से देता है कि क्रोध के वशीभूत होकर प्रतिशोध की जो अग्नि जलती है, उसमें पाप के साथ पुण्य के भी जल जाने की आशंका प्रच्छन्नत: वर्तमान रहती है। चलिए, मैं आपको सुवासिनी के घर ले चलता हूँ और हम जो भी करेंगे, राक्षस व शक्तलाचार्य के साथ विमर्श के उपरांत ही और अपने निर्णय का अनुमोदन चाचा कात्यायन से प्राप्त हो जाने के पश्चात् ही।''

''ठीक ही कहा तुमने चाणक्य, सुवासिनी-प्रदत्त कैशोर्य सुलभ, कांता-सम्मित सम्मति प्रेयस्कर हो सकती है तो साथ ही श्रेयस्कर भी। सुवासिनी की सम्मति और उसके उपरांत राक्षस का मार्गदर्शन मिल जाए, तब तो सोने में जैसे सुगंधि आ जाए। चलो, सुवासिनी से मैं भी मिलना ही चाहता हूँ—तुम्हारी मित्र है, सहपाठिनी है तो मेरी भी तो शिष्या है! इतनी ही नहीं, मेरे कभी के कनीय सहयोगी-सहधर्मी मेरे मित्र की पुत्री भी तो है! मुझे पूर्ण आशा है कि राक्षस प्रधानामात्य होने के कारण किसी रहस्य के उद्घाटन में कुछ संकोच करेंगे तो सुवासिनी मेरी शिष्या होने के कारण गुरुधर्म में चूकेगी नहीं। चलो, राक्षस के घर लौटने के पहले ही हम सुवासिनी और उसकी माँ पुष्पलता से कुछ बातें करें। उन्होंने तो मुझे वत्सला के साथ अपने घर पर आतिथ्य हेतु आमंत्रित भी किया है, बेटे।''

''गुरुपूर्णिमा की पवित्रता और सम्मान-समारोह की भव्यता से मंडित-विभूषित महाचार्य चणक सबसे पहले आज मेरे घर ही पहुँचेंगे, यह कितना बड़ा सुयोग है माते!'' कह रही थी सुवासिनी। पुष्पलता से।

''साथ में विष्णु भी होगा और संभवत: वात्सल्य की प्रतिमूर्ति माता वत्सला भी। आज हम उनका स्वागत कर धन्य-धन्य हो जाएँगे।''

पुष्पलता अतिथि-कक्ष की साज-सज्जा और चणक परिवार के भव्य स्वागत की तैयारियों को पूर्णता प्रदान करने में व्यस्त थी; किंतु सुवासिनी की खुशियों की कल्पना करती वे मन-ही-मन आनंदित थीं और मुसकराहट की एक नैसर्गिक छटा उनके मुखमंडल पर तड़ित प्रवाह की स्वर्णिम रेखा-सी प्रस्फुटित हो जाती थी। इसी बीच प्रतिहारी ने सूचित किया—आ ही गए तीनों अतिथिदेव, देवी।

संपूर्ण पुष्पलता ही पुष्पवती होकर सुवासिनी हो गई हो जैसे, पोर-पोर में रस-प्रवाह दौड़ने लगा हो और पात-पात में फूल खिल गए हों, विनम्रता और सौम्यता—सुंदरता की देवी-सी। आगे-आगे पुष्पलता और पीछे-पीछे सुवासिनी महामात्य निवास के मुख्य द्वार पर पहुँच गईं—

''आइए ऋषिवर, पधारिए देवी, आओ पुत्र! स्वागत में पलकें बिछाए हम बस आप ही की प्रतीक्षा में प्रस्तुत हैं। महामात्य की इच्छा और अभ्यागतों के प्रति अपने स्नेह व समादर भाव के प्रभाव में ही हम दोनों ने आज के सम्मान समारोह से अनुपस्थित रहकर गुरुपर्व अपनी इस कुटिया में ही सार्थक करना श्रेयस्कर समझा। विराजिए महाराज, विराजिए देवी।'' सुवासिनी ने चरण-स्पर्श करते हुए दोनों को आसनस्थ किया और चाणक्य से कहा, ''विष्णु, आज तो तुम्हें भी हमारा सहयोग करना चाहिए, साथ देना चाहिए गुरु-वंदना में। आओ, अंदर चलो। हम माताश्री का सहयोग करें।''

पुष्पलता अतिथियों के साथ बैठ गईं अभ्यागत कक्ष में और सुवासिनी व विष्णुगुप्त दोनों स्वागत की सारी तैयारियों को अभ्यागत कक्ष में पहुँचाने और सजाने में तल्लीन।

''कैसा रहा विष्णु, गुरुपर्व महाराज नंद का और किन-किन महर्षियों-महापुरुषों को राजकीय सम्मान से विभूषित-गौरवान्वित होने का शुभावसर प्राप्त हुआ? पिताश्री तो कह ही रहे थे—''इस वर्ष का गुरुपर्व, इस बार की व्यास पूर्णिमा का पर्याय एक और नाम, एक और संज्ञा बन जाएगी—चणक पूर्णिमा—महाराज महानंद महापद्मनंद बन जाएँगे तो विद्वान् चणकाचार्य महाचार्य और नालंदा स्थित उनका विद्यापीठ तक्षशिला का नया प्रतिरूप, अर्थात् नालंदा विश्वविद्यालय-ज्ञान-विज्ञान का नया प्रतिमान।''

''पुत्री, बड़ी समृद्ध परंपरा है नालंदा की, जहाँ कुछ सौ वर्ष पहले महाचार्य सारिपुत्त तथा महामोदग्गलान प्राध्यापक हुआ करते थे और जिनसे मिलने एवं ज्ञान की ज्योति को विश्वव्यापी बनाने के उद्देश्य से स्वयं भगवान् बुद्ध पधारा करते थे। अब तो

विष्णु, स्वयं आचार्य धर्मरक्षित को तक्षशिला से नालंदा आने में देर नहीं करनी चाहिए। आज तो संभव है, यह घोषणा भी महाराज ने कर दी हो कि इस प्रस्तावित विश्वविद्यालय के कुलाधिपति धर्मरक्षित और मगध राज्य के शिक्षामात्य आचार्य चणक होंगे। चलो, हम दोनों आज दो सौभाग्यशाली शिष्यों की तरह मगध के गौरव और अपने गुरुवर पितृवर चणक और माताश्री वत्सला का स्वागत कर अपने को धन्य करें। बातें करते रहने के लिए तो पूरी जिंदगी हमें साथ रहना ही है।

"सुवासिनी, आज तो वह सबकुछ हो गया मित्र, वह सबकुछ जिसके कारण कभी जमदग्नि-सुत परशुराम को इक्कीस बार कार्तवीर्य अर्जुन के वंशजों का विनाश करना पड़ा था। वह सबकुछ मित्र, जिसको दृष्टि में रखते हुए असुरों द्वारा देवगुरु बृहस्पति-पुत्र कच तक को भस्मीभूत कर आचार्य शुक्र को सुरा के साथ पिलाकर सुरों को भी उनकी कुटिलता का प्रत्युत्तर देना पड़ा था। तुम्हारे आचार्यवर चणक और तुम्हारे मित्र चाणक्य को अब कैसे-कैसे क्या करना चाहिए, महामात्य राक्षस से आज हम मार्गदर्शन लेने आए हैं, माताश्री पुष्पलता से आशीष और अपनी हृदयहारिणी सुवासिनी से देवयानी सदृश सुधा की शक्ति, जिसके बल पर एक नितांत नवीन और जीवंत संस्कृति का निर्माण किया जा सके।"

"यह क्या हो गया मित्र विष्णु, और क्या-क्या होना शेष है, वह सबकुछ दोनों पिताश्री की वार्ता से स्वयं सामने आ जाएगा। पिताश्री भी लगता है, पधार ही गए। चलो, हम दोनों एवं हमारे दोनों पिताश्री और हमारी दोनों माताश्री कुछ समय साथ-साथ बिताएँ और अपनी पीड़ाओं को एक-दूसरे से बाँटें तथा आगे का रास्ता तय करें।"

दिवस अवसान की ओर था और चाणक्य को पिता-माता के साथ पाटलिपुत्र को विदा कहने का समय होने लगा था। सुवासिनी और चाणक्य दोनों अभ्यागत कक्ष में आ गए थे और यह देखकर विह्वल थे कि किस तरह दो पुराने मित्र—राक्षस और चणक एक-दूसरे के कलेजे से लिपटे हुए हैं और दोनों की आँखों से आँसुओं की अजस्र धारा प्रवाहित हो रही है और दोनों माताएँ किस तरह अधीर, अशांत व उद्विग्न हैं।

सामान्य शिष्टाचार और अति संक्षिप्त आहार-व्यवहार के क्रम में ही महामात्य राक्षस ने महाचार्य चणक को अपने निजी कक्ष में ले जाकर कुछ अति महत्त्वपूर्ण चर्चाएँ कीं और देखते-ही-देखते चणक परिवार को सादर विदा कर दिया गया।

: 9 :

आज के पाटलिपुत्र प्रवास के लिए प्राप्त महामात्य राक्षस के निजी आमंत्रण-पत्र की भाषा में निहित अर्थ के अनुसार आज चणक परिवार को राक्षस परिवार का

अतिथि होना सुनिश्चित था। संभावित तो यह भी था कि दो पुराने बाल सखा तथा तक्षशिला विश्वविद्यालय के गौरवशाली दिनों के दो अध्यापक सखा आज जीवन भर के लिए ही नहीं, वंश-अनुवंश के लिए दो कुलों के और दो परिवारों के अंतरंग सखाओं में परिणत हो जाएँ। दो सम 'धी' से दो समधी होने की बड़ी संभावना केवल एक छोटी सी कर्मकांडीय औपचारिकता पूरी कर देने भर से सुनिश्चित थी। आज की रात दो सम 'धी' विद्वानों को दो सम-पदी अमात्यमंडली के सदस्यों के रूप में भी परिवर्तित कर दे यह भी संभवतः सुनिश्चित ही था। किंतु पता नहीं, ऐसा क्या हो गया कि महामात्य को सबकी नजरें बचाकर अपने निजी सारथि के साथ रात-ही-रात अपने समादरणीय तथा अत्यंत ही स्नेही एक परिवार को चोरी-चोरी राजरथ पर विदा देना पड़ा।

रथ को निर्देश था विष्णुपुर जाने का और रातो-रात पाटलिपुत्र वापस लौट आने का और वह भी ऐसी गति में कि अतिथियों को कोई कष्ट तो नहीं हो, किंतु एक क्षण का भी समय अन्यथा नष्ट नहीं हो। रथ पाटलिपुत्र की दक्षिणी सीमाओं को पार कर पुष्पपुर ग्राम में प्रवेश ही करता कि चणक ने सारथि को राजमार्ग से सटे पूर्व की ओर एक स्थान पर रोकने को कहा—"सारथि, मैं महामात्य की मानसिक परेशानियों से अवगत हूँ, जिस कारण उन्होंने यथाशीघ्र आपको पाटलिपुत्र-वापसी का निर्देश दिया होगा। हम आज यहीं एक स्वजन परिवार के साथ अपनी रात बिताएँगे और कल प्रातःकाल विष्णुपुर स्वयमेव पहुँच जाएँगे। आप हमें यहीं उतार दें और शीघ्रातिशीघ्र महामात्य के पास उपस्थित हो जाएँ।"

"जो आज्ञा, ऋषिवर!" कहते हुए सारथि ने उन्हें वहीं उतार दिया।

चणक ने वत्सला से कहा—"देवी, आज की रात हम सबके लिए पाटलिपुत्र में अपेक्षित रात से भी अधिक सुखकर होनेवाली है। मैं आज अपनी प्रिय ससुराल में, तुम अपने चिर बिछुड़े पितृगृह में तथा विष्णु अपनी ननिहाल में आतिथ्य सुख का आनंद लेने वाले हैं। चलो, बगल का ग्राम ही तुम्हारा प्रिय पुष्पपुर गाँव है। आओ विष्णु, आज तुम जीवन में पहली बार समझ सकोगे कि नाना-नानी एवं मामा-मामी का साहचर्य कितना सुखद होता है।

कुछ ही देर में पूरा परिवार एक बार फिर लगा, उसी आतिथ्य-सुख में सराबोर है, जिसमें शायद पाटलिपुत्र के महामात्य निवास में भी हो पाता—आतिथ्य सुख से अधिक बढ़कर कोई विरल अपनत्व सुख, आत्मीय सुख, आत्मसुख अर्थात् निराशा-हताशा से पराजित अरण्य मन में परमात्म-शारण्य-सुख। वत्सला तो अतिथि थी नहीं—आई थी अपने घर, अपनी जन्मभूमि पर, स्वागत-व्यवस्था में स्वयं लग गई। किंतु चाणक्य के अंदर-अंदर कोई हलचल की नदी-सी उमड़-घुमड़ रही थी, जो पिताश्री

और मित्र राक्षस के मौन किसी संयुक्त निर्णय के पहाड़ के अंदर से फूटे निर्झर की तरह बह चली—ननिहाल के शांत व समतल पठार पर—

''पिताश्री, मैंने भरी सभा में महाभारत की द्रौपदी की तरह आपको अपमानित होते देखा और इस घटना से क्षत-विक्षत आपके मन पर महामात्य राक्षस द्वारा लगाए गए सांत्वना के मरहम का असर भी देखा। मैं जान गया हूँ पिताश्री, कि आप किसी अनहोनी के अनिष्ट की आशंका से त्रस्त हैं, परेशान हैं, क्षुब्ध हैं, हताश हैं। मैं आपका एकमात्र पुत्र हूँ पितृवर, और एक ऐसा पुत्र हूँ, जिसने आपके सम्मान और प्रतिष्ठा की ऊँचाइयों को तक्षशिला के एक बालक विद्यार्थी की आँखों से देखा है। पिताश्री, आप अपनी पीड़ाओं और परेशानियों से मुझे परिचित होने का अधिकार व अवसर तो दें। शायद मैं आज नहीं तो कल, इस अपमान का बदला नंद वंश से चुका सकूँ।''

''चाणक्य, किंतु स्मरण रहे कि हम हैहय नहीं, भृगुवंशी हैं। हम बदला व्यक्ति से नहीं, व्यक्तिवादी नीतियों से लेते हैं। हम पापी से नहीं, पाप वृत्तियों से प्रतिशोध लेते हैं और नीति व न्याय के हित में अन्यायी-अनीतिकारी व्यक्ति की सत्ता को ही समाप्त कर देते हैं। खून का बदला खून से नहीं। खून के बदले लोकहितकारी कानून की स्थापना हमारा अभीष्ट लक्ष्य है और हमेशा हम यह ध्यान रखते हैं कि हम स्वयं सत्तासीन नहीं हों, परिवर्तन की प्रक्रिया को तेज कर निर्माण की स्थिति में पहुँचा दें। हम अंगारधर्मी हैं पुत्र, संहार के रास्ते, ज्वलन के रास्ते किंतु शिव के वास्ते चलकर 'शांताकारं भुजग शयनम्' क्षमाशील विष्णु तक पहुँच जाते हैं। हमारा मूलधर्म क्षमा है चाणक्य, और इसीलिए तो तुम भी विष्णु हो, विष्णुगुप्त। बदला बदले का नहीं, पूरी व्यवस्था को बदलने का दूसरा नाम है। तुम बदला जरूर लेना, किंतु मगध की सत्ता को, व्यवस्था को बदलकर लेना।

''क्या करोगे पुत्र, राजा के द्वारा सम्मानित होना भृगुवंशियों के भाग्य में ही नहीं। हम वे हैं, जो राजा के स्वागत में अपना सर्वस्व लुटा सकते हैं, किंतु राजा हमसे सदैव वही करता रहा है, जो कार्तवीर्य अर्जुन ने जमदग्नि के साथ किया। कात्यायन और राक्षस वशिष्ट संस्कारवाले पंडित हैं, जो यह समझकर काम करते हैं कि राजा कभी कोई प्रमाद नहीं करता, कभी कोई अन्याय नहीं करता, कभी कोई गलती नहीं करता— 'सर्वदेवमयो राजा'। वे यही समझते रहे हैं कि हर स्थिति में राजा की जय बोलते रहना उनका धर्म है, उनका कर्तव्य है, उनकी जिम्मेदारी है। महानंद ने अपने अमात्यमंडल के गठन के पूर्व सबसे पहले मुझे ही तक्षशिला छोड़कर मगध आने का निमंत्रण दिया था। तब राजनीतिशास्त्र तथा वेदांगों के प्रधान प्राध्यापक की हैसियत से मेरे सामने कुछ ऐसी जिम्मेदारियाँ थीं, जो देश को तथा देश की ज्ञान-संपदा को विदेशी आक्रमणों से बचा लेने के लिए मुझसे मद्र देश तथा तक्षशिला नहीं छोड़ने की माँग कर रही थीं। भारत के

सोलहों जनपद के राजकुमार मेरे शिष्य थे और उन्हें विदेशियों को आगे न बढ़ने देने को तैयार करना मेरी राष्ट्रीय जिम्मेदारी बनती थी। महानंद की चिंता थी मगध की और सच पूछो तो मगध की भी नहीं—बस, एक वंश की और वंश से भी अधिक स्वयं की—एक महासाम्राज्य का महाराजाधिराज बनने तक की। मैंने प्रस्ताव को निमंत्रण समझा, राज्यादेश नहीं और विभिन्न प्रकार के भोग-विलास की प्राथमिकता को अस्वीकृत कर दिया और तभी से शायद महानंद की आँखों की किरकिरी बन गया।

''वर्षों बाद जब मैं स्वयमेव मगध आया भी तो मैंने राज्याश्रय हेतु न तो कोई प्रयास ही किया और न मगध की शासन-व्यवस्था पर कोई नीतिगत टीका-टिप्पणी करने में यथापेक्षित संयम ही बरता। मुझे आज महामात्य राक्षस ने बताया है कि आज के अपमान के मूल में बहुत सारी पुरानी और बहुत सारी वर्तमान स्थितियाँ हैं। उनके अनुसार, मैं मगध में सुरक्षित नहीं हूँ, राजद्वेष के निशाने पर हूँ और शायद मेरा परिवार भी खतरे में है। तुम्हें ननिहाल लाने के पीछे मेरी योजना यह है कि तुम अज्ञातवासी की तरह वत्सला के साथ कुछ दिन यहीं रहो और मैं विष्णुपुर में रहकर देखता हूँ कि आगे-आगे क्या होता है और क्या होने वाला है।''

''किंतु मगध साम्राज्य बने, महासाम्राज्य ही बने और उसके महाराजाधिराज महानंद हों, इस बिंदु की आपने क्यों अनदेखी की, पिताश्री? मगध राज वृहत्पाणिरथ महाराज वृहद्रथ की कृति है। जरासंध के अथक श्रम और अथाह शक्ति से पल्लवित-पुष्पित एक विशाल राज्य, जिसे बिंबिसार और अजातशत्रु ने विस्तार देकर एक महासाम्राज्य बनाने के लिए अपनी सारी शक्ति लगा दी। उस कृति, उस संस्कृति और महासाम्राज्य के उस सपने को पूरे भारत की संस्कृति का केंद्र बनाने में तो हमें भी पीछे नहीं होना चाहिए।''

''पुत्र, यही तो शास्त्रीय विषय है, तक्षशिला विश्वविद्यालय की शिक्षा का मूल दर्शन। वृहद्रथ का दर्शन साम्राज्यवादी नहीं था पुत्र, जरासंध का भी नहीं। वृहद्रथ और जरासंध अंतरतर से संघवादी थे और इसीलिए पुरुओं, कलिंगों, भरतों, वीतिहोत्रों, पांचालों, जांगलों, शूरसेनियों, कंबोजों, मद्रों—सबके बड़े भाई थे, जिन्हें महाराज्य का महाराज मानकर वे अपने-अपने राज्य के विकास के लिए स्वतंत्र होते थे। बेटे, धीरे-धीरे इस संस्कृति का क्षरण होने लगा—कंस के साथ, बिंबिसार-अजातशत्रु के साथ, महासेन प्रद्योत के साथ और जो शक्ति कभी कृष्ण-बलराम को भी चुनौती देने में चूकी नहीं, वही शक्ति परस्पर लड़ाई में रत हो गई। प्रसेनजित् काशी पर, कपिलवस्तु पर, अजातशत्रु वैशाली पर और हद तो तब हो गई जब अवंती के राजा क्षेमवर्द्धन से लेकर महासेन प्रद्योत तक ने तो महाराज्य के रूप में विकासशील मगध पर ही कब्जा कर लिया। बेटे, यह महानंद उसी महासेन की अपसंस्कृति से उत्पन्न उज्जयिनी की गंदी गलियों में

पला-बढ़ा एक अज्ञात कुलशील, एक प्रज्ञा विहीन तथा अत्यंत महत्त्वाकांक्षी नर-पिशाच है, जिसको सहयोग देना अपनी राष्ट्रीय संस्कृति का हनन करने जैसा है। बेटे, भारत की संस्कृति, भरतों की संस्कृति, सूर्यवंशियों की संस्कृति साम्राज्यवादी नहीं, महाराज्यवादी है और हमारा उद्‌देश्य उसी महाराज्यवादी या संघवादी संस्कृति के केंद्र के रूप में मगध राज्य को विकसित करना है। तुम्हीं कहो, मैं, मेरे जैसा शिक्षक भला महानंद के सहयोग में कैसे आगे आता? जिसके कुल-शील का कोई पता नहीं, जिसका आचरण समाज के लिए स्पृहणीय नहीं, अनुकरणीय नहीं वरन् निंदनीय हो, जिसकी पूरी शासन व्यवस्था स्व-निर्माण के लिए शोषण और अत्याचार पर आधारित हो, वैसे भोगी-विलासी राजा को महाराज कैसे मानता, पुत्र? मैंने फिर भी उसका विरोध तो नहीं किया। हाँ, उपेक्षा संभवतः हो गई हो—और उसका प्रतिशोध उसने मेरे प्रति इस भयंकर अपमान से लेना उचित समझा हो।"

"पिताश्री, किंतु यह तो आप मानेंगे ही कि मगध ही पूरे भारत में एक राज्य है, जो महाराज्य बनकर पूरे राष्ट्र को एक सम्यक् दिशा की ओर ले जा सकता है।"

"इसमें कोई संदेह ही नहीं, पुत्र। यदि मैंने तक्षशिला में आज तक का अपना जीवन अध्ययन-अध्यापन, चिंतन-मनन, त्याग-तपस्या में लगकर कुछ भी अर्जित किया है तो उसका मूल तत्त्व यही महाराज्य की कल्पना है, इसी संघीय शासन-प्रणाली की परिकल्पना है, आदर्श है, लक्ष्य है और यही वेदों-शास्त्रों सबका सार है।

"पता नहीं, मैं कब तक रहूँ और आँधियों के बीच यह आदर्श का दीपक जलाता रह सकूँ; किंतु तुम देखोगे पुत्र, और तुम्हारे भी आगे आनेवाला समय यह देखेगा कि यही राज्य-महाराज्यवाली कल्पना, यही दर्शन एक दिन भारत की स्थायी शासन-व्यवस्था का रूप ग्रहण करेगा। भारत में राज्य होंगे, उनकी अलग-अलग शासन-व्यवस्थाएँ होंगी, अलग-अलग कर प्रणाली होंगी, अलग-अलग विकास और कल्याण की योजनाएँ होंगी; किंतु सब अपने कर संग्रहण का एक निश्चित प्रतिशत महाराज्य रूपी केंद्रीय व्यवस्था को देंगे और उसके बदले केंद्र की जिम्मेदारी होगी कि राष्ट्रीय संस्कृति की रक्षा करे तथा बाह्य आक्रमणों से उनकी सुरक्षा की जिम्मेदारी को दृढ़ता के साथ निभाता रहे।"

"आप रहेंगे पिताश्री! आप ही नहीं रहेंगे, आपकी यह विचारधारा गंगा-यमुना, सिंधु-सरस्वती, नर्मदा-कावेरी-गोदावरी की धाराओं की तरह भारत को जीवंतता व प्राणवत्ता प्रदान करती रहेगी।

"आपका यह पुत्र, पुत्र ही नहीं है पिताश्री, आपका शिष्य भी है और पुत्र तो एक हो सकता है, किंतु आपके शिष्य पूरे विश्व के—इस विचारधारा को आपकी विचारधारा से जोड़ने का काम करेंगे और सचमुच भारत के इस दर्शन को, वेद की एतद् विषयक ऋचा को पूरी धरती पर, पूरे विश्व को एक गाँव या एक परिवार के रूप में उतारने में

लग जाएँगे—'कृण्वन्तो विश्वमार्यम्'।''

चणक ने फिर आदेश दिया—''रात ढलने को है पुत्र, तुम जाओ। मन से जागते रहो, आँखों से सपने देखते रहो और हाथों से केवल भारत का ही नहीं, संपूर्ण विश्व का एक भविष्य गढ़ते रहो। जाओ पुत्र, तुम थक गए होगे। मेरी खोज कल विष्णुपुर में होगी और यदि वहाँ नहीं मिला तो चर्चा होने लगेगी कि मैंने राजभय के मारे विष्णुधर्म छोड़ दिया। तुम वत्सला को और अन्य सभी स्वजनों को वस्तुस्थिति से अवगत करा देना।''

यही कहते-कहते पूर्वी गगनांगन में लगा, उषा की लाल किरणों की छटा बिखरने वाली है—उषा, जो अंधकार को विदा देती है और प्रकाश की अग्रदूत होती है; उषा, जो ज्ञान और कर्म की देवी है; उषा, जो जागरण की संदेशवाहक है; उषा, जो पंछियों के पंखों में चेतना की शक्ति और कंठों में स्वतंत्रता के स्वर भरती है। इधर पुष्पपुरी में उषा उतरी, उधर चणक निकल पड़े संघर्ष की राह पर विष्णुपुर की ओर और विष्णुपुर से शायद विष्णुलोक की ओर।

: 10 :

पुष्पपुर के एक छोटे से गाँव में जिस तरह पिता-पुत्र सम्मान समारोह की समीक्षा कर भविष्य और भवितव्य की कल्पना व योजना में निरत थे, ठीक कुछ उसी प्रकार की चर्चा राजभवन के अतिथि निवास में विभिन्न राज्यों से पधारे राजाओं के बीच हो रही थी; किंतु समन्वित रूप में नहीं, टुकड़ों में। कोसलराज के कक्ष में कुलक के साथ अवंति-नरेश कुमार जयसेन चर्चारत थे तो मिथिला के विदेहराज के कक्ष में लिच्छवी कुमार तृणबिंदु, वहीं अंगराज वृषसेन के कक्ष में कलिंग-नरेश। वत्सराज और काशि-नरेश के कक्ष अंदर से बंद हो चुके थे—संभवत: वे शांति और संतोष के सुख के साथ निद्रा-लोक में प्रस्थान कर गए हों। अन्य सबके सब विक्षुब्ध थे, परेशान थे, उद्विग्न थे। न तो अवंती मगध को अपने से अधिक व्यवस्थित, सुसंस्कृत व शक्तिशाली मानने को तैयार था, न कोसल। अवंती तो मगध-विजय कर अपनी शक्ति एवं श्रेष्ठता का प्रदर्शन कई बार कर चुका था तो कोसल को अभिमान था कि रघुवंशी राम एवं कुश की परंपरा और मर्यादावाला राज्य होने के कारण उसे मगध क्या, पूरे भारतवर्ष का चक्रवर्ती सम्राट् कहलाने की योग्यता किसी से छिपी नहीं थी। लिच्छवी को वैशाली की गौरवमयी गणतांत्रिक परंपरा पर अभिमान था तो विदेह को राजा जनक जैसी आदर्श वीतरागी राज-व्यवस्था के गौरव का गर्व। कलिंग को बुद्ध गाथा के लिए तो अंगराज पुरुवंशी होने के कारण—दोनों अपनी-अपनी गौरव-गाथा के गान में लगे थे; किंतु ये चारों-के-चारों टुकड़े समग्र भारत के चार खंभे पुराने विवादों की पृष्ठभूमि में ही सही, भारतीय

संस्कृति के मूल आदर्शों के संदर्भ में एक साथ कोई समुचित निर्णय हेतु बैठने को तैयार नहीं थे ऊपर-ऊपर, किंतु सबके अंदर कम-से-कम यह स्वीकार करने की मन:स्थिति तो थी ही कि ऐसी समन्वय की भूमिका निभाने की स्थिति में यदि कोई भी राज्य था तो वह बस मगध था। आज महानंद के सम्मान-समारोह में ये सभी संभवत: इस उद्देश्य से भी पधारे थे कि म्लेच्छ वंशी शकों व हूणों, यवनों और अन्य बाहरी आक्रमणकारियों से भारत की सुरक्षा की दृष्टि से विभिन्न राज्यों का अभिमत लेकर महानंद एक राष्ट्रीय सुरक्षा नीति का निर्धारण आज अवश्य करेंगे। सभी महसूस करने लगे थे कि जब भारत की सीमाओं का विदेशियों द्वारा अतिक्रमण हो रहा है, भारत के विभिन्न राज्यों का यह सबसे प्रथम कर्तव्य बनता है—विदेशियों से लड़ने का और उन्हें सीमा-पार खदेड़ने के हित में पारस्परिक विवादों को स्थगित कर या सदा के लिए उन्हें भूलकर नए भारत को निर्मित करने का।

अतिथिशाला के सेवकों के रूप में महानंद के अनेक गुप्तचर प्रतिनियुक्त थे। सभी गुप्तचरों से प्राप्त प्रतिवेदनों को संकलित-समन्वित करने के लिए एक प्रधान गुप्तचर भी था, जो अतिथियों की सेवा के लिए प्रधान प्रबंधक के स्थान पर आसीन था, जिसे अपने समन्वित प्रतिवेदनों का विवरण गोपनीयता के साए में गृहामात्य शक्तला को देना था। शक्तलाचार्य की जिम्मेदारी थी कि जैसे ही महाराज प्रात: नित्य क्रिया से निवृत्त होकर राजसिंहासन के लिए तैयार हो जाएँ, उन्हें गृहमंत्री पूरा प्रतिवेदन पहुँचा दें। यह दीगर बात थी कि गुप्तचर विभाग के विभागाध्यक्ष गृहामात्य नहीं, प्रधानामात्य होते, गृहामात्य केवल सदस्य सचिव और उन्हें महाराज को प्रतिवेदन से परिचित कराकर संपूर्ण अभिलेखों को महामात्य के आवास पर समर्पित कर देना होता था। प्रधानामात्य का आवासीय कार्यालय इसी गुप्तचर शाखा का कार्यालय होता, जहाँ सभी गुप्तचरों पर प्रधानामात्य का सीधा नियंत्रण था।

आज के प्रतिवेदन की समीक्षा करते हुए आसन्न राष्ट्रीय स्थितियों से संबंधित विभिन्न राजाओं की सम्यक् सोच को राक्षस अपने प्रशासन की सफलता समझकर आनंद से उत्तेजित हो गए और पुत्री सुवासिनी से कहे बिना रह नहीं सके—"देखो सुवासिनी, देखो। कल की सम्मान सभा की सारी विद्रूपताओं व विडंबनाओं के बावजूद हमारे सहयोगी और हमारे अधीनस्थ राज्यों के राजाओं की सोच कितनी स्वस्थ और कितनी समयानुकूल है। जिस अवंतिकुमार जयसेन पर हमें अपने महाराज कालाशोक की हत्या करने का संदेह है, उसी अवंती का भी मानना है कि मगध सभी सोलह जनपदों में श्रेष्ठ है, सबका बड़ा भाई है और राष्ट्रहित में वही हमें नेतृत्व देने के सर्वथा योग्य है। मगध ने कई बार अवंती पर आक्रमण किए और अपनी उज्जयिनी को काशी व पाटलिपुत्र से भी श्रेष्ठ कहनेवाली अवंती ने, उसी अवंती ने जिसने दो-दो बार क्षेमधर्मन और महासेन चंद्रप्रद्योत के नेतृत्व

में मगध को पराजित कर उस पर लंबे दिनों तक शासन किया, आज हमारा नेतृत्व अंदर से स्वीकार करने को तैयार है। यही बात कोशलराज कुलक भी स्वीकारते हैं—कोशल, जिसे लोग कुश और राम के चक्रवर्ती राज और आदर्श शासन-व्यवस्था के लिए स्मरण करते हैं।''

''फिर उनके क्षोभ के क्या कारण हैं, पिताश्री?''

''पुत्री, क्षोभ के, उस क्षोभ के जिसके कारण विद्रोह की आग फूट पड़ती है, के अनेक कारण कभी नहीं होते। उसका कारण बस, एकमात्र कारण, एक विस्फोटक स्थिति हो जाती है, जो कल के सम्मान-सह-अलंकरण समारोह में घटित हो गई।''

''वह क्या, पिताश्री?''

''सुवासिनी, यह तुम्हारा विषय नहीं; किंतु यह तुम्हारे भी एक विषय से संबंधित है, इसलिए सुन ही लो तो अच्छा। तुम जानती हो कि किस-किस तरह अपने अपमान से क्षुब्ध और परेशान चणकाचार्य पधारे थे हमारे घर। कल शैवाल का सम्मान हुआ, धर्मरक्षित तो मुख्य अतिथि ही थे, उनका भी सम्मान हुआ और साथ-साथ आचार्य शांतिरक्षित का भी, जो नालंदा के विद्यापीठ में चणक के अधीनस्थ अभी भी कार्यरत हैं। यों ये तीनों आचार्य, जो तक्षशिला के शिष्य और प्राध्यापक हैं या रह चुके हैं, छात्र के रूप में भी, प्राध्यापक के रूप में भी और मेधा में भी हर समय चणक के पीछे रहे हैं। यह विडंबना ही तो है पुत्री, कि मगधराज द्वारा ये तीनों तो सम्मानित-पुरस्कृत हो गए, किंतु एक पूर्व घोषित नाम कल मंच से अपनी उद्घोषणा की प्रतीक्षा करता रह गया और अंत में एक आचार्यों के आचार्य को 'गर्दभ' के अपमान-सूचक विशेषण से उपेक्षित हो सभा से निकल जाने को विवश हो जाना पड़ा।''

''और क्या-क्या हुआ, पिताश्री?''

''और जो हुआ पुत्री, और भी बड़ा, एक से बढ़कर एक भयंकर कांड। कल, सदियों तक कोसल की गुलामी में रहनेवाले काशी-नरेश और रात-दिन अवंती की नींद उड़ानेवाले पड़ोसी राज्य वत्स को पद्म पुरस्कारों से अलंकृत किया गया और इन दो बड़े राज्यों को विद्रोही के रूप में खड़ा होने के लिए उत्तेजित किया गया। वैशाली, जो अपनी गणतांत्रिक शासन-व्यवस्था के लिए विश्व-प्रसिद्ध है और विदेह का शासन, जो आदर्श राजा के उदाहरण-स्वरूप सारे भारत में चर्चित रहा है, पर लगता है, महाराज ने कोई विचार ही नहीं किया। अंग-कलिंग, जो दोनों बड़ी शक्तियाँ मगध और अवंती दोनों की महत्त्वाकांक्षाओं की शिकार रही हैं, का भी मन महाराज द्वारा वशीभूत किया जा सकता है। वह भी तो नहीं हो सका, बेटी।

''मैं अभी भी प्रयास करूँगा कि आचार्य चणक के साथ ही साथ इन राजाओं के जख्मों पर अब भी मरहम लगाकर भारत की समग्र शक्ति का संगठन उत्तर-पश्चिम की

सीमाओं की रक्षा हेतु किया जाए। मैं आज अमात्यमंडल की बैठक के पूर्व इन सभी विषयों पर महाराज से विचार-विमर्श करना चाहता हूँ। देखो, आगे क्या होता है, क्या हो पाता है।''

''पिताश्री, मेरी समझ में यह बात नहीं आती कि चणकाचार्य जैसे ज्ञानी-विज्ञानी ऋषिचरित व्यक्तित्व ने कौन सी चूक कर दी यदि उन्होंने राजकार्य की किसी स्वस्थ परंपरा के आलोक में वर्तमान कर प्रणाली पर अथवा राजा के आदर्श के रूप में स्वीकृत आचरण से निम्न कोटि के आचरण पर कोई टिप्पणी कर ही दी। जिस तरह राजा ने 'पद्म' शब्द का अलंकरण धारण कर लिया, उसी तरह अपनी कर प्रणाली में संशोधन करना भी तो राज्य और राजा दोनों के भविष्य के लिए सहायक ही होता!''

''सुवासिनी, महानंद को चणक ने 'अज्ञातकुलशील' कहकर उसके तथा उसकी माताश्री की प्रतिष्ठा पर कीचड़ तो उछाला ही—हम आनंदी और महानंदिन का वर्तमान क्यों नहीं देखें? गड़े मुरदे उखाड़कर उसकी माँ को गणिका कहने और महानंद को अज्ञातकुल या अज्ञातपितृ अथवा निम्न आचरण का व्यक्ति कहने से ही क्या मिलेगा?

''किसी भी व्यक्ति को, चाहे वह दीन-हीन या दरिद्र ही हो तो उसे दीन-दरिद्र कहने से उतनी चोट नहीं लगती जितनी यह कहने से कि उसके कुल और उसके पिता का कुल अज्ञात है और यह भी कि वह वेश्या-पुत्र है।''

''पिताश्री, चणक ही नहीं, सब लोग यह शास्त्र की उक्ति स्वीकार करते हैं कि राजा को उत्तम कुल और उत्तम व उदात्त चरित्र का स्वामी होना चाहिए और राज्य के लिए धन-संचय की प्रणाली मधुमक्खी द्वारा किए जानेवाले मधु-संचय की भाँति होना चाहिए, अर्थात् करारोपण जनता को पीड़ा पहुँचाकर नहीं होना चाहिए। फिर चणक का क्या अपराध या लिच्छवी, कोसल, अंग-कलिंग अथवा अवंती-मथुरा का क्या दोष, यदि त्रेता-द्वापर से चल रही कुलीन श्रेणी से बाहर का कोई अज्ञातकुलशील व्यक्ति उनके माथे पर आसीन हो जाए। किंतु पुत्री, ऐसा होता है, होता रहा है, हो सकता है। और इसीलिए पुत्री, शास्त्रों ने समय के अनुसार नीतियों में परिवर्तन किया। बृहस्पति की नीति के आलोक में राजा का कुलीन होना आवश्यक था—कुलीन और उदात्त चरित। किंतु यदि किसी कारणवश वह कुलीन राजकुलीन नहीं भी हुआ तो उसे महाप्राज्ञ तो होना ही चाहिए। हो सकता है, वैसा भी नहीं हो सका—कोई अल्पप्राज्ञ व्यक्ति ही राजपद पर आसीन हो जाए और तब तो उसे विनीत व लोकधर्म में आस्था तथा श्रद्धा तो होनी ही चाहिए—लोकधर्म, लोकहित, लोकनीति, लोकन्याय आदि में आस्था तथा श्रद्धा, याज्ञवल्क्य की आचार संहिता राजधर्म की व्याख्या तो ऐसे ही करती है, पुत्री।

''पर छोड़ो पुत्री, इस प्रश्न का सही उत्तर आनेवाला समय ही देगा। मुझे इस पर कोई टिप्पणी करना मेरे-तेरे स्तर की वस्तु ही नहीं, मगध के हित में तो कदापि नहीं है।''

राजभवन जाने का समय हो रहा था। प्रतिहारी ने रथ के साथ मुख्य द्वार पर सारथि के प्रतीक्षित होने की सूचना दी और शीघ्र ही महामात्य राक्षस राजदरबार के लिए प्रस्थान कर गए।

: 11 :

राजकुमार जयसेन और राजर्षि विदेह के मुख से कही गई और गुप्तचरों द्वारा सुनाई गई मगधराज की राजकथा और पिताश्री जैसे महाचार्य के मुख से सीधे सुनी गई सत्यकथा से सुवासिनी को लगा जैसे वह किसी न्यायालय में उपस्थित हो और किसी वाद के पक्ष-विपक्ष में विशेषज्ञों के तर्क सुन रही हो। वह नंद-कथा सुनना तो चाहती थी, किंतु रामकथा की तरह शिव बनकर नहीं या कोई गरुड बनकर नहीं अथवा कोई भारद्वाज की तरह नहीं—किसी कात्यायनी या मैत्रेयी की तरह भी नहीं वरन् वैसे जैसे गार्गी ने याज्ञवल्क्य से सुना होगा या किसी लोपामुद्रा ने अगस्त्य से। उसने तय किया कि कल जब वह नालंदा विद्यापीठ में होगी तो इस विषय पर आचार्यवर शांतिरक्षित तथा स्वनामधन्य आचार्य पद्मनाभ के समक्ष भी इस विषय को छेड़ेगी और उनसे जानना चाहेगी कि शास्त्रों के अनुसार आदर्श राजा और आदर्श राज-व्यवस्था क्या होनी है और उस दृष्टि से नंद-कथा के पक्ष-विपक्ष वाचकों में से किसकी कथा को वरेण्य कहा जाए—स्वीकार किया जाए, कम-से-कम एक सत्य कथा के रूप में और इसका निर्णय अपनी आत्मा के निर्देशानुसार स्वयं करना चाहेगी।

सुवासिनी राजरथ पर सवार पाटलिपुत्र से चली जा रही थी नालंदा की दिशा में—अपने विद्यापीठ। रास्ते में अचानक रथ की गति स्वत: कुछ धीमी पड़ गई और मार्ग से सटे पूरब एक आश्रम या गुरुकुल के आकार-प्रकार के वृक्षों-लताओं से भरे-पूरे मनोहारी दृश्य को देखकर अथवा पुरवाई के झोंके के साथ फैलती किसी मादक सुगंध से अभिभूत सारथि ही रुक गया थोड़ी देर। संभवत: घोड़े को यह लगा हो अथवा सारथि को भी कि कल सायं जिस प्रिय अतिथि को यहाँ उतार दिया था, अमात्य-पुत्री सुवासिनी उसी प्रिय अतिथि से मिलने आ गई हों। सुवास की ओर सुवासिनी भी लगा वैसे ही खिंच गई जैसे चुंबक की ओर अयस्क यों ही, अनजाने भी खिंच जाता है।

सुवासिनी ने कहा—"सारथि, क्या हो गया रथ को या क्या हो गया रथ के अश्व को? मुझे निर्धारित समय से पहुँचना अत्यावश्यक है।"

सारथि ने घोड़े को टिटकारी दी और हवा के झोंकों के साथ सरसती फूलों की सुगंधिवाला वह आश्रम पार हो गया।

"यह कौन सी जगह है, सारथि?"

"देवी, यही पुष्पपुर का वह प्राचीन गाँव है, जहाँ के भारद्वाज ब्राह्मणों द्वारा आयोजित गौतम बुद्ध की धर्म-प्रवर्तन सभा इतिहास-प्रसिद्ध है। इसे ही कभी कुसुमपुर भी कहते थे और इसका ऐतिहासिक महत्त्व इसीलिए है कि इसकी दाहिनी भुजा में पाटलिग्राम या पाटलिपुत्र अथवा पाटन देवी का पवित्र तीर्थस्थल पाटनपुरी है तो बाईं भुजा में भगवान् बुद्ध के बोधिग्राम का ज्ञान-द्वार नालंदा, जहाँ आचार्य सारिपुत्त तथा आचार्य महामोग्गलान द्वारा संचालित तब का विश्व-प्रसिद्ध नालंदा बिहार अवस्थित था और जहाँ आज मगधराज द्वारा संचालित नालंदा विद्यापीठ कार्यरत है।"

"सारथि, मुझे पुष्पपुर की धरती में पता नहीं इस प्रसिद्धि और इस पवित्रता से भी बढ़कर कोई ऐसी अज्ञात शक्ति की सत्ता का आभास हो रहा है, जो मेरे अस्तित्व में प्रसुप्त किसी अज्ञात तत्त्व को अपनी ओर खींच रही है, ठीक वैसे ही जैसे लोहे के आत्मतत्त्व को किसी चुंबक की आत्मशक्ति खींच लेती है। एक अजीब मादक सुगंध इस पुरवाई के माध्यम से मेरे मन-प्राणों को झकझोर रही है जैसे और मेरा मन चाह रहा है आर्य, कि मैं यहाँ कुछ देर के लिए ठहरकर इस सुख का आनंद लूँ। किंतु आप रुकिए नहीं, अन्यथा आचार्य शांतिरक्षित मेरे विलंब से कक्षा में पहुँचने पर कुपित हो जा सकेंगे। इतना ही नहीं, आज के सम्मेलन कक्ष में मेरा होना मेरी कुछ अत्यंत ही महत्त्वपूर्ण जिज्ञासाओं के समाधान हेतु परम आवश्यक भी है। मुझे कुछ-कुछ ऐसा स्मरण आ रहा है आर्य, जैसा कि विष्णु ने कभी मुझसे बताया था कि यही वह पुष्पपुर गाँव है, जहाँ वह पैदा हुआ था, यानी कि जो उसकी माँ की जन्मभूमि भी है, जिसे वह वत्सलभूमि की संज्ञा दिया करता था। चलिए, आज कक्षा के उपरांत कभी विष्णु से बातें होंगी तो मैं सारी बातों की संपुष्टि कर लूँगी और तब किसी दूसरे दिन आप मुझे एक बार वत्सलतीर्थ पुष्पपुर का भी दर्शन करा देने की कृपा कीजिएगा।"

रथ आगे बढ़ रहा था। अब विद्यापीठ भी आने को ही था, किंतु पुष्पपुर की मादक सुगंध और उसका नशा जैसे टूटता ही नहीं हो—वह पुष्पपुर, वत्सलतीर्थ और विष्णुग्राम की कल्पनाओं में खोई रही—विष्णु! सुनती हूँ, तुम्हारे सहस्र नाम हैं, एक-से-एक सार्थक सहस्र नाम। किंतु उसी लंबी सूची में मन करता है, जोड़ दूँ एक और नाम—सबसे अधिक सार्थक एक नाम—सुवास! तुम सुवास होते, मैं सुवासिनी, मेरी माताश्री पुष्पलता और तुम्हारी माताश्री वत्सला। कभी मैं सुवास की हवा में तैरती, कभी वत्सला की वात्सल्य गंगा में डुबकी लगाती धन्य-धन्य हो जाती। विष्णु मेरे, हाँ, विष्णु-सुवास हो, तुम—सुवास से श्रेष्ठ कोई शृंगार नहीं, वत्सल-निधि से बड़ा कोई कोषागार नहीं।"

एकाएक रथ रुक गया और उसने पाया कि वह नालंदा विद्यापीठ के मुख्यद्वार पर

पहुँच चुकी है, जहाँ से पैदल चलकर उसे अपनी कक्षा में अन्य साथियों की पंक्ति में पंक्तिबद्ध होने की प्रतीक्षा हो रही है। उसकी नजरें बार-बार उस पंक्ति में विष्णु को खोज रही थीं, किंतु विष्णु आज न जाने क्यों अनुपस्थित रह गया।

विद्यापीठ की छह कक्षाओं की छह पंक्तियाँ चल पड़ीं कदमताल और निर्धारित गति से निर्धारित समय पर सम्मेलन कक्ष में छह पंक्तियाँ सज गईं। आज की प्रार्थना थी—

"सह नाववतु सह नौ भुनक्तु सहवीर्यं करवावहै।
तेजस्विनौ अधीतमस्तु मा विद्विषावहै॥"

किंतु सम्मेलन-सभा का संचालन आज प्रधानाचार्य नहीं कर रहे थे प्रतिदिन की भाँति। प्रधानाचार्य अर्थात् नीतिशास्त्र तथा वेदों-उपनिषदों के महापंडित आचार्य चणक जिन्हें कहा जाता था, वे ही तक्षशिला की तरह का ही, ठीक उसी का प्रतिरूप वरन् उससे भी श्रेष्ठतर एक विश्वविद्यालय नालंदा में स्थापित करने हेतु पाठ्यक्रम की तैयारी में लगे हैं—शिक्षामात्य कात्यायन और महामात्य राक्षस के निर्देशन में। चणक के स्थान पर आज 'पद्मानंद' सम्मान से विभूषित महाचार्य शांतिरक्षित सम्मेलन-सभा का संचालन कर रहे थे और छात्रों के मुखमंडल से लगता था, उन्हें चणक की अनुपस्थिति खटक रही है। किंतु इस बात का गौरव भी उनके मुखड़े से झाँक रहा था कि आज की सभा का संचालन एक ऐसे आचार्य कर रहे हैं, जिन्हें महाराज महानंद, नहीं महाराज महापद्मनंद की कृपा से कल ही 'पद्मानंद' के श्रेष्ठ राजकीय सम्मान से अलंकृत किया गया है।

आज सामान्यत: विद्यार्थियों ने अपनी समस्याओं की ओर विद्यापीठ का ध्यान आकृष्ट नहीं कर महाचार्य शांतिरक्षित के लिए बधाइयों एवं शुभकामनाओं की जैसे पुष्पवर्षा शुरू कर दी थी और करतल-ध्वनियों से सारा सम्मेलन भवन जैसे गूँज रहा था।

प्रसन्नचित्त आचार्य शांतिरक्षित ने कुछ बोलने के पूर्व पूछ दिया—"यदि किसी विद्यार्थी को किसी विषय पर कोई जिज्ञासा हो तो उसे भी रखा जाए ताकि उसका समाधान करने के पश्चात् पठन-पाठन के दैनंदिन कार्यकलाप हेतु आप लोगों को अपनी कक्षाओं के लिए जाने का निर्देश दिया जा सके।"

सारे छात्र तो मौन बैठे रहे, किंतु उनमें ही बैठी सदैव शांत व मितभाषी कही जानेवाली छात्र सुवासिनी खड़ी हो गई और कुछ प्रश्न प्रस्तुत करने की अनुमति माँगते हुए बोल उठी—"राजनीतिशास्त्र की कक्षाओं में नीति-राजनीति तथा वेद-वेदांगों के विश्व-विश्रुत विद्वान् आचार्य चणक हमें लगातार बताते रहे हैं कि राजा के सिंहासन पर बैठकर शासन-अनुशासन की लगाम उन्हीं को सौंपनी चाहिए, जिनकी भुजाओं में शक्ति हो और जिनके कुल व शील सर्वविदित, सर्वख्यात और सर्वस्वीकृत हों तथा यह

कि 'अज्ञातकुलशील' को तो अतिथि होने का ही कोई अधिकार नहीं, राजा अर्थात् सर्वदेवमय अतिथि होने अर्थात् राज्याधिकारी होने का तो कोई प्रश्न ही नहीं उठता। यदि यही शास्त्रीय व्यवस्था है तो हमें जानना है कि इस विषय पर व्यावहारिक स्थिति क्या है तथा यदि इसमें कोई शिथिलता या विचलन स्वीकार्य लगता हो तो इस बिंदु पर भारत के विभिन्न विचारकों और शास्त्र-अध्येताओं के क्या मत-मतांतर हैं? यह भी जानना चाहेंगे आचार्यवर, कि इस विषय-बिंदु पर आपके तथा यहाँ उपस्थित हमारे अन्य आचार्यों के क्या अभिमत हैं?''

संपूर्ण सम्मेलन कक्ष, जो अभी-अभी तालियों की गड़गड़ाहट से गूँज रहा था, एकाएक निःशब्द व अवाक् हो गया और सम्मान एवं गर्व से मंडित मुख शांतिरक्षित इस तरह अशांत हो गए जैसे साँप छू गया हो—उनके मुखमंडल की स्वर्णाभा काली छाया से ढँक गई।

बहुत देर तक आश्चर्यजनक ढंग से मौन शांतिरक्षित ने बहुत सोच-विचार कर अपनी जिह्वा खोली—''प्रिय छात्रो, इस विषय पर न तो कोई विवाद है शास्त्रों में और न इस सम्मेलन कक्ष में हम किसी वाद-विवाद प्रतियोगिता में इसके पक्ष-विपक्ष पर चर्चा करने के लिए एकत्र हैं। मेरे प्यारे शिष्यो, इस विषय पर यदि कुछ विस्तार से सुनना चाहिए और इस विषय पर इस विद्यापीठ के आचार्यों के अभिमत आमंत्रित करना चाहिए तो यह तो तभी होना उचित होगा, जब आचार्य चणक स्वयं यहाँ उपस्थित हों। किंतु मुझे जहाँ तक जानकारी है, यह विषय विद्वन्मंडल के विचाराधीन है, जिसके अधीन तक्षशिला विश्वविद्यालय की शैली-प्रणाली पर ही आधारित प्रस्तावित नालंदा विश्वविद्यालय के पाठ्यक्रमों की समीक्षा होने के बाद तथा महाराजाधिराज महापद्मनंद के अनुमोदन व आदेश के बाद ही कोई विचार-विमर्श करना उचित होगा।

''प्रिय पुत्री सुवासिनी, तुम्हारे पिताश्री तो स्वयं महामात्य होने के कारण इस विद्वन्मंडल के संयोजक हैं। तुम तो उनसे भी इस विषय पर चर्चा कर सकती हो।

''जहाँ तक मेरे व्यक्तिगत अभिमत का प्रश्न है, मैं महाराज महापद्मनंद के राजप्रसाद-स्वरूप जिस सम्मान से अनुगृहीत हूँ, वह सम्मान भी मुझसे संयम बरतने की ही अपेक्षा कर रहा है।''

''महोदय, आचार्य चणक तो बताते हैं कि राजा को कुलीन ही नहीं, महाकुलीन, बुद्धिमान ही नहीं, दैवबुद्धि, सत्त्व-संपन्न, वृहद्दर्शी ही नहीं, महाधार्मिक तथा महाप्रज्ञ भी होना चाहिए। महाभारत कालीन महामुनि व्यास को उद्धृत करते हुए उनका मंतव्य रहा है—'येषां त्रीणि अवदातानि विद्या, योनिश्च कर्मश्च' अर्थात् कुलवान्-शीलवान् होना तो राजा के प्राथमिक गुण हैं। इनके अतिरिक्त भी गुरुदेव-आचार्यवर का मानना है—महाराजा को तो संघमुख्य होने के कारण अपने अंगीभूत राज्यों के प्रति चित्त से न्यायवृत्तिवाला

होना ही चाहिए, अर्थात् उनपर अनैतिक करारोपण नहीं करना चाहिए। राजा महाप्रज्ञ और महान्यायवादी नहीं हो और करारोपण में उदार तथा चरित्र से ब्रह्मचर्यव्रती नहीं हो तब तो—'प्रजा राजभयादेव न खादन्ति परस्परम्'—अनर्थ ही हो जाएगा और फलतः ऐसे राजा का सर्वनाश।"

"अभी बैठो, सुवासिनी। इस विषय पर भी राज्यादेश होने ही वाला है। प्रतीक्षा करो।"

इसी आदेश और गंभीर वातावरण में 'गुरुर्ब्रह्मा गुरुर्विष्णुः गुरुर्देवो महेश्वरः' गायन के साथ सम्मेलन-सभा विसर्जित हो गई। कक्षाएँ चलती रहीं प्रतिदिन की भाँति। बिना किसी सूचना के प्रधानाचार्य की अनुपस्थिति तथा बिना किसी अवकाश के विष्णुगुप्त की अनुपस्थिति आज छात्रों के बीच ही नहीं, आचार्यों के बीच भी चर्चा का विषय बनी रही—सुवासिनी के लिए तो चिंता का विषय। विष्णु कक्षा से अनुपस्थित था, किंतु सुवासिनी के हृदय-प्रदेश में तो प्रतिक्षण-प्रतिपल पता नहीं क्यों, धड़कता रहा—ढाई अक्षरोंवाला ही एक नाम—सहस्र पर्यायों व अर्थोंवाला एक ही नाम—'विष्णु', किंतु बस, केवल एक ही अर्थ में।

: 12 :

जीवनादर्शों के लिए मान का भाव या राष्ट्रीय गौरव के लिए सम्मान व समर्पण का भाव और स्वार्थ का बलिदान करना भी कभी-कभी दुर्जनों को असह्य हो जाता है तथा सज्जनों को उनके अपमान और प्रतिशोध का शिकार किस प्रकार हो जाना पड़ता है और कैसे-कैसे मूल्य चुकाने पड़ जाते हैं, इसका एक अनोखा उदाहरण था आचार्य चणक का जीवन। भारत की पश्चिमोत्तर सीमाओं से प्रविष्ट शत्रुओं के आक्रमणों से अस्त-व्यस्त तथा क्षत-विक्षत सप्तसिंधु एवं सारस्वत प्रदेश जब संपूर्ण भारत के राजाओं से सहयोग एवं एकजुटता की माँग कर रहा था, यहाँ के प्रसिद्ध जनपद निजी स्वार्थ तथा परस्पर श्रेष्ठता एवं वरीयता की लड़ाई में कुछ इस तरह उलझे थे कि अपने किसी समांतर जनपद पर विजय प्राप्त कर उसी आनंद का अनुभव कर रहे थे जिसका अनुभव पोरस को पराजित कर कदाचित् सिकंदर को कभी हुआ हो।

तक्षशिला विश्वविद्यालय छोड़कर मगधाधिराज के शासन-तंत्र में सत्ता का हिस्सा नहीं बनने का ऐसा ही मूल्य चुकाना पड़ा और आदेश का अक्षरशः अनुपालन नहीं करने के कारण वरिष्ठतम ही नहीं, श्रेष्ठतम आचार्य को नालंदा के एक अति साधारण विद्यालय में अध्यापकी करने को विवश होना पड़ा था। किंतु बात यहीं नहीं रुक गई—राजा की शोषण तथा भ्रष्टाचार-युक्त नीतियों पर टीका-टिप्पणी करने का दुःस्साहस करना तो

जैसे अस्तित्व पर ही खतरा बनकर छा गया और इन सबका परिणाम यह हुआ कि महापद्मनंद ने सोलहों जनपदों के राजाओं और पाटलिपुत्र के नागरिकों की खुली सभा में एक महाचार्य को 'महागर्दभ' की उपाधि से अपमानित कर दिया।

आचार्य चणक आज तक्षशिला में होते तो उनका निजी निवास आज बदरीधाम के व्यासाश्रम में परिणत होता—शिष्यों ने आचार्य बने प्राध्यापकों तथा श्रद्धा से स्नात और युवा एवं युवतर वय के अगणित शिष्यों की देर-देर तक नहीं टूटनेवाली पंक्तियों से गहगह तथा उनके हाथों में लटके सुगंधित पुष्पों की महक से महमह। पाटलिपुत्र में भी तो उनके आचार्य शिष्यों की कमी नहीं थी और युवा शिष्य भी तो पूजते ही उन्हें और नालंदा से पाटलिपुत्र तक का राजपथ आज तक्षशिला का ज्ञानपथ तो बन ही गया होता। किंतु वैसा कुछ भी नहीं हो सका। कभी के पट्टशिष्य रहे कात्यायन और शकटार कटे-कटे रह गए। शिष्य से सहकर्मी रहे आचार्य राक्षस तो जैसे विस्मृत ही हो गए कि उन्होंने आज की रात अपने कभी के गुरुर्ब्रह्मा, गुरुर्विष्णु अथवा गुरुर्देवो महेश्वरः को साक्षात् अपने निजी अतिथि के रूप में सपरिवार आमंत्रित कर रखा था और आज रात कात्यायन व शकटार की उपस्थिति में महामात्य निवास एक उत्सव नहीं, एक पूजनोत्सव में परिणत हो जाना था।

किंतु हुआ तो बस इतना ही कि जहाँ राजप्रासाद देर रात तक जागता रहा, सारे पाटलिपुत्र में श्मशान की-सी कोई निःशब्द उदासी व्याप्त हो गई। रात पूर्णिमा की थी, किंतु अँधियारा जैसे अमावस्या का। महापद्म के आवासीय कक्ष में महारानी सुनंदा उनकी बगल में आसीन थीं—सामने घनानंद, महादेवानंद, योगानंद कोई अवंती प्रवास से, कोई श्रावस्ती से तो कोई काशी से चलकर आज परिवार के साथ पद्मोत्सव का आनंद लूट रहा था—'नंद घर आनंद भयो।' लगता था, नंद घर आज गोकुल का नंद घर हो, महापद्मनंद नंदराज हों, सुनंदा यशोमती यशोदा हों और घनानंद-महादेवानंद-योगानंद कृष्ण-बलराम की बाल-लीला में लीन-तल्लीन।

सबने एक साथ मिलकर आनंद मनाया, खाया-पीया और सबसे अंत में महाराज ने प्रतिहारी को आदेश दिया—"प्रतिहारी, बाहर के कक्ष में मेरी विशेष सुरक्षा के मेरे विश्वस्त सेनापति आदि भैरव प्रतीक्षा कर रहे हैं। उन्हें उपस्थित होने का आदेश संसूचित करो।"

प्रतिहारी ने आदेश पहुँचाया और आदि भैरव उपस्थित हो गए।

"आदि भैरव, तुम भैरव के आदि रूप हो—मणिकर्णिका की विशालाक्षी रक्तपायिनी काली कराली के परम विश्वस्त काल भैरव—काल भैरव के दादा के आधुनिक अवतार की तरह-कम-से-कम महाराज महानंद के लिए तो हो ही। तुम्हें आदेश है आदि भैरव, कि पाटलिपुत्र से विष्णुपुर तक जहाँ कहीं भी मिल जाए—वह अभिमानी काला ब्राह्मण

चणक, तुम उसे कालाशोक की तरह किसी ऐसी जगह पर ले जाकर काली के हवाले कर दो कि किसी को राजकोप का कोई संदेह तक नहीं हो। और हाँ, यह सबकुछ लोग तब जानें जब कल हमारे सभी अतिथि अपने-अपने जनपद को वापस चल दें।

''कल की राजसभा में स्वयं तुम्हें भी उपस्थित रहना अनिवार्य होगा।''

''जो आज्ञा, महाराज।'' कहते हुए काल भैरव विदा हो गया।

प्रात: मगध में सर्वत्र शांति-ही-शांति थी—और राजाओं की सभा समयानुसार आरंभ थी। पद्म पुरस्कार समारोह में बड़े-बड़े और इतिहास-प्रसिद्ध राजाओं को भी अपनी उपेक्षा का चाहे जैसा भी जहरीला दंश लगा हो, चाहे जितना भी अपमानित बड़े-बड़े विद्वानों को होना पड़ा हो, आज की राजकीय सभा में सबको देखकर तो लगता था जैसे कल कुछ हुआ ही नहीं। सभी बस, 'महाराज की जय हो' वाली मुद्रा में सभाभवन में प्रणत दिखते रहे। अमात्यमंडल के सदस्य आचार्यगण तो जैसे क्रीत दासों की तरह सभा की कार्यवाही के मौन श्रोता या अभिलेखकों की भूमिका में थे।

महाराज महापद्मनंद बोलते रहे—''राजा और आपके परामर्श से आज मैं वर्तमान परिस्थितियों में अपने सोलह जनपदों की संयुक्त रणनीति सुनिश्चित कर देना चाहता हूँ। आप जानते हैं कि पंचनद-केसरी राजा पोरस ने आज राजा नहीं रहकर सेल्यूकस के अधीन मात्र एक क्षत्रप की भूमिका में सिकंदर की शक्तियों के समक्ष नतमस्तक होकर जीना स्वीकार कर लिया है। उनके पुराने सेनापति ने मेरे पास गुप्त संदेश देकर सिकंदर और सेल्यूकस को बाहर खदेड़ने में सहायता की माँग की है। मैंने उन्हें सूचित कर दिया है कि चूँकि पंचनद हमारे जनपद कुल का सदस्य नहीं रहा, अत: हम अपनी शक्ति का उपयोग अभी इन सोलह जनपदों के अघोषित साम्राज्य की रक्षा करने में ही लगाने को कृतसंकल्प हैं। मैं इस बिंदु पर आपके विचारों तथा किसी समेकित निर्णय का स्वागत करना चाहता हूँ।''

पांचाल, कंबोज, मथुरा के राजाओं ने अपने राज्यों पर आसन्न संकट की चिंता से महाराज के निर्णय को सर्वस्वीकार्य निर्णय बताया तथा वत्स-नरेश एवं काशिराज ने तो इस निर्णय के लिए महाराज को साधुवाद ही देना आरंभ कर दिया।

वैशाली-नरेश तृणबिंदु तथा विदेहराज कुछ आपत्ति करना चाहते थे या कुछ सुझाव देने की मुद्रा में जैसे ही खड़े होने लगे—स्वयं अवंति-नरेश तथा कोशल राज ने उन्हें रोक दिया। कोशल के कुलक बोल पड़े—''महाराज, जब अपनी ही सुरक्षा खतरे में हो, पर्वतक की चिंता में अपनी शक्ति का उपयोग करना अपने को जान-बूझकर कमजोर करना होगा। सिकंदर स्वदेश नहीं लौटा है, वह बेबिलोन और मिस्र में जा-जाकर वहाँ की सेना के सहयोग से शक्ति-संचय कर रहा है और हमें उस स्थिति के लिए सदैव तत्पर रहना चाहिए कि किसी भी समय वह पंचनद से आगे कोशल एवं

अवंती की ओर बढ़ने का प्रयास करेगा। और जानते हैं महाराज, अवंती-पतन या कोशल-विजय का सीधा अर्थ होगा—मगध पर आक्रमण और मगध-विजय के बाद देखिएगा, सिकंदर इसी पाटलिपुत्र को अपनी राजधानी बनाकर संपूर्ण भारत का राजाधिराज बन जाना चाहेगा।''

सभी राजागण की सहमति देखकर महापद्मनंद का मुखमंडल जैसे सूर्य की तरह दीपित हो गया। उन्होंने अमात्यमंडल की ओर देखते हुए कहा, ''विद्वन्मंडली की क्या प्रतिक्रिया है, महामात्य?''

महामात्य राक्षस, गृहामात्य शक्तलाचार्य और शिक्षामात्य कात्यायन एक साथ ही खड़े हो गए। कात्यायन ने आर्तभाव से कहा, ''महाराजाधिराज, अभी तक्षशिला को बचाइए, महाराज। तक्षशिला बच गया तो उज्जैन भी बच जाएगा, काशी भी। और यदि तक्षशिला गया तो फिर पाटलिपुत्र ही बच जाएगा, यह कहना बड़ा कठिन होगा। एक पंचनद को बचाने से अधिक आवश्यक है, अभी सोलह जनपदों अर्थात् एक बहुत बड़े साम्राज्य को बचा लेना। और इतना बड़ा काम महापद्मनंद के अतिरिक्त अभी कौन कर सकता है? जाने दीजिए, सप्तसिंधु चला गया तो पंचनद भी जाने ही दीजिए। कुरुक्षेत्र के धर्मक्षेत्र को अब फिर युद्धक्षेत्र बनाना श्रेयस्कर नहीं होगा, महाराज।''

कात्यायन की बातों का विरोध किसी भी जनपद से नहीं होते देख महापद्मनंद ने महामात्य राक्षस से इस आशय की तैयारी के लिए धन की आवश्यकता बताई और महाराज ने सभी राज्यों द्वारा मगध के राजकोष में पर्याप्त सोना और रत्नादि आपद स्थितियों से लड़ने हेतु समर्पित करने के आदेश जारी कर दिए और महामात्य को निर्देश दिया कि वे एक महापद्म सैनिकों की संख्या एक महासंख कर देने का लक्ष्य पूरा करें। इसी तरह स्वर्ण-मुद्राओं की संख्या में पद्म से महापद्म और महापद्म से संख-महासंख तक बढ़ाकर उन्हें जो 'महापद्म' उपाधि से अलंकृत किया गया है, उस उपाधि को सार्थक करने की महायोजना कार्यान्वित की जाए।

कोशल-नरेश कुलक, जो महाराज के सबसे निकटवाले आसन पर बैठे थे, ने चाटुकारिता की सारी हदों को पार करते हुए महाराज को अंत में यह परामर्श दे डाला—''महाराज, मेरा तो सुझाव है और पंचनद के हित में भी यही होगा कि हम मगधराज की महासंख शक्ति का उपयोग कर आज कुरुक्षेत्र पर जो यूनान का विजय ध्वज फहर रहा है, उसे उतारकर उसके स्थान पर यथाशीघ्र मगध साम्राज्य की विजय-ध्वजा लहरा दें। राजा पर्वतक यूनान के अधीन क्षत्रप बनकर जीएँ, इससे तो प्रियतर उनके लिए यह होगा कि वे मगध के क्षत्रप बना लिये जाएँ।''

महाराज प्रसन्न हो गए और कहा, ''यदि सभी जनपदों की सर्वसम्मत राय यही हो तो पर्वतक को यूनानी अधीनता से मुक्त कराने हेतु हम शीघ्रातिशीघ्र कोसल में

मोरचा बनाने और मोरिय के राजा को पराजित कर उसे मगध में विलीन करते हुए पर्वतक के पंचनद पर अपना आधिपत्य स्थापित कर लें और स्वयं कुरुक्षेत्र में केंद्रित व स्थापित होकर सिकंदर को पीछे हटने का संदेश दे दें। यह संदेश संदेश नहीं, एक चुनौती होगा।''

'महाराज की जय हो' की ध्वनि से सभाभवन गूँजने लगा और महामात्य ने महाराज की आज्ञा से सधन्यवाद सभा विसर्जित कर दी।

: 13 :

रात, आधी रात, अँधेरी रात। भाद्रपद की रात, कृष्ण पक्ष की रात। पूरे पुष्पपुर में अष्टमी की यह रात उत्सव की रात थी, कृष्ण जन्मोत्सव की महिमामयी रात, झूलनोत्सव की रात, भजन-कीर्तन की रात, गोपियों की भक्ति भरी रात, राधा की स्नेह-सनी रात। किंतु वत्सला की रात तो बस कारागार में बंद देवकी की रात जैसी अशेष-अनंत चिंताओं की रात थी—आशंकाओं की रात, अनिष्ट भरी संभावनाओं की एक भयंकर रात थी आज की रात। नींद नहीं आँखों में, शांति नहीं अंतर में। आज फिर उसके कानों को दूर से चलकर श्वान-श्वानी की कोई रोदन-ध्वनि, कोई करुण क्रंदन की ध्वनि, कोई वज्रवाण-सी ध्वनि वेधने लगी थी, जिसकी वेदना कानों से अधिक कलेजे को तार-तार कर रही थी, क्षत-विक्षत कर रही थी—पता नहीं कौन सी अशुभ घटना घटित होने वाली है।

उसने विष्णु को जगाया—''जागो बेटे, कृष्ण-जन्म का समय हो रहा है। मेरे कृष्ण तो तुम्हीं हो विष्णु। जागो, मुझे लगता है, कोई कंस मेरे घर में प्रविष्ट होने वाला है और मेरी गोद से मेरा भाग्य और मेरा भविष्य दोनों लूटने को कृत संकल्प है।''

''माते, यह तुम्हारे अंदर का भय और संत्रास है, जो तुम्हें विचलित कर रहा है। ऐसी ही एक रात थी उस दिन विष्णुपुर की और तुम पिताश्री के पाटलिपुत्र से वापस नहीं लौटने की स्थिति में श्वान-श्वानी के रोदन से अनेक अनिष्टों-आशंकाओं से विद्ध तड़पने लगी थीं। आओ, तुम्हें कृष्ण की कथा सुनाऊँ और बताऊँ कि किस प्रकार वह पापियों-अधर्मियों का सर्वनाश करते हैं। विश्वास रखो माते, कृष्णावतार होने वाला है। कंस की तरह नंद का भी नाश अवश्यंभावी है।''

किंतु देवकी की तरह वत्सला की आँखों में नींद कहाँ। पता नहीं उसके वासुदेव इस भयंकर रात्रि में कहाँ फँसे हैं। यमुना की वेगवती धार को पार करते पता नहीं क्या से क्या हो जाए। श्वानी का करुण रोदन—वह तो रह-रहकर कलेजे को वेधता ही रहता। किसी तरह रात तो कट गई, किंतु चिंता और आतंक की बात जहाँ-की-तहाँ।

''बेटे, तुम विष्णुपुर जाओ।''' नहीं, विष्णुपुर से अच्छा होगा, तुम पाटलिपुत्र जाओ। नहीं, पाटलिपुत्र तो कभी नहीं जाना, पुत्र।''' तुम' हो सके तो कल नालंदा जाओ—अपनी विद्यापीठ। नहीं बेटे, सुवासिनी से तो तुम पुष्पपुर राजमार्ग पर भी मिल सकते हो। जाओ और उससे कहो, तुम्हारे पिताश्री की चिंता रखे और उनका कुशल-क्षेम किसी तरह हमें संसूचित करती रहे।''

सुवासिनी से मिलना और माताश्री का तथैव आदेश होना—दोनों स्वागतेय थे। विष्णुगुप्त समय के पूर्व ही राजपथ पर पहुँच चुका था। विद्यापीठ की निर्धारित समय सारिणी के अनुसार सुवासिनी का रथ सामने था। रथ रुका, सुवासिनी ने उतरकर विष्णु को रथ पर बिठा लिया। फिर उसने उस अशुभ समाचार की जानकारी दी, जो आचार्य चणक की अकाल मृत्यु से संबंधित था और नंद की गुप्तचर व्यवस्था द्वारा महामात्य को संसूचित किया गया था। उसने विष्णु को इस आपदा की घड़ी में धैर्य धारण करते हुए समझाया कि वह शीघ्रातिशीघ्र विष्णुपुर से सटे पूरब की छोटी सी पहाड़ी को पार कर निरंजना के तट पर पहुँचे और वहाँ उपस्थित ग्रामीणों की सहायता से यथाशीघ्र आचार्य की अंत्येष्टि क्रिया संपन्न कर पुनः पुष्पपुर, जहाँ शकटार के घर पर सुवासिनी द्वारा प्रेषित कोई दूत उसे शकटार व कात्यायन से गुप्त रूप से मिलने का सारा कार्यक्रम बता देगा और उनमें किसी एक से भी संपर्क कर वह उनके निर्देशानुसार आगे की काररवाई करेगा। सुवासिनी की आँखों से गंगा-यमुना प्रवाहित हो रही थीं।

किंतु चणक-पुत्र ने अपार धैर्य और सहन-शक्ति का परिचय दिया—''सुवासिनी, फिर कब मिलें हम, कौन जाने! किंतु इतना जान लो मेरी मीत, कि हम दोनों कभी जुदा होने के लिए नहीं बने हैं। मैं मिलूँगा तुमसे—एक दिन अवश्य मिलूँगा, और तभी मिलूँगा जब नंद का नहीं—नंद वंश का सर्वनाश संपन्न कर मगध के सिंहासन पर श्रृगाल की जगह किसी सिंह शावक को पदासीन करूँगा। चाचा कात्यायन तथा मातुल शकटार को कहना—उन्हें पुष्पपुर आने की आवश्यकता नहीं। मुझे वह कला मालूम है, जिसकी सहायता से मैं उन दोनों से संपर्क साध सकूँ।''

सुवासिनी का रथ विद्यापीठ की ओर बढ़ता जा रहा था। विष्णुगुप्त राजमार्ग पर खड़ा उसे निहारता रहा, तब तक जब तक रथ आँखों से ओझल नहीं हो गया। फिर पुष्पपुर लौटकर उसने माता वत्सला से अनुमति ली—विष्णुपुर प्रस्थान की, बिना कुछ अन्यथा संसूचित करते हुए और कहा, ''विष्णु के लौटने की वह तत्काल प्रतीक्षा नहीं करे। संभव है, उसे किसी बड़ी संकल्प-यात्रा में प्रस्थित होना पड़े।''

''माँ, मैं लौटूँगा, किंतु पिताश्री के विचारों और संकल्पों को सार्थक करता हुआ। कभी देर से ही सही, लौटूँगा और अवश्य लौटूँगा, माँ। तुम घबराना नहीं।'' किसी नशेड़ी की तरह नहीं, किसी पागल की तरह भी नहीं, किसी साधु-संन्यासी की तरह भी

नहीं—एक सत्यव्रती की तरह, एक सत्य संकल्पी की तरह, राष्ट्र-प्रेम के लिए समर्पित एक विद्रोही की तरह, न्याय के लिए कटिबद्ध एक धर्म-धुरीण सैनिक की तरह चल पड़ा विष्णुगुप्त। दोपहरी का ताप-तप्त सूरज आसमान में जिस तरह जाज्वल्यमान अपने गंतव्य पर आरूढ़ चलता जा रहा था—चल पड़ा धरती पर अन्याय और असत्य के प्रतिकार-स्वरूप आग का जलता हुआ एक उल्कापिंड। अग्निपथ पर चल पड़ा था क्रांति का एक दीवाना सैनिक—कलेजे के अंदर छिपाए आग का एक बीज बिलकुल किसी प्रमथ्यू की तरह। देखते-ही-देखते वह जा पहुँचा वहाँ, जहाँ पिता का क्षत-विक्षत मृत शरीर भू-लुंठित पड़ा था—विष्णुपुर और निरंजना की पावन धारा के ठीक मध्य उस जंगल और पहाड़ी की गोद में, जिसमें खेल-खेलकर चणक का क्रमिक विकास हुआ था, जिस मार्ग के कण-कण की ऊर्जा से उनके अंदर का अयस्क तप-गलकर सोने में काया-कल्पित हो सका था। गाँव के सारे लोग—आबालवृद्ध—चणक के चारों ओर शोकमग्न खड़े थे और इस मृत्यु को अकाल मृत्यु नहीं, किसी षड्यंत्र का प्रतिफल कह रहे थे और संभावित षड्यंत्र की व्यथा-कथा में खोए हुए थे।

"आओ बेटे, यह सबकुछ तो किसी षड्यंत्र और अन्याय का चरम है, पुत्र। किंतु अभी का यह समय इसके संभावित कारणों के अनुसंधान का नहीं है। तुम आ गए—ठीक समय पर आ गए। चलो, हम चलें और माता भागीरथी की उपधारा कही जानेवाली माँ के आँचल की तरह पावन-पवित्र निरंजना के तट पर इस तपःपूत शरीर को अग्निदेव को समर्पित कर दें—भगवान् भास्कर को साक्षी रखकर।"

विष्णुगुप्त ने पिता के चरणों पर अपना शीश रख दिया और खो गया थोड़ी देर के लिए किसी लोकांतर में। फिर लोगों की सांत्वना से प्रेरित हो उठा विष्णुगुप्त और शव-यात्रा निरंजना तट के लिए चल पड़ी। चल पड़े शवयात्री तीव्र गति से कंधे पर पिता का शव, कलेजे में किसी भूकंप के दौरान भू-लुंठित किसी बालक के ऊपर ध्वस्त किसी बोझिल दीवार के भार से मुक्त होनेवाली छटपटाहट, मस्तिष्क में मौत के संभावित कारण, हत्या के षड्यंत्र में संदिग्धों द्वारा बिछाए गए जाल की पहचान और उनसे लिये जानेवाले प्रतिशोधों के अनेक आयाम, अनेक रहस्य, अनेक बातें और सबसे बड़ी बात—सुवासिनी के निष्कर्ष की हलचल से खलखलाती पहाड़ी नदी-सा आलोड़न-विलोड़न सब चलते रहे, चाणक्य के कदम-दर-कदम। किंतु बार-बार मन कहता—हत्या की यह सारी योजना राजभवन के अतिरिक्त किसी अन्य स्थान की नहीं हो सकती। प्रतिशोध की सारी संभावित योजनाएँ बनती-बिगड़ती रहीं। किंतु हत्या और हत्यारा—क्यों और कैसे के सत्य में कोई संदेह नहीं होता। इस हत्या का कारण तुम हो महानंद, और तुम्हारे अतिरिक्त अन्य कोई नहीं है। इस हत्या का बदला मैं तुमसे चुकाकर रहूँगा—रक्त के लिए रक्त, एक चाणक्य के पिता के रक्त का बदला नौ-नौ

नवनंदों और उनके जन्मदाता महानंद के रक्त से आज एक चाणक्य छटपटा रहा है तो कल नौ नंद छटपटाएँगे। आज एक वत्सला शोकाकुल है तो कल नौ नंदाएँ-सुनंदाएँ शोकाकुल दीखेंगी। आज यदि विष्णुपुर की एक पर्णकुटी वीरान हो गई है तो कल पाटलिपुत्र के राजमहल भी वीरान हो सकेंगे। बीच-बीच में 'राम नाम सत्य है' का समवेत स्वर कानों से आता रहता। किंतु एकाएक रुक गई जब 'राम नाम' की पुकार तो चाणक्य की आँखें खुलीं और लगा कि शवयात्रा निरंजना के तट पर पहुँच चुकी है।

शव उतारा गया और स्वजन अंत्येष्टि की तैयारी में लग गए। फिर क्या था—देखते-देखते चिता सज गई, पंडितों ने वेद-मंत्रों का वाचन आरंभ कर दिया। पुत्र ने मुखाग्नि दे दी और देखते-देखते लहक पड़ी आग—दहक उठी आग। लगता था, इस आग की लहक आकाश की चादर को चीरकर सीधे विष्णुलोक पहुँच जाएगी। आकाश में जैसे कोई उल्कापिंड जल उठा और धीरे-धीरे धरती की आग ठंडी होती गई। कपाल-क्रिया हुई, तिलांजलि हुई और लोगों ने विष्णुगुप्त को विष्णुपुर लौटने का निर्देश दिया।

किंतु विष्णुगुप्त मूर्तिवत् खड़ा रहा और एकाएक बोल पड़ा—''मेरे आदरणीय अभिभावकवृंद, भाई-बंधुओ और मित्रो! मेरे कदम आगे नहीं बढ़ रहे, पता नहीं क्यों। लगता है, चिता से निकलकर पिता की आत्मा मेरे सामने आ खड़ी है और मुझसे चिल्ला-चिल्लाकर कह रही है—बेटे, तुम चणक पुत्र चाणक्य हो न! तुम तो जानते हो पुत्र, कि चिता में मात्र मेरी देह जल गई, मेरी आत्मा नश्वर नहीं। मैं इसी निरंजना के तट पर तुम्हारी प्रतीक्षा करता रहूँगा। तुम मेरे अधूरे सपनों तथा मेरे सारे संकल्पों को पूरा कर मुझसे यहीं मिलना, यहीं—जहाँ तुम अभी-अभी खड़े हो। हाँ, मेरे अभिभावको, मैं तुम्हारी प्रतीक्षा में भी खड़ा मिलूँगा। जरूर मिलना और मुझे आश्वस्त कर जाना कि तुमने वह सबकुछ पूरा कर दिया, जो मेरे संकल्प में निहित था।

''आज सतत-शाश्वत प्रवहनशील गंगा की इस धारा को, सतत-शाश्वत चलंत-ज्वलंत इस अस्ताचलगामी सूर्य को और मेरे तथा मेरे पिताश्री के प्राणों में रची-बसी अपने गाँव की इस मिट्टी की शपथ लेकर आपका चाणक्य आज आपके समक्ष यह प्रतिज्ञा करता है—मैं चणक-पुत्र विष्णुगुप्त अपने ऋषि-तुल्य पिता आचार्य चणक के निर्वाण के शोक-संतप्त क्षणों में आज के पवित्र दिन निष्ठापूर्वक शपथ लेता हूँ कि मैं इस दुर्दांत घटना के पीछे सक्रिय राजा महानंद के अन्याय और अपमान-स्वरूप जो भी ऋण मेरे पिताश्री ने मेरे मत्थे चढ़ाया है, उसे मैं नंद नहीं—संपूर्ण नंद वंश का समूल विनाश कर ब्याज-दर-ब्याज अदा करूँगा एक दिन—और वह दिन बहुत दूर नहीं होगा। मैं अपने कुलदेवता, पितृदेव, सूर्यदेव और मुक्तिदायिनी जगन्माता कुलदेवी गंगा को साक्षी रखकर आप सबके सामने अपनी शिखा का यह बंधन-अवगुंठन खोलता हूँ

और उन्मुक्त मानस यह प्रतिज्ञा करता हूँ कि यह शिखा अब फिर तभी बँधेगी, जब नंद वंश का समूल नाश कर मगध के सिंहासन पर कोई कुलवान्-शीलवान् उदात्त चरित राजा पुनः राजा वृहद्रथ का प्रतिरूप अवतरित होकर आसीन हो जाएगा—ठीक वृहत् पाणिरथ वृहद्रथ का कोई प्रतिरूप।

"हाँ पिता, मेरा जीवन और महानंद से लिया जानेवाला प्रतिशोध उस दिन सार्थक सिद्ध होगा, जिस दिन सारे संसार के शासन-प्रशासन के सूत्रों में मैं वांछित सृजन-संशोधन करूँगा और जिस दिन यह सब हो जाएगा आपका यह पुत्र आपके इस चिता-स्थल पर अवश्य पहुँचेगा और आपके कर्ण-रंध्रों तक यह अनुपालन संदेश अवश्य पहुँचाएगा।"

बोलते-बोलते पता नहीं क्या हो गया—अचानक मौन हो गया चाणक्य। पुनः कुछ बोलने-बड़बड़ाने लगा—"पिताश्री, आपका यह पुत्र आपको विश्वास दिलाना चाहता है कि यह सबकुछ उपलब्ध हो जाने के पश्चात् भी वह राजसुख से दूर रहेगा। इतना ही नहीं, आपके प्रति हुए अन्यायों के विरुद्ध युग-युगांतर के मार्गदर्शनार्थ मैं घिसी-पिटी पुरानी-अव्यावहारिक नीतियों का संशोधन कर या नई-नई नीतियों की रचना कर नीतिशास्त्र को समृद्धि प्रदान करूँगा और शासन-तंत्र में कूटनीति का एक सर्वथा नवीन अध्याय जोड़ने का प्रयत्न करूँगा।

"मेरा लक्ष्य आपको कठिन लगता होगा मेरे लोगो, मेरे अभिभावको; किंतु मेरा लक्ष्य पूर्णरूपेण स्वार्थ-रहित, पवित्र, नीति-सम्मत और धर्माधारित है। धर्म की स्थापना के निमित्त उपयुक्त और उचित साधन का अन्वेषण आवश्यक होता है और इसके लिए स्थापित नीतियों व साधनों के बंधनों को शिथिल करना या उनसे मुक्त होना आवश्यक होता है। मैंने अपनी वह शिखा, जो कालातीत नैतिकताओं के अवगुंठन में आबद्ध थी, इसीलिए खोल दी है और साध्य के अनुरूप साधनों की खोज की दिशा में प्रयास करने का निश्चय कर लिया है। साध्य की ससमय उपलब्धि ही मेरे साधनों की नैतिकता और पवित्रता की सफलता को सिद्ध करेगी, स्थापित करेगी।"

और इसी महोद्घोष के साथ चल पड़ा विष्णुपुर की ओर चाणक्य, चल पड़े ग्राम के लोग और अंतर्धान हो गई चणकात्मा विष्णुलोक की यात्रा में।

: 14 :

वैशाली में प्रजातंत्र के वटवृक्ष की जड़ इतनी गहरी तो थी ही कि जरासंध से लेकर बिंबिसार तक मगध के राजतंत्र ने न जाने कितने मोरचे बदले, यह वटवृक्ष न हिला, न हिलाया जा सका। उसकी जड़ें और भी गहरी जमती गईं। वृहद्रथ की कुशस्थली से

घिसककर मगध की राजधानी गिरिव्रज पहुँची थी, फिर गिरिव्रज छोड़कर राजगिरि आई और राजगिरि की गिरिमयी-गरिमामयी धरती—महावीर और बुद्ध की वाणियों से गूँज रही पवित्र धरती राजगिरि को भी अलविदा बोलकर पाटलिपुत्र पहुँच गई। किंतु राजतंत्र का किला ध्वस्त क्या होता, दिन-प्रतिदिन विशाल से विशालतर होता गया, दृढ़ से दृढ़तर होता गया। जब बुद्ध ने कह दिया कि गणतंत्र के इस किले पर विजय पाना टेढ़ी खीर था तो अजातशत्रु ने वर्षकार से मिलकर एक बहुत बड़ा ऐतिहासिक षड्यंत्र किया। अंत में उसका शिकार हो ही गई वैशाली और मगध की पहचान राज्य से साम्राज्य के रूप में होने लगी। सोलह-के-सोलह सभी जनपदों ने मगध का लोहा मान लिया और तब वह समय भी आ गया कि मगध पर कभी आधिपत्य स्थापित करनेवाले अवंती ने भी और मगध को कुश का अनुगृहीत माननेवाले कोसल के इक्ष्वाकुओं ने भी मगध को अपना संरक्षक स्वीकार कर लिया। अभी-अभी संपन्न महानंद की राजसभा में जो कुछ भी देखने को मिला, उससे यह तो स्पष्ट था कि वैशाली से विदेह तक और विदेह से कपिलवस्तु तक अब राजतंत्र-ही-राजतंत्र था और इस समूचे तंत्र का सिरमौर था—मगध।

वैशाली पर अजातशत्रु की विजय क्या हुई, उसके अनुगामी सभी प्रजातंत्र—मग्ग, बुल्लू और विदेह ने भी उसे अपना अधिपति स्वीकार कर ही लिया--कपिलवस्तु, मल्ल तथा कोलिय प्रजातंत्रों ने तो पहले भी कोसल की संप्रभुता स्वीकार कर ली थी। बस, अब एक, मात्र एक प्रजातंत्र जीवित था और वह भी इसलिए जीवित था कि उसका संरक्षण पंचनद के पर्वतक के अधीन था और मोरिय पर आक्रमण का सीधा मतलब था पर्वतक से टकराना--पर्वतक यानी पर्वत और पर्वत यानी हिमालय, जिसके पास इतनी क्षमता थी कि जो सिकंदर से भी लोहा ले सके, उसकी भी हिम्मत तोड़ सके, मनोबल ध्वस्त कर सके।

अब पर्वतक के पतन के बाद एक मौका आया था कि मगध अब तो एक बार पंचनद को चुनौती दे और इस चुनौती के लिए पंचनद के राजप्रासाद में सेंध डाले और मोरिय को अपनी सेना का अड्डा बनाने हेतु उसे अपनी मुट्ठी में कस ले। ऐसा ही हुआ और सिकंदर के हाथों पर्वतक की पराजय से क्षत-विक्षत मनोबलवाले पंचनद को नीचा दिखाते हुए महानंद ने मोरिय के इस प्रजातांत्रिक गढ़ पर मगध के राजतंत्र का विजय ध्वज लहरा दिया। आज इसी विजय का उत्सव था पाटलिपुत्र में। आज ही लौटे थे महाराज महानंद और महारानी सुनंदा के सामने विजय-यात्रा के साथ आए स्वर्णाभूषणों तथा स्वर्णमुद्राओं को प्रस्तुत करने में लगे थे। इसी क्रम में एक नायाब तोहफा भी हाथ लग गया था महाराज को। किंतु वह तोहफा जैसे ही पालकी से उतारकर रानी के समक्ष रखा गया, सुनंदा के खिलते गुलाब-से मुखमंडल पर जैसे धूल की परतें छा गईं और आँखें क्रोध से लाल हो गईं।

"तो इसी पारितोषिक के लिए महाराज, आपने मगध की शक्ति का उपयोग करना श्रेयस्कर समझा! ऐसा पारितोषिक, इससे भी अधिक मूल्यवान् पारितोषिक तो आप बिना किसी रक्तपात के उज्जयिनी से ही प्राप्त करते रहे और कर ही सकते थे। आपने यह सब मुझे प्रताड़ित करने के उद्‌देश्य से किया है, यह तो अब सिद्ध करने की कोई आवश्यकता ही नहीं है।"

मोरिय के मौर्य राजा सर्वार्थसिद्धि की सबसे छोटी रानी मुरा हिमालय की हरी-भरी सात पहाड़ियों से घिरी उपत्यका में सात-सात रंगों में रँगी और सात सुरों में नृत्य करनेवाली और प्रीति-प्रेम का अमर गान गानेवाली वह मयूरी थी, जो सर्वार्थसिद्धि को स्वनामधन्य करती थी। मुरा को पाकर महानंद को लगा था, वे सर्वार्थसिद्धि हो गए; किंतु सुनंदा के कोप ने महानंद के आनंद को कपूर की तरह हवा में विलीन कर अगाध चिंता और पीड़ा में परिणत कर दिया।

तुरंत महानंद ने अपने प्रत्युत्पन्नमतित्व का परिचय दिया—"सम्राज्ञी, मुरा इक्ष्वाकु कुल की क्षत्राणी है। कहते हैं, इसी कुल में कभी एक प्रतापी राजा हुआ था—शंख। शंख का पुत्र मुर था, जिसे पाँच शीश थे—दो दाएँ, दो बाएँ और पाँचों पर राजमुकुट होते थे। कृष्ण वेशधारी मुर अपने को कृष्ण कहता था और इसी कारण कृष्ण द्वारा अंत में उसका वध भी किया गया और जिस कारण कृष्ण 'मुरारि' कहला सके। भारत युद्ध के उत्तरकाल में इसी मुर अथवा मुरीय कुल में शाधन्वा, शक और वृहद्रथ नामक राजा भी हुए और तब से यह राज्य मुरिय या मुरीय या मौर्य वंश कहलाने लगा। कहते तो यह भी हैं कि जब पृथु कुलीन राम-पुत्र कुश मगध की पहाड़ी धरती को कृषि-क्रांति से जोड़ने की यात्रा पर थे तो उन्हें इसके लिए मौर्य वृहद्रथ या वृहद्‌पाणिरथ का आह्वान करना पड़ा था और मगध में वृहद्रथ वंश का सूत्रपात हुआ था। वृहद्रथ से चलकर कालाशोक तथा इन्हीं क्षत्रियों ने मगध पर शासन किया और हमारे पूर्वजों को या तो दास-दासी बनाकर राजभवन की गुलामी में बाँध दिया या बाजारों में बिकनेवाली रूपाजीवा वस्तुएँ बनाकर छोड़ दिया। सुनंदा, आज उसी कुल की रानी 'मुरा' आपकी दासी के रूप में नंद साम्राज्य की महारानी के सामने उपस्थित है। महारानी को तो इस पारितोषिक का सहर्ष स्वागत करना चाहिए था। अब सुनंदा और महापद्‌मनंद से एक नई परंपरा आरंभ होगी और मैं चाहता हूँ कि यह नई परंपरा तब तक चलेगी, जब तक क्षत्रियों द्वारा संचालित प्राचीन परंपरा द्वारा हमारे ऊपर लादा गया उनका सारा ऋण ब्याज-दर-ब्याज चुका नहीं दिया जाए।"

सुनंदा प्रसन्न हो गई और मुरा को अंत:पुर में रहने की अनुमति मिल गई। फिर क्या था—मुरा धीरे-धीरे मुर को भूलती गई और महानंद सुनंदा को। और एक दिन ऐसा भी आया, जब इसी महानंद ने मुरा को अपनी रानी घोषित कर दिया। सुनंदा बड़ी रानी

बन गई और मुरा छोटी रानी। सुनंदा आश्वस्त थी कि मगध का राजसिंहासन तो उसी के पुत्रों—घनानंद, महादेवानंद, योगानंद के लिए सुरक्षित था।

ज्येष्ठ पुत्र घनानंद युवराज था। जैसे-जैसे महापद्मनंद की उम्र बढ़ती गई, वह सिंहासन की सीढ़ियों पर चढ़ता गया। फिर ऐसा भी एक समय आया, जब महापद्मनंद धृतराष्ट्र के रूप में परिणत हो गए और घनानंद पूरे साम्राज्य में दुर्योधन की तरह छा गया। महादेवानंद अवंती के उपराजा और योगानंद कोसल के उपराजा बनकर प्रसन्न थे और सबकी मौन स्वीकृति पाकर युवराज महाराज के रूप में पूरे साम्राज्य का अधिपति बनकर साम्राज्य का संचालन करते रहे।

किंतु एक दिन शकटार ने घनानंद को यह जानकारी दी कि महारानी मुरा उन्हीं के ग्राम पुष्पपुर की एक क्षत्रिय कन्या हैं, जिनका एक अत्यंत ही रूपवान्, गुणवान् तथा शीलवान् पुत्र वर्षों से अपने मामा के साथ रहता है और कभी-कभी राजभवन में कार्यरत किसी प्रतिहारी के साथ अंत:पुर तक जाकर अपनी माताश्री महारानी मुरा से आशीर्वाद भी प्राप्त करता है। शकटार ने घनानंद को यह भी संकेत दिया कि उसने इस बिंदु पर विस्तृत जानकारी के लिए गुप्तचरों को आवश्यक निर्देश दे दिए हैं और शीघ्र ही संपूर्ण तथ्य महाराज के सम्मुख प्रस्तुत किए जा सकेंगे।

घनानंद ने यह सूचना महाराज महापद्मनंद तथा महारानी सुनंदा तक पहुँचाई तो सुनंदा ने महानंद से कहा, ''महाराज, आपने सर्वार्थसिद्धि के सौ मौर्य पुत्रों में निन्यानबे की हत्या करने के बाद आज तक कभी यह नहीं सोचा कि वह सौवाँ मौर्य अब तक कहाँ छिपा है। महाराज, ऐसा भी हो सकता है कि यह सौवाँ मौर्य ही तक्षक सिद्ध हो और परीक्षित् को डँसकर द्वापर को कलियुग में परिवर्तित कर दे। क्षत्रिय की प्रकृति में और नाग के स्वभाव में कोई अंतर नहीं होता, राजन्। गेहुँअन का बच्चा कभी नहीं भूलता कि उसके माता-पिता को या उसके भाई-बंधुओं पर प्रहार किसने किया। क्षत्रिय पीछा करता है, महाराज—युग-युगांतर तक। आप पता कीजिए और यदि गुप्तचरों की सूचना में सच्चाई है तो इस तक्षक को भी मौत के अग्निकुंड की हविषा बनाइए।''

''सुनंदे, तुमने ठीक कहा। घनानंद, तुम उस मौर्य-सर्प को ठिकाने लगाओ और यह कोशिश करो कि इस योजना की तनिक भी जानकारी मुरा तक नहीं पहुँचे। और देखो बेटे, तुम शकटार से भी होशियार रहना। शकटार ब्राह्मण है, चणक का पट्ट शिष्य रहा है और उसी गाँव का वासी है, जहाँ चाणक्य का ननिहाल है। यह बड़ा ही अशुभ संयोग है। चणक शृंगी हो सकता है नंद वंश के लिए, पुत्र, चणक मरकर भी जिंदा है—अपने पुत्र चाणक्य में। मुझे डर लगता है, कहीं शृंगी का शाप न लग जाए मुझे राजा परीक्षित की तरह और तुम्हारे लाख प्रयत्न करने के बावजूद द्वापर का अंत हो जाए और कलियुग प्रवेश कर जाए मगध के राजभवन में।''

"नहीं पिताश्री, मैं ऐसा कैसे होने दूँगा!"

"देखो पुत्र, सावधानी से काम लो। देखो और इस बिंदु पर भी सतर्क रहो कि तक्षक को न तो इंद्र की सुरक्षा प्राप्त हो और न जनमेजय के नागयज्ञ का कोई ऋत्विक ही ऐसा हो, जो तक्षक को जलने से बचा दे। मेरा संकेत चाणक्य की ओर है बेटे, और साथ ही तुम्हारे सभी अमात्यों की ओर—राक्षस से लेकर शकटार और कात्यायन तक की ओर।"

"ऐसा ही होगा, पिताश्री। ऐसा ही होगा, माताश्री। आप निश्चिंत रहें और शांतचित्त अपने शयनकक्ष में प्रस्थान करें।"

शांतचित्त तो दूर, एक और नई चिंता—कालसर्पयोग लगने की चिंता व्याप्त हो गई नंद कुल में।

: 15 :

धन था मगध में, वैभव था, ऐश्वर्य था—अपार धन, वैभव और ऐश्वर्य था पाटलिपुत्र में भी, किंतु शांति खो गई थी जैसे कहीं। सुनंदा अशांत, मुरा अशांत, महापद्मनंद अशांत और घनानंद अशांत; क्योंकि शांति की चिंता में कोई था ही नहीं।; सबके सब सुख, धन, वैभव और ऐश्वर्य की खोज में नहीं, स्पर्द्धा में रत थे। समस्त राजकुल तो अशांत था ही, ऋषिकुल ही कहाँ शांति में था—स्वयं शांतिरक्षित, नालंदा विद्यापीठ के प्रधान ही अशांत थे। क्या कहें, चणक के पक्ष में कैसे कुछ कहें। इधर 'पद्मानंद' सम्मान, उधर चणक जैसे सज्जन विद्वान् का खुला अपमान, इधर राजकृपा और राजकोष रोक लिये जाने की धमकी, उधर आचार्यों का असहयोग, छात्रों का विद्रोह। सरस्वती के मंदिर पर लक्ष्मी का नियंत्रण, हंस के वंश पर उलूक का शासन। चणक और चाणक्य दोनों के अनुपस्थित होने का कारण दुःसह था—सुवासिनी ने तो विद्यापीठ से जैसे नाता ही तोड़ लिया।

अमात्यमंडल के सदस्यों के साथ भी महाराज के परस्पर विश्वास का सूत्र टूट चला—सुवासिनी और चणक-पुत्र के विवाह प्रस्ताव की पृष्ठभूमि में स्वयं राक्षस की विश्वसनीयता संदिग्ध होती गई। चंद्रगुप्त के मुरा-पुत्र होने का समाचार और उसे पुष्पपुर में शकटार के गाँव में शरण पाने की घटना सम्राट्-सम्राज्ञी के अंदर विष वृक्ष की तरह दिन प्रति पल्लवित-पुष्पित होने लगी। कात्यायन का चणक शिष्य होना—शिष्य नहीं, पट्टशिष्य, घनानंद के दिल-दिमाग में नित्यप्रति खटकने लगा।

राष्ट्रकुल में तो आंतरिक अशांति पीढ़ी-दर-पीढ़ी चलती ही आ रही थी—सर्वत्र मगध कुल के हर पुरजे में दाव-पेंच का खेल जो कभी न शांत दीखता था, अब सुगबुगाने लगा जैसे। सारी अशांति के पीछे सर्वत्र विश्वास, नीति और धर्म का संकट

था—अविश्वास, अनीति और अधर्म का साम्राज्य था।

अब गणतंत्र की गढ़ वैशाली अपनी थी, राजतंत्र के हिम शिखर मिथिला पर सीरध्वज की जगह पद्मध्वज फहर ही रहा था। कोलिय-मल्ल-मग्ग सब मगध के पग का मग बन ही चुके थे—अब तो हिमालय के शीर्ष पर प्रजातंत्र के मोर मुकुट-सा शोभायमान मुरिय भी चरणों के नीचे नतमस्तक था।

महानंद बोल उठे—"पुत्र घनानंद, मगध साम्राज्य के अधिपति के लिए पंचनद पर आधिपत्य स्थापित करने का इससे अच्छा संयोग अब फिर कब आएगा? कौन प्रतीक्षा करता रहे? हमारी सेनाएँ मोरिय में सजी हुई हैं, केवल तुम्हारे पहुँचने और मोरचा सँभालकर युद्ध की घोषणा कर देने भर की देर है। पर्वतक की सेना तीन दिशाओं से आक्रमण—उत्तर वैरोचक, दक्षिण मलयकेतु और पश्चिम से स्वयं पर्वतक की आदी हैं। इसका अर्थ है, तुम्हारा सीधे पर्वतक के दुर्ग पर आक्रमण होगा और हराने के लिए एक छोटी सी सुरक्षा-सेना होगी—जीतने के लिए वह सबकुछ, जो सिकंदर जैसे राजा के लिए मात्र स्वप्न बनकर खड़ा-खड़ा तुम्हारी प्रतीक्षा कर रहा है मानो। तुम इसी दृष्टिकोण से अपनी सेना और अपने छोटे भाइयों को तैयार रखना।"

महापद्म नाम के सम्राट् थे, सम्राट् की सारी वास्तविक शक्तियाँ घनानंद में केंद्रित-समाहित थीं। पिता की योजना और पर्वतक की सैन्य शक्तियों का आकलन करते हुए उसने कहा, "पिताश्री, यों तो पद्मध्वजधारी महानंद की पद्म संख्य सैन्य शक्ति के समक्ष पर्वतक का शीश अपने आप ही आपके चरणों में झुकना चाहिए, किंतु पर्वतक है बड़ा ही स्वाभिमानी। सिकंदर से पराजित होने के बाद भी जब उसने अपने स्वाभिमान से समझौता नहीं किया तो अब यवनों की शक्ति का समर्थन प्राप्त होने के बाद वह न तो झुकने वाला है और न आसानी से चूकने वाला। फिर भी, पंचनद नहीं तो मगध साम्राज्य की परिकल्पना केवल आत्ममुग्धता ही है! देखिए पिताश्री, पर्वतक अधिक-से-अधिक अपने अनुज वैरोचक और पुत्र मलयकेतु के साथ त्रिकोण बना सकता है। हम नौ हैं, हम जब भी भिड़ेंगे, हमारा आक्रमण बहुकोणीय होगा। हम सीधा नहीं टकराते और सीधे टकराने में टूटने का खतरा तो रहता ही है!"

"ठीक है पुत्र, अब तुम प्रस्थान करो और प्रस्थान के पूर्व माताश्री सुनंदा एवं महारानी मुरा का भी आशीष प्राप्त कर लो। दोनों अपने-अपने कक्षों से तुम्हें देख रही हैं।"

घनानंद ने दोनों के चरण छुए और दोनों से विजयाशीष प्राप्त किए।

सुनंदा ने कहा, "पुत्र, आशीष लो और मगध के पद्मध्वज को पंचनद के शीश पर फहराकर वापस लौटो।"

सुनंदा से थोड़ी दूर आगे खड़ी थी मुरा। घनानंद ने झुककर अभिवादन किया और

बोला, ''माते, आपका आशीष बहुत फलता है मुझे। पिछली बार आपके चरण छूकर जब मैं मुरिय गया था तो आपका आशीर्वाद कितना काम आया। मैंने मगध के पद्मध्वज को मुरिय के मयूरध्वज के स्थान पर स्थापित कर दिया। माते, वृहद्रथ, शातवाहन और शतानीक के गढ़ पर मगध के पद्मध्वज का फहरना बहुत बड़ी बात थी। बहुत बड़ी बात है माँ, न केवल इसलिए कि हजारों वर्षों से सत्तासीन इक्ष्वाकु कुल के एक राज का अंत हो गया वरन् इसलिए भी माँ, कि मुरिय को जीतकर हमने प्रजातंत्र के अंतिम किले को ध्वस्त कर दिया और अब हम पर्वतक-विजय के उस अभियान पर हैं, जहाँ मुरिय को पर्वतारोहण की आधार भूमि बनाकर हम हिमालय के शिखर पर भी यह पद्मध्वजा लहरा ही लेंगे।''

''मेरा आशीर्वाद है पुत्र, मगध का कीर्तिध्वज एक दिन भारत क्या, संपूर्ण विश्व का धर्मध्वज बने। मगध धर्मध्वजाधारी होगा तो एक न एक दिन संपूर्ण विश्व को धर्म और शांति के महाराज्य में परिणत करने में मगधराज संसार के सबसे अग्रणी सेनापति सिद्ध होंगे।''

सेना और उसके साथ नवनंदों की टुकड़ियाँ पहले ही प्रस्थान कर चुकी थीं। घनानंद ने अंत में महापद्मनंद के चरण-स्पर्श किए और सहायक सेनापतियों की टुकड़ी का नेतृत्व स्वयं सँभालता मुरिय के लिए प्रस्थित हो चला।

तीन दिन और तीन रातों की यात्रा समाप्त कर घनानंद ने मुरिय पहुँचते ही कल पूरी सेना के निरीक्षण करने की इच्छा जता दी। दूसरे दिन निरीक्षणोपरांत सैनिकों को संबोधित करते हुए घनानंद ने प्रधान सेनापति की भूमिका में पंचनद पर आक्रमण का आदेश जारी कर दिया। सेना पूर्व निर्णयानुसार प्रयाण कर गई और दक्षिण कुरुक्षेत्र के मैदान में युद्ध का बिगुल फूँक दिया गया।

लगातार नौ दिनों तक युद्ध चलता रहा—प्रतिदिन युद्ध, प्रतिदिन पराजय और प्रतिदिन एक-न-एक अपूणीय क्षति। नौ दिनों के पंचनद युद्ध ने सात नंदों को निगलकर अंत में घनानंद को पीछे हटने को विवश कर दिया और जब यह सूचना महापद्मनंद को प्राप्त हुई तो जैसे संपूर्ण राजभवन में मूर्द्धनी छा गई।

सुनंदा ने कहा महाराज से--''महाराज, जिस दिन कोसल के कुलक ने पंचनद पर आक्रमण के निमित्त अपना परामर्श दिया, उसी दिन मुझे लग गया था कि इस युद्ध के लिए उकसाने में अवश्य ही कोई कूटनीतिक चाल है। अन्यथा जिस कुलक को अपने राजकीय गुरुपूर्णिमा समारोह में अलंकृत नहीं कर सम्राट् ने अपमानित किया हो, वह मगध साम्राज्य के विस्तार में इतनी अभिरुचि क्योंकर प्रदर्शित करेगा? मुझे लगता है प्रियवर, हम अपने राजाओं की कुटिल राजनीतिक चालों के शिकार हो गए। हमारी हार बृहत् मगध साम्राज्य के विस्तार के स्वप्नों के लिए एक बहुत बड़ा झटका है और

संभव है, इस साहसिक कार्य में पर्वतक तथा मुरिय की शक्ति भी सक्रिय हो जाए। इतना ही नहीं, महाराज, इसका बहुत प्रतिकूल संदेश सिकंदर के पास भी पहुँचेगा और संभव है, अपने भारत विजय के स्थगित अभियान को वह पुनः क्रियाशील कर दे और मगध को मूल से चूल तक हिलाकर रख दे। अब समय की माँग है राजन्, कि आप आचार्य धर्मरक्षित को अपना राजदूत बनाइए और उनके माध्यम से पर्वतक को संदेश दीजिए कि यह युद्ध न तो मगध के हित में है और न पंचनद के हित में। मगध के सात-सात नंद राजकुमारों और पंचनद के वीर वैरोचक को हविषा बना देने के बाद भी यदि युद्ध जारी रह गया तो संभव है, एक दिन स्वयं महाराज पर्वतक और महाराज महापद्मनंद को भी निगल डाले और सिकंदर को भारत से बाहर निकालने की हम दोनों की राष्ट्रीय योजना ही अकाल मृत्यु की शिकार बन जाए। आपने धर्मरक्षित को पद्म पुरस्कार से सम्मानित किया है। वह आपके आदेश को किसी भी स्थिति में ठुकराएगा नहीं।

और अंत में ऐसा ही हुआ—धर्मरक्षित को सफलता मिल गई। दोनों राजाओं के बीच संधि हो गई, मुरिय को खो देने का खतरा टल गया और सबसे बड़ी बात यह हुई कि मगध की विनाश की स्थिति को प्राप्त प्रतिष्ठा बच गई। महापद्मनंद ने योगानंद को मुरिय का उपराजा नियुक्त कर दिया और घनानंद को पाटलिपुत्र वापस होने का आदेश जारी कर दिया। घनानंद पाटलिपुत्र लौट तो आए, किंतु लगा जैसे राजमुकुट में जड़ी हुई देदीप्यमान स्यमंतक मणि ही कहीं खो गई है और राजभवन श्रीहीन-सा दीखने लगा है।

: 16 :

पाटलिग्राम अर्थात् पाटलिदेवी या पाटनदेवी का ग्राम। राजगिरि से चलकर अजातशत्रु ने और आगे उदायी ने इसी पाटलिग्राम को अपने साम्राज्य के सर्वप्रमुख नगर की तरह बसाया था, ताकि वर्षकार के इशारे पर किसी भी समय पाटन घाट से गंगा को पार कर वैशाली पर सीधा आक्रमण संभव हो सके। वैशाली के सिरहाने छिपा बैठा जहरीला सर्प वर्षकार के षड्यंत्रों और मगध के सिर पर हाथ रखनेवाली पाटन देवी का वरदान—दोनों के सहारे बस एक शुभ मुहूर्त भर का विलंब था। कोई नहीं जानता था, राजधानी का आकार पाटलिपुत्र की सत्ता का निवास पाटन देवी या पाटलदेवी के पश्चिमी छोर पर पाटन घाट चला जाएगा, जो इसलिए आवश्यक प्रतीत होने लगा था कि यदि वैशाली कभी आक्रमण कर दे तो सत्ता का मुख्य केंद्र उसकी पहुँच से बाहर हो और उसका सामना रक्षा की देवी पाटलि से हो, रक्षित पुत्र मगधराज से नहीं। घनानंद ने

इसी दृष्टिकोण से अजातशत्रु की कभी पहली पसंद रही पुष्पपुरी को पाटलि के सौभाग्यशाली पुत्र की नगरी के रूप में विकसित करने की योजना को कार्यान्वित करने का निश्चय कर लिया था।

देवी के आशीर्वाद और वरदान से सुरक्षित पाटलि के पुत्र अजातशत्रु ने जिस कार्य को पूरा नहीं किया था, उस कार्य को पूरा करने की योजना महापद्मनंद ने अनुमोदित कर दी—''पुत्र घनानंद, नंद वंश की सत्ता तथा वर्षों के श्रम से संचित धन व सुख-आनंद तथा शांति का केंद्र पुष्पपुर से सुंदरतर और कोई स्थान नहीं हो सकता। पाटलिपुत्र से बिलकुल सटा हुआ किंतु वैशाली के लिए अभेद्य। वहाँ के मूलवासी चंद्रवंशी हैं। उन्हें दक्षिण दिशा स्थित पास के गाँवों में खिसका दो और मुख्यवासी मग हैं, उन्हें राज-काज से जोड़कर उत्तर की तरफ घिसका दो और बीच की जगह अर्थात् पुष्पपुरी को इंद्रपुरी की तरह बसा दो और उसे नाम दो पाटलिपुत्र—पाटलिपुत्र अर्थात् धन, सौंदर्य और आनंद का नगर अथवा पाटलि के पुत्र घनानंद की सत्ता का केंद्र।''

''पिताश्री, आपने तो मेरे मन की योजना को शब्द प्रदान कर दिया। ये ही यदुवंशी हमारे सैनिक हैं और ये ही ब्राह्मण हमारे पुरोहित, हमारे न्यायाधीश तथा हमारे अमात्य। इतना ही नहीं महाराज, हमारे बहुत सारे अर्थ विभागीय अधिकारी-कर्मचारी सन्निधाता से लेकर अर्थकाणविक और लेखक तक इसी पुष्पपुर के स्थायी निवासी बन चुके हैं। शकटार की जन्मभूमि यही पुष्पपुर है, चणक की ससुराल यही पुष्पपुर है। ये सभी नीति-निपुण ब्राह्मण वंशी हमारे नीति-नियामक बनेंगे तो आपके चक्रवर्ती साम्राज्य का सपना भी पूरा होना ही है, महाराजाधिराज।''

''किंतु पुत्र, इसी पुष्पपुर के किसी पुष्प की पँखुड़ियों में कोई मौर्य तक्षक भी कहीं छिपा हो सकता है। मैंने तुमसे पहले ही उस लघु रूप धारी नाग को विनष्ट करने हेतु सचेत किया था। अब, जब पंचनद की हार के पश्चात् लोगों की दृष्टि में हमारी शक्ति में क्षरण के संकेत मिलने लगे हैं, हम पर हमारे सभी छिपे हुए शत्रु प्रहार कर सकते हैं और हो सकता है, कोई श्रृंगी का नवावतार मगध के द्वापर को समाप्त कर कलियुग का शंखनाद कर दे।''

''मैं निश्चिंत नहीं बैठा हूँ, पिताश्री। मैंने गुप्तचरों से सारी महत्त्वपूर्ण आसूचनाएँ संगृहीत कर ली हैं। आपकी आशंका सच निकली है, पिताश्री। इसी पुष्पपुर के किसी क्षत्रिय के घर में आठ-दस वर्षीय एक बालक के छिपे होने की सूचना है। मुझे यहाँ तक जानकारी मिली है कि उस गुप्त निवासी का नाम चंदो है। चंदो इसलिए कि शैशवकाल में जब वह शिशु रूप में मुरिय के किसी वन-प्रांतर में अवस्थित किसी ऋषि की गुफा में गुप्त रूप से छिपाया गया था तो उसकी रक्षा एक साँड़ के जिम्मे लगाई गई थी और उस साँड़ का नाम चंदो था। मैंने सुना है कि चंदो नाम का एक चरवाहा भी कभी-कभी

किसी-किसी राजभवन के गोपालक या मत्स्यपालक के साथ अंत:पुर में प्रविष्ट होता रहा है और संभवत: राजमाता मुरा से मिलता है।

"पुष्पपुर में छिपे चणक के पुत्र चाणक्य ने उस बालक का नाम संभवत: इसी गुप्त कारण से 'चंद्रगुप्त' रख दिया है और मगध के भावी सम्राट् के रूप में उसको शिक्षित-प्रशिक्षित करने में लगा हुआ है।"

"चाणक्य ने इस मौर्य की पहचान किस आधार पर की है, इसका भी पता लगाना चाहिए, पुत्र।

"हाँ पिताजी, मैंने इसका भी अनुसंधान पूर्ण कर लिया है। जिस परिवार ने उस बालक को शरण दी है, वह सूर्यवंशी क्षत्रिय परिवार राजा कुश के समय से ही यहाँ का वासी है और कहते हैं कि महारानी मुरा भी उसी परिवार की पुत्री हैं, जिनका विवाह मुरिय के राजा मयूरध्वज सर्वार्थसिद्धि से हुआ था, जिनका एकमात्र जीवित पुत्र यही चंद्रगुप्त है। पुष्पपुर के लोगों में इस बात की चर्चा सामान्य है कि इस बालक में राजा होने के सारे लक्षण विद्यमान हैं। चरवाहों के बीच प्रति रविवार को वह आस-पास के किसी-न-किसी जंगल में चरवाहों, मछुआरों एवं भील-निषादों की एक नाट्य मंडली के बीच होता है और स्वयं राजा की भूमिका में किसी पहाड़ी के प्रस्तर-पट पर सिंहासनासीन होकर मंत्रिपरिषद् के विभिन्न विषयों पर केंद्रित सभा का आयोजन करता है। वे चरवाहे, मछुआरे और भील-निषादादि अब तो चंद्रगुप्त के कट्टर अनुयायी बन चुके हैं।

"एक दिन चरवाहों के बीच उसने मंत्रिपरिषद् का एक दृश्य मंचित कर राजा, मंत्री, राजपुरोहित, अमात्य, न्यायाधीश, अपराधी तथा आरोपकर्ता एवं आरोपित व्यक्तियों को यथोचित न्यायादेश देते हुए लोगों को आश्चर्यचकित कर दिया था। कहते हैं—चाणक्य ने स्वयं इन्हीं गुणों को देखकर बालक के कुल-शीलादि का अनुसंधान करने के पश्चात् यह घोषित किया कि बालक मौर्य वंशीय क्षत्रिय है और वृहद्रथ का सगोत्री काश्यप है।"

इन आसूचनाओं की सम्यक् मीमांसा के पश्चात् महापद्मनंद के रोंगटे खड़े हो गए। उसे लगने लगा कि अब उसका युग ही जैसे समाप्त हो रहा हो। उसका ही नहीं, नंद वंश का दीया ही जैसे बुझने को हो। वह अभी यही भर जानता था कि एक तो कुश कभी आसानी से उखड़ता नहीं और जड़ से तो कभी उखड़ने का प्रश्न ही नहीं उठता। किंतु आज तो उसे लगा जैसे वह जड़ से ही हिलने लगा है। महाभारत जीतनेवाले अर्जुन का गांडीव जैसे कुछेक कोल-भीलों को जीतने में विफल हो जाता है और जैसे अश्वमेध यज्ञ को पूर्ण करनेवाला चक्रवर्ती राजा अर्जुन-पौत्र परीक्षित कलि को रोकने में असहाय, आज लगा जैसे महापद्म का मूल और नंद वंश का चूल एक साथ 'ओ३म् फट् स्वाहा' हो जाएगा। उसने घनानंद को अमात्यमंडल की एक बैठक बुलाने का निर्देश दिया और

महामात्य राक्षस को अंत:पुर के अपने गोपनीय कक्ष में आने का आदेश दिया, ताकि वहाँ महारानी सुनंदा की उपस्थिति में सभी महत्त्वपूर्ण विषयों पर विचार-विमर्श हो सके।

महापद्मनंद ने महामात्य राक्षस से कहा, ''महामात्य, मुझे लगता है, गृहामात्य शकटार ने अपने कर्तव्यों के निर्वाह में शिथिलता बरती है, अन्यथा अब तक चाणक्य और चंद्रगुप्त दोनों को हमारे कारागार में होना चाहिए था। यह कितने आश्चर्य व चिंता की बात है कि हमारे ये दो शत्रु शकटार के अपने ही गृह ग्राम पुष्पपुर में छिपे हैं और हमारे गृहामात्य को जैसे उसकी कोई सूचना ही नहीं है। महामात्य, मैंने बहुत सोच-समझकर आप तीनों अमात्यों का चयन अपने अमात्यमंडल में मंत्री के पद पर नियुक्त करने हेतु किया था और इसके लिए मैंने स्वयं तक्षशिला तक की यात्रा की थी। मेरा आदेश है कि अगले सप्ताह तक पूरे शासन-तंत्र को इस एक काम में लगाकर इन दोनों शत्रुओं को कारागार में बंद कर मुझे सूचना दी जाए। साथ ही यह भी सुनिश्चित किया जाए कि चंद्रगुप्त की तथाकथित मंत्रिपरिषद् में नाटक करनेवाले सारे पात्र चंद्रगुप्त और चाणक्य के मित्र से शत्रु में परिणत हो सकें। यदि आवश्यक हो तो इन सभी चरवाहों-मछुआरों को राजभवन की सेवाओं में नियुक्त कर लिया जाए। और हाँ महामात्य, मैंने आपको अंत:पुर में एक विशेष उद्‌देश्य से बुलाया है और मैं चाहूँगा कि आप महारानी सुनंदा की बातों को ध्यानपूर्वक सुनें और निष्ठापूर्वक इनकी इच्छाओं के अनुरूप मेरे द्वारा निर्देशित दिशा में आगे सक्रिय हो जाएँ।''

''क्या आदेश है, महारानी। आपकी इच्छाओं को कार्यरूप में परिणत करना मैं अपना राजधर्म मानता हूँ।''

''महामात्य, पंचनद के साथ युद्ध में उतरकर हमने नंद वंश के स्वर्णिम भविष्य को अंधकारमय कर दिया है। हमारे सात-सात राजकुमार पर्वतक के कोप के शिकार हो चुके हैं—और एक राजकुमार कहाँ अदृश्य हो गया, कुछ पता नहीं चल रहा। अब नंद कुल का एकमात्र दीपक घनानंद है, जो अपने विवाह के पंद्रह वर्षों के बाद भी किसी पुत्र की प्राप्ति से वंचित है। चंद्रिका बारह वर्षों की हो गई, किंतु ईश्वर ने उसे कोई भाई नहीं दिया। मैं चाहती हूँ कि महाराज महापद्मनंद की ढलती उम्र की समस्याओं को दृष्टिगत रखते हुए इसी वर्ष की गुरुपूर्णिमा के अवसर पर महाराज के हाथों घनानंद के सिर पर मगध का मणिरत्न मुकुट स्थानापन्न कर दिया जाए।

''यह तो मगध साम्राज्य की एक वैधानिक आवश्यकता है महामात्य; किंतु इससे कम महत्त्वपूर्ण यह भी नहीं है कि कुमार योगानंद को खोजा जाए और उन्हें घनानंद की जगह पर युवराज के रूप में अभिषिक्त कर दिया जाए।

''यह भी आवश्यक ही है महामात्य, कि आप नंद कुल के किसी ऐसे किशोर की

भी खोज करें, जिसे घनानंद के दत्तक पुत्र के रूप में पालित-पोषित और प्रशिक्षित-परीक्षित किया जाए; किंतु यह सबकुछ पुत्रवधू चंद्रसेना की पसंद के अनुरूप ही किया जाए। हाँ, हमारे परिवार की तथा घनानंद का भी यह सोचा-समझा निर्णय है कि दत्तक पुत्र किसी भी स्थिति में क्षत्रिय कुल का नहीं हो; किंतु शर्त यह है कि रूप-रंग और सौंदर्य की दृष्टि से यह अवश्य लगे कि वह घनानंद की पुत्री चंद्रिका का ही बड़ा भाई है। यह भी ध्यान रहे कि वह नंद वंश से जुड़ी किसी जाति या समुदाय का ही बालक होना चाहिए, क्योंकि हमारा यह संकल्प है कि मगध के सिंहासन पर अब किसी क्षत्रिय या ब्राह्मण कुल का व्यक्ति नहीं बैठेगा।''

सुनंदा शासन से संबंधित विषयों पर कभी कुछ प्रभाव या दबाव देने की हिमायती नहीं थी, किंतु राजपरिवार के विषयों में चंद्रसेना की भी कभी कुछ नहीं चली। घनानंद की पुत्री चंद्रिका की शिक्षा-दीक्षा सीधे सुनंदा के निर्देशन में हो रही थी। चंद्रिका को पढ़ाने-लिखाने का काम विभिन्न विषयों के आचार्य अवश्य करते थे, किंतु नीति-राजनीति और कूटनीति की सार-शिक्षा उसे सुनंदा स्वयं देती थी। चंद्रिका का भोजन महारानी स्वयं तैयार करतीं अथवा यदि कोई दास-दासी भी करती तो चंद्रिका का खाना स्वयं सुनंदा ही परोसती और स्वयं अपनी उपस्थिति में उसे प्यारपूर्वक खाना खिलाती। न तो चंद्रसेना जानती, न घनानंद ही और न स्वयं चंद्रिका ही कि चंद्रिका किस सोच के अनुसार पाली-ढाली जा रही है। जितनी सुंदर उतनी ही तेजस्वी और उतनी ही प्रत्युत्पन्नमति कन्या के रूप में चंद्रिका द्वितीया से धीरे-धीरे पूर्णिमा की पूर्णता को प्राप्त करती जा रही थी; किंतु सावन-भादों में पली-बढ़ी यह रूपसी कन्या शरद् का अमृतवर्षी चंद्रमुखी पूर्ण चंद्र बनकर नहीं उतरने वाली थी। सुनंदा ने उसे पूर्णत: विष बरसानेवाली विष-कन्या के रूप में तैयार कर लिया था। उसे आभास भी कहाँ था कि स्वयं को सीता समझनेवाली यह रूपसी मात्र माया की सीता थी।

शरत् पूर्णिमा का अमृतवर्षी पूर्ण चंद्र तो कहीं और आकाश चढ़ रहा था—महामात्य राक्षस के आँगन में, पुष्पलता की पुष्प वाटिका में।

: 17 :

पर्वतक से पराजय, लगता था जैसे हिमालय के शिखर के समीप पहुँच चुका कोई पर्वतारोही फिसलकर धरती पर गिर पड़ा हो और मूर्च्छितावस्था में अंतिम साँसें गिन रहा हो जीवन की। कुरुक्षेत्र में पराजय का अर्थ था और सीधा अर्थ तो यह था कि मगध की शक्तियाँ अब इस योग्य तो नहीं ही रह गई थीं कि वह मगध, कोसल या कान्यकुब्ज को सिकंदर के आक्रमणों से बचा सके। अब तो लगता था कि यदि पंचनद

ने रास्ता दे दिया तो सिकंदर या सेल्यूकस के लिए उज्जयिनी या श्रावस्ती अथवा वैशाली पहुँचना बिलकुल सहज हो जाएगा। फिर मगध का खोखलापन भी कहाँ छिपा रह गया है कि सिकंदर पाटलिपुत्र में अब अपनी राजधानी बनाने की नहीं सोचे। कुरुक्षेत्र की नौ दिनों की लड़ाई में मगध का कोषागार ही खाली नहीं हो गया, मगध के सैन्य बल—हाथियों-घोड़ों की भी अपूरणीय क्षति हुई और साथ-साथ इसी तरह की क्षति सभी सहायक राजाओं की भी हुई, जिन्होंने मगध की शक्ति को यवनों की शक्ति से भी बृहत्तर आँका था। किंतु आज जनपदों की स्थिति ऐसी थी कि कोसल, काशी, अवंती और अंग-कलिंग जैसे जनपदों ने यह भी सोचना आरंभ कर दिया कि मगध की सैन्य स्थिति और जनपदों की आपसी राजनीति में पतनोन्मुख मगध की अधोमुख छवि के संदर्भ में यह एक अवसर भी था कि वे अकेले या आपस में तालमेल बैठाकर मगध पर ही आक्रमण कर दें।

कोसल के अंदर अजातशत्रु के चरणों पर झुक जाने का ही दर्द नहीं था, महाकोसल की तरह कोसलपुत्री वजीरा को अजातशत्रु की पटरानी बना देने की विवशता का पश्चात्ताप भी कम नहीं था। काशी के दुर्भाग्य के दिन तो लगता था, समाप्त ही नहीं होने वाले—कभी प्रसेनजित् के अधीन तो कभी बिंबिसार-अजातशत्रु के, कभी शिशुनाग के। अंग-कलिंग दधिवाहन के समय से ही लगातार बिंबिसार-अजातशत्रु की अधीनता में तो रहते ही रहे थे—पुरु वंशीय पर्वतक की सिकंदर के हाथों पराजय और घनानंद के साथ अनचाही संधि के संदर्भ में अंदर-अंदर भयंकर रूप से क्षुब्ध। मथुरा की स्थिति तो और भी विस्फोटक—इधर जरासंध जैसी सैन्य शक्ति का अभाव, उधर शूरसेन के वंशजों में कंस के विनाश का दंभ। किंतु ये सारी स्थितियाँ इधर घनानंद के मनोबल को जितना ही क्षत-विक्षत कर रही थीं उतनी ही उधर चाणक्य का उत्साहवर्द्धन कर रही थीं—चणक की हत्या का बदला चुकाने की भीष्म प्रतिज्ञा करनेवाले विष्णुगुप्त का।

अमात्यमंडल के सदस्यों में आपसी अविश्वास और पूरे अमात्यमंडल में महाराज का अविश्वास—ये ऐसी स्थितियाँ थीं कि मगध को और उसके अभेद्य गढ़ों को ध्वस्त किया जा सके। अवंती और कोशल की ओर से दबाव आने लगे कि मगध, उनके जनपदों के धन-जन की जो क्षति हुई है, उसकी पूर्ति करे और उज्जयिनी व श्रावस्ती से अपने उपराजाओं को वापस बुला ले। जनजीवन में भी किसान और व्यवसायी वर्ग जो अत्यधिक कराधान से कराह ही रहे थे—कराधान-प्रणाली में संशोधन के लिए दबाव बनाने लगे।

नौ नंदों की कौरवी शक्ति तो स्वयं छिन्न-भिन्न हो चुकी थी। घनानंद बहुत बड़े संकट में घिरा हुआ अनुभव करने लगे थे। किंतु सम्राट् ने बुद्धिमत्ता से काम लिया—उनके आग्रहों को स्वीकार करते हुए घनानंद ने अवंती व कोशल को पूर्णरूप से स्वतंत्र

घोषित कर दिया और योगानंद को वापस बुलाते हुए उन्हें मुरिय का उपराजा बना दिया और वर्तमान स्थितियों में तक्षशिला के उत्तर-पश्चिम प्रयाण का प्रस्ताव स्थगित कर दिया।

मगध के बाहर से मगध पर होनेवाले आसन्न संकटों से निबटकर घनानंद सबसे पहले आंतरिक समस्याओं को निबटा लेना चाहते थे—किसानों के उत्पादन का षष्ठांश कर प्रणाली तथा स्थानीय व्यापारी वर्ग पर अत्यधिक कराधान के विरुद्ध उपस्थित विद्रोह की स्थिति को सबसे पहले काबू में करना आवश्यक था। इसके लिए अमात्यमंडल से लेकर समाहर्त्ता, गोप तथा स्थानिकों तक के प्रशासन को चुस्त-दुरुस्त करना आवश्यक था। उसका विश्वास था कि यदि आंतरिक आतंक यथैव बना रहा तो बाहरी संकट भी कुछ ही दिनों में नियंत्रण में आ जाएँगे। किंतु विद्रोह की आग जो सुस्त थी, वह भी भड़कने की स्थिति में आने लगी थी। कहीं स्थानिक असंतुष्ट, कहीं गोप, कहीं समाहर्त्ता तो कहीं अमात्य ही षड्यंत्र की तैयारी में—विद्रोह के रास्ते पर। चणक के मित्र—पुष्पपुर के क्षत्रिय, विष्णुपुर के ब्राह्मण—विद्रोह की आग को हवा देने की अगुवाई करने लगे थे और चाणक्य उन सबके असंतोष व विद्रोह का पुंजीभूत ज्वाल बनने लगा था।

युद्ध की पूरी अवधि में तैयारी से लेकर नौवें दिन की अंतिम परिणति तक पाटलिपुत्र का यह कालखंड युवा चाणक्य और किशोर चंद्रगुप्त द्वारा संचालित नवजागरण का काल था। चंद्रगुप्त द्वारा किसी दिन आयोजित चरवाहों का खेल—जिसमें राजा, मंत्री, अमात्य, सैनिक, गोप, स्थानिक और अपराधियों के रूप में मंचित नाटक को देखकर चाणक्य ने समझ लिया था कि 'महाभारत' के युधिष्ठिर का चक्रवर्तित्व युद्ध तो अभी बाकी ही है, जिसे लड़ाने के लिए किसी कृष्ण को अवतरित होना ही है। उसने तय कर लिया कि कौरव राज्य की समाप्ति यदि होनी है तो युधिष्ठिर को युद्ध के लिए प्रशिक्षित करना ही होगा और उसे कृष्ण की तरह का एक और कुरुक्षेत्र लड़ना होगा; किंतु कलियुग का महाभारत युद्ध कुरुक्षेत्र में नहीं, पाटलिपुत्र में होगा और अंबा देवी की नई अवतार पाटलिदेवी की शक्ति को जगाकर शुंभ-निशुंभों सहित महिषासुर का वध करना ही होगा। पुष्पपुर को चाणक्य ने इसी प्रशिक्षण की भूमि बनाई और जब तक उधर पर्वतक से युद्ध चलता रहा, इधर एक के बाद दस नाटकों को मंचित कराकर नंद शासन के विरोध में अपने समर्थकों की एक छोटी टोली तैयार कर ली और मगध के क्षुब्ध मानस तक यह संदेश पहुँचा देने में सफल हो गया कि पूरे उत्तर भारत को इस कौरवी शासन और दुर्योधन घनानंद तथा अंधे धृतराष्ट्र महापद्मनंद से मुक्ति मिलकर ही रहेगी। और भारत का महाभारतोत्तर परीक्षित यही चंद्रगुप्त होगा और तभी न्याय के साथ उत्थान का असली अध्याय आरंभ होगा।

कात्यायन ने उसे बुलाकर समझाया, ''बेटे, चरवाहों-मछुआरों का खेल नहीं है राजकार्य। सत्ता के विरुद्ध चल पाना तूफान में दीया जलाने जैसा ही असंभव होता है।

तुम्हें अभी आचार्य चणक का श्राद्धकर्म संपन्न करने की चिंता करनी चाहिए थी और शेष सबकुछ कालदेवता के खेल के लिए छोड़ देना चाहिए था। पुत्र, ऐसा ही मानना है राक्षस का भी और ऐसा ही शकटार का भी।''

''गुरुवर, अभी मेरी योजना में श्राद्धकर्म कहीं नहीं है। अब पिताजी का श्राद्धकर्म तो नंद वंश के श्राद्ध के पश्चात् ही होना है। मैंने माता वत्सला से बिना नंद वंश के कुश का समूल उच्छेदन किए नहीं मिलने का संकल्प लिया है और तब तक के लिए यह शिखा खोल रखी है। अब तो नंद वंश के श्राद्ध के साथ ही यह शिखा फिर बँधेगी और तभी मैं माताश्री से मिलूँगा और उन्हें विष्णुपुर लाकर पिताश्री का श्राद्धकर्म संपन्न करूँगा। आपातकाल में ऐसा करने का शास्त्रीय विधान भी तो है ही, गुरुवर।''

''मैंने नंद वंश के राजाओं के चरित्र को बहुत समीप से देखा है, पुत्र। नंद वंश जितना ही शक्तिशाली है उतना ही इस कुल का चरित्र गिरा हुआ है। तुम पंचनद में प्राप्त पराजय से बहुत उत्साहित प्रतीत हो रहे हो; किंतु तुम जानते हो, अभी कुछ सोच-समझकर ही तो पर्वतक ने भी सिकंदर की तरह की नीति अपनाई है और मगध से संधि कर लेना आवश्यक समझा है। मेरी समझ से, तुम्हारे लिए अब मगध छोड़ने का समय आ गया है। तुम तक्षशिला में बैठकर अपनी योजना की सफलता के लिए आवश्यक तैयारियाँ कर सकते हो। पर्वतक और सेल्यूकस ही नहीं पुत्र, नंद वंश के कुश को जड़ से उच्छेदित करने हेतु तुम्हें सिकंदर तक से सहयोग लेने हेतु गांधार तक जाना चाहिए। अर्कोशिय के क्षत्रप सिक्रियस से भी मंत्रणा कर सहायता लेनी चाहिए। आखिरकार उनकी युद्ध की शैली में कुछ विशेषता तो है, जिसके बल पर सिकंदर आज संसार की सबसे बड़ी शक्ति के रूप में स्थापित है। मैं तो कहूँगा कि तुम्हें गंधार अवश्य ही जाना चाहिए और उसके आस-पास के हूण शासकों से भी संपर्क साधना चाहिए। और पुत्र, यह भी मानकर चलो कि वे तुमसे यह जानकर पहले आश्वस्त होना चाहेंगे कि जो विकल्प तुम नंदों के स्थान पर देना चाहते हो वह कहाँ तक न्यायसंगत, युक्तिसंगत तथा लोकसम्मत है। स्थानापन्न होनेवाला विकल्प भी तो तुम्हारे साथ होना ही चाहिए, पुत्र।''

''गुरुवर, मुझे उचित विकल्प मिल गया है। चंद्रगुप्त कुलीन क्षत्रिय भी है और उदात्तचित्त वृहद्रथ वंशी भी, जिसके कुल ने मगध की स्थापना की थी और महाराज कुश से मगध का स्वामित्व प्राप्त किया था। गुरुदेव, मुरिय देश का निवासी यही मुरा-पुत्र मौर्यकुलीन बालक मगधरेराज्य का भी असली उत्तराधिकारी है और सौभाग्यवश वह मेरे साथ है। मेरे ननिहाल में ही उसका भी ननिहाल है और उसमें वह क्षमता व तेज है, जो मगध के राजा में होना चाहिए।''

''ऐसी स्थिति में तो मेरी भी राय है पुत्र, कि घनानंद को कोई पुत्र नहीं है और

महापद्मनंद की दूसरी रानी का पुत्र रहते घनानंद के अपदस्थ होने या मृत्यु प्राप्त करने की स्थिति में उसे ही मगध के सिंहासन पर आसीन होना चाहिए—यह तो तुम न्यायोचित बात ही करते हो, पुत्र'' कहा कात्यायन ने।

''तुम विलंब नहीं करो और तक्षशिला के लिए प्रस्थान करो। इस बात को मुझसे भी बताने की आवश्यकता नहीं है कि तक्षशिला तुम किस मार्ग से पहुँचोगे, कब पहुँचोगे और कैसे पहुँचोगे। और हाँ, तक्षशिला में रहकर तुम्हें क्या करना है, कैसे करना है, यह सबकुछ तुम्हें मेरे गुरुभाई और अभी तक्षशिला विश्वविद्यालय के वरीय प्राध्यापक आचार्य शैवाल के मार्गदर्शन में करना होगा। तुम कहो तो तुम्हें मैं एक परिचय-पत्र भी लिख दूँ, जिसके साथ तुम आचार्य शैवाल से मिलोगे और जो तुम्हें प्राचार्य पुंडरीकाक्ष तथा कुलपति आचार्य धर्मरक्षित से मिलवाने का काम करेंगे।''

चाणक्य की सहमति देखते हुए कात्यायन ने उसे एक जड़ी भी दी—अंतिम आशीर्वाद के रूप में और बताया कि इस जड़ी की एक पुड़िया सादे जल से ग्रहण कर लेने से उसे दो-तीन दिनों तक न तो भूख लगेगी, न प्यास का ही अनुभव होगा।

''देखो पुत्र, तुम पाटलिपुत्र शीघ्रातिशीघ्र छोड़ दो, यही मेरा अंतिम निर्देश है; किंतु कब तुम पाटलिपुत्र छोड़ोगे, यह बात तुम अपने सहयात्री मित्र से भी नहीं कहना—प्राण प्रिय हों तो प्राणप्रिया से भी नहीं। कौन जाने, शत्रु किस रूप में कहाँ तुम्हें परास्त करने की ताक में छिपा हो। यात्रा के क्रम में मुद्रा कार्यालय द्वारा निर्गत वह प्रमाण-पत्र भी साथ रखना पुत्र, ताकि तुम्हें सीमाओं पर अथवा नौकाओं में होनेवाली जाँच में शुल्क देने से मुक्ति मिलती रहे।''

इस अज्ञात कार्य योजना पर प्रस्थान करने के पूर्व चाणक्य ने आचार्य से अपनी माताश्री की देखभाल एवं संरक्षा-सुरक्षा की जब चर्चा की तो आचार्य ने बस इतना ही कहा, ''चाणक्य, देवी वत्सला तुम्हारी जन्मदायिनी माता हैं तो मेरी भी संस्कारदायिनी माँ ही हैं—मेरे साक्षात् परब्रह्म मेरे आचार्य की धर्मपत्नी, जिनके आशीर्वाद की छाया में मैंने अपने जीवन को सार्थक बनाया है। गुरु-पत्नी तथा पितृ-पत्नी में कोई अंतर नहीं होता, पुत्र। मैं उनका पुत्र भी हूँ चाणक्य, और इसलिए तुम्हारा अग्रज भी। तुम माताश्री की चिंता मुझपर छोड़ दो और तक्षशिला प्रस्थान का कार्यक्रम तय करो।''

चाणक्य ने चलते-चलते गुरुभाई अग्रज आचार्य कात्यायन के चरण छुए, माताश्री से आशीर्वाद प्राप्त किए और सीधे प्रधानामात्य आवास पहुँच गया।

कात्यायन के निर्देशानुसार कल का अरुणोदय उसे पाटलिपुत्र की सीमाओं के पार देखना था; किंतु पाटलिपुत्र से प्रस्थान के पूर्व ही उस सेतु का निरीक्षण-परीक्षण भी कर लेना था, जिसके माध्यम से उसके अज्ञात प्रवास और पुनरागमन के कार्यक्रम सार्थक होते रहें। और उस सेतु का नाम था—सुवासिनी। चाणक्य ने सुवासिनी एवं पुष्पलता से अपने

अज्ञात प्रवास का प्रयोजन सुनाया और उनसे अपेक्षित सहायता-सहयोग हेतु अपने प्रस्तावों से अवगत कराया।

सुवासिनी के साथ अलग बैठकर उसने कुछ मंत्रणा की और बोला, "सुवासिनी, मैं तभी तक तुमसे अलग रह सकूँगा, जब तक तुम अपनी आत्मा से मेरे साथ रहोगी। अतः तुम्हें यही मानकर चलना चाहिए कि तुम मेरी हर कार्य-योजना में पाटलिपुत्र में रहकर भी मेरे साथ हो। और तुम मेरे साथ होगी तो संसार का कोई भी कार्य मेरे लिए असंभव नहीं होगा—सिकंदर की तरह ही जीवन में यदि एक भी सच्चा साथी जीवन-साथी मिल जाए तो बाधाओं और विघ्नों के पहाड़ स्वयं ही रास्ता छोड़ देते हैं।"

इन्हीं शब्दों के साथ दो शरीर अलग-अलग दो दिशाओं में चल पड़े—दो प्राण बिलकुल एक प्राण की तरह, एक ही मार्ग पर और ऐसा क्यों और कैसे—उस समय किसी ने भी कुछ नहीं समझा : न चाणक्य ने, न सुवासिनी ने।

: 18 :

देखते-देखते घनानंद के साथ न तो बहुत धन ही रह गया और न थोड़ा भी आनंद। बाहरी राज्यों से बरसनेवाली अनावर्ती आकाश-वृत्ति तो बंद हो ही गई, राज्य के अंदर से आनेवाली पुनः-पुनः पुनरावृत्त आवर्त्ती कर वृत्ति की हरीलतिका भी धन-संग्रह के लिए न तो अब शेष कोई आशा थी और न आनंद के लिए समारोहों व उत्सवों का आयोजन कर सकने की क्षमता। आनंद का महापद्म संकटों के पंक में कुम्हलाने लगा था—जल के ऊपर तैरनेवाला पद्म-पत्र आपदाओं की कड़ी धूप के कारण धूल-धूसरित हो जाने को विवश। महापद्मनंद जीवन के अंतिम दिन गिनने लगे थे और सुनंदा किसी वंश के अभाव में नंद वंश के अंतिम अध्याय की त्रासदी का अंतिम दृश्य मंचित होने की प्रतीक्षा में निरत। मुरा की दमित आकांक्षाएँ चेहरे की खुशियों में प्रदीप्त होकर उसके कलेजे में जैसे आग जला रही थीं। राक्षस, शकटार, कात्यायन सबके सब अन्यमनस्क या उत्साहहीन किसी अवश्यंभावी अशुभ की प्रतीक्षा करने लगे थे।

किंतु सुनंदा किसी भी स्थिति में शांत या निराश होने को प्रस्तुत नहीं थी। उसने तीनों अमात्यों और दर्जनों विभागाध्यक्षों की एक सभा आहूत करने का निर्देश दिया और महानंद की जगह पर स्वयं आसनस्थ होकर मगध में आपातकाल की घोषणा करते हुए आर्थिक पक्ष को सुदृढ़ करने से संबंधित कई अध्यादेशों को जैसे एक ही साँस में अधिसूचित कर दिया—"सभासदो, महाराजाधिराज महापद्मनंद की स्वीकृति के आलोक में पूरे मगध साम्राज्य में आर्थिक स्थिति के सुधार के संदर्भ में मैं महारानी सुनंदा, पूरे साम्राज्य में आपातस्थिति की घोषणा करती हूँ और यह अधिसूचना प्रख्यापित करती हूँ

कि आज से ही युवराज घनानंद आपातकाल की अनिश्चित अवधि के लिए मगध के अधिराज घोषित किए जाते हैं। महाराजाधिराज की इच्छा के अनुसार अधिराज युवराज को निम्नांकित अतिरिक्त शक्तियाँ प्रदान की जाती हैं—

''कि साम्राज्य के कोष की आवश्यक अभिवृद्धि के हित में कृषकों के लिए कृषि उत्पादन पर जो षष्ठांश कराधान की व्यवस्था थी, उसे बढ़ाकर चतुर्थांश किया जा सकता है। इसी तरह पशुपालकों के उत्पादों पर भी कर की राशि षष्ठांश से चतुर्थांश की जाए।

''कि जंगल से निकलनेवाली लकड़ियों जैसे धूप, चंदन और आरोग्य वर्गीय जड़ी-बूटियों एवं फल-फूलों पर अब चतुर्थांश की पूर्व व्यवस्था परिवर्तित कर अर्द्धांश करने की स्वीकृति दी जा सकती है।

''कि खान-खनिज के रूप में बाहर निर्यात होनेवाली वस्तुओं पर आगे से लाभ का अर्द्धांश राजा को कर के रूप में देय होगा।

''कि कराधान से प्राप्त राशि को राज्य कोषागार में समयानुसार जमा नहीं कर पानेवाले कार्मिक, लेखक, गोप, स्थानिक एवं समाहर्त्ता पर कड़ी नजर रखी जाए और कर में क्षति के लिए किसी भी प्रकार जिम्मेदार पाए गए कार्मिकों को सेवा-मुक्त करने या आरोप क्षम्य होने योग्य होने पर भी अर्थ दंड लगाया जाए।

''कि गणिकाध्यक्षों को आदेश दिया जाए कि गणिका विभाग में आए दिन होनेवाले करके ह्रास की जाँच करें और यदि आवश्यक हो तो राज्य की सेवा में आवश्यक संख्या में नई गणिकाओं की नियुक्ति की जाए और राजकोष को समृद्ध करने हेतु नए प्रस्ताव भी तैयार किए जाएँ।

''कि साम्राज्य से आए दिन हो रहे व्यापारियों के पलायन पर रोक लगाई जाए, ताकि व्यापारी वर्ग अपनी पूँजी का निवेश राज्य से बाहर नहीं कर सकें। बिना मुद्राध्यक्ष के द्वारा निर्गत पहचान-पत्र किसी के भी राज्य की सीमा में प्रवेश या राज्य की सीमा से निकास पर रोक लगाई जाए।

''कि महाराज घनानंद अमात्यमंडल के परामर्श के आधार पर अधीनस्थ तथा सहयोगी राज्यों में हो रही आय में होते रहे ह्रास को रोकने हेतु स्वयं निर्णय लेंगे— बिलकुल राजाधिराज की तरह।

''आपातकालीन अध्यादेशों को सुनने के पश्चात् सभासदों में जैसे एक विचित्र सन्नाटा तथा भय का भाव व्याप्त था, किंतु आदेश तो आदेश होते हैं—सभी ने अपनी सहमति प्रकट कर दी। किंतु महामात्य एवं मुद्रामात्य आचार्य राक्षस ने महारानी से अनुमति लेकर कुछ बिंदुओं पर स्पष्टीकरण हेतु अनुरोध किया। उन्होंने जानना चाहा कि नौका-कर अथवा यान-कर के विभागों में सैनिक परिवारों, बुजुर्गों, गर्भवती महिलाओं, संन्यासियों

तथा ब्राह्मणों को पूर्व स्वीकृत छूट पूर्ववत् चालू रहेगी या अब आगे यह छूट बंद कर दी जाएगी। घनानंद ने महामात्य को निर्देश दिया कि अब अगले आदेश तक इस छूट पर भी रोक लगाई जाएगी और ये सारे आदेश-अध्यादेश तुरंत प्रभाव से लागू हो जाएँगे।

बहुत सोचते-विचारते और बहुत महत्त्वपूर्ण बातों की ओर राजा का ध्यान आकृष्ट करना अपना कर्तव्य मानते हुए आचार्य कात्यायन अपने को रोक नहीं सके और बोले, "महाराजाधिराज महापद्मनंद ने अमात्य के रूप में मेरा चयन तक्षशिला में करने के बाद मुझसे कहा था सम्राज्ञी, कि किसी भी मंत्री या अमात्य और अन्य किसी पदाधिकारी या विभागाध्यक्षों में मुख्य अंतर यही है कि जहाँ अधिकारी की विशेषता यह है कि उन्हें राजा के आदेश में हाँ-ना, गलत-सही, दूषित-प्रदूषित आदि के द्वंद्व में पड़े बिना राज्यादेश का पालन अक्षरशः करना है, वहीं सच्चा और कर्तव्यनिष्ठ अमात्य वह होता है, जो बिना संकोच किसी विषय के उज्ज्वल पक्ष और अंधकार-युक्त पक्ष दोनों की परीक्षा करते हुए अपना परामर्श भी दे।"

उन्होंने आगे कहा, "महारानी, मुझे लगता है कि अपनी कराधान नीति में हम पहले से ही पर्याप्त रूप से कठोर रहे हैं और शास्त्रों की मान्यताओं से नीतियों की भिन्नता के मुद्दे पर विधि विशेषज्ञों की आलोचना के पात्र रहे हैं। शास्त्र भी कहते हैं सम्राज्ञी, कि कृषकों पर कृषि-उत्पाद के दशांश से अधिक कराधान नहीं होना चाहिए। अब यदि दशांश के स्थान पर हम चतुर्थांश या अर्द्धांश उत्पादन की वसूली कर के रूप में करेंगे तो नंद साम्राज्य की आलोचना तो हो ही सकती है, महारानी।"

"यह अध्यादेश स्थायी नहीं है अमात्य कात्यायन, यह तो केवल आपातकाल के लिए है। और जब राज्य पर आपदा आती है तो इन्हीं शास्त्रों के प्रणेता कहते हैं कि राष्ट्र के हित में किसी भी कार्य की निंदा करना राजद्रोह होता है।"

महारानी के कड़े रुख को भाँपकर कात्यायन ने मौन साध लिया। किंतु महारानी ने कुछ सोचा—कात्यायन ही नहीं, अधिकांश अमात्यगण तथा अधिकारीगण कृषक परिवार के होने के कारण कृषकों के प्रति उदारता का भाव रखे हुए थे। उन्होंने तुरंत चतुर्थांश का संशोधन कर दिया और दशांश की जगह पर पंचमांश के लिए आदेश देने की कृपा कर दी।

इसी क्रम में एक और संशोधन भी हो गया और मुद्राध्यक्ष की मुद्रा पारपत्र प्राप्त होने की स्थिति में संन्यासियों, वृद्धों, गर्भिणियों और ब्राह्मणों के नौका शुल्क तथा सीमापार-पत्र शुल्क से मुक्त करने की घोषणा कर दी गई।

सभा का विसर्जन एक अच्छे वातावरण में तो हो गया, किंतु यह बात संप्रेषित तो हो ही गई कि मगध में अभी सर्वत्र असंतोष है और यह असंतोष कभी घातक रूप भी ले सकता है—मगध के सारे जंगल ढेरों सूखी लकड़ियों से भरे पड़े हैं—सूखी-सूखी

डालियाँ हैं, वृक्षों के नीचे सूखे पत्तों की कालीन बिछी है। बस, प्रतीक्षा है तो उस एक कण अग्नि की, जब सूखी पत्तियाँ धधकेंगी, जब देखते-देखते पूरा-का-पूरा जंगल जलकर लहककर राख में परिवर्तित हो जाएगा।

जंगल में आग तो कब की लग चुकी थी और अपने जीवन के रक्षार्थ धीमे-धीमे बहुत सारे पक्षी जंगल छोड़ चुके थे, हिंसक नहीं, बल्कि बहुत सारे अहिंसक पशु जंगल से भाग निकले थे या भागते जा रहे थे। उन्हीं पशु-पक्षियों में से दो हिरणों का यह जोड़ा भी था—चाणक्य और चंद्रगुप्त का जोड़ा, जिसे आज ही ढलती रात की नीरवता के बीच पाटलिग्राम के दीघाघाट से रवाना हो जाना था।

संध्या होते ही दोनों ने पुष्पपुर की वत्सल नगरी को माँ वत्सला के चरणों के आशीष के साथ छोड़ दिया था और तय था कि चंद्रगुप्त ब्राह्मण बटुक के वेश में वेणु घाट पर युवा संन्यासी विष्णुदास की प्रतीक्षा करेगा काषाय वस्त्र में और विष्णुदास महामात्य के निवास से मुंडित मस्तक, त्रिपुंड्रधारी योगी के वेश में सुवासिनी और पुष्पलता से आवश्यक मंत्रणा के पश्चात् आधी रात तक कभी भी वेणुघाट पहुँचेंगे, जब पाटलिग्राम विश्राम की गोद में प्रस्थान कर गया रहेगा और जब जनपथों की सारी जीवंतता जल पथों पर स्थानांतरित हो गई रहेगी।

राक्षस के राजभवन से महामात्य निवास लौटने के साथ गुप्तचरों की अंतिम टुकड़ी जब तक दीघाघाट और किलाघाट पहुँच जाती, गणिकाओं की गलियाँ शांत और निःशब्द हो गई रहतीं—न छूम छनन, न झूम झनन—न रोशनी की चमक, न तबलों की धमक, न कजरी, न ठुमरी। समयानुसार विष्णुदास और सुवासिनी ने भी अपनी मंत्रणा समाप्त की।

गंभीर चिंतन-मंथनोपरांत निर्धारित की गई रणनीति को समाहारित करते हुए चाणक्य ने सुवासिनी से कहा, ''सुवासिनी, लंका-विजय के लिए मुझे एक विभीषण की आवश्यकता होगी और वह भूमिका सुवासिनी को निभानी है। आचार्य चणक की हत्या का प्रतिरोध नालंदा विद्यापीठ के आचार्य और विद्यार्थियों के सहयोग से ही संभव है। मुझे एक ऐसे आचार्य की आवश्यकता होगी, जो वह सबकुछ कर सके, जो चाणक्य होता तभी हो सकता और इस कार्य को पूरा करने के लिए अपनी शिक्षा पूर्ण कर तुम्हें विद्यापीठ में आचार्य के पद पर आसीन होने के सारे उपाय करने होंगे। फिर उच्चतम गोपनीयता के साथ दक्षिण-उत्तर में कपिलवस्तु और वैशाली, पूर्व में विक्रमशिला, दक्षिण में रत्नागिरि व नागार्जुन कुंड तथा पश्चिम में काशी स्थित विद्यापीठों से नालंदा विश्वविद्यालय में प्रविष्ट होनेवाले विद्यार्थियों के माध्यम से वैशाली में चेतक, काशी में सुहास, चंपापुरी में दधिवाहन तथा दक्षिण में कलिंगराज के वंशजों को यह संदेश देना होगा कि वे सब एक ही निश्चित तिथि पर जब तक चारों दिशाओं में मगध पर आक्रमण नहीं करेंगे, नंदों के पतन व विनाश को संभव करने में सफलता नहीं मिलेगी। वे अपनी सैनिक तैयारियों में

लग जाएँ और तक्षशिला से प्राप्त होनेवाले चाणक्य के अगले संदेश की प्रतीक्षा करें। हाँ, सुवासिनी, तुम्हें किसी भी तरह आचार्य की भूमिका में रहकर चंद्रगुप्त की प्रधान गुप्तचर के कर्तव्यों को निभाना होगा। मेरी सुविचारित धारणा है कि युग-युगांतर से मगध के अत्याचारों से त्रस्त ये सभी क्षत्रिय राजे अपना पुराना प्रतिशोध चुका लेने के लिए मर मिटने तक को प्रस्तुत रहेंगे।''

चलने के पूर्व सुवासिनी ने परिहास में कहा, ''विष्णु, तथास्तु! जाओ, आज से महामात्य कुटीर में पाई जानेवाली तुम्हारी सुवासिनी पर्णकुटी की सीता की तरह माया की सीता होगी—तुम्हारी लंका-विजय की प्रतीक्षा करेगी और तुमने जो कुछ जिम्मेदारियाँ उसे सौंपी हैं, उनका संपादन करती रहेगी। किंतु विष्णु, मुझे एक बात की चिंता होती है और उसकी कल्पना मात्र से न जाने क्यों, मेरा नारी मानस उद्विग्न हो जाता है।''

''चिंता स्वाभाविक है, सुवासिनी। चाणक्य जिस लक्ष्य को लेकर तुमसे दूर होने को विवश है, पता नहीं वह लक्ष्य उसे कहाँ खींचकर ले जाए। किंतु दोनों सुवासिनी-विष्णु और लक्ष्मी-विष्णु का यह साथ एक जन्म का तो है नहीं कि तुम्हें कोई चिंता करनी पड़े। इस जीवन में ना सही, अगले जन्म तो फिर लक्ष्मी और विष्णु इसी क्षीरसागर में साथ-साथ…''

सुवासिनी ने अपनी उँगली विष्णु के होंठों पर लगाते हुए भरी-भरी आँखों से उसे विदाई देते हुए भर्राई ध्वनि में कहा, ''मेरी चिंता की चिंता तुम नहीं करना, कभी भी नहीं मेरे जीवन साथी! नारी का हृदय है—यों ही इष्ट की संभावनाओं से अधिक अनिष्ट की आशंकाओं की उर्वर भूमि। मैं तो बस इतना ही कहना चाहती थी मित्र, कि इस काषाय वस्त्र को प्रवासी अर्जुन की तरह लक्ष्यवेधन तक ही सीमित रखना। ऐसा न हो कि दुर्योधन का वारणावत का लाक्षागृह षड्यंत्र तो विफल हो जाए, किंतु द्रौपदी अर्जुन की होकर भी अर्जुन से टूट जाए, बिछुड़ जाए और अंदर-अंदर स्वयं ही टूट जाए, बिखर जाए।''

फिर प्यार से मुसकराती हुई उसके होंठों को सहलाया और बोली, ''तुम कुछ नहीं समझते, पंडितजी। जाओ, किंतु इस संन्यासी वेश को उतारकर फिर जब मुझसे मिलना तो मिलना राम की तरह, पुष्प वाटिका के राम की तरह नहीं, अवधपुरी के राजकुमार की तरह—दूल्हे के वेश में।''

इधर चाणक्य दीघाघाट से सटे वेणुघाट पहुँचे और सुवासिनी अपने शयनकक्ष कि राक्षस का रथ अमात्य निवास पहुँच गया। सुवासिनी सो नहीं सकी सारी रात और चाणक्य उलझता-सुलझता गुप्तचरों और स्थानिकों की बाधाओं के व्यूहों को भेदता पहुँच रहा था—मगध की सीमाओं के पार काशी जनपद के प्रवेश द्वार पर, गंगा के अश्वमेध तट पर। उषा की लाली धीरे-धीरे आकाश से धरती पर उतरने लगी थी और लगा, अब सूर्योदय होने में अधिक विलंब नहीं।

: 19 :

काशी अश्वमेध के उन्मुक्त तथा सुविस्तृत घाट और घाट के सामने फैले निर्मल गंगा पाट के बीच खड़े विष्णुगुप्त को बहुत दिनों के बाद लगा जैसे माता गंगा का यह पवित्र अंक माँ वत्सला का ही महिमामय अंक हो, जिसमें कभी उसने अमृतपान किया हो और संभवत: यह उसी अमृतधारा का प्रभाव हो, जिसके बल पर आज उसने मगध के चक्रव्यूह के तीन दरवाजों को अभिमन्यु की तरह तोड़कर विजयानुभूति का आनंद प्राप्त किया हो। पुष्पपुर पर कड़ा पहरा और दिग्घा से अश्वमेध तक की सघन निगरानी को पार कर जाना वस्तुत: वसुदेव का-सा एक अनुभव था, जब उसने माथे पर नवजात पुत्र को लेकर भादों की अँधेरी रात्रि में कारागार के द्वार तोड़कर उत्ताल तरंगित यमुना को पार कर नंदपुरी में पहुँचने के बाद किया था। विभावरी बीत चुकी थी। पूर्वी क्षितिज के आस्फालित मस्तक पर कुंकुमी आभा बिखरने लगी थी। विहगों के शिशुओं के कंठों से वैदिक ऋचाएँ स्वरित होने लगी थीं जैसे। नीले परिधानों में लिपटी व्योम-कन्याएँ इंद्रलोक लौटने लगी थीं और अरुण अश्वरथ पर बैठी श्वेत वस्त्र महिमामयी उषा-महिषी स्वर्णिम किरणों के केश बिखराती धरती पर उतरने लगी थी। सामने अविरल बहती गंगा की निर्मल धारा का अंतस्तल को स्पर्श करता शीतल संगीत था और पीछे से विश्वनाथ मंदिर से फूटती घंटा ध्वनियों के बीच गूँजता 'ॐ नम: शिवाय' का अमृत मंत्र।

चाणक्य ने चंद्रगुप्त से कहा—"आओ चंदू, पाटलिपुत्र की दमघुटी हवा के प्रदूषण को हम नाभिकुंड से बाहर नि:सृत कर अश्वमेध की पवित्र संजीवनी शक्ति से भर लें और इस अश्वमेध की पवित्र भूमि से अपने संकल्प के विजयी अश्व की महायात्रा प्रारंभ करने का 'पाञ्चजन्य' फूँक दें। मगध की यशोगाथा इसी भूमि से चलकर कभी पूरे विश्व में फैली थी। तुमने बुद्ध के प्रथम धर्मचक्र प्रवर्तन की कथा तो सुनी ही होगी। यहीं पास के मृगदाय वन से गौतम ने भी हमारी ही तरह अपनी विश्व विजय की यशोयात्रा प्रारंभ की थी। चलो, हम भी यश और सुजाता का ठिकाना ढूँढ़ें और क्षीर भोजन के पश्चात् नंद के मार पर विजय प्राप्त कर पूरे विश्व में मगध साम्राज्य का ध्वज फहरा देने का अभियान आरंभ कर दें। शिव के त्रिशूल पर बसी काशी को मुक्ति की भूमि कहलाने का गौरव प्राप्त है। मगध में सौ जन्मों के अर्जित पाप काशी में वास करनेवाले बाबा विश्वनाथ के एक ही दर्शन से धुल जाते हैं।"

"ऐसा ही हो गुरुदेव, ऐसी ही कामना सारे मगधवासियों की है; किंतु इतिहास तो बताता है कि काशी स्वयं मगध के शिकंजों में कैद है, गुलामी की बेड़ियों में बँधी हुई। सैकड़ों वर्षों तक प्रसेनजित् और क्षुद्रक की क्षुद्रता से पीड़ित काशी श्रावस्ती के शिकंजों

से मुक्त कहाँ हो सकी? इसी तरह मगध के अधीन होकर अजातशत्रु, दर्शक और उदाई से लेकर शिशुनाग तक तो वह नाग के दंश से जैसे विष-बुझी किसी देव कन्या जैसी विक्षिप्त दिखती रही है। हमें मगध की मुक्ति के साथ काशी को भी मुक्त करने की योजना मस्तिष्क में रखनी चाहिए। सुदास-सौदास और दिवोदास की भरतवंशी काशी नीच नंदों के शिकंजों से निकल सकी तो सृष्टि की सप्तपुरियों की एक तीर्थदेवी को मुक्त कराने का सौभाग्य हमें ही तो प्राप्त होगा।''

''चलो, ऐसा ही होगा और ऐसा हम ही संभव कर सकेंगे। भरत-संस्कृति, जो भारत की आत्मा है और जिसकी जन्मभूमि काशी है, को संपूर्ण भारत देश की आत्मा में जाग्रत् कर हम 'वयं राष्ट्रे जागृयाम पुरोहिता:' का संदेश पूरे विश्व में भेज सकेंगे।''

''यह भरत-संस्कृति क्या होती है, गुरुदेव?''

''चंदू, यह भरत राजा दशरथ का पुत्र भरत नहीं है, जो श्री राम की खड़ाऊँ राजसिंहासन पर रखकर शासन करता है। यह भरत वह भरत है, जो सिंह शावकों के दाँतों की गणना करता है, जो सिंहों पर सवारी करता है। हाँ चंदू, राजा में इतनी शक्ति तो होनी ही चाहिए, जो सिंहों की पीठ पर अपना आसन जमा सके। तभी तो हम राजा के आसन को सिंहासन की संज्ञा देते हैं। ऐसा ही राजा प्रजा को, जनता को, जनजीवन को सुरक्षा और शांति के भाव के साथ जीने का विश्वास प्रदान कर सकता है। भरत की संस्कृति काण्वी संस्कृति है—काण्वी अर्थात् पूरे विश्व के राष्ट्रों में मित्र-भाव उत्पन्न करनेवाली संस्कृति अर्थात् विश्वामित्र संस्कृति, जो विश्वामित्र और मेनका के मिलन से जन्म लेती है और ऋषि कण्व के निर्देशन में पनपती है—पल्लवित-पुष्पित होती है। चलो, हम काशीराज से संपर्क कर उनमें विश्वमित्र-पुत्र के भरत-भाव को जाग्रत् करें और यह संदेश और यह विश्वास दें कि यदि मगध में कभी चंद्रगुप्त का राज होगा तो काशी पुन: अपनी ऐतिहासिक व सांस्कृतिक गरिमा का केंद्र बन सकेगी। किंतु राजा से मिलने के पहले हमें अपना पैर रखने के लिए कोई अपनी जमीन तो चाहिए और वह जमीन सुजाता एवं यश से सुंदर और उपयुक्त कहाँ यहाँ मिलेगी? चलो, हम सुजाता एवं यश का ठिकाना ढूँढ़ें। यश बहुत बड़ा व्यवसायी था चंदू, और अपना व्यवसाय गंगा मार्ग से ही दूर-दूर के देशों के साथ भी करता था। तुम्हें यह जानकर प्रसन्नता तो होगी चंदू, कि यश और मथुरा के चंद्रसेन—हाँ चंदू, चंद्रसेन अर्थात् चंद्रसेना के पिता राजकुमारी चंद्रिका के नाना बड़े अच्छे मित्र हुआ करते थे और दोनों अपने-अपने कारणों से पाटलिपुत्र से संबद्ध थे। इसी गंगा के तीर पर बसी कोई उपनगरी यश की नगरी हो सकती है। हम गंगा के अंक में सटे-सटे सुजाता की खीर 'अमृतं क्षीरभोजनम्' भाव से खाते हुए काशी—सप्तपुरियों की सर्वश्रेष्ठ भूमि—में होने का सुख प्राप्त कर सकेंगे।''

सोमवार का दिन, दोपहर की धूप, वैशाख का महीना। दो ब्रह्मचारी काशी की

टेढ़ी-मेढ़ी गलियों में घंटों भटकते रहे—आगे मोड़ तक जाइए, वहीं एक मिष्टान्न की दुकान है, जिसके सामने भाँग की बरफियाँ बिकती रहती हैं।

"किसी भी पान के दुकानदार से पूछिएगा—वह सुजाता और यश के परपौत्र यशोवर्द्धन की अट्टालिका आपको दिखा देगा।" कहा कमर में लाल गमछा लपेटे और हाथ में अक्षत-पुष्प का एक दोना लिये एक विश्वनाथ-भक्त ने।

और आखिर वे पहुँच ही गए। उस किलेनुमा महल के मुख्य द्वार के पास जिस पर स्फटिक पर खुदा था—बाएँ स्तंभ पर 'स्वागतम्' और दाएँ स्तंभ पर 'सुयश-निलयम्'।

"हाँ चंदू, मैं समझ गया, बस यही है सुजाता की ससुराल का घर—'सु' यानी सुजाता और 'यश' अर्थात् यश का हमारा स्वागत करता भवन।" कहा चाणक्य ने।

द्वारपाल ने भी बड़ा स्वागत किया—"आप पाटलिग्राम से आए हो, वह भी बोधिग्राम से। आपका विशेष स्वागत है। आइए, हम अपने स्वामी यश-सुजाता के प्रपौत्र यशोवर्द्धन से आपको मिलाते हैं।"

चाणक्य और चंदू पहुँच चुके थे यशोवर्द्धन के पास और उन्हें विशिष्ट अतिथियों के कक्ष में स्थान देकर "यदिच्छता" निवास की सुविधाएँ स्वीकृत कर दी गईं।

यशोवर्द्धन ने उनकी काशी यात्रा का अभीष्ट जानना चाहा तो चाणक्य ने कहा, "आर्य, हम दोनों विद्यार्थी हैं नालंदा विद्यापीठ के और उच्च शिक्षा प्राप्त करने के उद्देश्य से तक्षशिला की यात्रा पर निकले हैं। काशी सप्तपुरियों में सर्वश्रेष्ठ नगरी मानी गई है—काशी-भ्रमण तो तीर्थ का भ्रमण-सा है, महाराज। किंतु इस तीर्थ के ही समान एक तीर्थ और है यहाँ—मृगदाय वन, जहाँ बुद्ध ने अपने धम्म का प्रथम चक्र प्रारंभ किया था। हमारी इच्छा है कि आप हमें पहले तो काशीराज के दर्शन करा दें और पश्चात् इसके सारनाथ का परिभ्रमण-परिदर्शन।"

"आप आज विश्राम तो करें। कल पूर्वाह्न से आपके परिभ्रमण की सारी व्यवस्था तथा सारा कार्यक्रम आज सायंकाल तक आपको संसूचित हो जाएगा—मेरी जिम्मेदारी है।" कहा यशोवर्द्धन ने।

दूसरे दिन प्रातःकाल ही एक घोड़ागाड़ी अतिथि निवास पर अतिथियों के परिभ्रमण हेतु तैयार मिली और निश्चित समय पर दोनों ब्रह्मचारी राजा वेणुहोत्र के सामने उपस्थित।

राजा ने काशी में अतिथियों का स्वागत किया, "बुद्ध की तपोभूमि तथा सारिपुत्त एवं महामोदगल्लान जैसे विद्वानों की कर्मभूमि नालंदा विद्यापीठ से पधारे आप दोनों ब्रह्मचारियों का भारतीय संस्कृति की जन्मभूमि तथा वैदिक ज्ञान के विश्व-विश्रुत विद्या के केंद्र काशी में आप दोनों अतिथियों का स्वागत है, अभिनंदन है! आइए, विराजिए तथा अपनी इस यात्रा एवं अपने काशी-भ्रमण के उद्देश्यों पर प्रकाश डालिए।"

"महामहिम, इन्हीं उद्देश्यों के लिए मैं चणक-पुत्र चाणक्य और मेरा शिष्य मौर्य राजकुमार चंद्रगुप्त हम दोनों ने मगध छोड़ दिया और विश्वामित्र, भरद्वाज, ऋषभ तथा इंद्रद्युम्न जैसे ज्ञानियों की तपोभूमि; सुदास, सौदास एवं दिवोदास जैसे राजाओं की कर्मभूमि और बुद्ध जैसे सम्यक् संबुद्ध दार्शनिक की धम्मभूमि में हम तक्षशिला पहुँचने के पूर्व अपनी कुछ बातें काशी-नरेश के सम्मुख प्रस्तुत करने हेतु उपस्थित हैं। महाराज, हमें स्पष्ट रूप से जानकारी है कि मगध ने काशी जैसे सांस्कृतिक राज्य की प्राचीन राजनीति और संस्कृति नीति से कुछ सीखने के विपरीत उस पर अपनी पूरी सैनिक शक्ति का उपयोग कर उसे अपना राजधर्म निभाने तथा राजनीति व धर्मनीति के समय का आदर्श प्रतिमान राष्ट्र के समक्ष प्रस्तुत करने में बाधाएँ उपस्थित की हैं। हम चाहते हैं कि विश्वामित्र और राजा भरत की तरह भारत की शिक्षा नीति के अनुसार कूटनीति का एक राष्ट्रीय आदर्श स्वरूप तैयार किया जाए और विश्व के सभी राष्ट्रों को अपनी कूटनीतियों को परिमार्जित करने की प्रेरणा देते हुए 'वसुधैव कुटुंबकम्' के आदर्श की ओर आगे बढ़ा जाए। किंतु महापद्मनंद ने ऐसा कुछ करना नंद वंश के लिए उपयोगी नहीं समझकर उसे आज तक स्वयं कुछ करने योग्य नहीं होने दिया। आप चाहेंगे तो, हम विश्वास दिलाने आए हैं कि हम इस प्रतिमान को धरती पर खड़ा कर देंगे। काशी का इतिहास बड़ा ही गौरवशाली रहा है, राजन्। काशी ने कृष्ण जैसी महाशक्ति की अहंकारी नीतियों का विरोध करते हुए पौंड्र एवं जरासंध की सहायता की थी और न तो स्वयं कृष्ण के कहने पर महाभारत के महायुद्ध में पांडवों का और न भीष्म के कहने पर कौरवों का ही पक्ष लिया। हम काशी की सहायता और सहयोग को अपने अभियान की सफलता के लिए बहुत बड़ी बात समझते हैं। यही कारण है कि हम इस कार्य हेतु आपसे सहायता का आश्वासन लेने के लिए आज 'सुयश निलयम्' से चलकर आपके समक्ष उपस्थित हैं।"

"नंद वंश इस महान् कार्य में बाधक बनेगा, ब्रह्मचारी।" वेणुहोत्र ने कहा, "और यदि उसका सहयोग नहीं मिला—तब तो कुछ हो सकेगा भी, ऐसा सोचना ही हमारी भूल होगी। आपकी निरपेक्ष राजनीति के रास्ते में नंद वंश बाधक हो और आप भारत को बदल दें, ऐसा नहीं होने वाला। आपके पास नंद का कोई विकल्प भी तो नहीं है!"

"विकल्प है राजन्, और यह विकल्प आपके सामने है। मुरिय के ऐक्ष्वाकु राजा सर्वार्थसिद्धि का वंशज राजपुत्र चंद्रगुप्त मौर्य। ऐक्ष्वाकु चंद्रगुप्त मगध का सम्राट् हो काण्वायन और भरत के आदर्शों को संपूर्ण भारत ही नहीं, विश्व के सामने यदि खड़ा कर दे तो काशिराज के लिए तो यह खुशी की बात होनी चाहिए न!"

"यह चंद्रगुप्त यदि मुरिय राजकुमार है तो यह वस्तुतः एक बड़ी बात है। बड़ी बात इसलिए कि कुल की दृष्टि से चंद्रगुप्त महाकुलीन है, बुद्धि की दृष्टि से दैव बुद्धि

अर्थात् विद्यायुक्त यानी परम विनीत। किंतु राजा को वृहद्दर्शी, सत्ता-संपन्न तथा धर्म-कर्म प्रवीण भी होना चाहिए।''

''राजा को ब्रह्मचर्यव्रती भी होना चाहिए, ब्राह्मण! इन गुणों की परीक्षा जीवन में कदम-कदम पर देनी पड़ती है। इस परीक्षा में उत्तीर्ण होने के लिए तैयारी भी तो करनी होती है। आप चंद्रगुप्त को तैयार करके तो दिखाइए, काशी ने वृहद्रथ वंश के पक्ष में कृष्ण जैसी शक्ति के विरुद्ध जरासंध का साथ दिया था। चंद्रगुप्त ब्राहद्रथ है। काशी उसे सहयोग और संरक्षण देने में पीछे नहीं रहेगी। किंतु इस तैयारी के साथ-साथ एक बहुत बड़ी सैन्य शक्ति भी तो चाहिए।''

''महाराज, मुरिय को सिकंदर के दाँत खट्टे कर देनेवाले पुरु-नरेश पर्वतक का कुलागत-परंपरागत संरक्षण प्राप्त रहा है और मुरिय वर्तमान समय में प्रजातंत्र की अंतिम आशा है, जिसे जिंदा रखना पर्वतक ही नहीं, विश्वामित्र-ऋषभ संस्कृति में पले सभी राजे-महाराजे इसे संरक्षित करना चाहेंगे। हमारी विजय तो काशीराज के वेणुहोत्र-संरक्षण से ही सुरक्षित हो जाती है, महाराज। भरतवंशी काशिराज का संरक्षण मिलते ही चंद्रगुप्त को वत्सराज का आशीर्वाद मिल जाएगा और ऐक्ष्वाकु होने के कारण स्वभावत: मिथिला का भी, वैशाली का भी, मल्ल का, मग्ग का, कोलिय का भी और अंत में स्वयं कोसल का, जो महाराज कुश-लव के काल का सबसे शक्तिशाली तथा सबसे आदर्श राज्य रह चुका है—राम के राज्य के आदर्श स्वरूप का पोषक। आखिर राम राजा होते हुए भी आत्मत: प्रजातंत्र-लोकतंत्र के ही पोषक शासक के आदर्श रूप थे न!''

''हाँ चंद्रगुप्त, मुझे भी लगने लगा है कि आप आसन्न भारत के सत्त्व-संपन्न सम्राट् होंगे। यही मेरी भी शुभकामना है। अब समय बताएगा—हम या भारत के अन्य कौन-कौन से जनपद आपको क्या सहयोग और क्या संरक्षण देते हैं। आप अर्जुन बन सकते हैं—और आनेवाले महाभारत के विजेता भी; क्योंकि आपके शीर्ष पर द्रोणाचार्य का आशीष है। आप जब भी और जब-जब आवश्यक समझें, काशी में निर्विघ्न निवास कर सकते हैं।''

यशोवर्द्धन के कार्यक्रमानुसार चाणक्य-चंद्रगुप्त की जोड़ी ने सारनाथ के मृगदाय वन जाकर उस अश्वत्थ वृक्ष की धूलि शीश पर चढ़ाई, जहाँ से ध्यानस्थ बुद्ध ने विश्व को 'संघं शरणं गच्छामि' का संदेश दिया था।

तीन दिनों के विश्राम के उपरांत फिर चौथे दिन की ब्राह्मवेला में चाणक्य ने चंद्रगुप्त को जगाया और वेणुहोत्र का धन्यवाद करते हुए अश्वमेध घाट पहुँच गए। सूर्योदय होने को था कि उनकी नौका यात्रा गंगा पथ से मथुरा के लिए प्रारंभ हो गई।

: 20 :

मगध में हजारों वर्षों तक जीनेवाली पापात्मा को मात्र एक जन्म के अंतिम दिनों में भी काशी, निवास कर लेने पर मुक्ति प्रदत्त कर देनेवाली काशी, नरेशों की काशी, पीढ़ियों-पीढ़ियों के लिए लगातार गुलामी की बेड़ियों में जकड़ी कितनी छटपटा रही होगी, इसका आभास किसी और को हो न हो, राजा वेणुहोत्र को अब अंदर-ही-अंदर कचोटने लगा था। सौ वर्षों के नंद शासन की वज्र कठोर बाँहों में कसा मगध मुक्ति का मार्ग तलाशने काशी पहुँचा था और कितना बड़ा दुर्भाग्य था कि ऐसे हजार वर्षों से कोसल और मगध की बाँहों में बिना किसी प्रतिरोध के कैसे वैसी ही कसी पड़ी रही स्वयं अविमुक्तेश्वरी कही जानेवाली काशी की नगरी। दरवाजे पर खड़ी मुक्तिदायिनी गंगा की लहरों के लगातार ललकारते रहने पर भी कोसल और मगध के दो वज्र कपाटों में वैसी ही कसी जीने को विवश थी एक मुक्तिदायिनी माँ, जैसे कि किसी अभिशप्त सी कसी रही हो वह जन्म-जन्मांतर के लिए वरुणा और असी की दो भुजाओं में। वेणुहोत्र आज की रात सो नहीं सके थे। वे मगध की मुक्ति-योजना के साथ काशी की विमुक्ति-योजना का प्रारूप बनाते-मिटाते। घोंसलों से पक्षियों के निकलने और जागरण गान गाने की ध्वनि कानों में गूँजने लगी।

वेणुहोत्र ने अपने गृहामात्य आचार्य कपिल को बुलाया और बोले, "आचार्यवर, आज गुरुवार है न! आज ही प्रातः मगध से काशी पधारे वे दोनों ब्रह्मचारी चाणक्य और चंद्रगुप्त संभवतः मथुरा के लिए दशाश्वमेध से प्रस्थान कर जाएँ। मुझे लगता है, मैं उनसे वे बातें विस्तार से नहीं कर सका, जो काशी की अपनी आवश्यक नीतियों के अधीन होनी चाहिए थीं। चाणक्य तक्षशिला के वरिष्ठ आचार्य महामहोपाध्याय आचार्य चणक का प्रतिभाशाली पुत्र है। आप दशाश्वमेध जाकर उन दोनों से मिलिए और उन्हें मेरा आमंत्रण दीजिए कि जब भी वे तक्षशिला से मगध लौटें, काशी में पहले काशिराज का आतिथ्य ग्रहण करें और तभी पाटलिपुत्र वापस जाएँ। उन्हें यह भी बताएँ कि उनकी पूरी कार्य-योजना में काशी उनकी सहभागी बनने को प्रस्तुत है।"

भगवान् भास्कर की अरुण किरणें गंगा की तरल तरंगों पर पाट से तट तक भास्वर हो चली थीं और चाणक्य-चंद्रगुप्त की नौका खुलने ही वाली थी कि आचार्य कपिल के सारथि ने माँझी को नाव रोकने का संकेत दिया। नौका रुक गई; लगा, काशिराज के गुप्तचरों द्वारा यात्रियों के पारपत्रों का परीक्षण होगा; किंतु ऐसा कुछ नहीं हुआ। आचार्य कपिल ने चाणक्य और चंद्रगुप्त से नौका पर ही कुछ आवश्यक मंत्रणा की और राजा की ओर से अतिथियों का साधुवाद करते हुए मथुरा के लिए विदाई कुछ आवश्यक संवाद के साथ दे दी; किंतु विदाई के साथ पुनरागमनाय मधुर आमंत्रण के

साथ। कपिल से ही आगे यह भी ज्ञात हो सका कि उनकी सगी बड़ी बहन पुष्पलता मगध के महामात्य राक्षस से ब्याही हैं और उनकी पुत्री सुवासिनी उनकी प्यारी भानजी है। चाणक्य ने मन-ही-मन प्रसन्न कपिल को प्रणाम किया और नौका आगे चल पड़ी।

चलने लगी नौका धीरे-धीरे नगर की सीमा को पार करती तट से पाट की ओर और यात्री निश्िंचत होते अपने साथ चल रहे यात्रियों से परिचयात्मक वार्त्ताओं के लिए अभिमुख होते प्रतीत हो रहे थे। ग्रीष्म ऋतु के प्रातःकाल का समय, गंगा के बीच की धारा, अंतहीन लहरें उठतीं-गिरतीं और उन्हीं की लय में यात्रियों की पलकें-ऊँघती-खुलतीं, उठती-गिरतीं।

चंद्रगुप्त को ठंडी बयार लगी तो आँखें विश्राम और आलस्य से झुकने-सी लगीं। चाणक्य ने कहा, "चंद्रगुप्त, यह विश्राम की बेला नहीं है और हमारे भाग्य में विराम एवं विश्राम लिखा ही कहाँ? विंध्यवासिनी का मंदिर दिखने ही वाला है—जो सो जाएगा, कुछ खो जाएगा और कुछ जो नहीं होना वही हो जाएगा। आँखें खोलो, आलस्य त्यागो और विंध्यवासिनी की देवी से जो भी माँगना हो, माँगो। विंध्यवासिनी ने ही कभी कंस के विनाश की भविष्यवाणी की थी। यदि चाहोगे तो नंद के वंश का भी विनाश सुनिश्चित कर देंगी।"

चंद्रगुप्त ने आँखें खोलीं, चित्त को एकाग्र किया और पूछा, "गुरुदेव, कौन था यह कंस और कैसे-कैसे हुआ उसका विनाश? उसमें यह विंध्यवासिनी कहाँ से टपक पड़ीं? क्या कथा है यह, सुनाइए गुरुवर! दादी-नानी की कथाओं की तरह, ताकि पलकों पर बैठी निंदिया-राक्षसी भाग जाए और मैं वैसे ही जाग्रत् रह जाऊँ, जैसे दादी-नानी के साथ देर तक बच्चे जगे रह जाते होंगे। मैंने तो न ऐसी दादी-नानी देखी और न ऐसी कथाएँ कभी सुनीं।"

"तो ध्यान से सुनो चंदू, यह दादी-नानी की कहानी नहीं है। कंस की कहानी तुमने सुनी ही होगी। यह एक नृशंस राजा की सच्ची कहानी है, जिसने न केवल अपनी चचेरी बहन देवकी तथा बहनोई वसुदेव को अपने कारागार में अनिश्चित काल के लिए बंद कर रखा था वरन् अपने ही पिता उग्रसेन को कारागार में बंदी बनाकर मथुरा का राजा बन बैठा था और तुम्हारी ही तरह के एक बालक यशोदानंदन को किसी भी दिन मृत्यु के हवाले कर मथुरा में महापद्मनंद की तरह एकच्छत्र शासन कर रहा था। कारण यह था कि किसी आकाशवाणी के अनुसार उसकी चचेरी बहन के आठवें पुत्र के हाथों उसकी हत्या हो जानी थी। सात बच्चों को जन्म लेते ही यमराज को समर्पित करने के बाद उसे एक दिन संवाद मिला कि देवकी ने आठवें पुत्र को जन्म दे दिया है। अतः दूसरे ही दिन प्रातः वह कारागार पहुँच गया और देवकी की गोद से सद्यःजात शिशु को हाथ में लेकर जोर से धरती पर पटक दिया। और यह क्या हुआ? वह शिशु धरती पर नहीं गिरकर आकाश

में तिरोहित हो गया और यह आकाशवाणी करता हुआ अंतर्धान हो गया—"कंस, तुम्हारा अवश्यंभावी अंत बहुत ही समीप है। देवकी का आठवाँ पुत्र अवतरित हो चुका है। मथुरा की धरती शीघ्र ही तुम्हारे अत्याचारों से मुक्त होने वाली है। मथुरा फिर मथुरा होगी, रक्त से सनी, विष से बुझी, राजा मधु की धरती फिर मधुपुरी में परिणत होने वाली है। राजा कंस, तुम्हारे संहारकर्ता कृष्ण अवतरित हो चुके हैं।"

फिर चाणक्य बोलने लगे—"यह सामने दिख रही पहाड़ों की श्रेणियों में देखो, चंद्रगुप्त! वही है माँ विंध्यवासिनी-शत्रुविनाशिनी चंडी देवी का मंदिर। इसी मंदिर के आगे चलकर गंगा की एक उपधारा भी दिखाई पड़ेगी—मुक्तिदायिनी माँ गंगा की वह मुक्तिधारा, जो विंध्य पर्वतश्रेणियों को लाँघकर गोदावरी बनती है और दक्षिण भारत की समस्त धरती को नर्मदा, कृष्णा और कावेरी से विलयित होकर प्रेम-रस से सींचती है, पवित्र करती है। भारत की यही माँ गंगा संस्कृति मूल संस्कृति है, जो विविध जीवन-शैलियोंवाली भारतभूमि को एकता के एकसूत्र में बाँधती है।"

"यह कथा तो वस्तुतः बड़ी रोमांचकारी है, गुरुवर। यदि मैं मगध का राजा हो सका तो गंगा के पवित्र जल से जुड़ी हुई पूरी धरती को एक निपुण माली की तरह एक माला में गूँथने का प्रयास करूँगा। और तब एक बार फिर यहाँ आकर उस माला को विंध्यवासिनी के चरणों में समर्पित करूँगा। यह स्थान सचमुच पूरे भारतवर्ष का हृदयस्थल लगता है गुरुदेव, जो उत्तर-दक्षिण और पूर्व-पश्चिम सबका केंद्र है : सबको जोड़नेवाला, सबको जिलानेवाला जीवंत स्थान।"

"हाँ चंद्र, भारत की नदियाँ बहती हैं, कलकल-छलछल करती कहती रहती हैं। नदियाँ एक-दूसरी से जुड़ने की प्राचीन कहानियाँ कहती रही हैं, कह रही हैं सदियों से, सहस्राब्दियों से। उन्हें जोड़कर देखो एक बार और कोई तो बने भगीरथ व नदियों के बीच की बाधाओं को काटकर उन्हें मार्ग तो दे और फिर देखे कैसा होता है वह देश, जिस देश में गंगा बहती है। लो चंद्र, तुम विंध्यवासिनी के सीधे समीप हो। आओ, हम खड़े हो जाएँ और देवी को नमस्कार करें, उनका आशीष लें।"

देखते-देखते नौका आगे बढ़ गई और विंध्यवासिनी आँखों से ओझल हो गईं। सूरज अस्ताचल की ओर अग्रसर था और नौका प्रयाग की ओर, तीर्थराज प्रयाग की ओर, उस संगम के तट की ओर जिस पर कुंभ-अर्द्धकुंभ तथा महाकुंभ के मेले लगते हैं। चंद्रगुप्त की आँखों की नींद तो विंध्यवासिनी ने ही तोड़ दी थी। वह प्रयाग के संगम पर पहुँचने को व्याकुल हो रहा था—मेले जानेवाले बच्चों की तरह नहीं, उस तीर्थयात्री की तरह, जो त्रिवेणी के पवित्र जल में अपने त्रिविध तापों को धोकर आनंद-लोक को प्राप्त करने की इच्छा से छटपटाता रहता है। उसने चाणक्य से संगम स्नान की इच्छा व्यक्त की।

चाणक्य ने कहा, ''यह यात्रा ही इस प्रकार व्यवस्थित की गई है चंदू, कि यात्रियों को लगे कि वे व्यवसायी से अधिक तीर्थयात्री हैं। आज की रात नौका संगम पर ही विश्राम करेगी और प्रात: पुन: सूर्योदय के साथ हम मथुरा के लिए प्रस्थान कर जाएँगे।''

नौका धारा के विरुद्ध चल रही थी—संगम काफी विलंब से पहुँची। अपनी-अपनी इच्छानुसार सभी यात्रियों ने विश्राम लाभ किया। उषा:काल में ही संगम-सुख की प्राप्ति हेतु प्राय: सभी लोगों ने स्नान तथा संध्या-वंदन आदि नित्यकर्म पूरे कर लिये। चंद्रगुप्त के मन में जिज्ञासाएँ हिलोरें ले रही थीं। पूछा उसने, ''गुरुदेव, इस संगम पर कुंभ मेलों में अपार जन-समूह, पंडित-वैज्ञानिक, आचार्य-महाचार्य, मंडलेश्वर-महामंडलेश्वर, नागा-गृहस्थ, बच्चे-वृद्ध और भारत के कोने-कोने से नर-नारी एकत्र होते हैं। पता नहीं चलता, इस तीर्थ को संगम क्यों कहते हैं—जन-समूह का संगम है, धार्मिकों-मतावलंबियों का संगम है, संस्कृतियों-विचारधाराओं का संगम है या तीन पवित्र नदियों का एक सम्मिलन भर है। अंतत: इस संगम से क्या लेकर लौटते हैं, तीर्थयात्री?''

''चंदू, प्रयाग तीर्थराज है। संगम स्नान हो गया तो अन्य किसी तीर्थ जाएँ, न जाएँ, जीवन भर हुए पापकर्म धुल जाते हैं—सत्य की प्राप्ति हो जाती है, स्वर्ग में स्थान मिल जाता है।''

''वह कैसे, गुरुदेव?''

''चंदू, कुंभ-स्नान महीने भर चलता है और पूरा महीना विचारों, धर्मों, दर्शनों, मुक्ति के कथित मार्गों पर विभिन्न शिविरों में मंथन होते रहते हैं। बहुत बड़ा देश है भारत और अनेक धर्मों, विश्वासों, मतों एवं मार्गोंवाला देश है। तीर्थयात्री इन शिविरों में अपनी सारी जिज्ञासाओं के समाधान ढूँढ़ते हैं और अंत में संतुष्ट होकर अपने घर लौटते हैं। अगले महाकुंभ के अवसर पर आज से 12 वर्ष बाद हम भी यहाँ आकर भारत को एकसूत्र में पिरोने का मंत्र सीखेंगे और परस्पर विरोधी विचारोंवाले राजाओं से वार्त्ता-विमर्श कर एकच्छत्र-एकराट् एक राष्ट्र—भारतीय राष्ट्र—की अपनी-अपनी परिकल्पना को धरती पर उतारने का सही चित्र मस्तिष्क में लेकर पाटलिपुत्र लौटेंगे। आओ, संगम स्नान करो और हम तीर्थराज का आशीर्वाद लें और मथुरा पहुँचने की मानसिकता बनाएँ। मथुरा हैहय संस्कृति का प्रयागराज रहा है। चंद्रगुप्त और पाटलिपुत्र के सिंहासन को वही सँभाल सकता है, जो हैहय संस्कृति को अपना संगम बना ले। सारी संस्कृतियों के मूल में एक ही संस्कृति है, उसे जान ले और संपूर्ण भारत को भरत की तरह एक दिशा में चलनेवाले रथ पर विश्वरथपाणि बनकर सबका नेतृत्व करे।''

चलने लगी नौका धीरे-धीरे, पर बिना अवरोध, लगातार दिन व रात और भागवत-कथा की तरह चंद्रगुप्त श्रवण करता रहा—मथुरा की कथा-कंस और कृष्ण की कथा,

कंस वध से लेकर उग्रसेन के राज्यारोहण तक की सारी कथाएँ सुनता रहा। कभी ऊँघ भी जाता तो कृष्ण-कंस के ही सपनों में साँसें लेता। भागवत कथा समाप्त हुई, न हुई कि अगले पड़ाव की चहल-पहल सुनाई पड़ने लगी।

चाणक्य ने कहा—"चंदू, हम मथुरा पहुँच रहे हैं, गठरी सँभालो और हम भगवान् कृष्ण की कर्मभूमि मथुरा नगरी और बाललीला भूमि गोकुल एवं रासलीला भूमि वृंदावन के दर्शन करें और द्वापर व कलियुग के संगम में डुबकी लगाकर मगध की मुक्ति और नए भारत के निर्माण का सही मार्ग तलाश लें।"

देखते-ही-देखते नौका किनारे लग गई और घाट पर प्रतीक्षारत व्यापारियों के प्रतिनिधि अपने-अपने प्रमाण-पत्रों के साथ अपने माल उतारने हेतु मार्ग में खड़े हो गए। चाणक्य-चंद्रगुप्त की जोड़ी भी उतर गई और मथुरा-दर्शन पर निकल पड़ी।

: 21 :

तीर्थराज प्रयाग में गंगा-यमुना-सरस्वती के पवित्र संगम पर पहुँचकर पुण्यामृत-पान करने में भी चाणक्य के अंदर वह विकल पिपासा नहीं देखी गई, जो चंद्रगुप्त ने मथुरा के यमुना तट पर पहुँचकर अपने ज्ञान-गुरु में देखा। प्रयाग कुंभ में यदि तीन पुण्यतोया धाराओं के सम्मिलन के दर्शन और पान का सुख था तो मथुरा में जैसे सप्तसागरों में श्रेष्ठ क्षीरसागर के मंथन के पश्चात् दुर्लभ अमृत-कुंभ का दो घूँट प्राप्त कर लेने की विकलता थी, बेचैनी थी—वह भी लक्ष्मी के कर-कमलों से और वह भी असुरों की छीना-झपटी, मारा-मारी से बचते हुए। बड़ी जल्दीबाजी में लगे चाणक्य—

"चंदू, आओ, पहले यमुना-यमराज की प्यारी बहना और नक्षत्रराज सूर्य की दुलारी पुत्री के पुण्य तट को हम प्रणाम करें और अमृत के नील-श्याम रंग-रंजित जल में समाकर पाप व ताप भरे जीवन और दु:सह पीड़ा भरी मृत्यु के भय से अपने को मुक्त कर लें। नंद वंश का नामोनिशान मिटाकर उसे पाताल-लोक पहुँचाने, वत्सासुर-वकासुर जैसे असुरों को बाणासुर के शोणितपुर में घर बसाने को विवश करनेवाले कंस जैसे अत्याचारी शासक के शासन से मुक्त कर कंटकाकीर्ण एक वन को वेणुवन और मधुवन में तथा अस्त-व्यस्त, क्षत-विक्षत और भय व आतंक से डरती-काँपती परी-सी एक पुरी को मधुपुरी और सप्तपुरियों की भी श्रेष्ठपुरी में परिणत कर देनेवाली उस परम शक्ति की लीलाभूमि का हम परिभ्रमण करें, दर्शन करें और अपने अंदर उस शक्ति को उतार लेने का प्रयास करें, जो हमें नागों-शिशुनागों के जहर और नंद वंश के कहर से मुक्ति दिलाएगी और कंस की तरह नंद का नाश कर पुन: वृहद्रथ मौर्य के सिंहासन पर मुरिय के मयूर चंद्रगुप्त मौर्य को आसीन कर मगध को उत्तर भारत का सिरमौर बनाएगी।

हाँ चंद्रगुप्त, उसी मधुवंश की पुरी मधुपुरी को हम मथुरा कहते हैं, माधव कृष्ण की पुरी, जो कई नदियों का संगम तो नहीं है, किंतु कई संस्कृतियों के महामिलन से उत्पन्न एक ऐसी नित-नूतन संस्कृति की पुण्यभूमि है, जिसके आलोक में तीनों लोकों का नवनिर्माण संभव हो सकता है। स्नान करो और चलो, चलते हैं हम सबसे पहले उस मंदिर में, जो उसी पवित्र भूमि पर खड़ा है, जहाँ कभी अत्याचारी कंस का कारागृह स्थित था और जहाँ सोलह कलाओं से संपन्न लीला पुरुष भगवान् कृष्ण ने अवतार लिया था।''

''गुरुदेव, आपने मथुरा को कई संस्कृतियों का संगम कहा और संभवत: इसीलिए मथुरा को काशी, प्रयाग और यहाँ तक कि पाटलिपुत्र तक की सारी संस्कृतियों से भी श्रेष्ठतर मानते हैं। नंद वंश के नाश के संदर्भ में मथुरा की संस्कृति से हमें क्या विशेष उपलब्ध होना है, यह कुछ समझ में नहीं आता।''

चाणक्य बोलने लगे, ''चंदू, भगवान् राम और भगवान् कृष्ण की जन्मभूमि को श्रेष्ठतर तो मानना ही चाहिए। रावण की संस्कृति और कंस की संस्कृति को नष्ट कर असत् पर सत् का ध्वज फहरानेवाले राष्ट्र-नायकों राम और कृष्ण से प्रेरणा तो हमें लेनी ही चाहिए। चंद्रगुप्त, तुम्हें अपने जीवन को कृष्ण के जीवन-मूल्यों को सामने रखते हुए वैसी ही गति प्रदान करने की आवश्यकता होगी—यही बताने के लिए हम यहाँ आए हैं। मैंने तुम्हें ब्रजराज कृष्ण की लीलाभूमि कही जानेवाली कर्मभूमि ब्रज में उतारा है, ताकि तुम नंद वंश के राज के नाश के बाद मगध को सँवार-सजाकर कृष्ण की ब्रजभूमि में परिवर्तित कर सको। मैं तुम्हें ब्रज के ब्रजराज की तरह और मगध के मगधराज की तरह केवल ब्रज तथा केवल मगध में ही नहीं, संपूर्ण भारत के नायक 'महाभारत' के कृष्ण के रूप में प्रस्तुत करने की तैयारी में निकला हूँ, चंदू। कृष्ण ही हमारे आदर्श पुरुष हैं। किंतु कृष्ण बनने के लिए कृष्ण के जीवन, कृष्ण के जीवन-मूल्यों तथा कृष्ण की नीति-कूटनीति, राजनीति, समाजनीति, अर्थनीति सबको समझना होगा। यह देखो सामने का मंदिर और दर्शन करो हमारे आराध्य प्रभु भगवान् श्रीकृष्ण के।''

''गुरुवर, सुनता हूँ कि त्रेता के सूर्यवंशी ऐक्ष्वाकु द्वापर के चंद्रोदय और विकास के साथ धीरे-धीरे प्रभाहीन हो चले?'' जिज्ञासा की शैली में चंद्रगुप्त के अंतर का विश्वास जैसे मुखर हो चला—''और महाभारत के युद्ध में तो जो भी सूर्यवंशी बचे-खुचे थे, समाप्त ही हो गए : साकेत—श्रावस्ती—के ऐक्ष्वाकुओं और विदेह के सीरध्वज के अतिरिक्त, क्योंकि उन्होंने महाभारत युद्ध में भाग लेने से ही मना कर दिया था। ऐसी स्थिति में यह स्पष्ट नहीं होता कि मगध के ब्राहद्रथ या अवंती के वीतिहोत्र या मथुरा के वार्ष्णेय अथवा काशी के तथा वत्स के भरत या पांचाल के शूर, भोज, मधु अथवा चेदि के चेदि, विदर्भ के वैदर्भ या निषध के नैषध जैसी क्षत्रियों की एक नई पीढ़ी कहाँ से आ गई, जिसने जरासंध की अगुआई में कंस की ओर से तथा कृष्ण की अगुआई में कंस के

विनाश के लिए मथुरा को द्वापर का दूसरा कुरुक्षेत्र बनाकर धर्म के एक नए राज की स्थापना की। मुझे लगता है गुरुदेव, कि अर्जुन और कृष्ण की तरह हम दोनों कलियुग के प्रथम चरण के कुरुक्षेत्र मगध की धरती पाटलिपुत्र के धर्मक्षेत्र में लड़ने की ओर उन्मुख हैं। एक ओर अज्ञात कुलशील नंद वंश का अक्षत्रिय राज है तो दूसरी ओर संपूर्ण नवक्षत्रिय समाज है—सभी ब्राहद्रथ, सभी भरत, सभी वीतिहोत्र, सभी वार्ष्णेय, सभी पांचाल-जांगल, सभी शौरसेन, सभी पुरु-पौरव और सभी नैषधादि। हमें अपनी जीत में विश्वास नहीं होने का कोई कारण नहीं है।''

''तुमने ठीक ही समझा है चंदू, और यह भी जान लो कि द्वापर के सव्यसाची अर्जुन की तरह कलियुग के महाभारत का महानायक इसी चंद्रगुप्त को ही बनना है। मथुरा की महिमामयी मिट्टी का तिलक करो, पाटलिपुत्र के महासमर की योजना का संकल्प लो। विश्वरथपाणि वृहद्रथ का वृहत रथ तुम्हारी प्रतीक्षा कर रहा है। आगे बढ़ो चंदू, और नवयुग के भरत बनो, विश्वामित्र बनो।''

''गुरुदेव, बृहत् पाणि-विश्वरथ के प्रथम सारथि सूर्यवंशी गौतम बुद्ध ने भी तो काशी के उत्तर-पश्चिम की संपूर्ण धरती का परिभ्रमण करने के पश्चात् इसी मथुरा को अपने मध्यम पथवादी धम्म की कर्मभूमि बनाई थी। मैं उन बौद्ध मंदिरों में जाकर 'संघ' की शक्ति के कल्पक भगवान् बुद्ध के दर्शन करना चाहता हूँ। मैंने मथुरा के व्यापारिक संस्थानों पर भगवान् बुद्ध की वृहदाकार काया की जीवंत मूर्तियाँ देखी हैं। भगवान् बुद्ध समन्वय तथा निरपेक्षता के दर्शन मज्झिम निकाय के जन्मदाता हैं, जिनकी कीर्ति-गाथा मगध के साम्राज्य के रग-रग में जीवन का संचार करती है।''

''हाँ बेटे, तुमने बुद्ध का स्मरण दिलाकर महाराज्य के स्वप्नदर्शी गौतम की याद ताजा कर दी। हम उत्तर-पश्चिम भारत की शक्तियों का पुनर्गठन करते समय बुद्ध को अपने मार्गदर्शक के रूप में सामने रखेंगे। किंतु चंदू, हमारे आराध्य देव गौतम नहीं, राम और राम से भी अधिक यदुनंदन श्रीकृष्ण हैं।''

''ऐसा क्यों, गुरुवर?''

''ऐसा इसलिए चंदू, कि वर्तमान काल में हमारे भारत के जो भी सोलह मुख्य जनपद हैं, प्राय: सबके सब पुलिंद मगध को छोड़कर मूलत: कैवर्त संस्कृति की उपज हैं। सभ्यता की दौड़ में आगे एक समय आया जब कैवर्तों ने अपने को चंद्र वंश से जोड़ लिया। कैवर्तों ने ही नहीं, पुलिंदों ने भी। कैवर्तों के वंशज हैहय थे और हैहय वंश के ही राजा कृतवीर्य और उनके पुत्र कार्तवीर्यार्जुन और उनके अनेक पुत्र परशुराम के कठोर कुठार के शिकार हो मृत्यु को प्राप्त हुए। कहते हैं चंदू, कि कार्तवीर्य के सौ पुत्रों में किसी तरह पाँच पुत्र बच निकले थे—वृष्णि, मधु, भोज, शूर और वीतिहोत्र, जिनकी समग्र शक्ति का समन्वय श्रीकृष्ण ने इसी मथुरा में रहकर किया था और शूरवंश के

राजा उग्रसेन के क्षेत्रज पुत्र कंस के अत्याचारों से उत्तर भारत को बचाया था। ऐसा माना जाता है चंदू, कि कंस की सहायता तुम्हारे पूर्वज श्रेष्ठ व्राहद्रथ कुलीन राजा जरासंध ने की थी, क्योंकि उनकी पुरानी शत्रुता कृष्ण की नव संगठित हैहय संस्कृति से चल रही थी। जरासंध का जामाता कंस मारा गया, चंदू, किंतु जरासंध हारा कहाँ—हारे तो हरि के रूप में ख्यात स्वयं श्रीकृष्ण, जिन्हें मधु-वृष्णि कुल के सारे यादवों के साथ मथुरा का रण छोड़कर द्वारका में जा बसना पड़ा था। इतिहास के महानायक को 'रणछोड़' की उपाधि स्वीकार करनी पड़ी थी। चंद्रगुप्त, तुम्हें इस बात का गर्व होना चाहिए कि तुम उस संस्कृति—उस मुरिय या मौर्य संस्कृति के धवल-उज्ज्वल पूर्णचंद्र हो, जिसके पुरोधा कभी बृहत्पाणिरथ वृहद्रथ तथा जरासंध आदि रह चुके हैं। यह भारत का सौभाग्य है बेटे, कि तुम केवल हैहय समाज के ही नहीं, हैहयों के साथ-साथ व्राहद्रथों की मिली-जुली शक्ति के भी प्रतीक यदुनंदन के रूप में खड़े हो। मथुरा की धरती बुद्ध को इसीलिए भा गई। यही शक्ति आज तुम्हारे साथ है—नंद वंश के विनाश के निमित्त।''

''किंतु गुरुवर, आप यह कैसे मान बैठे हैं कि मथुरा की कथित कृष्ण-समन्वित यादव शक्ति जरासंध के वंशज चंद्रगुप्त की सहायता में खड़ी रहेगी। आखिर कंस की तरह ही नंदराज घनानंद भी तो चंद्रसेना के पिता राजा उग्रसेन का जामाता ही है। जिस तरह अपनी पुत्रियों अस्ति और प्राप्ति के हित में जरासंध कंस के पक्ष में जीवन भर कृष्ण से लड़ता रह गया—मथुरा में ही नहीं, द्वारका तक—उसी तरह उग्रसेन की शक्तियाँ भी घनानंद की रक्षार्थ नहीं लड़ेंगी और हमारा साथ देंगी, इसका कोई कारण तो होगा।''

''कारण है चंदू, और यह कारण संपूर्ण यदुवंश के रक्तकोष को जैसे वर्षों से मथता रहा है, उबालता रहा है और अज्ञातकुलशील नंद के जहरीले नाग वंश को जनमेजय की तरह अग्निकुंड में जला देने के लिए अवसर की प्रतीक्षा में है। तुम जानते ही होगे चंदू, कि चंद्रसेना घनानंद की अपहृता पत्नी है, शूरवंशी राजा चंद्रसेन द्वारा प्रस्ताविता तथा विवाह संस्कार-संपन्ना धर्मपत्नी नहीं। अपहरण विद्या में प्रवीण यदुवंशी शक्तियों के लिए नंद वंश की इस धृष्टता के लिए प्रतिशोध लेने का मौका नंदों के विरुद्ध मौर्यों की सहायता करने से अधिक सटीक अवसर और क्या हो सकता है, चंदू?''

''हाँ गुरुवर, यदि ऐसा ही है, तब तो अब हम आश्वस्त तथा निश्िंचत होकर मथुरा से पंचनद और पंचनद से सप्तसिंधु के सारस्वत प्रदेश स्थित तक्षशिला की ओर प्रस्थान कर ही सकते हैं।''

और इस तरह पूरी ब्रजभूमि का केंद्रबिंदु मथुरा का भ्रमण कर दोनों गुरु-शिष्य संध्याकाल के आते-आते अपनी नौका पर स्थानापन्न हो गए। पूनम की रात थी—यमुना के श्यामल अंचल पर चाँदनी हिलोरें लेने लगी थी। यमुना ने भाई यम की तरह चंद्रगुप्त

की विदाई की और नौका चल पड़ी। पूर्ण चंद्र आकाश की ऊँचाइयाँ छूने लगा। सूर्यपुत्री और सूर्यपुत्र के आशीष से उत्फुल्ल हिमपुत्री के घर हिमाचल के किनारे-किनारे कालिंद पर्वत को छूने के लिए कृतसंकल्प और उसका अगला पड़ाव था—यमुना का नगर, अर्थात् यमुना का हरिद्वार, जिसके अहर्निश खुले रहने पर भी विश्व-विजय के स्वप्नद्रष्टा सिकंदर ने कभी हिम्मत नहीं की इसके अंदर प्रवेश करने की।

: 22 :

किसी मेले से अपने गाँव लौट रही किसी भोली-भाली चंचल बाला या किशोरी कन्या का शिशु मानस जिस तरह ढलते सूरज को देखकर अपने गाँव की ओर त्वरित गति से आगे बढ़ता ही जाता है, किंतु वह मेले के अद्भुत आकर्षण से मुक्त नहीं हो पाता—ठीक उसी तरह गुरु-शिष्य का युगल मानस यमुना-मथुरा-वृंदावन छोड़कर आगे बढ़ता तो रहा, किंतु लगा जैसे वह किसी पड़ाव की प्रतीक्षा में है—कहीं विश्राम करना चाहता है—किसी ऐसे स्थान पर, जहाँ से घर का रास्ता सूझने लगे। नौका यमुना द्वार पहुँच चुकी थी और रात्रि विश्राम के पश्चात् जहाँ से कुछ यात्री तो वहीं से नौका छोड़ भूतल पर चलते लोकपथ पकड़ने वाले थे—पारियात्र के यात्री, पामीर के यात्री, हिंदुकुश के यात्री, कराकोरम के यात्री, खैबर के यात्री, बोलन के यात्री; तो कुछ तक्षशिला के, पंचनद प्रदेश के और कुछ फिर अपनी लंबी यात्रा को नए उत्साह के साथ दूसरे दिन प्रातःकाल ही प्रारंभ कर देना चाहते थे—अपनी तीर्थयात्रा को बंदरपूँछ के यात्री असितमुनि के आश्रम के यात्री, यमुनोत्री के यात्री—यमुना मंदिर की देवी यमुना के दर्शनार्थी, कालिंद पर्वत के दर्शनार्थी और उस हिमानी प्रदेश के यात्री जिसकी आत्मा में तरणि-तनूजा निवास करती है, जिसकी गोद में जन्म लेकर एक चंचल बाला एक ऐसी जलधारा बन जाती है, जो पर्वत से धरती पर उतरकर एक प्रीति-वर्षिणी ब्रजबाला या एक मुक्तिदायिनी माँ में परिणत हो जाती है—काया-कल्पित, संपूर्ण अस्तित्व समर्पित, माता सदृश।

"गंगा और यमुना की विलोम धाराएँ भी हमें अंततः हिमसागर तो पहुँचा ही सकती हैं चंदू, किंतु हिमशिखर कदापि नहीं। गंगोत्री और यमुनोत्री हमारी ऐसी तीर्थ हैं, जो हमें हिमसागर पहुँचाती हैं, एक ऐसा गंतव्य जहाँ लहरें नहीं होतीं, प्रवाह नहीं होता। हमारा असली तीर्थ स्थल तो अरब महासागर का वह तट है, जहाँ सरस्वती विसर्जित होती है और जहाँ से पृथा-पुत्र पार्थ के सैनिकों ने कभी पार्थिया की यात्रा की थी। हमारे स्वर्ग का भौगोलिक द्वार भी चंदू, बदरी की पर्वतीय शृंखलाओं के बीच नहीं, कराकोरम और हिंदुकुश पर्वतमालाओं के बीच की घाटियों में है, जहाँ से होकर मगध संस्कृति के

सूर्य तथा जरत्पुत्र जरथुस्त्र और हमारे अन्य पूर्वजों ने सहस्राब्दियों पूर्व कभी अपने शस्त्रों और शास्त्रों के साथ भूमध्य सागर के किनारे अनातोलिया तक पहुँचकर तक्षशिला की शिक्षा-पद्धति के आधार पर ही मंदिरों व मंदिराकार भवनों का एक व्यावसायिक नगर बसाया था—इस्तांबुल।

''हाँ चंदू, अब तक्षशिला चलो, उसी तक्षशिला जो तक्षक कुल की साधना भूमि है और जो शिलाओं के बीच अपना रास्ता तलाशना जानती है और जो नाग यज्ञों से नहीं, राजसूय व अश्वमेध यज्ञों के सहारे संपूर्ण विश्व को आर्य बनाने के अनुष्ठान में तब से आज तक समर्पित है। आओ, यमुना और यमुनोत्री को हम अब प्रणाम करें और उस भूमि की ओर प्रस्थान करें, जिसे संगम पर अदृश्य रही अंत:सलिला सरस्वती ने कभी सींचा था। यमुनाद्वार और तक्षशिला के बीच की भूमि के बीचोबीच अब हम यात्रा करेंगे, चंदू—'फचनद' से आरंभ कर सप्तसिंधु तक। और तब कहीं दिखेगा सारे संसार को आलोकित करनेवाला ज्ञान का वह आलोक-शिखर तक्षशिला विश्वविद्यालय, जहाँ हम विश्व-प्रसिद्ध संतों व आचार्यों के मार्गदर्शन में शास्त्रों और शस्त्रों की जीवनोपयोगी विद्याओं में प्रवीणता प्राप्त करेंगे।''

पाटलिपुत्र से लेकर यमुना द्वार तक जो भी शक्ति संकलित की थी चंद्रगुप्त ने उसमें पंख लगा दिए चाणक्य के उत्साहवर्द्धक आह्वान ने। दोनों गुरु-शिष्य ने अपनी गठरी सँभाली। परिव्राजकों के वेश में जहाँ भी विराम करते दोनों—अवश्य वहाँ कोई-न-कोई ऐसा अतिथिदेवानुरागी मिल ही जाता, जिसके आतिथ्य का सुख-लाभ उन्हें प्राप्त हो ही जाता।

चंद्रगुप्त ने पूछा चाणक्य से, ''अभी जिस भूमि से हम यात्रा आरंभ करने वाले हैं, उसकी क्या विशिष्टताएँ हैं, यह बताते चलिए गुरुदेव, ताकि हमें यात्रा के क्रम में आनेवाला श्रम तीर्थ-भ्रमण के सुख और आनंद में परिवर्तित हो जाए। हमारे भावी जीवन में भी संभवत: इन स्थानों का भौगोलिक ज्ञान या सांस्कृतिक महत्त्व कभी प्रासंगिक हो सके।''

''हाँ चंद्रगुप्त, तुम मगध महाराज्य के भावी सम्राट् हो और अभी जहाँ से तुम गुजर रहे हो, संभव है, यह अजेय धरती भी कभी तुम्हारे महाराज्य का एक महत्त्वपूर्ण अंग बन सके। चंदू, यही वह धरती है, वह पंचनद देश, जहाँ कभी महाभारत के विजयी वीर अर्जुन का राज्य था। कहते हैं, कभी द्वारका के यादवों से परेशान द्वारकाधीश कृष्ण ने अर्जुन को बुलाकर उन्हें अपने प्रेम के वशीभूत अनेकानेक गोपिकाओं को सुरक्षित ले जाकर इसी पंचनद प्रदेश में बसाने का निर्देश दिया था। ऐसा संभव नहीं हो सका चंदू, क्योंकि काल करवट ले चुका था और अर्जुन की युद्ध क्षमता तथा उनके गांडीव की प्रचंडता समय के साथ क्षीण हो चुकी थी। कोल-भीलों ने। सभी गोपिकाओं को अर्जुन

की संरक्षा से छीन लिया। अर्जुन निराश-हताश सबकुछ देखते रह गए। हाँ चंदू, व्यक्ति बलवान नहीं होता, समय बलवान होता है। किंतु धरती समय की सहयोगिनी भले होती हो, उसका प्रताप समय की कृपा का दास नहीं होता। वह बुरे समय के आ जाने पर भी सिर चढ़कर बोलता है। धरती का यही प्रताप था कभी कि विश्व-विजय के स्वप्न को धरती पर उतार देनेवाले सिकंदर महान् ने भी कभी हिम्मत नहीं की कि वह पंचनद पर भी विजय प्राप्त करेगा। पंचनद-नरेश पर्वतक प्रथम से उसका युद्ध भी हुआ और पोरस बंदी बनाकर भी उसके सामने प्रस्तुत किया गया, किंतु सिकंदर ने पंचनद के सामने अपना माथा झुकाया और राजा पर्वतक, जिन्हें हम 'पोरस' कहकर पुकारते हैं, को ही पंचनद का शासन सौंपकर अपनी सेना को फारस लौट चलने का आदेश दे दिया।

''कल तक हम पर्वतपुरी पहुँच जाएँगे चंदू, और तक्षशिला यात्रा को एक दिन का विराम देते हुए पर्वतक के वंशज वर्तमान नरेश पर्वतक या पोरस द्वितीय से मिलेंगे और मगध की मित्रता का हाथ उनके समक्ष बढ़ाएँगे। चंदू, यदि पर्वतक और उनके भीम सदृश वीर अनुज वैरोचन तथा अभिमन्यु सरीखे पुत्र मलयकेतु का सहयोग तुम्हें प्राप्त हो गया तो घनानंद की शक्ति तुम्हारे सामने बहुत ही नगण्य हो जाएगी और नंदों के सिंहासन पर एक दिन चंद्रगुप्त मौर्य आसीन हो सकेगा, ऐसा मेरा विश्वास है।''

तीन दिनों की पदयात्रा के पश्चात् दोनों ब्रह्मचारी पर्वतपुरी की रमणीय नगरी में उपस्थित थे। पर्वतपुरी को देखकर उन्हें लगा, यह या तो कुबेर की नगरी अलकापुरी है या राजा हिमालय की नगरी हिमपुरी अथवा देवेंद्र की नगरी इंद्रपुरी, जिसकी बनावट और सजावट सबकुछ स्वयं वास्तुकला-सम्राट् मय के निर्देशन में संपन्न की गई हो तथा जिसकी सुरक्षा स्वयं बृहस्पति के अधीन संचालित हो।

चाणक्य बोलने लगे, ''आओ मगध के भावी सम्राट् मौर्य चंद्रगुप्त! आज एक बार फिर तुम अपने को पुष्पपुर में चरवाहों के बीच खेल-खेल में मंचित राजकीय न्यायालय के सर्वोच्च न्यायाधीश मगध सम्राट् की भूमिका में खड़ा समझो और यह समझकर पर्वतक से मिलने की तैयारी करो कि पर्वतक तुम्हारे साथ वैसा ही व्यवहार करेंगे जैसा एक राजा दूसरे राज्य के राजा के साथ करता है—राजा से किंचित् अधिक नहीं तो कदाचित् थोड़ा भी न्यून नहीं। जानते हो न, बंदी पर्वतक प्रथम ने जब ऐसा ही उत्तर सिकंदर को दिया था तो सिकंदर फारस और असीरिया—बेबिलोन से मिस्र तक और अंत में संपूर्ण सप्तसिंधु पर विजयध्वज फहरानेवाला सिकंदर भी नतमस्तक हो गया था पोरस के सामने और स्वयं अपने ही हाथों से पोरस के हाथों की बेड़ियाँ खोल दी थीं। और यह भी सुन ही लो भावी मौर्य सम्राट्, यह भी कि सिकंदर की विश्व-विजयी सेना ने इसी नगरी के मुख्य द्वार पर अपने हथियार पटक दिए थे और सिकंदर से बेबिलोन वापस लौट जाने की शर्त रख दी थी। पोरस की सेना, वही सेना आज भी

पर्वतक द्वितीय के अधीन सेवारत है। आओ, हम पर्वतक का साथ माँगें और साथ के लिए अपना हाथ सामने रख दें।''

चाणक्य ने पर्वतक को अपनी उपस्थिति और पर्वतक से साक्षात्कार हेतु अनुरोध का संवाद गृहामात्य के माध्यम से यथासमय पहुँचा दिया था। थोड़ी ही देर की प्रतीक्षा के उपरांत पर्वतक ने दोनों अतिथियों को साक्षात्कार हेतु बुलाया और सामान्य परिचय के साथ वार्त्ता आरंभ हो गई। पर्वतक के यह जिज्ञासा करने पर कि वे दोनों ब्रह्मचारी कौन हैं और कहाँ की यात्रा पर हैं तथा किस उद्‍देश्य से पर्वतक के समक्ष उपस्थित हुए हैं, चाणक्य ने बताया—

''महाराज, मैं पाटलिपुत्र के विष्णुपुर के निवासी तक्षशिला के पूर्व आचार्य भार्गव चणक शर्मा का पुत्र विष्णुगुप्त हूँ। मेरे पूज्य पिताश्री ने ही कभी मुझे 'चाणक्य' कहकर पुकारने की कृपा की थी। तब से मैं अपने को चाणक्य के रूप में ही प्रस्तुत करने लगा हूँ—चणक पुत्र चाणक्य। हाँ महाराज, मुझे गर्व का अनुभव होता है, जब मैं अपने को विष्णुगुप्त के स्थान पर 'चाणक्य' कहकर प्रस्तुत होता हूँ।''

''और महाराज, मैं चंद्रगुप्त हूँ, मुरिय के राजा सर्वार्थसिद्धि का निर्वासित-प्रवासित, भाग्य का मारा, महारानी मुरा की कुक्षि से उत्पन्न पुत्र चंद्रगुप्त मौर्य। यों तो मेरे मान्यवर अभिभावक चाणक्य और मैं दोनों नालंदा विद्यापीठ के छात्र रहे हैं, किंतु चाणक्य मेरे गुरु चणक के पुत्र होने तथा वय एवं विद्या में मेरे वरीय होने के कारण मेरे गुरु हो गए हैं। महापद्‍मनंद तथा घनानंद के राजकोप के भय से हम दोनों पाटलिपुत्र और नालंदा से प्रवास लेकर अपनी शिक्षा-दीक्षा के लिए तक्षशिला विश्वविद्यालय में ज्ञानार्जन हेतु निकल पड़े हैं और इसी क्रम में आज पर्वतराज महाराज पर्वतक द्वितीय के समक्ष दर्शनार्थ उपस्थित हैं।''

पर्वतक ने आगे जिज्ञासा की—''मैं यह नहीं समझ सका विद्यार्थी, कि आप दोनों पर नंदों के राजकोप का कारण क्या है। आचार्यवर चणक के पुत्र, वह भी विद्यार्थी पुत्र चाणक्य पर तथा महाराज सर्वार्थसिद्धि के राजकुमार पर राजा नंद की अकृपा क्यों हो गई? मैं जानता हूँ, महापद्‍मनंद ने किस तरह मुरिय के गणतंत्र पर अपना राजतंत्री ध्वज फहराया था और किस तरह सर्वार्थसिद्धि तथा उनके निन्यानबे भाइयों की हत्या की थी और किस तरह उसकी व्योम परी-सी सुंदर रानी मुरा का अपहरण कर दासी-दासी कहते-कहते अपनी पटरानी बना ली थी; किंतु यह तो सर्वविदित सत्य है कि नवनंदों में शेष बचे एकमात्र पुत्र घनानंद के पश्चात् नंद वंश का एकमात्र उत्तराधिकारी विधानसम्मत मुरा-पुत्र चंद्रगुप्त को निर्विवाद रूप से मगध का सम्राट् बनना है—और इस कारण नंद सम्राट् की अकृपा का तो कोई कारण नहीं दीखता मुझे।''

चाणक्य ने कहा, ''महाराज, श्रीमान को संभवत: यह पता नहीं हो कि अज्ञात

कुलशील नंदों की शत्रुता क्षत्रिय वंश से रहती है और संभवत: उनकी प्रतिज्ञा है कि वे किसी भी स्थिति में मगध के सिंहासन पर अब किसी वृहद्रथवंशी क्षत्रिय या किसी भी वंश के क्षत्रिय को आसीन होने का अवसर नहीं आने देंगे। चंद्रगुप्त मौर्य वृहद्रथ मौर्य और जरासंध का वंशज है। चंद्रगुप्त पर तो राजकोप परमावश्यक और नितांत स्वाभाविक है, महाराज। आपके पूर्वज मुरिय के मौर्य राजाओं के संरक्षक रहे हैं, महाराज! हम चंद्रगुप्त की संरक्षा तथा उसे मगध का सम्राट् बनाने की दिशा में आपका सहयोग सुरक्षित कराने के उद्देश्य से आज आपके राजदरबार में उपस्थित हैं।''

चाणक्य अंदर-ही-अंदर तक्षशिला की अपनी पदयात्रा की सफलताओं से प्रसन्न थे। उन्होंने महाराज पर्वतक से कहा, ''महाराज, चंद्रगुप्त के मौर्य कुल के प्रथम प्रतापी सम्राट् वृहतपाणिरथ या वृहतविश्वपाणिरथ अवश्य हो चुके हैं, किंतु पुरु नरेश पर्वतक का रथ ही तो आज भारतीय क्षत्रिय कुल का सबसे प्रतापी और सबसे वृहदाकार रथ है। आप चाहेंगे तो क्षत्रिय कुल की प्रतिष्ठा को मगध में भी पुनर्स्थापित करने में आपकी भूमिका बहुत बड़ी हो सकती है। अंतत: तो जहाँ पर्वतक वहीं मुरिय, वहीं कोलिय, वहीं शाक्य, वहीं मिथिला, वहीं वैशाली और वहीं मल्ल। इतना ही नहीं, जहाँ पुरुकुलश्रेष्ठ पर्वतक होंगे वहीं उनके पीछे पुरुकुल के अंगवासी राजा दधिवाहन के वंशज—कैसे नहीं होंगे और कैसे नहीं होंगे कलिंग नरेश? कैसे नहीं होंगे बंगवासी पाल और कैसे नहीं होंगे कोशल और काशी नरेश?''

चाणक्य तथा चंद्रगुप्त की चिंताएँ पर्वतक के अंतर को छू गईं। किंतु पर्वतक की अपनी चिंता तो इससे भी बड़ी थी, उन्होंने अपनी चिंता से भी उन्हें परिचित कराना उचित समझा। पर्वतक बोलने लगे—''मौर्यकुमार चंद्रगुप्त की बड़ी चिंता तो सोलह महाजनपदों तक ही सीमित हो सकती है ब्रह्मचारी, और उसकी गंभीरता नवक्षत्रिय कुलों की एकता व अस्मिता की रक्षा की एकसूत्री आवश्यकता से प्रेरित हो सकती है और इस चिंता में पर्वतक की अपनी भागीदारी को अस्वीकार करने का प्रश्न ही कहाँ उठता है। किंतु तक्षशिला की संस्कृति को एकराट् भारत की मौलिक संस्कृति कहनेवाले चिंतक आचार्य चणक के पुत्र चाणक्य से तो मेरी अपेक्षाएँ इससे भी बृहत्तर हैं ब्रह्मचारी चाणक्य, मैं पुरुवंश और पुरु राज की हैसियत से तक्षशिला विश्वविद्यालय के शासी निकाय का सक्रिय सदस्य रहते हुए आचार्य चणक के चिंतन तथा उनकी चिंताओं से परिचित हूँ और उन चिंताओं के साथ प्रतिबद्ध भी रहा हूँ। आप दोनों को संभवत: यह ज्ञात नहीं हो कि मगधराज महानंद ने स्वयं तक्षशिला पधारकर मगध के धरती पुत्र महाचार्य चणक को अपने प्रधानामात्य के रूप में नियुक्ति हेतु सबसे पहले चयनित किया था, किंतु आचार्य ने इस प्रस्ताव को सविनय अस्वीकृत कर दिया था और जिस कारण अंदर से अप्रसन्न महानंद को काशी-निवासी आचार्य राक्षस का चयन करना पड़ा

था और जिनके प्रलोभन व प्रभाव में आकर शकटार और कात्यायन ने भी तक्षशिला छोड़कर अमात्य पद के लोभ में अपनी जन्मभूमि मगध लौटने का निर्णय लिया था। किंतु यह भी उल्लेखनीय सच्चाई है ब्रह्मचारी, कि इन तीनों आचार्यों ने वस्तुत: तक्षशिला को इस भय से छोड़ने का निर्णय लिया था कि तक्षशिला के आस-पास के संपूर्ण सिंधु-सरस्वती क्षेत्र पर अर्थात् संपूर्ण आर्यावर्त पर अर्थात् संपूर्ण ब्रह्मावर्त या हर्यूपिया पर विजय पताका फहराने के बाद सिकंदर महान् का अगला चरण तक्षशिला विजय होता, ताकि तक्षशिला की सांस्कृतिक संपदाओं को विनष्ट करने के साथ वह आम्मी का सिंहद्वार तोड़े और पुरुकुल की प्रतिष्ठा के प्रतीक पर्वतक के पुरु प्रदेश को जीतकर महाकोशल के रास्ते मगध पहुँचे अथवा अवंती के रास्ते मथुरा व काशी होते हुए पाटलिग्राम पहुँचकर अपने महासाम्राज्य का विजय ध्वज फहराए!

"अत: इन तीनों आचार्यों ने इस आशंका को अवश्यंभावी मानते हुए इसके पूर्व कुछ दिनों का राज-सुख भोग तो कर लेना ही श्रेयस्कर समझा। किंतु आचार्य चणक को इस तरह का पलायन व पतन स्वीकार्य नहीं था और उन्होंने मुझसे मिलकर मुझे सिकंदर को समुचित उत्तर देने और भारत से बाहर खदेड़ने के लिए प्रोत्साहित किया था, यथासंभव मेरे सहयोगियों को मेरे साथ खड़ा किया था और उस महाशक्ति के स्वप्न को सार्थक करने का प्रयास किया था, जिसके बल पर सिकंदर को आगे बढ़ने से तो रोक ही दिया जाए, उसे आर्यावर्त या हर्यूपिया अर्थात् सिंधु-सरस्वती तथा दृशद्वती की महिमामयी धरती से बाहर निकालने के पवित्र कार्य को राष्ट्रधर्म घोषित कर पूरे भारतखंड को जाग्रत् कर तथा एकसूत्र में बाँधकर एक साथ खड़ा करने का काम किया जाए।

"ब्रह्मचारीद्वय, यह महत् कार्य अभी भी हमारे सामने वैसे ही खड़ा है और मेरा विश्वास है कि सोलह महाजनपदों की शक्ति को एकसूत्र में यदि जोड़ दिया जा सका और चंद्रगुप्त व पर्वतक के दो वृहत्पाणि विश्वरथ दक्षिण और पूर्व दो दिशाओं से चणक-शक्ति से संपन्न होकर यदि एक साथ सिकंदर पर टूट पड़े तो सिकंदर के दो क्षत्रपों सेल्यूकस को और साइबटियस को सीरिया पहुँचा देने में बहुत अधिक समय नहीं लगेगा। आप दोनों को इस भारतीय आदर्श की संप्राप्ति हेतु आवश्यक तैयारियों में आज से ही लग जाना चाहिए।

"इस भारतीय आदर्श की संरक्षा और सिकंदर के साम्राज्यवाद का प्रत्युत्तर दोनों ही आचार्य चणक के उस महाराज्यवाद के स्वप्नों की सार्थकता में सन्निहित हैं, जिसके अनुसार भारतखंड के छोटे या बड़े सभी जनपद राज्य घोषित किए जाएँ, सबको समान प्रतिष्ठा मिले और सबकी आपसी संरक्षा तथा बाह्य सुरक्षा हेतु मगध को एक केंद्रीय शक्तिवाली सक्षम राष्ट्रीय सत्ता के रूप में खड़ा किया जाए। मुरिय एवं वैशाली जैसे गणराज्यों और मगध, अवंती, कोसल, काशी, मथुरा तथा पंचनद एवं सप्तसिंधु प्रदेशों

जैसे स्वतंत्र राजतंत्रों को एकसूत्र में बाँधे बिना उस भारत का निर्माण नहीं हो सकता, जो ऋग्वेदीय भारत की तरह जगद्गुरु बनकर संपूर्ण विश्व को आर्य संस्कृति से समृद्ध करने की जिम्मेदारी ले सके।''

चाणक्य की प्रसन्नता की तो कोई सीमा ही नहीं थी। पर्वतक के शब्दों ने पिता के आदर्शों को जैसे जीवंत करा दिया। उसने कहा, ''महाराज, आपके शब्दों ने मंत्रों की तरह हमें सम्मोहित व स्पंदित कर दिया है। आपने बिलकुल ठीक कहा—पिताश्री का सपना नहीं, सत्य की तरह सिद्ध जीवनादर्श था—आर्यावर्त की संस्कृति को पुलिंदों और कैवर्त्तों की संयुक्त संस्कृति से विकसित कर एक एकराट् भारतीय संस्कृति और राष्ट्र शक्ति के रूप में एक नए विश्व के निर्माण के लिए खड़ा करना। इस शक्ति के समक्ष कहाँ सेल्यूकस और कहाँ सिकंदर—सब एक साथ समाप्त किए जा सकते हैं और 'कृण्वन्तो विश्वमार्यम्' के स्वप्न को पूरी धरती पर उतारा जा सकता है। हमें ज्ञात है और यह सर्वविदित है कि पंचनद के युद्ध में पुरु की हार नहीं, जीत हुई थी और सिकंदर की सेना ने अपनी जान बचाने के लिए सैनिक विद्रोह भी कर दिया था। आप चाहेंगे राजन्, तो मद्र से काबुल-कंधार तक सिकंदर- सेल्यूकस और उनके सारे क्षत्रपों के क्षत्र उतारकर उन्हें अपने अधीन कर सकते हैं। हम अनुगृहीत हैं महाराज, आपके स्नेह एवं सहयोग भरे शब्दों के लिए।''

फिर चंद्रगुप्त ने पर्वतक के शब्दों के लिए कृतकार्यता दोहराते हुए कहा, ''महाराज, हम दोनों की यही योजना है कि हम तक्षशिला में रहकर विद्यार्जन भी करें और आस-पास के राजाओं के संपर्क में रहकर एक शक्ति-संपन्न सैन्य बल खड़ा करें और मुझे विश्वास है महाराज, कि फचनद के सहयोग से संपन्न मेरा नंद-विजय का अभियान खाली नहीं जाएगा और मगध का सिंहासन नंदों के भी एकमात्र उत्तराधिकारी, किंतु एक राजपुत्र तथा महाराज पर्वतक के कृपापात्र मौर्य चंद्रगुप्त को प्राप्त हो जाएगा। तत्पश्चात् तो हम आचार्यश्री चणक के स्वप्नों और आपके सत्प्रयासों को सार्थक करने में अपनी सारी शक्ति लगाने में समर्पित हो जाएँगे।

''महाराज, महापद्मनंद की महत्त्वाकांक्षाओं ने पंचनद की ऐतिहासिक प्रतिष्ठा के साथ-साथ धर्मक्षेत्र-कुरुक्षेत्र की सांस्कृतिक गरिमा को नीचे गिराने में अपने निम्न कुल होने का ऐसा नग्न नृत्य किया कि उसने महाराज पर्वतक पर भी आक्रमण करने का साहस किया। भला, मुरिय और मल्ल तो छोटे-छोटे राज्य थे, पंचनद पर आक्रमण कर तो नंद ने नीचता की सारी सीमाएँ तोड़ दीं और वह भी तब जब पंचनद और आर्यावर्त की प्रतिष्ठा बचाने के लिए आप सिकंदर जैसी महाशक्ति से लड़कर विशृंखल हो चुके थे। मैं अभी तो नहीं, किंतु निकट भविष्य में आपसे आपके इस अपमान के बदले एक सहायता की भी अपेक्षा करूँगा और यदि आपकी सहायता मेरे काम आ

सकी तो आपके इस अनुग्रह को आजीवन ऋण के रूप में स्वीकार करूँगा।''

''यह क्या होगा, मौर्य राजकुमार?''

''महाराज, मैं मुरिय का वैधानिक राजकुमार हूँ और आपके सहयोग से यदि मैं अपने स्वर्गीय पिता के स्थान पर मुरिय गणतंत्र के राजा के रूप में स्थापित हो सका तो मैं नंद वंश से केवल मुरिय का ही बदला नहीं चुकाकर रहूँगा, बल्कि आपके अनुग्रह के बदले आपका भी ऋण चुका देने का हरसंभव प्रयत्न करूँगा। महाराज, चंद्रगुप्त मौर्य नंद वंश की कब्र पर भावी भारतीय राष्ट्र की अट्टालिका यदि खड़ी कर सका तो मुरिय उसकी सारी सामरिक तैयारियों की आधारभूमि बनेगा। महाराज, मैं अपनी एक सैन्य शक्ति का गठन करना चाहता हूँ और इस कार्य में गुरुदेव चाणक्य के साथ-साथ कुल के अभिभावक महाराज पर्वतक की भी एक महत्त्वपूर्ण भूमिका होनी ही चाहिए।''

''ऐसा ही होगा, मौर्यकुमार चंद्रगुप्त। ऐसा ही होगा चणक-पुत्र आचार्य चाणक्य। आप दोनों अपनी तैयारी में लगे रहिए और समय आने पर मुझे पुकारिए। मैं अपने अनुज वैरोचन तथा अपने एकमात्र पुत्र मलयकेतु के साथ आपका हरसंभव सहयोग करूँगा। आपको भलीभाँति विदित होगा कि महापद्मनंद के पुत्रों ने किस तरह पर्वतक की प्रतिष्ठा पर कुछ वर्ष पूर्व खुला आक्रमण किया था और सिकंदर की तरह मुझे नंदों से भी अपमानजनक शर्तों पर संधि करनी पड़ी थी। चलिए, चंद्रगुप्त को न्यायसंगत उत्तराधिकार भी मिल जाए और पर्वतक का प्रतिशोध भी सध जाए तो इससे अच्छी बात और क्या होगी!''

: 23 :

महाभारत युद्धोपरांत श्रीकृष्ण के स्वर्गारोहण के साथ द्वापर समाप्त हो चुका था और परीक्षित के राज्यारोहण के साथ-साथ हो चुका था कलिकाल का पदार्पण भी। कहते हैं, एक दिन ब्रह्मावर्त के किसी वनखंड में भ्रमण के क्रम में परीक्षित और कलि-कुल के प्रथम काल-पुरुष कलिकाल आमने-सामने हो गए और जब परीक्षित को विदित हो गया कि आनेवाला युग कलियुग होगा, जिसका चरित्र द्वापर के चरित्र से भी विकृत होगा और सुरा, सुंदरी, सोना, सूना (हत्या) एवं जुआ के जो खेल परदे के पीछे होते थे द्वापर में, उनका विधि-सम्मत नंगा नाच सत्ता के निर्देशन में होना आरंभ हो जाएगा तो उन्होंने कलि पर अपनी तलवार उठा ली। कलियुग भागता गया और परीक्षित पीछा करते रहे, तब तक जब तक वह ब्रह्मावर्त और पंचनद की सीमाओं से पार नहीं भाग गया। यह तो दुर्भाग्य था मगध का कि भागता-भागता कलिकाल मथुरा, अवंती, वत्स, काशी होता हुआ मगध के गिरिकुल में पहुँच गया और धीरे-धीरे मगध में नंद वंश के आगमन के

साथ गिरि-वन के आवरणों को तोड़ता कुशावत व वज्रगिरि-राजगिरि को पार करता पाटलिपुत्र पहुँच गया और अपने नंगे रूप का नृत्य प्रदर्शन आरंभ कर दिया।

चाणक्य और चंद्रगुप्त की जोड़ी ने कलि के अनाचारों-दुराचारों के विनाश का निर्णय तो ले ही लिया, किंतु कलियुग से लड़ने का मंत्र और उसकी कला पंचनद एवं मद्रावर्त की धरती के पास थी—परीक्षित और जनमेजय के पास, पर्वतक और मलयकेतु के पास—ब्रह्मावर्त और पंचनद के पास अभी भी सभी तरह के यज्ञों के हवनकुंड सुरक्षित थे, दैनिक यज्ञों से लेकर नाग यज्ञों तक के और नाग यज्ञों से लेकर अश्वमेध यज्ञों तक के, राजसूय यज्ञों तक के। और इन सभी प्रकार के यज्ञों के पुरोहित और आचार्य मंत्रों की साधना भूमि को सँजोए तक्षशिला में उपलब्ध थे। परीक्षित और जनमेजय से लेकर पर्वतक तक इसी साधना-भूमि से अपने यज्ञ-पुरोहितों का चयन करते थे और पुरोहितों का दावा था कि उनके मंत्रों और उनके यज्ञों में वह शक्ति है, जिसके बल पर ब्रह्मावर्त-आर्यावर्त की पवित्र भूमि में प्रवेश करनेवाला कोई भी जहरीला और हिंसक जीव सुरक्षित नहीं बच सकता। इसी विश्वास के साथ कि कोई-न-कोई जनमेजय अवश्य अवतरित होगा और विदेशी नागों के लिए एक नाग यज्ञ कराएगा—अतीत से मिले इसी संदेश और इसी विश्वास से अनुप्रेरित महाचार्य चणक ने भी मगध जाने का महानंद का प्रस्ताव अस्वीकृत कर दिया था और इसी विश्वास के कारण मगध की समस्याओं का निदान ढूँढ़ते-ढूँढ़ते चाणक्य और चंद्रगुप्त की जोड़ी भी आज, संभवतः आज ही, तक्षशिला पहुँच रही थी।

चाणक्य-चंद्रगुप्त की तक्षशिला यात्रा वस्तुतः काल की उलटी यात्रा थी—वर्तमान अपने भविष्य की दिशा का निर्धारण अतीत की कोलाहलहीन घाटियों की शीतल छाँह में बैठकर करना चाहता था, क्योंकि उसके गंतव्य का ज्ञान अतीत को था, भविष्य को नहीं। चणक चले गए थे, किंतु चणक की आत्मा जीवित थी चाणक्य के रूप में और उसे नए युग का जनमेजय मिल गया था चंद्रगुप्त के रूप में। किंतु कलियुग का नाग यज्ञ अबकी बार ब्रह्मावर्त में नहीं, मगधावर्त में होना था और इस यज्ञ का हवनकुंड पाटलिपुत्र की धरती पर खुदने का शास्त्रीय प्रारूप पुरोहित-पुरोधा चाणक्य के मस्तिष्क में तैयार था।

अब तक्षशिला पहुँचना, लगता था—न दूर है, न कठिन। लगता था, दोनों ब्रह्मचारी देखते-ही-देखते विश्वविद्यालय के विद्यार्थी हो जाएँगे और देखते-ही-देखते उनका अध्ययन भी पूर्ण हो जाएगा और देखते-देखते ही वे नागयज्ञ का निमंत्रण सभी संबंधित नरेशों तक पहुँचाते हुए काशी, वैशाली, चंपा या कलिंग की सीमाओं पर अपनी चौकियाँ सजा देंगे और निर्धारित तिथि पर यज्ञ का शंख फूँक देंगे—पाटलिपुत्र की धरती पर।

चाणक्य बेहद उत्साहित थे उन्होंने कहा चंद्रगुप्त से—"चलो चंदू, अब चलें हम पंचनद के पार ब्रह्मावर्त की पावन धरती की ओर। सरस्वती और सिंधु-दृशद्वती के पवित्र जल से धुली उस धूलि को नमन करें, जिसे हमारे ऋषियों ने सप्तसिंधु कहकर

पुकारा था और जहाँ सभ्यता व संस्कृति का पहला अरुणोदय हुआ था और जिसके प्रकाश से संपूर्ण भारतखंड तो आलोकित हुआ ही था, धीरे-धीरे जिसकी रश्मियाँ संपूर्ण विश्व में छिटकने लगी थीं। हाँ चंद्रू, इन्हीं प्रकाश की किरणों ने सबसे पहले हम भारतवासियों को जगाया था और तब हमने दूर-दूर तक जाकर सारे विश्व को जाग्रत् करने का कार्य किया था। किंतु चंद्रू, सबसे पहले हमें मगध की धरती पर एक नागयज्ञ तो संपन्न करना ही होगा और तभी हमारा कोई अश्वमेध सफल हो सकेगा। चलो, गठरी सँभालो। मेरे कानों में जैसे आचार्य धर्मरक्षित और आचार्य पुंडरीकाक्ष के मंत्रों की ध्वनि गुंजरित होने लगी है। नालंदा विद्यापीठ में तुमने जो कुछ भी सीखा है, वह सब तक्षशिला की अनुकृति है। चलो, हम ज्ञान की जन्मभूमि की ओर जल्दी-जल्दी चले चलें और अपने अनुष्ठान में लग जाएँ।''

''गुरुदेव, सुना है, इसी पंचनद में कुरुक्षेत्र का धर्मक्षेत्र भी पड़ता है, जहाँ अलग-अलग समवेत युयुत्सादि और पांडवादि की सेनाओं के बीच महाभारत का विश्व-प्रसिद्ध युद्ध हुआ था और इसी धर्मक्षेत्र के बीच खड़े होकर मोहग्रस्त अर्जुन को भगवान् कृष्ण ने 'गीता' का उपदेश दिया था। क्यों नहीं हम लोग कुछ समय निकालकर कुरुक्षेत्र के दर्शनीय स्थलों को देखें और पुण्य लाभ करें?''

''चंद्रू, पांडव पक्ष का सबसे प्रबल योद्धा और श्रीकृष्ण के कूटनीतिक व्यूहों की सफलता हेतु सबसे बड़ी आशा का प्रतीक अर्जुन मोहग्रस्त था और उसने बीच रणक्षेत्र में ही गांडीव को भूमि पर रख दिया था। अत: कृष्ण को बीच रणभूमि में 'गीता' के निष्काम कर्म का पाठ पढ़ाना आवश्यक हो गया था। मेरा और हमारे मगध की धरती का यह सौभाग्य है कि मेरा अर्जुन मोहग्रस्त नहीं है और कर्म कौशल के ज्ञान एवं ज्ञान के सफल संधान के प्रति प्रतिबद्ध है, समर्पित है। मेरे रथ, वृहत्पाणि रथ के—से अनेक रथ सजने शुरू हो चुके हैं—काशी में, अवंती में, मथुरा आदि अनेक पुरियों में हिमगिरि की घाटियों से लेकर और वज्रगिरि की उपत्यकाओं तक में। चलो चंद्रू, आएँगे हम फिर कभी तीर्थाटन पर तो देखेंगे कुरुक्षेत्र के उन कुंडों को, जिनका जल कभी रक्त वर्ण था और जो आज पितरों के पिंडदान के पवित्र स्थल के रूप में प्रसिद्ध हैं। और हम क्यों चलें कुरुक्षेत्र पितरों के पिंडदान के लिए? हमारे गया से अधिक पवित्र धरती और कहाँ। चलो, सरस्वती और दृशद्वती की पवित्र धरती को प्रणाम करो और बढ़ो तक्षशिला के पथ पर जल्दी-जल्दी।''

''गुरुवर, पंचनद का भूगोल और इसकी पाँच नदियों का विस्तार क्षेत्र यदि एक ही अर्थ के द्योतक हों तब तो तक्षशिला को निश्चित रूप से पंचनद का ही एक हिस्सा होना चाहिए था। तक्षशिला की भौगोलिक स्थिति से हमें पूर्णरूपेण परिचित तो होना ही चाहिए न!''

''हाँ चंदू, कभी-कभी शब्दों के अर्थ और शब्दों के यथार्थ भिन्न हो जाते हैं। पाँच नदियों की सीमाओं में अवस्थित और पाँचों नदियों की कृपा से विकास के रास्ते पर आरूढ़ जनपद का नाम है पंचनद, जहाँ के राजा हैं महाराज पर्वतक। किंतु ये पाँच नदियाँ पंचनद की सीमाओं से बँधी नहीं रहने के कारण आगे बढ़कर दो बड़ी-बड़ी नदियों के साथ मिलकर एक बड़े, बहुत बड़े क्षेत्र का निर्माण करती हैं, जिसे आज से 5,000 वर्ष पहले 'हर्यूपिया' कहकर पुकारा जाता था। यही हर्यूपिया बाद में चलकर ब्रह्मावर्त और फिर 'आर्यावर्त' कहकर पुकारा जाने लगा। सांस्कृतिक भाषा में इसी भूखंड को 'सप्तसिंधु' कहा जाता है—सप्तसिंधु अर्थात् व्यास, झेलम, रावी, सतलज एवं चिनाब और सिंधु व सरस्वती का देश—सिंधु देश—सिंधुस्थान या सारस्वत प्रदेश अथवा आर्यावर्त देश। चंदू, यहाँ यह भी बताना आवश्यक है कि वैदिक हर्यूपिया ही कालक्रम से अपने बदलते अर्थ के साथ अपने रूप को बदलते-बदलते हरप्पा या हड़प्पा भी कहा जाता है। अभी तुम जिस मार्ग से गुजर रहे हो, उसकी बाईं ओर उस टीले को देखो। आओ, मैं तुम्हें मानव सभ्यता के सबसे बड़े और सबसे प्राचीन तीर्थस्थल के दर्शन कराऊँ।''

यह कहते हुए आगे-आगे चाणक्य और पीछे-पीछे चंद्रगुप्त पश्चिम दिशा की ओर बढ़ चले और थोड़ी ही देर में पहुँच गए उस टीले के ऊपर। चाणक्य ने अपने दाहिने पैर से टीले की धरती को ठोका, फिर दोनों पैरों से कूद-कूदकर कहा, ''देखो चंदू, सुनो इस धमाके की आवाज को और उस आवाज का अर्थ समझने का प्रयास करो। चंदू, कहते हैं, इसी तरह की कोई आवाज, इसी तरह की कोई ध्वनि, कोई शब्द तब भी सुनाई पड़ा था मानव को—इसी तरह का कोई शब्द 'ओ३म्', जब ब्रह्मांड का विस्फोट हुआ था और धरती जनमी थी। इस टीले की कभी खुदाई कराना तुम मौर्य सम्राट् बनने के बाद और संसार के सामने सप्तसिंधु की सभ्यता, आर्यावर्त का यथार्थ, हर्यूपिया की कहानी के पन्ने खोलकर रख देना। संसार के लोग, मानव सभ्यता का इतिहास ढूँढ़ते लोग तब अपनी नंगी आँखों से हर्यूपिया की कहानी को पढ़ेंगे और कहेंगे—अरे, यह तो कहानी नहीं है, यथार्थ है, इतिहास है, दर्शन है, साहित्य है और स्वीकार करेंगे कि अवश्य ही इसी धरती पर आज से सहस्राब्दियों पूर्व भारतीय ऋषियों ने कभी वेदों की ऋचाओं की रचना की होगी। इसी धरती पर वेदांगों, उपनिषदों और स्मृतियों व पुराणों की गाथाएँ अंकित की गई होंगी। किंतु चलो अभी चंदू, चलते-चलते चलो, दिवास्वप्न नहीं देखें हम। अभी तो हमें एक और महाभारत का युद्ध जीतना बाकी है और इस युद्ध की तैयारी में समझो कि हम वनवास में हैं और घूम-घूमकर नंदों के विनाश के लिए समग्र भारत की बिखरी हुई शक्तियों के एकीकरण के अनुष्ठान में हैं। चलो चंदू, हमारे पीछे सरस्वती है—भूतल वाहिनी सरस्वती और आगे हैं दृशद्वती अर्थात् सिंधु। चलो, अब हम सिंधु-दर्शन हेतु आगे की ओर प्रस्थान करें। फिर तो कहीं

चिनाब, कहीं व्यास, कहीं सतलज के दर्शन करते हम तक्षशिला की ज्ञानभूमि पर विराजमान हो ही चलेंगे।''

चंद्रगुप्त का जिज्ञासु मन, फिर पूछने लगा वह ''इस तक्षशिला नाम की क्या विशेषता है, गुरुवर?''

''नाम तो नाम भर होते हैं, ऐसा कहना है कुछ लोगों का। किंतु फिर भी, हर नाम का कोई-न-कोई अंतरात्मक अर्थ भी तो होता ही है चंदू, हरिनाम के अर्थ जैसा। कोई-न-कोई इतिहास, कोई-न-कोई कथा इसके साथ तो जुड़ी हुई होती ही है। तो तक्षशिला की भी एक कहानी है, एक नहीं एकाधिक कहानियाँ हैं। कहते हैं, अयोध्या में जब राम राजा थे तो उन्होंने ब्रह्मावर्त के इसी मद्र देश नामक हिस्से का राज अपने छोटे भाई भरत को सौंपा था। भरत के पुत्र का नाम था तक्ष और उसी तक्ष राजा की राजधानी होने के कारण इस नगर का नाम तक्षशिला पड़ गया। फिर एक दूसरी कथा भी है परीक्षित-जनमेजय की। यहीं परीक्षित ने अपनी नई राजधानी बसाई थी, जब हस्तिनापुर और इंद्रप्रस्थ के रत्न सौधों में प्रेतों की आवाजों से उनकी आँखों की नींद उड़ गई थी। किंतु दुर्भाग्य परीक्षित का कि तक्षक नाग ने इसी राजमहल में उन्हें डँस लिया और वे असमय मृत्यु के शिकार हो चले। कहते हैं, नागों से प्रतिशोध लेने के उद्देश्य से उनके उत्तराधिकारी राजा जनमेजय ने इसी महल के प्रांगण में नागयज्ञ संपन्न किया था, जिसमें तल-तलातल के सारे नाग जलकर भस्म हो गए थे। कालक्रम से ऐसा भी समय आया चंदू, कि कौरव-पांडवों का राज्य ही समाप्त हो गया और तब का राजमहल काल के एक महत्त्वपूर्ण खंड में एक बहुत बड़े विश्वविद्यालय के भवन के रूप में परिणत हो गया, जिसे सारे संसार के लोग आज तक्षशिला विश्वविद्यालय के रूप में जानते हैं—विश्व की विविध विद्याओं का एकमात्र केंद्र। चारों वेद, छहों वेदांग, एक सौ आठों उपनिषद्, अठारहों पुराण ही नहीं—बुद्ध के काल तक के सभी दर्शनों, सभी धर्मों और सभी पंथों के विस्तृत ज्ञान के लिए आज संपूर्ण विश्व में तक्षशिला का कोई विकल्प नहीं है।''

चंद्रगुप्त ने आगे पृच्छा की—''गुरुवर, कहते हैं, सिकंदर महान् ने पूरे सप्तसिंधु में अवस्थित राजों-महाराजों को तो लूट ही लिया, सारे मंदिरों और विद्या के केंद्रों को तोड़-फोड़कर उनमें आग लगा दी। फिर इस तक्षशिला को उसने कैसे ज्यों-का-त्यों छोड़ दिया?''

''चंदू, सिकंदर को गांधार से पंचनद की ओर आक्रमण करने का निमंत्रण हमारे भारत के कुछ राजपुत्रों ने ही तो दिया था। अरे, वे तो गांधार तक चलकर गांधार और फारस के सीमांत पर बसे अलेक्जेंड्रिया नगर तक पहुँच गए थे और सप्तसिंधु के सभी छोटे-बड़े राजाओं की हैसियत बताते हुए उसे प्रोत्साहित किया था कि इस क्षेत्र में अवस्थित कोई भी एक राजा दूसरे राजा को सहयोग करनेवाला नहीं रहा है। यहाँ तक

कि सिकंदर के सामने अपने को महाबली कहनेवाला पर्वतराज पोरस भी टिकने वाला नहीं। अभी जिस मार्ग पर हम चल रहे हैं, उसके दोनों तरफ जहाँ कुछ ही वर्ष पूर्व राजाओं के विशाल महल दीखते थे, गाँवों की घनी बस्तियाँ और उनके बीच बड़े-बड़े अन्नागार दीखते थे, मंदिरों के गुंबद दीखते थे, मंदिर की घंटाध्वनि गुंजरित होती रहती थी, वहीं देखो, कैसा सुनसान है, कैसा सन्नाटा। उन राजों और उन व्यापारियों के उत्तराधिकारी आज भी हैं चंद्रगुप्त, और किसी महानायक की प्रतीक्षा कर रहे हैं। हम इन सबको एक साथ जोड़ेंगे और सिकंदर को भारत से बाहर खदेड़कर रहेंगे। चलो, पहले चलो तो तक्षशिला—फिर हम पर्वतक को खड़ा करेंगे और इन सारी शक्तियों को जोड़कर दिखा देंगे कि हम पूरे भारतखंड को एक साथ जोड़कर सारे विदेशी आक्रमणकारियों को भारत से बाहर कर सकते हैं।''

''गुरुदेव, मुझे तो लगता है, अब तक सिकंदर ने तक्षशिला का सामरिक महत्त्व अवश्य जान लिया होगा और अब वह पहले तक्षशिला को अपने ध्वज के नीचे करेगा फिर उसके बाद हमारे सोलह जनपदों की ओर बढ़ेगा।''

''नहीं चंद्रगुप्त, हमारे ही आर्यावर्त और हमारे ही मथुरा-काशी के असंतुष्ट राजकुमार गुप्तचरों ने अवश्य ही बताई होगी उसे तक्षक की कथा—और जनमेजय के नागयज्ञ का परिणाम भी सुनाया होगा। किंतु इन्हीं राजकुमारों ने सिकंदर को गुप्त रूप से यह आमंत्रण भी दिया होगा कि वह अपनी सेना को लेकर कैसे कभी के विशाल मद्र देश के आज इन टुकड़ों में विभक्त सभी छोटे-छोटे जनपदों के राजाओं पर कब आक्रमण करे और उन्हें पराजित कर या उनको मारकर किस तरह इन गुप्तचर राजकुमारों को अपने क्षत्रप के रूप में नियुक्त कर दे। चंद्रगुप्त, गांधार से पूर्व पंचनद तक और दक्षिण हर्यूपिया अर्थात् हड़प्पा-मोहनजोदाड़ो तक आज ऐसे ही क्षत्रपों का राज है, जो देखने में तो जो भी लगें, वस्तुतः हैं वे लकड़ी के रावण और पुआल के कंस—राम के एक बाण का भी प्रहार रोक नहीं सकते—ध्वस्त होकर भू-लुंठित हो जाएँगे अथवा धधक-धधककर जल जाएँगे—राख में परिणत हो जाएँगे। तब यह तो है ही कि हम तक्षशिला पर अब सिकंदर के आक्रमण की संभावना से निश्चिंत रह सकते हैं। यदि पर्वतक की सेना और अपदस्थ राजाओं को चंद्रगुप्त की मगध शक्ति का भरोसा हो जाए तो सिकंदर अपनी नवस्थापित राजधानी आरकोसिया, जिसे वह 'अलेक्जेंड्रिया' नाम से घोषित कर चुका है, छोड़कर कम-से-कम मिस्र में स्थापित अलेक्जेंड्रिया या बेबिलोन भाग जाने में विलंब तो नहीं ही करेगा।''

''चलो, हम तक्षशिला में पूर्णरूपेण निश्चिंत रहकर अपनी योजनाओं को निष्कर्ष तक पहुँचा सकते हैं। चलो, आगे तो बढ़ो तेजी से और देखो तेज गति से प्रवाहित झेलम की उस धारा को—झेलम, जो भारत पर आए सारे संकटों को झेलकर भी किस तरह

उसी क्षिप्रता से प्रवाहित हो रही है जिस क्षिप्रता से वह हिमालय के प्रांगण में बहा करती रही है और सारे संकटों को सिंधु की धारा में विलीन करती हुई सिंधु-सरस्वती के साथ महासागर के अंक में विसर्जित होती रही है। और इसी झेलम के पार देखो, उन ऊँची-ऊँची अट्टालिकाओं को और उनसे लगे हुए उन लंबी कतारों में सजे-सँवरे भवनों के समूह को, जिनमें कभी परीक्षित-जनमेजय जैसे सम्राट् रहा करते थे और जिनमें आज हमारे आचार्यगण निवास करते हैं तथा जिनमें तक्षशिला के अंतेवासी छात्रों के छात्रावास अवस्थित हैं।''

चंद्रगुप्त के पैरों की गति एकाएक जैसे तेज हो चली और लगा, वह लपककर तक्षशिला पहुँच जाएगा। उसने कहा, ''चलिए गुरुदेव, हम तेज गति से आगे बढ़ें और यदि आप सहमत हों तो अभी सिंधु-दर्शन का कार्यक्रम भी स्थगित कर जितनी जल्दी हो सके, तक्षशिला की तीर्थभूमि पर पहुँच जाएँ। मुझमें उस भवन को देखने की प्रबल इच्छा जाग गई है, जिसमें तक्षक ने लघु रूप धारण कर राजा परीक्षित को डँसा था। मैं उस यज्ञभूमि के भी दर्शन करना चाहता हूँ, जहाँ बैठकर राजा जनमेजय ने सारे संसार के नागों का दहन किया था। फिर तो हम उस विश्वविद्यालय को देखते ही रहेंगे जिसने आचार्य चणक, आचार्य शांतिरक्षित, आचार्य पद्मनाभ तथा आचार्य कात्यायन जैसे मनीषियों को तैयार किया था।

''वह देखिए गुरुवर, उन पर्वत-शृंखलाओं को, उन पर्वत के शिखरों की स्वर्णिम आभा! अहा, क्या ही मनोरम छवि है तक्षशिला की!''

चाणक्य को लगा, चंद्रगुप्त अब पूर्णरूप से तक्षशिला की गरिमामयी संस्कृति और आकर्षण भरी प्राकृतिक सुषमा से सम्मोहित है। उन्होंने कहा, ''हाँ चंद्रगुप्त, पर्वतराज हिमालय का वामांग स्वर्णाभ है, दक्षिणांग रजताभ गौरी और महेश का अर्द्धनारीश्वर रूप। वामांग दिवाकर, दक्षिणांग निशाकर—सूर्य और शशि का समन्वित रूप। किंतु चंद्रगुप्त, संध्या की इस बेला में अभी देखो—पश्चिमी क्षितिज की ओर उस रक्तवर्णी सूर्य को, डूबते हुए, अस्ताचलगामी उस सूर्य को जो हिमालय के इस वामांग मेरु पर्वत से लेकर अपने दक्षिणांग सुमेरु तक को एक ही रंग में रँगा दीखता है। यही है आर्य सभ्यता और आर्यावर्त की संस्कृति का रंग, जो मेरु से सुमेरु तक, जरा और जरासंध के मगधमित्र से जरतपुत्र जरथुस्त्र के फारस 'मिथर' तक अर्थात् हिंदुकुश के इस पार से उस पार तक ही नहीं, तुर्कमेनिस्तान से खुर्दिस्तान तक, खैबर से खुरासान तक, जहाँ की सूर्य-संस्कृति, मित्र या मिथर संस्कृति आर्य सभ्यता की मौलिक समरूपता की अंतरंग ध्वनि को संगीत प्रदान करती है। प्रणाम करो इस अस्ताचलगामी सूर्य को और कल्पना करो उस अरुण-मधुमय प्रात की कि किस तरह संपूर्ण तक्षशिला की यह ज्ञानस्थली गाने लगती है—वह साम संगीत, जिसे हमारे आदिपिता कश्यप ने गाया था और साम के सरगम की मधुर

ध्वनि से गुंजरित हो गया था तब का हमारा बृहत्तर आर्यावर्त–सुमेरु पर्वत पार पृथु और पार्थ की पार्थिया अर्थात् अनातोलिया तक और वहाँ से कैस्पियन (कशिपयन) एवं भूमध्य सागरों को तैरकर पूरे यूरोप में पहुँचकर वसुधैव कुटुंबकम् का गौरव दीप जलाया था। तक्षशिला में रहकर तुम नवयुग का नया कश्यप और नया जनमेजय बनोगे, चंद्रगुप्त। इसी अपेक्षा के साथ मैंने तुम्हें यहाँ लाने का काम किया है।"

रात होने लगी थी। चाणक्य चंद्रगुप्त को साथ लेकर विश्वविद्यालय की अतिथिशाला पहुँच चुके थे, जहाँ उनका स्वागत अतिथिशाला के प्रभारी आचार्य शैवाल ने किया तथा दोनों विद्यार्थी अतिथियों को रात्रि विश्राम के लिए आवश्यक औपचारिकताओं के साथ और भोजनोपरांत कल प्रातः कुलपति आचार्य धर्मरक्षित के समक्ष उपस्थित होने का संदेश दिया।

: 24 :

एक समय था, जब तक्षशिला का नामोल्लेख होते ही तक्ष और तक्षक की स्मृतियाँ जीवंत हो उठती थीं—मद्र और मद्रदेश की स्मृतियाँ, मांडवी और माद्री की स्मृतियाँ, भरत की स्मृतियाँ, परीक्षित और जनमेजय की स्मृतियाँ; किंतु तब तक्षशिला में कोई विश्वविद्यालय नहीं होता था, होता था भी तो कोई गुरुकुल या कोई विद्यापीठ, जिसमें मूलतः वेदों का अध्यापन होता था, वेदांगों का भी, उपवेदों का भी; किंतु किञ्चित् मात्र ही। तब तक्षशिला के पाठ्यक्रम में न तो आचार्य कपिल थे, न भरद्वाज, न कणाद, न सुश्रुत, न पाणिनि–बुद्ध और महावीर का तो प्रश्न ही नहीं था, सुकरात, प्लेटो, अरस्तू और कन्फ्यूशियस की तो कोई बात ही नहीं थी। आचार्य जरथुस्त्र, आचार्य बृहस्पति और आचार्य शुक्र अवश्य चर्चा में आते, किंतु चार्वाक पूर्णतः अज्ञात–अनुपस्थित। जैसे–जैसे ज्ञान–विज्ञान का सूर्य आकाश की ऊँचाइयों पर चढ़ता गया, चारों दिशाएँ दिव्य प्रभा से संपन्न हो उठीं—चीन के कन्फ्यूशियस, यूनान के सुकरात और प्लेटो, पाइथागोरस व अरस्तू और भारत से ही फारस गए जरथुस्त्र की सुगबुगाहट सुनाई पड़ने लगी और ज्ञान का यह पहला विद्यालय या विद्यापीठ विश्व का पहला विश्वविद्यालय बन गया और उस विश्वविद्यालय के प्रथम कुलपति बन गए आचार्य शाकल, जिनके वेद–वेदांगों की शिक्षण पद्धति पूरे विश्व में चर्चित होने लगी थी। यहाँ तक कि तक्षशिला को देश–देशांतरों में शाकल के विश्वविद्यालय के नाम से भी जाना जाने लगा।

शाकल वेदांगों के ज्ञाता थे, किंतु जिस एक विद्या के लिए वे पूरे विश्व में विख्यात हुए वह थी आन्वीक्षिकी विद्या और जिसके अधीन विविध प्रकार की तर्क विज्ञान परिपुष्ट गुप्तचरी का ज्ञान प्रदान करना तक्षशिला की अपनी विशेषता थी। इस

विद्या ने आनेवाले युगों की युद्ध नीति तथा शासन-विधान और प्रशासन व्यवस्था को सबसे अधिक प्रभावित किया। यही कारण था कि पूरे विश्व में तक्षशिला की एक विशिष्ट पहचान बन गई थी। आन्वीक्षिकी वेदों-उपवेदों से निःसृत नहीं थी, वरन् शाकल के शैवाल-संकुल मस्तिष्क की उपज थी और जिस विद्या को आचार्य चाणक्य ने अपने समय में और भी विस्तृत-परिष्कृत कर उसे विश्व की एक नई विद्या के रूप में शासकों-राजाओं के लिए प्रिय विषय बना दिया। गुप्तचरी को चाणक्य ने नए-नए आयामों में वर्गीकृत किया—कापरिका, उदास्थित, गृहपतिक, वैदेहक, तापस, भिक्षुकी आदि कई कोटियों में। फिर तो विद्यार्थी बाहर से विद्यार्जन करने के लिए आने ही लगे, आक्रमणकारी भी दौड़ने लगे—कुषाण आए, शक आए, डायोनिसस आए, हर्कुलिस आए, सिकंदर आए और न जाने और कौन-कौन आते गए, लूटते गए, लौटते गए—पैदल आए, घोड़ों और रथों पर सजकर लौटे, ऊँटों को लादकर लौटे, हाथियों पर चढ़कर लौटे।

तक्षशिला का शिक्षा पाठ्यक्रम सामान्यतया आठ वर्षों का था—प्रारंभ के चार वर्ष वेदों के लिए, मध्य के दो वर्ष छह वेदांगों के लिए और अंतिम दो वर्ष चार उपवेदों के लिए। चाणक्य ने चार वर्षों का वेदाध्ययन का पाठ्यक्रम चणक के सेवाकाल में ही समाप्त कर लिया था और दो वर्षों का वेदांग अध्ययन चणक एवं पद्मसंभव के निर्देशन में नालंदा विद्यापीठ में। वहीं चंद्रगुप्त ने चार वर्षों का वेदाध्ययन पाठ्यक्रम नालंदा विद्यापीठ में समाप्त कर लिया था, किंतु वेदांगों और उपवेदों का अध्ययन शेष था। यही कारण था कि आचार्य कात्यायन ने नालंदा से चलते समय चाणक्य को जो परिचय-पत्र आचार्य पुंडरीकाक्ष के नाम से दिया था, उसके अनुसार चाणक्य दो वर्ष की शिक्षा-प्राप्ति के साथ ही आचार्यत्व को उपलब्ध कर सकते थे, जबकि चंद्रगुप्त को चार वर्ष की शिक्षा के क्रम में वेदांगों और उपवेदों के अध्ययन के पाठ्यक्रम को पूरा करना आवश्यक था।

आचार्य शैवाल ने तक्षशिला में प्रवेश के नियमों के अधीन दूसरे दिन प्रातःकाल दोनों प्रवेशार्थियों की परीक्षा ली, जिसके आधार पर चाणक्य का प्रवेश सप्तम वर्ष में उपवेदों के ज्ञानार्थ और चंद्रगुप्त का प्रवेश पंचम वर्ष में उपवेदों व वेदांगों के अध्ययनार्थ संभव हो सकता था। किंतु दोनों ही प्रवेशार्थी प्रवेश की कुछ महत्त्वपूर्ण शर्तों को पूरा करने में असमर्थ थे। कात्यायन ने इसके लिए अपने दो तत्कालीन सहधर्मियों के नाम भी दो पत्र दिए थे, जिसके अनुसार चाणक्य की पढ़ाई का शुल्क आचार्य शतानीक के वेतन से तो चंद्रगुप्त के शुल्क की कटौती आचार्य शैवाल के वेतन से सामंजित करने की अनुशंसा थी। ऐसा ही हुआ और दोनों विद्यार्थियों को तक्षशिला विश्वविद्यालय में अध्ययन करने हेतु स्वीकृति प्राप्त हो गई।

चाणक्य और चंद्रगुप्त दोनों एक साथ विद्याध्ययन कर सकें, इस हेतु उन्हें उपवेदों की पढ़ाई साथ-साथ करने की अनुमति मिल गई और लगातार दो वर्षों में उन दोनों ने साथ-साथ धनुर्वेदादि युद्ध संबंधी विद्याओं में विशिष्टता प्राप्त की। इतना ही नहीं, युद्ध के दौरान घातों-प्रतिघातों के उपचार हेतु उन्होंने आयुर्वेद का भ। सघन अध्ययन किया।

उपवेदों के विशेषज्ञ प्राध्यापक आचार्य शैवाल विश्वमित्र विद्यापीठ के कभी के विद्यार्थी रहे थे। उनकी अभिरुचि यजुर्वेद आधारित विद्या धनुर्वेद में अधिक थी। शास्त्रों के ज्ञाता तथा घातों-प्रतिघातों के उपचार विज्ञान के विशिष्ट ज्ञाता थे पुंडरीकाक्ष, जिन्हें ऋग्वेद आधारित धन्वंतरि में विशेष अभिरुचि थी। धनुर्वेद के साथ ही साथ उन लोगों ने परशु, हल, मूसल, कृपाण, बरछा, फरसा, त्रिशूल, शार्ङ् आदि विद्याओं में भी प्रवीणता प्राप्त की। किंतु अब तक युद्ध विज्ञान के क्षेत्र में बहुत सारी अन्य विद्याएँ भी जुड़ चुकी थीं। कणाद का परमाणु विज्ञान और प्रक्षेपास्त्रों के प्रयोग आरंभ हो चुके थे। दुर्गों के निर्माण और उनकी सुरक्षा के क्षेत्र में बहुत सारे नए-नए प्रयोग उपयोग में लाए जा चुके थे। साथ ही सुश्रुत के साथ चिकित्सा विज्ञान बहुत ही आगे बढ़ चुका था। गजसेना, हयसेना, रथसेना, पदसेना तो होती ही थी, अब नौसेनाएँ भी पर्याप्त रूप से उपयोग में आने लगी थीं। व्यूहों-प्रतिव्यूहों की रचना की नित नवीन विधियाँ प्रयोग में आने लगी थीं। सैद्धांतिक ज्ञान के प्रयोग शासी निकाय के सदस्य राजाओं की सेनाओं के भिन्न-भिन्न सेनापतियों के साथ युद्धक्षेत्र में जाकर किए जा सकते थे, जिसके लिए पर्वतक और शूरसेन के अतिरिक्त पंचाल-नरेश के द्वारा सुविधाएँ प्रदान की जातीं। पर्वतक ने तो सिकंदर के साथ युद्ध में जो कुछ भी विद्याएँ यूनान और फारस जैसे देशों से सीखी थीं, उन सबका भी व्यावहारिक ज्ञान इन शिष्यों को मिलता रहा।

शासी निकाय की सभाओं के दौरान चाणक्य ने सिकंदर पर आक्रमण करने के बहाने सभी स्थानीय राजाओं की सेनाओं का मार्गदर्शन करने का काम अपने और चंद्रगुप्त के जिम्मे ले लिया। चंद्रगुप्त की मुरिय राज्य की एक अपनी सेना भी निर्मित होने लगी थी, जिसके प्रधान सेनापति की भूमिका का निर्वहन स्वयं चाणक्य के द्वारा संपन्न होता था।

दो वर्षों की शिक्षा विशिष्टता के साथ समाप्त करते ही चाणक्य की नियुक्ति उपवेद विभाग के अधीन एक प्राध्यापक के रूप में हो गई और दो वर्षों की सेवा समाप्त करते-करते चंद्रगुप्त भी चार वर्ष पूरे कर तक्षशिला से प्राप्य सारे आवश्यक ज्ञान तथा युद्ध के क्षेत्र में सारी संभव प्रवीणताएँ प्राप्त कर लीं। पर्वतक ने राजाओं को आवश्यक नेतृत्व देते हुए सबको इस बात पर सहमत कर लिया कि अब सिकंदर को देश से बाहर निकालने और मगध को नंदों के कुशासन से मुक्ति दिलाने हेतु उनका नेतृत्व अब मुरिय

राजकुमार चंद्रगुप्त के अतिरिक्त किसी अन्य राजा से संभव नहीं है। इस नई नीति का प्रयोग सबसे पहले मुरिय के उपराजा योगानंद के विरुद्ध किया गया। मगध तो स्वयं अशांत था—अंदर से भी, बाहर से भी और योगानंद बिलकुल उपेक्षित। पर्वतक की सेनाओं का आक्रमण झेलने की क्षमता योगानंद में तनिक भी नहीं थी। बस, क्या था, आक्रमण का सामना युद्धक्षेत्र में करने के बदले योगानंद ने सिंहासन छोड़कर कहीं जंगल में शरण ले ली और पर्वतक ने चंद्रगुप्त को मुरिय का राजा घोषित कर दिया।

मुरिय के पास धन का अभाव नहीं था—फिर पर्वतक सहायता के लिए सर्वदा तत्पर। मगध से क्षत्रियों का जो पलायन आरंभ हुआ था, वह चलता रहा और मगध-मुरिय की एक बहुत बड़ी सैन्य शक्ति कालक्रम से निर्मित हो गई।

मुरिय के उद्धार के साथ मद्र, पंचाल, पंचनद और गांधार तक के राज्यों में जैसे नवजागरण आरंभ हो गया और देखते-ही-देखते फिलिप व निम्मोसर नामक दो क्षत्रपों को मारकर संपूर्ण मद्र देश, दक्षिण और उत्तर दोनों को सिकंदर के कब्जे से मुक्त करा लिया गया। अब अगला आक्रमण आर्कोसिया के क्षत्रप साइबर्टियस पर सुनियोजित था। पर्वतक ने आर्कोसिया पर आक्रमण करने के पहले सिकंदर और सेल्यूकस से वार्त्ता करने का प्रस्ताव भेजा।

सिकंदर ने भारत पर आक्रमण करने की अपनी भूल अंदर-ही-अंदर स्वीकार कर ली थी और उसने वार्त्ता का सारा भार सेल्यूकस व मिनेंडर के जिम्मे छोड़कर स्वयं बेबीलोन लौट जाने का निर्णय भी ले लिया था। उसने पर्वतक के साथ चाणक्य और चंद्रगुप्त को भी फारस के सीमावर्ती राज्य आर्कोसिया की राजधानी अलेक्जेंड्रिया में वार्त्तालाप हेतु अपने विश्वस्त दूत के माध्यम से अपना संदेश पंचनद भेजा—

'महाराज पर्वतक, आपको मैंने कभी भी एक महाराजा से कम महत्त्व नहीं दिया और न भविष्य में ही आपको अपने अधीन रखने की मेरी मंशा है। मैं तो चाहता हूँ कि मैं पंचनद को पूर्ववत् स्वतंत्र राज्य घोषित कर दूँ और कुछ दिनों के लिए बेबिलोन तथा मिस्र में प्रवास पर जाऊँ। मैं सेल्यूकस और चंद्रगुप्त के बीच सौहार्द्र का संबंध स्थापित करने का हिमायती हूँ। आप मेरे बेबिलोन से भेजे गए संवाद की प्रतीक्षा करें।'

राजा पर्वतक ने सिकंदर महान् से अपने संदेश में कहा—'महाराज सिकंदर, चंद्रगुप्त जो अभी मुरिय का राजा है, मगध के सम्राट् और सोलह जनपदों के महाराज्य की केंद्रीय सत्ता का प्रतीक हो चुका है। अब तो आपको सेल्यूकस को यह निर्देश देना चाहिए कि आर्यावर्त और यूनान के बीच कोई भी समझौता चंद्रगुप्त से ही किया जा सकता है।'

चाणक्य की इच्छा थी कि सिकंदर के सामने चंद्रगुप्त और सेल्यूकस की सारी बातें साफ-साफ हो जाएँ। उसने मेगस्थनीज से संदेश भेजा कि हम तीनों अविलंब गंधार

पहुँच रहे हैं और महाराज सिकंदर तथा सेनापति सेल्यूकस से मिलकर वार्त्तालाप करना चाहते हैं।

सिकंदर की तरह ही सेल्यूकस भी अपने व्यक्तिगत कारणों से भारत छोड़ देना चाहता था, किंतु सेल्यूकस की भारत छोड़ने की दो ही मुख्य शर्तें थीं—पहली शर्त तो यह कि सिकंदर की विश्व-विजेता होने की महत्त्वाकांक्षा को कोई झटका कभी नहीं लगे क्योंकि इस महत्त्वाकांक्षा के पीछे उसे भारत को अपनी छत्रच्छाया के अंदर लाने का यह आदर्श था कि भारत सभ्यता और संस्कृति की जन्मभूमि है। इतना ही नहीं, सिकंदर ने अपने बाल्यकाल से ही सुन रखा था कि भारत पूरे विश्व में सोने की चिड़िया के रूप में प्रसिद्ध है। सिकंदर चाहता था कि भारत और यूनान का नैतिकता-सम्मत संबंध विजेता और विजित का संबंध नहीं रहना चाहिए। अब वह चाहने लगा था कि दोनों देश प्रेम के सूत्र में बँधे रहें और अनंतकाल तक ज्ञान एवं धर्म के क्षेत्र में एक-दूसरे से कुछ-न-कुछ ग्रहण करते रहें और पूरे विश्व को 'आर्य' संस्कृति के रंग में रँग दें।

''मेगस्थनीज, तुम सेल्यूकस का दूत बनकर पाटलिपुत्र अवश्य जाना और अपनी आँखों से उस महान् नगरी को देखना जिसने विश्व को भगवान् महावीर और भगवान् बुद्ध जैसे संत एवं बोधिसत्त्व दिए हैं तथा पूरी धरती पर सत्य और अहिंसा का आलोक फैलाया है। तुम सेल्यूकस से भी कहना, किसी भी देश से स्थायी संबंध स्थापित करने का सबसे बड़ा साधन होता है—उसके साथ वैवाहिक संबंध में बँध जाना। यह दोनों ही देशों के हित में होगा मेगस्थनीज, यदि सेल्यूकस अपनी पुत्री हेलेन का विवाह चंद्रगुप्त के साथ कर देने में सफल हो जाए।''

उसने आगे कहा, ''और मेगस्थनीज, इतना काम पूरा कराने के बाद भी तुम तुरंत यूनान लौट नहीं जाना। मैं तुम्हें पाटलिपुत्र एक और उद्देश्य से भेजना चाहता हूँ। तुम हिरोडोटस के शिष्य रहे हो तो तुम्हें भी वह काम कर देना चाहिए, जो हिरोडोटस ने फारस के युद्धों का इतिहास लिखकर किया है। तुम भी चंद्रगुप्त और उसके पाटलिपुत्र की सभ्यता-संस्कृति पर फारस के युद्धों के इतिहास की तरह प्रयास करना, ताकि जनपदीय युद्धों तथा शक्ति प्रयोगों से संबंधित एक इतिहास की पुस्तक तैयार हो जाए। तब कहीं तुम यूनान लौटने की बात सोचना।''

मेगस्थनीज ने सिकंदर से कहा, ''महाराज, भारत छोड़ने के पहले सेल्यूकस को भी तो कुछ शर्तें रखनी चाहिए!''

''हाँ मेगस्थनीज, तुमने ठीक कहा। मैंने पर्वतक के साथ युद्ध जीतने के पहले गजसेना नहीं देखी थी। हाथी अवश्य देखे थे मैंने, किंतु भारत का कोई अधिपति हाथियों पर सवार होकर कैसे युद्ध को जीतता है, इसकी जानकारी तो मुझे पर्वतक की सेना को देखने के बाद ही मिली थी।''

''तो सेल्यूकस की यह कौन सी शर्त होगी, महाराजाधिराज?''

''सेल्यूकस से कहना कि उसे गंधार से विदा होने के लिए कम-से-कम 500 हाथियों की आवश्यकता होगी। और यदि पर्वतक और चंद्रगुप्त यह शर्त पूरी कर सकें तो इतिहास कभी भी हमारी भर्त्सना यह कहकर नहीं करेगा कि हमने चंद्रगुप्त के सामने घुटने टेक दिए थे।''

यायावर प्रकृति के मेगस्थनीज ने तक्षशिला पहुँचकर भारत की सभ्यता-संस्कृति का अध्ययन किया और तत्पश्चात् चंद्रगुप्त एवं चाणक्य को लेकर पंचनद-नरेश पर्वतक के साथ गंधार लौट गया। दोनों अतिथियों को राजधानी एलेक्जेंड्रिया के पास के एक गाँव में राजकीय अतिथि के रूप में सादर स्वागत के वातावरण में संरक्षित रखा गया, किंतु सिकंदर-सेल्यूकस से उनके सम्मिलन की कोई कार्यावली किसी को संसूचित नहीं की गई।

: 25 :

चंद्रगुप्त-चाणक्य से मिलने के लिए जब सिकंदर चला था अपने गंधार स्थित राजप्रासाद से तो सूरज आसमान की ऊँचाइयों पर भास्वर था और उसकी सुनहरी किरणें मेरु पर्वत से टकराकर सीधे निवर्तमान सुमेरु के प्रांगण में सोने की कणियाँ बरसाती थीं जैसे। वर्तमान रथ के घोड़े पूर्व दिशा में चाणक्य कुटीर की ओर, मन का घोड़ा पश्चिम दिशा की ओर भागता—बेबिलोन की ओर, फारस की ओर, रुख्साना की ओर, जिसके साथ रात में निकाह कर प्रात: ही वह चल पड़ा था हिंदूकुश की टोह में, मेरु की माया के आकर्षण में—25 वर्षों का एक युवा मन सिकंदर विश्व-विजय की धुन के रथ पर सवार होकर।

मन-ही-मन वह अपनी आकांक्षाओं की मूर्ति से जैसे बातें कर रहा हो—'प्यारी ''रुख्साना, सुमेरु देश की राजकुमारी के गले में मेरु देश का विजय-हार डालकर मैं पहले अपने प्यार का इजहार करने का सपना पूरा करना चाहता हूँ।'' जीवन जिस गति से धरती के माथे पर चल रहा था, उससे हजार गुना तेज गति से सपने अनंत आकाश में जैसे दौड़ रहे थे। ''विश्व-विजय करने के लिए तो सारी जिंदगी ही पड़ी है। अभी तो मेरी अपनी दुनिया बस रुख्साना की बाँहों की दुनिया है, अर्थात् सारी दुनिया की कल्पनाओं की दुनिया। यह बेबिलोन—दुनिया की एकमात्र हिंडोले-सी स्वत: झूलती रहनेवाली पुष्प वाटिका की दुनिया, अर्थात् धरती पर ओलीम्पिया और ओलिम्पिया में जिउस-सा महाप्रतापी एक राजा—मैं, अमरत्व प्राप्त एक सदा युवा एक देव-पुत्र और तुम एफ्रोडाइट-सी एक अमर सौंदर्य की महादेवी-सी मेरी रानी। प्यारी रुख्साना, अभी सपनों के

आकाश में नहीं, तुम्हारे साथ रहकर मैं सपनों के उन्मुक्त गगन में रास-विहार करने के लिए बेचैन हूँ। मैंने भारत विजय की योजना भी अभी स्थगित कर दी है, किंतु यह भी मेरी एक चाल समझो रुख्साना। मैं जल्दी ही पाटलिपुत्र में तुम्हारा एक राजमहल बनाकर तुम्हें वहीं बसा दूँगा—पुष्पपुरी के हैंगिंग गार्डन में। अभी तो मैं आ रहा हूँ तुम्हारी बाँहों की कैद में विश्राम करने।'

किंतु सिकंदर का यह सपना आंभी की आँधी में फँसकर जैसे तहस-नहस हो चुका एक सपना था, किंतु अब वह बेबिलोन पहुँच जाना चाहता था जल्दी-से-जल्दी। चंद्रगुप्त-चाणक्य के साथ बातें होती रहीं। बातें सिकंदर जैसे वीर की चाणक्य जैसे धीर से। बातों की गाड़ी धीरे-धीरे आगे बढ़ रही थी और जब तक कुछ सार्थक निष्कर्ष निकले तब तक तो आकाश के मस्तक पर उद्दीप्त मार्तंड ढलते-ढलते अस्ताचल से अतल की ओर रुख करने लगा था। रुख्साना की यादें ताजा हो जातीं। रुख्साना उदास होगी यह चिंता नहीं थी—डर था और डर यह कि कहीं रुख्साना एगेमेम्नन की प्रतीक्षा करना छोड़कर क्लाइटेमनेस्ट्रा की तरह किसी और सिकंदर की बाँहों में झूलना स्वीकार न कर ले। उसने मन-ही-मन यह निश्चय कर लिया था कि ट्रॉय की जीत से बेहतर रुख्साना के गले का हार बनकर जीना है और आज चंद्रगुप्त-चाणक्य-पर्वतक त्रयी के सामने—एक राजा के सामने एक राजा की तरह जल्दी-जल्दी में भी कुछ संधि-समझौता कर लेने के बाद जैसे वह परम शांति का अनुभव करने लगा था।

सिकंदर बहुत दु:खी था और चाणक्य से बातें करने के बाद तो जैसे वह जीवन भर के लिए टूट गया। वह हार गया था जीवन भर के लिए—वह भी एक फकीर से, एक साधु से, एक पुरोहित से, एक दरिद्र से। उसने बड़े गर्व से बातें आरंभ की थीं—

"मगध के भावी सम्राट् चंद्रगुप्त! मैं ओलिंपिया की महिमामयी संस्कृति का विजय ध्वज लेकर निकला था—अमर्त्य अपोलो की तरह, हर्कुलिस की तरह, ज्यूस की तरह; किंतु अपनी सेना में आई अनुशासनहीनता के कारण मैंने तत्काल अगले आदेश तक अपने विश्व-विजय अभियान को स्थगित कर दिया है। यूनान के लंबे इतिहास में विश्व-विजय की अवधारणा के जनक के रूप में सिकंदर का ही नाम सबसे ऊपर होगा और इसीलिए मैंने यह सोच-समझकर कहा है कि मेरा अभियान अभी स्थगित है। समय पाकर यह पुन: आगे बढ़ेगा। किंतु मैं यह भी मानता हूँ कि आज की संधि के क्रियान्वित हो जाने के बाद आगे भी सिकंदर की लक्ष्य-दृष्टि मगध की ओर नहीं होगी। यूनान की संस्कृति का स्वभाव है कि वह जब किसी नए भूभाग पर पहुँचती है तो इस बात का प्रयास नहीं करती कि उस भूभाग की संस्कृति यूनानी संस्कृति को अपना ले। वह अपने ही अस्तित्व का विलय उस नई संस्कृति में कर देती है और इस तरह एक नई और अधिक प्रभावशाली मिश्रित संस्कृति का स्वयमेव जन्म होता है। मैंने इस्तांबुल को

जीता, बेबिलोन को जीता, मिस्र को जीता, फारस को जीता; किंतु जैसे-जैसे मैं पूरब की ओर बढ़ता गया, पूरब का होता गया। मैंने फ़ारसी भाषा सीखी, फारसी तहजीब सीखी, फारसी त्योहारों-व्यवहारों को सीखा और किसी हेरा-हेलेन को नहीं, फारस की एक नूर, एक कोहेनूर रुख्साना को अपनी जीवन-संगिनी बना लिया।

"मैं चाहता हूँ चंद्रगुप्त, कि आप मगध के सम्राट् बनें, एकच्छत्र भारत के सम्राट्; किंतु सौभाग्यवश आप कुमारे हैं, गौरवशाली मौर्य कुल के राजकुमार। मेरी एक और मात्र एक ही शर्त है कि आप किसी यवन सुंदरी को अपनी महारानी बनाने का वचन मुझे दे दें। भारत और यूनान विश्व की प्राचीनतम और विशिष्टतम दो संस्कृतियाँ हैं। दोनों नस्लें मिलकर, दोनों संस्कृतियाँ मिलकर जिस नई प्रजाति के मानव का निर्माण करेंगी वही मानव आनेवाले समय का सर्वश्रेष्ठ मानव होगा, जिसे सारे ब्रह्मांड पर राज करने का अधिकार होगा। मैं महाराज पर्वतक तथा प्रधान सेनापति एवं मगध के प्रधान पुरोहित आचार्य चाणक्य से भी यही अनुरोध करना चाहूँगा।"

चंद्रगुप्त ने चाणक्य की ओर देखा और चाणक्य बोलने लगे, "महाराज अलक्षेंद्र, समास, समाहार किसी भी संस्कृति का स्वभाव होता है। वही स्वभाव यूनान की संस्कृति का भी है, मिस्र की भी, बेबिलोन की भी, चीन की भी और भारत की भी। किंतु भारतीय संस्कृति का स्वभाव भिन्न नहीं तो भी कुछ विशिष्ट तो अवश्य ही है। हाँ महाराज, भारत की संस्कृति शत्रु और शत्रु पर विजय प्राप्त करने की संस्कृति नहीं, पूरे विश्व को मित्र मानने और मित्र बनाने अर्थात् विश्वमित्र की संस्कृति है। हथियारों के बल पर मित्र बनाने की अवधारणा में तो हमारा विश्वास ही नहीं। हम भी अपने आचरण और संस्कार के उदाहरण की श्रेष्ठता के बल पर मित्र बनाते हैं और इसी मैत्री की संस्कृति के सूत्र में विश्व की सारी जातियों-प्रजातियों और संस्कृतियों को पिरोकर वैश्विक संस्कृति का निर्माण करने में विश्वास करते हैं। मेरा समर्थन है और निर्देशन भी—सम्राट् चंद्रगुप्त को आपका प्रस्ताव स्वीकार होना चाहिए। क्यों चंदू?"

चंद्रगुप्त ने मुसकराते हुए अपनी पलकें झुका दीं।

महाराज पर्वतक ने भी चाणक्य के विचारों का अनुमोदन किया और विचारों के क्षेत्र में सिकंदर को आज पहली बार लगा कि उसने अपने विचारों की विनम्रता के बल पर आज पूरे भारत पर ही जैसे कोई विजय प्राप्त कर ली।

उसने सेल्यूकस से कहा, "सेल्यूकस, सिकंदर महाराज चंद्रगुप्त को मगध का सम्राट् स्वीकार करता है और यह वचन देता है कि यूनान और यूनान के अधीन कार्यरत सारे क्षत्रप अपनी पूरी सैन्य शक्ति के साथ चंद्रगुप्त-चाणक्य-पर्वतक का साथ देंगे और इस तरह निर्मित अभिनव मगध के सम्राट् को अखंड भारत के सम्राट् के रूप में स्वीकार करेंगे।"

यह एक ऐसा सम्मेलन, एक अद्भुत संधि की रूपरेखा तैयार करनेवाला सम्मिलन

था आज, जिससे निकलते हुए दोनों पक्षों को लग रहा था जैसे वही पक्ष विजयी होकर निकला पक्ष है।

सूरज डूब रहा था और वापस लौटते हुए सिकंदर सेल्यूकस को निर्देश देता जा रहा था—वैसे ही जैसे सदा के लिए आँखें मूँद रहा कोई वृद्ध अभिभावक अपने चतुर्दिक् खड़ी अपनी संततियों के लिए बोलता जाता है—

''सेल्यूकस, लो सिल्यूकस, सिकंदर की ही नहीं, तुम्हारी निजी और बहुत सारी कठिन समस्याओं का भी समाधान होने वाला है। अब कल ही मुझे बेबिलोन जाने दो। हाँ, बेबिलोन—और परसों ही इन तीनों महानुभावों को विशिष्ट अतिथियों की तरह राजप्रासाद में आमंत्रित करो। एक अच्छा सा भोज दो और अपनी प्रिय पुत्री हेलेन का हाथ चंद्रगुप्त के हाथों में सौंपकर और कंधार का ताज हेनरी के माथे पर रखकर तुम भी अपने अंतर के सारे दर्द से मुक्त होकर बेबिलोन पहुँचो—जितनी जल्दी हो सके यह संभव। मैंने तय किया है कि मैं रुख्साना को लेकर अलेक्जेंड्रिया प्रस्थान कर जाऊँगा। तुम बेबिलोन में मेरा प्रतिनिधित्व करना और हेनरी को गंधार में अपना प्रतिनिधि बना देना।''

सेल्यूकस ने प्रसन्न होकर कहा, ''हाँ महाराज, एगेमेम्नन को उसकी क्लाइटेमनेस्ट्रा मिल जाएगी और मेरे लिए मेरी प्यारी पुत्री हेलेन पेरिस और क्लाइटेमनेस्ट्रा तथा एफ्रोडाइट के कुचक्र से निकलकर अपने सौभाग्य को प्राप्त हो जाएगी। यही नहीं, यूनानी संस्कृति की मूल प्रकृति—बाहर निकलो—यूनान से बाहर, जमीन को जीतो, जमीर को जीतो, किंतु वैवाहिक संबंधों के बहाने किसी बृहत्तर संस्कृति में विलीन हो जाओ या किसी लघुतर संस्कृति को अपनी संस्कृति में उसका लय कर लो, अपनी सभ्यता में उसकी सभ्यता का क्षय कर दो और यदि इन दोनों में से कोई संभव नहीं प्रतीत हो तो एक मिली-जुली, एक समन्वित-सामासिक सभ्यता-संस्कृति का सिरमौर बनकर तब तक उस जमीन पर जिंदा-जीवंत बने रहो, जब तक वहाँ की धरती यूनान के वितान के तले विश्रांत होकर शांत नहीं हो जाए।''

''हाँ सेल्यूकस, यह भी एक बड़ी ही बात होती है; किंतु इस फकीर की तरह सीधा-सादा दीखनेवाले कुटिल नीतिज्ञ ने तो हमें अपने सामने झुका तो दिया ही, बौना तो कर ही दिया। सीधी रेखा के नीचे रहकर भी उसके समानांतर पड़ी वक्र रेखा का आकार तो बृहत्तर होना था ही। इस कुटिल व्यक्तित्व का धनी वक्र बुद्धि चक्रभेदी फकीर से यह दोस्ती रह गई तो हम बहुत कुछ सीख सकेंगे सेल्यूकस। हम हेलेन को ट्रॉय के अधीन छोड़ देते तो हेलेन को किसी नई संस्कृति में घुलने-घुटने-पिघलने की पीड़ा नहीं सहनी पड़ती—पराजय की अनुभूति से गुजरने का दर्द नहीं सहना पड़ता। अब तो तुम्हें यह देखते ही रहना होगा कि हेलेन मगध की महिषी तो बने ही, हेलेन का यूनानी पुत्र महाराज चंद्रगुप्त का भारतीय उत्तराधिकारी भी बने। तुम्हें चंद्रगुप्त से तो

कम, किंतु इस कुटिल फकीर से अधिक होशियार रहना होगा—चाहे तुम कंधार में रहो, चाहे बेबिलोन में, चाहे इस्तांबुल में, चाहे मेसिडोनिया में।''

सेल्यूकस के माथे पर चिंता की लकीरें खिंच गईं—चेहरे पर तनाव का शामियाना तन गया जैसे। उसने कहा, ''यह खतरा तो मोल लेना ही होगा, मित्र! जब दो बराबर भयावह खतरों के बीच जिंदगी पड़ जाती है तो लघुतर खतरे का स्वागत करना ही श्रेयस्कर होता है। अभी तो जान पर खतरा है। तुम्हें जानना भी चाहिए—तुम मुझे बचपन से जानते हो तो अब यह भी जान लो और जाने बिना बाहर मत जाओ। आज तक, अभी तक तुम्हें मैंने यह नहीं बताया है कि मैं यूनान के राजप्रासाद में हूँ तो अवश्य, किंतु ट्रॉय से घर लौटे अतिथि एगामेम्नन की तरह ही सम्मानित किंतु भीषण रूप से व्यथित-आतंकित। अब मेरी क्लाइटेमनेस्ट्रा हेनरी के या मेरा हेनरी मेरी क्लाइटमनेस्ट्रा के इशारे पर किसी भी दिन, किसी भी क्षण मेरी जिंदगी समाप्त कर दे सकता है। मुझे बेबिलोन बुला ही लेना, मित्र। मैं वहीं तुम्हारी ही तरह किसी दूसरी नूरजहाँ को ढूँढ़ने का प्रयास करूँगा। अब इस काबुली-खुरासानी सुंदरी 'नूरजहाँ' से सादर विदा ले लेने दो।''

दोनों दोस्त भूल गए थे कि वे कंधार में हैं। लगता था, दो घोड़ों पर सवार वे यूनान के किसी छोटे से नगर की सीमाओं के बाहर जंगल की ओर एक अज्ञात शिकार की टोह में चले जा रहे हैं।

एकाएक राजप्रासाद पर रथ रुका तो दोनों होश में आए जैसे।

अब तक संध्या गहरा चुकी थी। अँधेरा छाया जा रहा था। सिकंदर को राजद्वार पर उतारते हुए रथ सेल्यूकस सेनापति निवास की ओर बढ़ गया और जब तक सेल्यूकस पहुँचा घर, तब तक नूरजहाँ का कक्ष बंद हो चुका था। हेनरी भी नहीं था। प्रतीक्षित पुत्री हेलेन ने पिता का स्वागत किया और तब तक उसके साथ बैठी रही जब तक रात का खाना खाकर वह विश्राम हेतु अपने कक्ष नीरव एकांत में प्रविष्ट नहीं हो गया।

: 26 :

मद्र और कंबोज में फिलिप व निक्कोसर की सेनाओं की पराजय और दोनों क्षत्रपों की मृत्यु का प्रभाव अत्यंत ही अप्रत्याशित लगा था जब चंद्रगुप्त, चाणक्य और पर्वतक की त्रयी को सिकंदर का यह संवाद मिला कि वे गंधार (अलेक्जेंड्रिया) पहुँचकर सेल्यूकस के माध्यम से उससे वार्त्ता करें। किंतु अतीव आश्चर्यजनक तब लगा जब वे गंधार की सीमाओं को पार कर अलेक्जेंड्रिया पहुँचे तो सिकंदर अभी तक अपने राजप्रासाद में उपस्थित था और जब वे उसके साथ वार्त्ता में उपस्थित हुए तो सिकंदर ने युद्ध नहीं, शांति और सौहार्द के गान गाने आरंभ कर दिए। फिलिप और निक्कोसर की पराजय

और उनका वध सिकंदर को जैसे रावण के लिए अक्षयकुमार और मेघनाद का वध-सा लगा था। किंतु मेघनाद की मृत्यु के बाद कुंभकर्ण और रावण आत्मसमर्पण करने को तैयार हो जाएँगे और राम का विजय-ध्वज लंका के पर्वत शिखर पर फहर जाएगा, इसकी तो कल्पना भी नहीं थी। आश्चर्य तो और भी इस बात से था कि चाणक्य की शर्तों को स्वीकार करते हुए सेल्यूकस और सिकंदर उस कुटीराकार निवास-स्थान पर स्वयं आ उपस्थित हो गए, जहाँ कूटनीतिक कारणों से चाणक्यत्रयी निवासस्थ थी।

चाणक्य को पाटलिपुत्र छोड़ने के समय सुवासिनी के वे उद्‌गार स्मरण आ गए, जब उसने यह शुभकामना व्यक्त की थी—

"जाओ विष्णु, जाओ। आज से महामात्य कुटीर में पाई जानेवाली तुम्हारी सुवासिनी दंडकारण्य की पर्ण-कुटी की सीता की तरह माया की सीता होगी। तुम्हारी सीता तो पाटलिपुत्र के अग्निकुंड में तुम्हारी लंका-विजय की प्रतीक्षा करेगी…।"

बिना युद्ध लंका की विजय के जिस सुख ने चाणक्य के अंतर को क्षण भर के लिए झंकृत कर दिया, वह सुख था—एक ही साथ माया की सीता और अग्निकुंड की सीता दोनों की प्राप्ति की एक रोमांचकारी अनुभूति का—सुवासिनी से मिलने की अनुभूति, सुवासिनी के सपनों को सार्थक करने की अनुभूति का। मगध में सत्ता का परिवर्तन, चंद्रगुप्त का राज्यारोहण, भारतीय महाराज्य की परिकल्पना को सार्थक करने के बड़े-बड़े, ऊँचे-ऊँचे आदर्श क्षण भर के लिए गौण हो गए और सुवासिनी के सुवास से अंतरतम जैसे महमह कर उठा। क्षण भर के लिए लगा जैसे चाणक्य ने अपना परिव्राजक वेश उतार दिया हो और दूल्हे के रंगीन रेशमी वस्त्र धारण कर घोड़े पर सवार होकर पहुँच गए हों मगध के प्रधानामात्य के द्वार पर। क्षण भर के इस रोमांच, क्षण भर की इस मादक अनुभूति, क्षण भर के इन सपनों के मोहक दृश्य के सामने सबकुछ नगण्य था; किंतु यह नशा था तो क्षण भर का ही।

तुरंत चेतना में वापस लौटकर चाणक्य अपनी आगामी रणनीतियों के आकलन में लग गए और चंद्रगुप्त से कहने लगे, "चंदू, अब तो चंदू, तुम चंदू नहीं, अब तो तुम्हें मौर्य सम्राट् महाराज चंद्रगुप्त कहकर ही संबोधित करना होगा; क्योंकि अब सिकंदर के भारत छोड़ने के साथ तो आप शेष आधे भारत के भी अधिपति हो ही जाने वाले हैं। आधे अब भारत क्यों संपूर्ण ब्रह्मावर्त के, मूल आर्यावर्त के और महाराज पर्वतक जब साथ हैं और जब सोलह जनपदों के अतिरिक्त सभी छह गणराज्यों का सहयोग है तो मगध का लकड़ी और पुआल से निर्मित यह रावण का तन-पिंजर कैसे देखते-देखते ध्वस्त नहीं हो जाएगा।"

"गुरुदेव, जब मेरे साथ रणों और रणनीतियों में प्रवीण चणक-पुत्र एवं स्वयं आचार्य चाणक्य खड़े हों तब असंभव कुछ नहीं है। किंतु अभी तो देखना है—क्या-क्या

शर्तें मान्य होती हैं सिकंदर की और क्या-क्या बाधाएँ होती हैं सेल्यूकस की। सिकंदर अभी सुरक्षित बेबिलोन लौटने की चिंता में है और सेल्यूकस सिकंदर द्वारा नित्य प्रभावित नियंत्रणों से मुक्ति की चिंता में। मुझे लगता है, हम कहीं आत्ममुग्धता की स्थिति से तो नहीं गुजर रहे हैं?''

''नहीं चंद्रगुप्त, चाणक्य चणक-पुत्र है। वह आत्ममुग्धता नहीं, आत्मविश्वास की भाषा में बोलता है। सिकंदर वटवृक्ष है, सेल्यूकस वटवृक्ष के किसी कोटर में जनमा पीपल का वह पेड़, जिसकी जड़ मिट्टी में नहीं होती और जिसका अस्तित्व वटवृक्ष के अस्तित्व पर निर्भर होता है। तुम देखना, एक दिन सेल्यूकस भारत क्या, फारस भी छोड़ देगा और सिकंदर के पीछे-पीछे बेबिलोन व मिस्र पहुँच जाएगा और यह यत्न करेगा कि वह वहीं कहीं सिकंदर का उत्तराधिकारी बन सके।''

पर्वतक दोनों गुरु-शिष्य की बातें सुन रहा था। उसने युद्ध के मैदान में सिकंदर को भी देखा था और सेल्यूकस को भी और अपनी पराजय की कटु सच्चाइयों से भी पूरी तरह अवगत था। उसने कहा, ''मौर्य राजकुमार चंद्रगुप्त, सिकंदर और सेल्यूकस दोनों भाग्य के सिकंदर रहे हैं, शौर्य के नहीं। पंचनद के युद्ध में यदि मेरे हाथी ने मुझे धोखा नहीं दिया होता तो दोनों का पूरा जीवन पंचनद के कारागार में समाप्त होता और आज हमें तक्षशिला से चलकर उनके साथ वार्त्ता करने के लिए गंधार नहीं आना पड़ता। दोनों अपने-अपने भाग्य का फल भोग रहे हैं और दोनों जीवन के शेष दिन खाने-पीने और मौज करने में व्यतीत कर देना चाहते हैं। सिकंदर मिस्र चला जाएगा और बेबिलोन का राज सेल्यूकस के अधीन करता जाएगा। सेल्यूकस की विवशता है कि वह अपनी दूसरी पत्नी से परेशान है, जो उसकी पहली पत्नी के पुत्र हेनरी से प्यार करती है और यदि सेल्यूकस गंधार का राज-पाट हेनरी को सौंपकर बेबिलोन नहीं भाग गया तो उसकी अपनी ही विवाहिता उसकी हत्या का कारण बन जाएगी।''

दूसरे दिन प्रात: जब तीनों सहधर्मी पंचनद-मुरिय लौटने की कल्पना में वार्त्तारत थे कि उन्हें सूचना मिली कि सिकंदर बेबिलोन के लिए प्रस्थित हो चुका है और सेल्यूकस ने तीनों अतिथियों को राजभवन में आमंत्रित किया है। सेल्यूकस ने तीनों अतिथियों को राजकीय सम्मान देने की घोषणा की थी और उन्हें राजभवन की अतिथिशाला में निवास करने का अनुरोध भी किया था। चाणक्य-चंद्रगुप्त और पर्वतक की त्रयी को सेल्यूकस ने कुछ दिनों के लिए वहीं निवास करने की सारी व्यवस्था कराई और बताया कि सिकंदर के निर्देशानुसार चंद्रगुप्त और सेल्यूकस के बीच एक स्थायी संधि हेतु वार्त्ताओं का क्रम चलेगा। उसने यह भी संभावना व्यक्त की कि सिकंदर का इस संबंध में प्रस्तुत प्रस्ताव पर उसका राजकीय अनुमोदन भी किसी राजदूत के माध्यम से प्राप्त हो सकता है।

वार्त्ता का क्रम चलता रहा। अंतत: इस बिंदु पर आपसी सहमति बन गई कि सिकंदर की ओर से सेल्यूकस और भारत की ओर से मौर्य राजकुमार चंद्रगुप्त प्रस्तावित संधि पर हस्ताक्षर कर सकते हैं। सिकंदर की इच्छा और आदेश के अनुसार यह निर्णय लेना भी तय हो गया कि सेल्यूकस और उसके सभी क्षत्रप पश्चिमोत्तर के सभी भारतीय प्रदेशों से अपनी सेनाओं को चंद्रगुप्त के अधीन सौंप देंगे तथा चंद्रगुप्त द्वारा नियुक्त सेनापति के अधीन कार्यरत हो जाएँगे। सभी छोटे-छोटे प्रदेशों के बीच तथा बाह्य आक्रमणों के विरुद्ध सुरक्षा की जिम्मेदारी और सारे अधिकार केंद्रीय शासन को प्राप्त होंगे। इन सभी प्रदेशों की सेनाओं का उपयोग भी चंद्रगुप्त के आदेशानुसार होगा, जिसका संचालन तब तक मुरिय से होगा जब तक विधिवत् पाटलिपुत्र से नंद वंश का आधिपत्य समाप्त नहीं हो जाए।

यूनान और भारत के बीच प्रेम व सौहार्द का स्थायी वातावरण तैयार हो सके, इस उद्देश्य से सेल्यूकस ने एक और प्रस्ताव प्रस्तुत किया। उक्त प्रस्ताव बिलकुल अप्रत्याशित था, किंतु दोनों पक्षों ने अंतरतर से इसका स्वागत किया। सेल्यूकस ने अपनी पुत्री, जिसकी शिक्षा-दीक्षा भारतीय संस्कारों के अनुरूप तक्षशिला विश्वविद्यालय में चल रही थी, के अध्ययन-काल की समाप्ति पर उसका विवाह सम्राट् चंद्रगुप्त से संपन्न कराने की इच्छा व्यक्त की और भारत से बेबिलोन या मिस्र अथवा मेसिडोनिया लौटने के पूर्व ऐरावत सहित 500 हाथियों को उपहार के रूप में लिये जाने का प्रस्ताव रखा। यह भी स्पष्ट कर दिया गया कि इन हाथियों की व्यवस्था पश्चिमोत्तर प्रदेशों की सेनाओं से लेकर की जाएगी। ऐरावत के लिए प्रतीक्षा की जा सकेगी, किंतु इसके लिए चंद्रगुप्त को कोई अतिरिक्त भार नहीं वहन करना होगा। विदा होने के पूर्व एक छोटा सा औपचारिक उत्सव भी आयोजित किया गया, जिसमें चंद्रगुप्त ने हेलेन के हाथों में रत्न-जटित एक स्वर्ण मुद्रिका पहनाई और हेलेन ने चंद्रगुप्त के गले में एक हीरक हार। आचार्य की भूमिका चाणक्य ने तथा पिता की भूमिका निभाते हुए पर्वतक ने वर-वधू को आशीर्वाद देकर इसे भारतीय विवाह के प्रारंभिक संस्कार का एक स्वरूप प्रदान किया।

संस्कार वैदिक मंत्रों और कर्मकांडों के साथ संपन्न होने के पश्चात् चाणक्य ने सेल्यूकस से पूछा, ''महामहिम, पूरी पृथ्वी के आज एकमात्र सर्वमान्य नायक सिकंदर हैं और सिकंदर के एकमात्र सर्वमान्य संस्कार-प्रसूत उत्तराधिकारी सेल्यूकस कहे जाते हैं। मैंने सुना है कि सिकंदर ने अपना विवाह एक फारसी राजकुमारी रुख्साना से किया और विवाह ही नहीं किया वरन् फारसी धर्म को ही अपना धर्म भी बना लिया और अपनी शासन-प्रणाली में सभी फारसी रिवाजों तथा शिष्टाचारों को अपनाया। मैं यह नहीं समझ पाया कि सिकंदर के पथानुयायी सेल्यूकस को फारसी के स्थान पर यह भारतीय आर्य संस्कार कैसे और क्यों भा गया? यह सेल्यूकस की विचारधारा और

सिकंदर के जीवन दर्शन के बीच एक अंतर को तो दरशाता ही है, महोदय!"

"चणक-पुत्र, सिकंदर मेरे आदर्श नायक रहे हैं और मेरा संपूर्ण जीवन-दर्शन सिकंदर की ही देन है; किंतु मेसीडोनिया से चलकर कुस्तुनतूनिया तक और कुस्तुनतूनियाँ से मिस्र तक और मिस्र से आगे बढ़कर गंधार की पश्चिमी सीमाओं तक की अपनी संघर्ष-यात्रा में अपने जीवन के अनेक बहुमूल्य वर्ष बिताए, जिस कारण मिस्र और बेबिलोन की सभ्यता व संस्कृति उनके मानस-मस्तिष्क पर छाई रही। मिस्र के मुख्य देवता अमोन और फारस-बेबिलोन के मिथर तथा होम का प्रभाव तो सिकंदर के मिस्र प्रयाण के पूर्व ही आर्यों के माध्यम से द्यौस और सोम के बहाने 'जिउस' और 'मून' या 'मॉन' बनकर यूनान तक पहुँच चुका था। अतः आर्यों की सूर्य संस्कृति प्रधान वैदिक धर्म और फारसी धर्म उन्हें यूनान की तत्कालीन जीवन-शैली से पर्याप्त रूप से मिलते-जुलते धर्म लगे और उन्हें लगा कि यूनान और फारस तथा यूनान और भारत के रक्त कण यदि एक साथ जुड़ जाएँ तो मनुष्य जाति एक आदर्श तथा नित नूतन आकार ले सकती है, जो नवजागरण की करवट लेते हुए नए युग को एक आदर्श देन के रूप में मानी जा सकेगी।

"सिकंदर के विपरीत मैंने अपना मूल्यवान् समय हिंदूकुश और खुरासान के पहाड़ों की शीतल छाँह में बिताया है और मैंने यह महसूस किया है कि आर्यावर्त से रोम और ग्रीस तक जो भी श्रेष्ठ संस्कार देखे जाते हैं, उनके मूल में आर्य संस्कृति और भारतीय सभ्यता के अतिरिक्त और कुछ नहीं है। भारत को अलविदा कहने के पहले मैं चाहता हूँ, मेरे साथ या मेरे बाद आनेवाली यूनानियों की पीढ़ियाँ भारत में रच-बस जाएँ और आनेवाले समय में यवन एवं भारतीय प्रतीज्य और प्राज्य में बँटी परस्पर विरोधी समझी जा रही दो नस्लें एकाकार होकर एक साथ रहें और एक वैश्विक सभ्यता-संस्कृति के नवनिर्माण में सहयोगी हों। मेरा दृढ़ विश्वास है कि हेलेन और चंद्रगुप्त की यह जोड़ी उस नई पीढ़ी, उस नई नस्ल का सृजन करने में सफल होगी, जिसकी कल्पना सिकंदर ने रुख्साना से मिलकर ईरानी-यूनानी रक्त के सम्मिलन से गढ़ने हेतु की होगी। दृष्टि और दर्शन में कहाँ कोई भिन्नता है मेरी सिकंदर से, आचार्य?"

चाणक्य को सेल्यूकस के तर्क अर्थपूर्ण लगे, किंतु इसी क्रम में एक और पृच्छा उनके अंतर से निकल पड़ी—

"महोदय, किंतु सिकंदर जैसे विश्व-विजयी यूनानी को या सेल्यूकस जैसे दृष्टि संपन्न-विचारक को यह क्यों नहीं सूझा कि इस नई पीढ़ी का नवसृजन फारस या भारत में नहीं होकर यूनान और रोम में हो। आप दोनों की नई प्रयोग-स्थली फारस या भारत ही क्यों बनें—इस पर आप क्या सोचते हैं?"

सेल्यूकस बोलने लगे—"आचार्य चाणक्य, छोटी-छोटी नदियाँ चाहे जितनी भी तेज गति से प्रवाहित हों, सागर से मिलने के लिए उन्हें किसी-न-किसी बड़ी नदी का

मार्ग अपनाना पड़ता है—व्यास, झेलम, सतलज और रावी-चिनाब हों या मंदाकिनी-अलकनंदा, सरयू, गंडक, कौशिकी—सागर से मिलने के लिए इन्हें सिंधु-सरस्वती या गंगा में आत्मसमर्पण करना ही पड़ता है। वैश्विक संस्कृति भी इसी तरह एक महासागर है और भारतीय संस्कृति इसी तरह की एक नदी, एक सिंधु, एक सरस्वती, एक यमुना, एक गंगा।''

सेल्यूकस ने आगे कहा—''मैं पूर्णरूप से संतुष्ट होकर बेबिलोन लौटना चाहता हूँ। मुझे लगता है कि यदि ऐसी एक संस्कृति की रचना में हम और हमारी हेलेन सहायक हो सकी तो यही सिकंदर की सबसे बड़ी विजय होगी।''

आचार्य ने उत्तर दिया, ''सेनापति यह विषय विजय और पराजय का नहीं, मुख्य धारा के साथ सहायक धाराओं के समर्पित तथा एकलय होने का है। हमारा तो विश्वास है कि भारतीय संस्कृति-धारा ही वैश्विक संस्कृति की मुख्यधारा है और उसी धारा में ग्रीस, रोम, मिस्र, बेबिलोन, ईरान, फारस, अफगानिस्तान से लेकर चीन-जापान तक की सारी उपधाराओं को विलय होने की प्रक्रिया और प्रतीक्षा है—

एतद्देश प्रसूतस्य सकाशात् अग्रजन्मनः।
स्वं-स्वं चरित्रं शिक्षेरन् पृथिव्याः सर्वमानवाः॥

''इसी संदर्भ में यह भी बताना चाहता हूँ ग्रीक सेनापति, कि हमारा चंद्रगुप्त मगध का वैसा राजा बनने वाला नहीं है, जो घनानंद हैं या उनके पूर्व के राजे होते रहे हैं—भारत में ही नहीं, विश्व के किसी भी देश में—ग्रीस में, रोम में, मिस्र में, बेबिलोन में, ईरान में, अफगानिस्तान में—खुर्दिस्तान से खुरासान तक, खुरासान से तैवान तक। आप या आपके मित्र सिकंदर महान् को मेसिडोनिया, मेसिना, ग्रीस, स्पार्टा, ट्रॉय और लैटिनिया जैसे वैसे राज्यों के महाराज कहे जाने का सौभाग्य रहा होगा, जो एक-दूसरे से निरंतर लड़ते-भिड़ते, जीतते-हारते रहनेवाले राज्य हुआ करते हैं। मेरा चंद्रगुप्त'', चाणक्य ने अपनी बाईं ओर बैठे चंद्रगुप्त की पीठ पर हाथ थपथपाते हुए कहा—

''हाँ सेनापति, मेरा चंद्रगुप्त केवल मगध से जुड़े सोलह जनपदों का ही नहीं, मथुरा और मद्र की सीमाओं को भी फलाँगता-लाँघता एक ऐसे बृहत्तर भारत का महासम्राट् बनने वाला है, जिसको भारतीय परंपरा के महाराज्य या संघ राज्य या राष्ट्र अथवा वसुधैव कुटुंबकम की अवधारणा कह सकते हैं। मगध एक ऐसा ही महाराज्य होगा और चंद्रगुप्त एक ऐसा ही महाराज या एकराट् सम्राट्। मगध महाराज्य के सोलह सहायक तथा सहयोगी अंग-संघ ही नहीं—'संघा हि संघ तत्वाद् धृष्याः परेषाम्'। मद्र-कंबोज से शक-गंधार तक और वत्स-अवंती से कर्नाटक-कन्याकुमारी तक के अनेकानेक सहयोगी मगध महाराज्य के अंग होंगे और सब एक स्वर से चंद्रगुप्त को तथा मगध-पाटलिपुत्र को अपना नेतृत्व करने का अधिकार समर्पित करेंगे।''

सेल्यूकस ने गंभीर होकर सगर्व दोहराया—"वह सबकुछ जो कभी सिकंदर ने कहा था—इसीलिए तो आचार्य, हम हेलेन का हाथ चंद्रगुप्त के हाथों में प्रदान कर रहे हैं कि जब हेलेन का पुत्र मगध का सम्राट् होगा तो ग्रीस और बेबिलोन को एक नया गौरव प्राप्त होगा—हेलेन महारानी बनेगी और हेलेन-पुत्र भारतीय राष्ट्र का महासम्राट्।"

"यह तो भाग्य और भविष्य तय करेंगे, सेनापति सेल्यूकस। भारतीय परंपरा तथा भारतीय आत्मा के अंदर प्रतिष्ठित मान्यता तो यह है कि विश्व के सभी देश माता की तरह समादरणीय हैं, क्योंकि वे अपने पुत्रों को स्वर्गीय सुख और सुख व आनंद की अनुभूति से अनुगृहीत करते हैं। किंतु सेनापति, यह भी मान्यता है भारत की कि अपनी मातृभूमि किसी भी स्वर्ग से महत्तर है, अधिक सुखकर है, अधिक प्रियतर है, पूज्यतर है और उस मातृभूमि के रक्तकण से प्रसूत पुत्र ही उस भूमि का प्रकृति-प्रसूत सम्राट् हो सकता है—'जननी जन्मभूमिश्च स्वर्गादपि गरीयसी'। इसे तो आप समय पर छोड़ दीजिए; किंतु आपसे आग्रह होगा कि महाराज चंद्रगुप्त के राज्यारोहण समारोह में आप हमारे मुख्य अतिथि की भूमिका में अवश्य उपस्थित हों।"

"मगध महाराज्य के प्रधान राजपुरोहित का आशीर्वाद सार्थक होगा। हम भी चाहते हैं, यही हो। मेरी और हमारे राजा सम्राट् सिकंदर की तो कामना यहाँ तक थी कि भारत पर विजय-ध्वज फहराने के बाद हम पाटलिपुत्र में ही बस जाएँगे और भारतीय संस्कृति का ध्वजवाहक बनकर सारे विश्व पर छा जाएँगे। सिकंदर की तो यह भी इच्छा थी आचार्यवर, कि सिंधु-सरस्वती सभ्यता और गंगा-यमुना की संस्कृति का इतिहास भी हम खोज निकालेंगे और इस काम के लिए सिकंदर महान् ने मेगस्थनीज नामक एक इतिहासज्ञ मित्र को कार्याभारित भी कर रखा है। हम उन्हें पाटलिपुत्र भी भेजेंगे, जिसे केंद्र बनाकर भारत-भ्रमण करने में आपके सहयोग की अपेक्षा होगी।"

"तथास्तु सेनापति सेल्यूकस, हम सिकंदर को सप्तपुरियों और सप्त विद्यापीठों को उपकेंद्र बनाकर मेगस्थनीज को संपूर्ण भारतवर्ष का भ्रमण कराने में सहयोग अवश्य प्रदान करेंगे।" चाणक्य ने कहा।

इसी बीच प्रतिहारी ने विदा-रथ के प्रतीक्षित होने की सूचना दी। हेलेन पहले से ही तैयार थी। पिता सेल्यूकस ने उसे अपने साथ रथ तक पहुँचाया और चंद्रगुप्त के साथ बिठाकर अंतिम विदाई दी।

चाणक्य को लगा—वह गंधार नहीं, फारस नहीं, बेबिलोन भी नहीं, एक साथ यूनान और रोम पर विजय-पताका फहराकर पाटलिपुत्र की यात्रा पर है और सेनापति सेल्यूकस को लगा कि वह गंधार, मद्र और कंबोज ही नहीं—सारा ग्रीस, सारा मिस्र और सारा ईरान-खुरासान तो हार ही चुका, विश्व-विजय के सिकंदर-सेल्यूकस के सारे सपनों को भी हार गया।

: 27 :

यह वही रथ था, वही विश्व-विजयी रथ—वही विश्वरथपाणि राजरथ-सा एक रथ, जिस पर चढ़कर कभी सिकंदर ने गंधार से पंचनद तक की यात्रा की थी और पूरी यात्रा में कभी पीछे मुड़कर नहीं देखा था। ऐसे ही किसी रथ पर चढ़कर कभी मुरिय-नरेश विश्वरथपाणि राजा वृहद्रथ मुरिय से मगध आए थे, जिनके वंशजों ने छह शताब्दियों तक मगध पर एकाधिपत्य स्थापित रखा—वृहद्रथ से जरासंध तक और जरासंध से कालाशोक तक या नागदशक तक। आज उसी वृहद्रथ, उसी विश्व-विजयी रथ पर मौर्य चंद्रगुप्त उसी यूनान की हेलेन जैसी विश्व-सुंदरी बेटी को साग्रह-सादर रथ पर बिठाकर मगध लिये जा रहा था, जिस हेलेन के लिए यूनान ने कभी स्पार्टा की विश्व सुंदरी कुमारी हेलेन को हरकर ग्रीस लाने के कारण स्पार्टा की शत्रुता मोल ली थी और जिस हेलेन के लिए ट्रॉय के साथ उसने महाभारत जैसा युद्ध लड़ा था। यवन कुमारी हेलेन के साथ मगध की ओर चला जा रहा था और साथ चल रहे थे उसके धर्मगुरु चाणक्य और धर्मपिता पर्वतक। चाणक्य को लग रहा था जैसे वह ट्रॉय के राजा पेरिस को जीतकर ग्रीस लौट रहा हो और एक और विजय—मगध विजय—के लिए प्रयाण कर चुका हो और वह रथ सीधे पाटलिपुत्र के राजभवन के राजपथ पर सरपट चला जा रहा हो।

हिंदूकुश की हरीतिमा पीछे छूटती जा रही थी, बालारुण प्रखर और प्रखर से प्रखरतर होता जा रहा था और उसकी तरुण किरणें संपूर्ण मेरु पर्वत के धवल शिखर को स्वर्णिम आभा से मंडित करने लगी थीं।

वह देख रहा था, देखता चल रहा था—एक बार धवल से स्वर्ण बनते उस मेरु शिखर को तो दूसरी बार अपने आगे की पंक्ति में बैठी श्वेताभ हेलेन की स्वर्णिम होती उस रुचिर छवि को और उसकी बगल में बैठे मौर्य कुमार चंद्रगुप्त के दमकते हिमालय-से मस्तक को। किंतु उसके आनंद-विह्वल मन का चंचल अश्व उसके नियंत्रण में नहीं था। कभी वह हिंदूकुश पर होता तो कभी मेरु पर्वत पर तो कभी हिमालय के शिखर पर, कभी सिंधु प्रदेश तो कभी मद्र देश, कभी तक्षशिला तो कभी नालंदा और कभी पाटलिपुत्र तो कभी विष्णुपुर, कभी पुष्पपुर। कभी-कभी तो वह प्रधानामात्य राक्षस के उस रुचिर निवास में भी समा जाता, जहाँ उसने अपने सपनों की राजकुमारी सुवासिनी के साथ कुछ मोहक और मधुर क्षण बिताए थे, कुछ प्यारे-प्यारे वादे किए थे, कुछ रोमांचित करनेवाली शपथें उच्चारी थीं और जहाँ से कभी कोई लुभावना वचन देकर उसने सुवासिनी को अलविदा कहा था और लगता, जैसे वह किसी मायालोक में प्रवेश कर गया हो, जहाँ से निकलने का कोई रास्ता ही नहीं सूझता।

कुरुक्षेत्र के धर्मक्षेत्र में द्रोणाचार्य द्वारा रचे गए चक्र व्यूह के छह दरवाजे तोड़ने के बाद जिस तरह अभिमन्यु बाहर निकलने के अंधकपाट का संधान करने के लिए छटपटा रहा था, उसी तरह चाणक्य धर्मों के परस्पर संघर्ष के बीच लगता था—सिर पटककर खून-खून हो जाए, किंतु रास्ता सूझ जाए। राष्ट्रधर्म कहता था—मैं सबसे प्रधान धर्म हूँ, मेरी रक्षा करो; पितृधर्म कहता था—पुत्र वह, जो पिता के अपमान का प्रतिकार कर सके; मातृधर्म की पुकार थी—जन्मभूमि से पहले जननी आती है, चाणक्य। मुझे शांतिपूर्वक सुरक्षित रखना तुम्हारा सबसे बड़ा कर्तव्य है। और प्रेमधर्म कहता—प्रेमिका यदि जीवन-संगिनी नहीं हो सकी तो वह जीवन ही अधूरा है, सारहीन है, अर्थहीन है।

सुवासिनी की त्यागशीलता कौंध गई जैसे चाणक्य के अंतरतर में—

"चाणक्य, मेरी चिंता क्यों? प्रधानामात्य निवास तो मेरे लिए अशोक वन है और मैं उसमें माया की सीता की तरह निवास करती रहूँगी, जब तक तुम राम की तरह लंका-विजय नहीं कर लेते। जाओ चाणक्य, तुम जाओ, अपनी मंजिल की खोज करो, तुम्हारी सीता तुम्हारे लौटने तक मगध के अग्निकुंड में रहकर उन सभी प्रश्नों के उत्तर ढूँढ़ेगी जिन प्रश्नों की आग में मगध जल रहा है।"

चाणक्य ने सोचा—मगध के सारे प्रश्नों के उत्तर मिल जाने का ही अर्थ है पितृधर्म, मातृधर्म और राष्ट्रधर्म—सबका समाधान मिल जाना और यह सब तो चंद्रगुप्त मौर्य के सिंहासनारूढ़ होते ही एक साथ देखने में आने लगेगा। किंतु सुवासिनी की अपेक्षाओं और मन की आवश्यकताओं की सही दिशा, यह तो दिखती ही नहीं—असल चक्र व्यूह तो सुवासिनी के सहज स्नेह को कार्य रूप देने से ही टूट सकेगा।

वह मौन एकालाप करने लगता—'सुवासिनी, तुम्हारा विष्णु अभी मगध के प्रबुद्ध समाज को सही दिशा देने में तल्लीन है, माता वत्सला के वात्सल्य की पुकार को पूरी करने में व्यस्त है, पिताश्री के अपमान के लिए जिम्मेवार महाहंकारी महापद्मनंद के विरुद्ध समुचित प्रतिकार-प्रतिशोध हेतु सबकुछ करने के लिए सन्नद्ध है—और क्या करना है चाणक्य को? अब तो बस, तुम सोचो मेरी रानी, कि सुवासिनी हेलेन की सखी कब बनेगी और मगध के भावी महाराज मौर्य चंद्रगुप्त के शासन के अधीन प्रधानामात्य की सम्मानित जीवन-संगिनी कब तक बन सकेगी।'

फिर चाणक्य सोचने लगते—'यदि चाणक्य के जीवन का उद्देश्य यही है, तब राक्षस और चाणक्य में अंतर ही क्या होगा? राष्ट्रधर्म और विश्वमार्यं धर्म की स्थापना के आर्य सत्य की प्राप्ति के भारतीय लक्ष्य का क्या होगा? चाणक्य, तुम एक प्रेमिका के प्यार के वशीभूत होकर राष्ट्रधर्म की उपेक्षा कर दोगे क्या?"

रथ जिस तीव्रता से आगे बढ़ रहा था, उससे बहुत ही अधिक क्षिप्रता के साथ चाणक्य का मन-मस्तिष्क आगे चल रहा था। आगे की पंक्ति में हर्षोत्फुल्ल जोड़ा

दीखता रहता और चाणक्य अंतरालाप में तल्लीन हो जाता—'नहीं सुवासिनी, बिना प्यार के यह जिंदगी भी जीने की कोई चीज है क्या? टिट्टिभि के रोकने से आकाश का गिरना रुक जाएगा क्या? टिट्टिभि को अपनी अर्हताओं की भी समीक्षा करनी चाहिए न! हजारों वर्ष बीत चुके—आर्यों को स्वप्न देखते—विश्वमार्ग के लक्ष्य की उपलब्धि यदि इतने वर्षों में नहीं हो सकी तो चाणक्य की सौ वर्षों की जिंदगी में क्या यह संभव हो सकेगा? नहीं चाणक्य, तुम एक बार मगध चलो और सुवासिनी को बता दो—मेरे प्राणों की प्राण, मेरे मन के साम्राज्य पर शासन करनेवाली रानी सुवासिनी, हेलेन और चंद्रगुप्त की जोड़ी जिस गंतव्य को चल पड़ी है, वही गंतव्य तो मेरा-तुम्हारा भी अभीष्ट है। हाँ सुवासिनी, मेरे अंतरमन में सुवासिनी का सुवास उसी तरह जीवंत है जिस तरह वह तब था, जिस क्षण तुम्हें छोड़कर मैं तक्षशिला-प्रवास पर निकलने लगा था। हाँ सुवासिनी, मेरे जीवन में सबकुछ वही होगा, जो सुवासिनी के अंतर में बसता होगा। हाँ प्रिये, मेरे प्रवास की अवधि अब शीघ्र ही समाप्त होगी। तुम्हारे-हमारे जीवन का एकमात्र अभीष्ट—अब हम दोनों ही नहीं, पिताश्री आचार्य चणक और संपूर्ण भारतीय आत्मा का अभीष्ट—यूनान पर विजय, विश्व-विजेता सिकंदर और सेल्यूकस पर विजय प्राप्त कर पूरे पश्चिमोत्तर पर आधिपत्य स्थापित करने के बाद मगध पर विजय-ध्वज फहरा देना अब मेरे बाएँ हाथ का खेल है। मैं आ रहा हूँ सुवासिनी, उसी रथ पर सवार होकर तुम्हारे पास आ रहा हूँ जिस रथ पर कभी सिकंदर सवारी करता था और अभी मैं एवं चंद्रगुप्त सवार हैं और चंद्रगुप्त की जीवनसंगिनी बननेवाली देवी हेलेन, जो हमें ग्रीस-विजय की सौगात के रूप में सेल्यूकस की छत्रच्छाया में समर्पित की गई है। इस विजय-रथ पर सवार तुम्हारे चाणक्य को भी, पता नहीं कैसे, लग रहा है जैसे मैं महामात्य राक्षस के रथ पर बैठा हूँ और साथ बैठी है मेरी दुलहन सुवासिनी, जिसे लेकर मैं पुष्पपुरी चला जा रहा हूँ—जीवन में पूर्णता की प्राप्ति का बोध लिये जीवनसंगिनी के साथ।'

कल्पना-लोक में क्षिप्र गति से चलनेवाले चाणक्य के मन को एक झटका-सा लगा, जब पर्वतक ने कहा, "किस लोक में खोए हैं मेरे प्रिय आचार्य विष्णुगुप्त? आप पहुँचने ही वाले हैं अब तक्षशिला! चंद्रगुप्त और हेलेन किसी स्वप्नलोक में उड़ रहे होंगे, यह तो समझ में आ सकता है आचार्य; किंतु चणक-पुत्र चाणक्य, समय के यथार्थ के साथ-साथ जीनेवाले आचार्य विष्णुगुप्त कल्पना-लोक में खो जाएँगे, यह तो मैंने कभी सोचा ही नहीं था। आँखें खोलिए आचार्यश्री, और हिमालय के उस श्वेत-स्वर्ण मुकुट को देखिए और मुझे बताइए कि यह भारत का मुकुट किस सम्राट् श्रेष्ठ के सिर पर रखे जाने की प्रतीक्षा में आप उद्यत प्रतीत हो रहे हैं?"

चाणक्य ने आँखें खोलीं—क्षिप्र गति से लिखती झेलम की लहरों को पढ़ा एक बार और फिर हिमालय के उस मुकुट की ओर देखकर कहा, "आपने उचित समय पर

मेरी दिवा निद्रा तोड़ दी महाराज, किंतु झेलम के किनारे-किनारे चल रहे मेरे सपनों के सम्राट् चंद्रगुप्त की निद्रा को तो अब तोड़िए, ताकि मैं उसे वह मुकुट दिखा सकूँ, जो उसके चंद्रमुख पर शोभायमान होने के लिए उसकी प्रतीक्षा कर रहा है।''

''हाँ महाराज, मेरे मन के अंदर भी एक स्वप्न है और वह यही है कि चंद्रगुप्त के शीश पर शोभित होनेवाला रत्न मुकुट महानंद और घनानंद के सिर का मुकुट मगध के महाराज का मुकुट मात्र न होकर संपूर्ण भारत के महाराज्य के शीश पर शोभायमान यह हिमालय का रत्न-मुकुट सम्राट् के माथे का मुकुट बन जाए।''

''चंद्रगुप्त,'' अंदर से प्रफुल्लित गुरु चाणक्य ने आवाज दी, ''उठो मगध के भावी सम्राट्! जगो भारतीय महाराज्य के भावी महासम्राट् चंद्रगुप्त और देखो हिमालय के उस स्वर्ण मुकुट को। मेरा यही एक स्वप्न है चंद्रगुप्त—यही एक स्वप्न, जिसे मैंने यथार्थ में परिवर्तित करने के लिए अपने जीवन की सारी खुशियों को न्योछावर कर देने का व्रत ले रखा है। उठो चंद्रगुप्त, झेलम अब तुम्हारे चरणों में है। अब अपने शीश पर चढ़नेवाले इस मुकुट को देखो।''

चंद्रगुप्त ने आँखें खोलीं। उसने आश्चर्यचकित नेत्रों से कहा—''अरे, आचार्य, यह तो हम तक्षशिला पहुँच गए!''

फिर हेलेन के कंधे को स्नेह-स्पर्श देते हुए कहा, ''जगो हेलेन, यह देखो, हम झेलम को पार कर कहाँ पहुँच गए। हम तक्षशिला विश्वविद्यालय के परिसर में प्रवेश कर रहे हैं और थोड़ी ही देर में फिर हम-तुम कितने समीप से कितनी दूर हो जाने वाले हैं। तुम अपने छात्रावास में, मैं अपने छात्रावास के अतिथिकक्ष में और आचार्य विष्णुगुप्त उस आवास गृह में, जो कई दशकों से आचार्य चणक की स्मृति में चणक भवन के रूप में ख्यात है और अभी विगत दो वर्षों से आचार्य चाणक्य का आवास गृह है।''

हेलेन रथ से उतरी—अपने वस्त्रों को सँभालती हुई थोड़ी शरमाती हुई, थोड़ी मुसकराती हुई। उसने अपनी झोली से अपने पिता द्वारा भेंट-स्वरूप की गई तीन पोटलियाँ निकालीं, जिन्हें उसने एक चाणक्य के चरणों में, एक पर्वतक की झोली में और एक चंद्रगुप्त के हाथों में विनम्रतापूर्वक समर्पित कर दिया और चंद्रगुप्त को संबोधित करते हुए बोल पड़ी। लगा, कोई मैना पिंजड़े से निकली हो, पंखों को फड़फड़ाकर फुदकती-फुदकती कुछ बोल पड़ी हो—''फिर कब मिलेंगे, हम राजकुमार?

चंद्रगुप्त कुछ बोलता, इसके पूर्व ही चाणक्य बोल उठे—''हेलेन, अब वह दिन दूर नहीं है जब तुम्हारे राजकुमार के सिर पर मौर्य महाराज्य का मौर होगा और तुम्हारे सीमंत पर सौभाग्य का सिंदूर। तुम्हारी जिंदगी की शुरुआत ही महारानी के रूप में होगी। संपूर्ण संसार के इतिहास में किसी राष्ट्र, किसी संघ अथवा किसी महाराज्य की प्रथम महारानी के रूप में। पाटलिपुत्र से गंधार तक और हिमालय—हिंदूकुश के पार से

विंध्याचल के पार तक तुम्हारे लिए महारानी बनने का आशीर्वाद है। किंतु इसके पूर्व तुम अपना अध्ययन का कार्य पूर्ण कर लो और तत्पश्चात् नए भारत के निर्माण में अपनी भूमिका का निर्वहन करने के लिए तैयार रहो।''

हेलेन अपने छात्रावास की ओर चल पड़ी और पर्वतक तथा चंद्रगुप्त अपनी—अपनी अतिथि शाला की ओर, चाणक्य चणक भवन की ओर। दूसरे दिन प्रातःकाल ही सारथि ने उनका रथ यथास्थान लगा दिया और तीनों हिमपुरी की इंद्रपुरी हेतु प्रस्थित हो चले।

: 28 :

नंद वंश के दोनों गौरव शिखर महाराज महापद्मनंद ने मगध की सैन्य शक्ति तथा अर्थ-बल को पद्म से महापद्म तक पहुँचा दिया था और अब उनकी दृष्टि उसे शिखर अर्थात् संख से महासंख और महासंख से असंख्य तक ले जाने की ओर थी। इसके पूर्व उनकी आकांक्षा मगध को शिक्षा के क्षेत्र में भी उसी ऊँचाई पर आसीन करने हेतु संकल्पित थी। उन्हें यह बात रास नहीं आती थी कि मगध की ख्याति के शिखरस्थ होने के लिए शिक्षा के क्षेत्र में मगध के विद्यार्थी तक्षशिला की ओर उन्मुख हों, वरन् उनकी इच्छा तो यह थी कि तक्षशिला में अपना अध्ययन समाप्त करनेवाले भारतीय और भारत के बाहर के शिक्षार्थी नालंदा की ओर देखें। तक्षशिला की सांस्कृतिक पृष्ठभूमि और भौगोलिक स्थिति के संदर्भ में वेदों व वेदांगों का अध्यापन तो नालंदा भी संभव करने की स्थिति में आ ही गया था। किंतु बौद्ध साहित्य के संकलन के संदर्भ में तक्षशिला से आगे रहने के बावजूद उपवेदों में धनुर्विद्यादि युद्ध-विज्ञान तथा उसके सम्यक् प्रयोगादि के लिए तक्षशिला की अवस्थिति अधिक आकर्षक थी। अतः तक्षशिला से ही मगध पधारे अपने तीनों अमात्यों से परामर्श करने के बाद महापद्मनंद ने नालंदा विश्वविद्यालय के व्यापक विस्तार का पाठ्यक्रम तैयार करने के लिए स्वयं तक्षशिला पहुँचकर आचार्य चणक को मगध आने का आमंत्रण दिया था। चणक ने तब महानंद के इस आकर्षण भरे प्रस्ताव को ठुकरा दिया था। किंतु एक हताश-निराश सिकंदर के पराभव और गंधार वापस लौट जाने के बाद उन्हें मातृभूमि के आकर्षण ने मगध की धरती की ओर खींच ही लिया। चणक ने मगध आने के साथ ही नालंदा विद्यापीठ के प्रधान के एक छोटे पद को भी स्वीकार कर लिया और सम्राट् के विचारार्थ प्रस्तावित नालंदा विश्वविद्यालय की रूपरेखा तथा विश्वविद्यालय के पाठ्यक्रम का आधार-पत्र तैयार करने में तल्लीन हो गए।

नालंदा के महत्त्वाकांक्षी प्रस्ताव की आधारभूमि भी तो तक्षशिला विश्वविद्यालय

ही था। किंतु एक ऐसा क्षेत्र भी था ज्ञान का, जिसकी ओर आज तक तक्षशिला की दृष्टि ही नहीं जा सकी थी। वह क्षेत्र था—प्रभुसत्ता की सुरक्षा के दृष्टिकोण से युद्ध के पूर्व ही विजिगीषु पक्ष को सशक्त करने तथा शत्रु-पक्ष को कमजोर कर देने के लिए एक नई विद्या के नई विभाग की स्थापना, जिसमें मगध की धरती की पारंगतता विश्वविख्यात थी। चणक ने इस विद्या के अध्यापन का एक विभाग नालंदा में प्रारंभ करने का सुझाव दिया था और इस विभाग को राजनीति-शास्त्र, कूटविज्ञान और गुप्तचर निकाय की संज्ञा दी थी। चणक के इस प्रस्ताव पर नालंदा विद्यापीठ के आचार्य विचारों का आदान-प्रदान सामान्यतया तो करते ही रहते थे और चणक के व्याख्यानों से लाभान्वित थे; किंतु चणक की हत्या के बाद लगा, इस विद्या के विकास-विस्तार की गति में कोई विराम लग गया। घनानंद ने इसके पूर्व जैन दर्शन तथा बौद्ध धर्म के एक और निकाय तो जोड़ ही दिए थे नालंदा में; किंतु कूटनीति विभाग के प्रारंभ होते ही नालंदा की ख्याति अब संपूर्ण विश्व में पहले स्थान पर थी। उन्होंने इस नए निकाय को गति दी और आचार्य शांतिरक्षित के निर्देशन में संचालित इस विभाग को ऐसी लोकप्रियता मिली कि विदेशों से तक्षशिला आए विद्यार्थी अपना अध्ययन-कार्य पूरा करने के बाद दो वर्षों के लिए नालंदा विश्वविद्यालय में शिक्षार्थ अवश्य प्रवेश करते और बौद्ध साहित्य, कूट-विज्ञान तथा गुप्तचरी विद्या में प्रवीणता प्राप्त करने के पश्चात् ही अपने देश वापस लौटते।

गुप्तचरी और कूट-विज्ञान के केंद्र में जीवन दान करनेवाली महामात्य राक्षस की पुत्री सुवासिनी ने अपना अध्ययन समाप्त करने के बाद इस संकाय में आचार्य के पद पर योगदान दिया था और चणक की प्रिय पात्र छात्र रहने के कारण कूटनीति एवं गुप्तचरी की बारीकियों के अध्यापन को लेकर पूरे मगध ही नहीं, पूरे भारतवर्ष में चर्चित हो चुकी थी। चाणक्य से अपने संपर्कों के कारण जहाँ कहीं मार्गदर्शन की कोई आवश्यकता होती, वह विद्यार्थियों के माध्यम से चाणक्य के ज्ञान का भी लाभ उठाती तथा नालंदा विश्वविद्यालय के ज्ञानार्थियों को लाभान्वित करती।

कूटनीति निकाय इतना लोकप्रिय हुआ कि आस-पास के विद्यापीठों के छात्र-जैसे विक्रमशिला, पुष्पपुरी, रत्नागिरि, मन्यखाटा, उदंतपुरी, विश्वकिम, नागार्जुन कुंड, काशी आदि निकटस्थ विद्यापीठों से प्रविष्ट छात्र तो परीक्षोत्तीर्ण होते ही गुप्तचर विभाग में नियोजन प्राप्त कर लेते और इसी तरह तक्षशिला से नालंदा पधारे वल्लभी, शारदापीठ, कांचीपुरम आदि विद्यापीठों के छात्र भी अपने-अपने राज्यों में।

नालंदा विश्वविद्यालय की गूँज जो बुद्ध के जीवन-काल में विदेशों तक नहीं पहुँच सकी थी—सारिपुत्त और महामोदग्गलान के युग में, उसकी भी अनुगूँज अब पूरे विश्व में सुनाई पड़ने लगी और इसी अनुगूँज के साथ तक्षशिला के आचार्य चाणक्य की भी और नालंदा की आचार्य सुवासिनी की भी और इसी गूँज-अनुगूँज की ध्वनियों के

बीच चाणक्य के संवाद सुवासिनी तक तथा सुवासिनी के संवाद चाणक्य तक भी पहुँचते रहे।

सुवासिनी ने इस सूचना-तंत्र को सभी विद्यापीठों तथा विद्यापीठों के माध्यम से उनके संरक्षकों-राजाओं से भी जोड़ लिया। इस तंत्र के प्रभारी अमात्य प्रधान अमात्य के होने के कारण मगध की कूट तथा गुप्तचर शाखा का अध्ययन तो उसके रग-रग में व्याप्त ही था—अब सुवासिनी चाणक्य की सहयोगी बन सकने की विदग्धता प्राप्त कर चुकी थी।

अब मात्र सुवासिनी ही चंद्रगुप्त और चाणक्य की गंधार से मद्र तक भारत की इस यूनान-विजय की गाथा से अवगत नहीं थी, सुवासिनी के माध्यम से सोलहों जनपद के सभी राजे भी अवगत हो चुके थे और यह मानने लगे थे कि मगध का भावी सम्राट् अब चंद्रगुप्त ही होगा और आज नहीं तो कल नंद साम्राज्य विनष्ट होगा। वैशाली, चंपा, कलिंग और काशी के राजा तो अंदर-ही-अंदर इस बात की तैयारी में लग जाना चाहते थे कि यदि चंद्रगुप्त का आक्रमण मगध पर हुआ तो वे भी मगध से अपने अपमान का प्रतिशोध चुकाकर रहेंगे। सुवासिनी के माध्यम से वे ऐसा आश्वासन भी चाणक्य-चंद्रगुप्त तक पहुँचाते रहते और अपने विश्वस्त विद्यार्थियों के माध्यम से सुवासिनी भी चाणक्य के संदेश उन सभी राजों-महाराजों तक। कभी-कभी कुछ महत्त्वपूर्ण समाचारों से वह अपनी माँ को भी अवगत कराती और पुष्पलता कुछ-न-कुछ जानकारियाँ महामात्य राक्षस तक। किंतु बातें वही राक्षस तक पहुँचतीं, जिनके विषय में सुवासिनी को चाणक्य द्वारा निर्देशित किया जाता।

पुष्पलता पुत्री और पति दोनों को सतर्क रहने की शिक्षा देती रहती।

एक दिन रात के एकांत में पुष्पलता ने पति राक्षस से कहा, ''प्रियवर, सुवासिनी को विश्वस्त सूत्रों से यह सूचना प्राप्त हुई है कि चंद्रगुप्त, चाणक्य तथा पंचनद-नरेश पर्वतक ने न केवल मद्र, कंबोज और गंधार तक के छोटे-बड़े सभी सिकंदर द्वारा नियुक्त क्षत्रपों को परास्त कर संपूर्ण सिंधु सरस्वती प्रदेश पर अपना आधिपत्य स्थापित कर लिया है, वरन् इनकी संयुक्त शक्ति से प्रभावित होकर सिकंदर और सेल्यूकस ने चंद्रगुप्त से संधि कर ली है और संभवत: अब वह भारत छोड़कर बेबिलोन प्रस्थान कर चुके हैं। मुझे लगता है, अब उनका अगला विजय-अभियान मगध होगा। प्रियवर, पुत्री के अनुमानों के अनुसार नंद वंश की विदाई तय है और ऐसी स्थिति में हमें भी अपना अगला ठिकाना तय करने के विषय में सोचना चाहिए।''

''पुष्पलता, सुवासिनी अपने नाम के अनुरूप हवा में तैर रही है। वह पुरवाई बनकर चाणक्य तक पहुँचती है और चाणक्य उसे पछुवाई आँधी से जोड़कर सोलहों जनपदों के मायालोक में पहुँचा देता है। दो युवा हृदयों को स्वप्नलोक की सैर करने में

साथी का साथ मिलने का आनंद कुछ क्षणों भर का आनंद है। युद्ध की बारूदी आँधी में उनका स्वप्नलोक हवा हो जाएगा और सुवासिनी का सुवास दुर्गंध में परिणत हो जाएगा। तुम माँ हो, पुत्री को यथार्थ के धरातल पर जीने की शिक्षा दो। नंद शासन की भी एक गुप्तचर शाखा है, जो संपूर्ण भारत में अपनी कर्मठता के लिए जानी जाती है। चंद्रगुप्त और चाणक्य मेरे शत्रु नहीं हैं, यद्यपि मेरे सम्राट् के सबसे पहले निशाने पर रहने वाले शत्रु हैं वे ही दोनों। मैं महामात्यों के कर्तव्यों के विषय में सुवासिनी से शिक्षा ग्रहण करूँ—ऐसा महामात्य होता तो मैं राक्षस नहीं होता, पुष्पलता।''

पुष्पलता सुवासिनी की सूचनाओं का गंभीर विश्लेषण कर चुकी थी तथा उसके अंदर यह विश्वास जम चुका था कि चंद्रगुप्त निकट भविष्य में ही कभी-न-कभी सिकंदर, पर्वतक तथा मुरिय की सेनाओं के साथ मगध पर आक्रमण करेगा और देखते-देखते घनानंद का अंत तथा चंद्रगुप्त का उदय मौर्य सम्राट् के रूप में मगध के आँगन पाटलिपुत्र में सूर्य की तरह हो जाएगा।

वह अंदर-ही-अंदर चाहती थी कि यदि संभव हो तो राक्षस को चाणक्य की बातें मानकर चंद्रगुप्त के साथ हो जाना चाहिए। चंद्रगुप्त ही तो आखिर एकमात्र अधिकारी है, जिसे घनानंद के पतन के उपरांत मगध के सिंहासन पर आसीन होना चाहिए। उसने राक्षस को शांतिपूर्वक पूरे प्रकरण पर चिंतन करने की सम्मति दी।

''प्रियवर, सुवासिनी चाणक्य की वाग्दत्ता जीवनसंगिनी भी है। आपको चाणक्य और चंद्रगुप्त के पक्ष में न्याय की दृष्टि से खड़ा होने में क्यों संकोच होता है? चाणक्य आपका जामाता होगा और ऐसी स्थिति में यदि चंद्रगुप्त ही मगध-सम्राट् हो गया तो महामात्य का पद राक्षस के लिए तो आरक्षित रहेगा ही। आप मेरा कहना मानिए और गुप्त रूप से चाणक्य-चंद्रगुप्त से संपर्क साधने में लग जाइए।''

''पुष्पलता, मैं घनानंद का प्रधान अमात्य हूँ तथा मुद्रा विभाग का प्रभारी मंत्री भी। मैं अमात्य धर्म का निर्वाह करने में कोई चूक नहीं कर सकता। नंद वंश का वैधानिक उत्तराधिकारी कौन होगा, यह मैं शीघ्र ही तुम्हें बता दूँगा। यह जिम्मेदारी भी सम्राट् ने मुझे ही सौंपी है। मैं किसी ऐसे अक्षत्रिय-अब्राह्मण-अवैश्य योग्य व्यक्ति की खोज में हूँ, जिसे घनानंद के दत्तक पुत्र के रूप में अभिषिक्त कर युवराज घोषित किया जा सके। चंद्रगुप्त नंद वंश का उत्तराधिकारी है, यह प्रश्न उसी दिन समाप्त हो जाएगा। अब रही चाणक्य-चंद्रगुप्त के आक्रमण के विरुद्ध खड़ा होने की बात, तो यह जान लो पुष्पलता, कि मैं पहले घनानंद का अमात्य हूँ, बाद में पुष्पलता का पति। मैं घनानंद की सुरक्षा में अपने प्राणों से खेल जाना चाहूँगा, किंतु सुरक्षा में पीछे नहीं हटूँगा।''

''प्रियवर, जिस राज में प्रजा का खुलेआम शोषण होता हो, जिस राज की जड़ में जातिवाद-वर्णवाद का जहर पलता हो, जिस राज की अथाह संपत्ति का स्रोत मदिरा,

जुआ और वेश्या विभाग हों, जिस राज के कर्णधारों द्वारा कुलदेवियों और गरीबों की बहू-बेटियों का अपहरण कर लिया जाता हो, जिस राज में विद्वान् अपमानित और उपेक्षित हों, वैसे राजा के लिए समर्पित होकर मर मिटना किसी के लिए भी बुद्धिमानी की बात नहीं हो सकती आप तो तक्षशिला के आचार्य रह चुके हैं। आप जो उचित समझें, वही करें; किंतु एक संकल्प के निमित्त समर्पित सुवासिनी को न्याय के मार्ग से विचलित न करें, यही प्रार्थना है।''

''मुझे सबकुछ ज्ञात है, पुष्पलते। किंतु जब राजा आपदाओं और शत्रुओं से चतुदिक् घिरा हो तो उसे उबारने की सारी व्यवस्था करना मंत्री का धर्म है—मुझे स्वधर्म से च्युत होने की सम्मति तुमसे अपेक्षित नहीं है।''

''तो धर्मपत्नी होने के कारण मेरा भी तो धर्म है आचार्य, कि यदि डूब रही नाव पर उसका पति सवार हो तो उसे हाथ पकड़कर नाव से उतार ले। जिस राजा के विरुद्ध पर्वतक की सेना खड़ी हो, जिस राजा के विरुद्ध वैशाली घात लगाए बैठी हो, चंपा प्रतिशोध की तैयारी पूर्ण कर चुकी हो, अवंती और श्रावस्ती जैसे कुलागत शत्रु अवसर की प्रतीक्षा में खड़े हों और जिस राजा के विरुद्ध संपूर्ण भारतवर्ष के क्षत्रियों ने विद्रोह की मुद्रा अपना ली हो, ब्राह्मणों ने विनाश का संकल्प ले रखा हो और लेखक व लेखा संधारण करनेवाला कार्मिक कायस्थ समुदाय सपरिवार मगध छोड़कर अन्यत्र पलायन कर नंद शासन के विनाश में योगदान कर रहा हो—उस राजा की रक्षा में मंत्री खड़ा रहकर ही क्या कर सकता है? आपको तो घनानंद को अब यह सुझाव देना चाहिए कि वह सारा मोह त्यागकर चंद्रगुप्त को मगध का राजमुकुट स्वयं पहना दे और चाणक्य से चणक और चाणक्य के प्रति किए गए अपने और अपने पूर्वजों के सारे पापों के लिए क्षमा माँग ले।

''प्रियवर, मैं आपको बताना चाहती हूँ कि आपके अमात्यमंडल का एक भी सदस्य अब घनानंद के साथ नहीं है। आप अपनी सुरक्षा, मगध के कल्याण एवं आर्यों के संकल्पों को स्मरण करें और घनानंद व चंद्रगुप्त के बीच कोई वैसी ही संधि करा दें जैसी संधि सिकंदर और सेल्यूकस ने कर ली तथा शांति ूर्क बेबिलोन लौट गए हैं।''

''पुष्पे, मैंने अपने आँगन में पुष्पलता इसलिए नहीं रोपी थी कि उसका सुवास पुरवैया हवा के साथ उड़कर पश्चिम तक्षशिला चला जाए और उसकी आँखों की नींद उड़कर वैशाली, चंपा, कलिंग और अवंती की वीरान गलियों में भटकने लगे। मुझे सोने दो पुष्पलता, और तुम सुवासिनी को समझाओ कि उसे जो कुछ भी जानकारी मिले, उसे पिता के साथ बैठकर विश्लेषित कर ले, तभी कहीं कुछ बोले या कहीं कुछ करने की सोचे।''

''सो जाइए प्रियवर, आज सुवासिनी को नहीं, लगता है, उसके वानप्रस्थी पिता को ही लोरियाँ सुनानी पड़ेंगी।''

पुष्पलता राक्षस के सिर को अपने कोमल हाथों से सहलाने लगी और देखते-देखते दोनों निद्रा देवी के अंक में विलीन हो गए।

: 29 :

शकों, यवनों और कुषाणों के सतत हो रहे आक्रमणों से आर्यावर्त के जिस सबसे बड़े रत्नागार के लुट जाने या विनष्ट हो जाने की जो आशंका थी, वह रत्नागार था—तक्षशिला का ज्ञानागार और आचार्य चणक की दृष्टि में समय की यह सबसे बड़ी माँग थी कि तक्षशिला विश्वविद्यालय की अद्यतन विकसित ज्ञान-विज्ञान प्रणाली के प्रतिरूप-स्वरूप नए-नए विश्वविद्यालयों की स्थापना संपूर्ण भारतखंड में की जाए। इस दृष्टि से मगध, अवंती, काशी, अंग, बंग, उत्कल, कर्णाटक, विदर्भ तथा द्रविड़ जनपदों के सभी विद्यापीठों को उत्क्रमित कर सबको विश्वविद्यालय का स्वरूप प्रदान करना आवश्यक था। चणक के मस्तिष्क में महापद्मनंद के महामात्य पद के प्रस्ताव को ठुकराने के पीछे यही परिकल्पना काम कर रही थी। आचार्य ने मगध सम्राट् को सुझाव दिया था कि विश्वविद्यालयों की इस महायोजना का प्रारंभ नालंदा विद्यापीठ के उत्क्रमण से किया जाए और विद्यापीठ में दो अतिरिक्त विभागों के एक निकाय की स्थापना कर आर्यावर्त की सबसे बड़ी संपदा को लुट जाने या विनष्ट होने से बचा लिया जाए।

मगध सम्राट् ने भी इस परियोजना को सराहा था; किंतु उनका आग्रह मगध साम्राज्य का विस्तार संपूर्ण आर्यावर्त में करने और उसके साथ ही यह पूर्वग्रह भी प्रबल था कि नालंदा बौद्ध साहित्य की समृद्धि और बौद्ध धर्म का पूरे भारत में विस्तार हो प्रतिफल था—चणक पर बरसनेवाला यही राजकोप। राजकोप को झेलते हुए भी चणक अपनी महत्त्वाकांक्षाओं को नालंदा विद्यापीठ के प्रधानाचार्य की भूमिका में रहकर धरती पर उतार सकने में सफल हो सके थे और इस महान् कार्य में उनके अधीन कार्यरत सभी आचार्यगण सहयोग प्रदान करने में हृदय से समर्पित थे। चाणक्य और सुवासिनी जैसे छात्र व छात्राएँ भी इसी स्वप्न की उपज थीं और आज स्थिति यह थी कि चणक के नहीं रहने पर भी नालंदा विद्यापीठ अब पूर्णरूप से विश्वविद्यालय का आकार ग्रहण कर चुका था और चणक की परिकल्पना के उस नए निकाय की प्रधानाचार्य के रूप में एकमात्र सुवासिनी की ही पद-स्थापना होनी संभावित थी और तक्षशिला के उपवेद निकाय प्रभारी आचार्य चाणक्य के निर्देशन में नालंदा में उपवेदों एवं वेदांगों के अध्यापन का अध्याय प्रगति में था।

विश्वामित्र द्वारा यजुर्वेद से विकसित धनुर्वेद विभाग को नालंदा ने नया नाम दिया—युद्ध विज्ञान विभाग, जिसमें धनुर्वेद के अतिरिक्त गदा, त्रिशूल, बरछा आदि तथा

गजवाहिनी, अश्ववाहिनी, रथवाहिनी और पदाति विद्याओं की शिक्षा तो दी ही जाती, दो अन्य विद्याओं पर सबसे अधिक जोर दिया जाता। वे दो विद्याएँ थीं कूटनीति और व्यूह रचना विद्या तथा गुप्तचरी विद्या। इन विद्याओं के विशेषज्ञ के प्रतीक आचार्य चणक के स्वर्गीय होने के पश्चात् भी अपने छात्रों एवं छात्राओं के हृदयों पर राज कर रहे थे और उन्हीं प्रतिबद्ध छात्र-छात्राओं में एक थी—राक्षस पुत्री आचार्य सुवासिनी। सुवासिनी ने व्यूह रचना, कूटनीति और गुप्तचरी विद्या में प्रवीणता प्राप्त की थी और इसका समुचित लाभ न केवल मगध के वरन् अंग-बंग-कलिंग से लेकर वैशाली, विदेह, काशी, वत्स, अवंती, मथुरा, मद्र, कंबोज आदि सभी जनपद उठाने लगे थे। प्राय: इन सभी जनपदों के विद्यापीठों के विद्यार्थी अब नालंदा में प्रवेश के लिए पहुँचने लगे थे।

और इस पूरे संदर्भ में सुवासिनी अब इस स्थिति में थी कि अपनी गुप्तचरी का व्यावहारिक प्रयोग मगध की वर्तमान व्यवस्था के विरुद्ध करे और अपने गुरु एवं अपने मित्र चणक व चाणक्य दोनों के सपनों को सफल कर सकने में अपनी भूमिका का सर्वोत्तम निर्वाह कर सके। इसी उद्‌देश्य को सार्थक करने हेतु उसने अपनी प्रिय छात्र चंद्रसेना और घनानंद की इकलौती पुत्री चंद्रिका को छात्र ही नहीं, अपनी मित्र बना लिया था और स्वयं चंद्रिका की माता चंद्रसेना और दादी सुनंदा की विश्वसनीय प्रिय पात्र बन गई थी। चंद्रिका चंद्रसेना की पुत्री अवश्य थी, किंतु वस्तुत: वह थी अपनी दादी सुनंदा के स्वप्नों एवं दुष्चक्रों की ज्वलंत प्रतीक और जिस कारण सुनंदा ने उसे चंद्रसेना से दूर-दूर रखकर स्वयं उसके अंदर महापद्‌मनंद के महास्वप्न का तिलिस्मी संसार गढ़ा था और उसे एक विष-कन्या के रूप में मगध सम्राट् पर आए हुए किसी भी खतरे से खेलकर विजय प्राप्त कर लेने की क्षमता भर देने में सफलता प्राप्त कर ली थी।

चंद्रिका अपनी गुरु आचार्य सुवासिनी की मित्र बनकर कूटनीति और गुप्तचरी-विज्ञान में प्रवीणता प्राप्त कर लेने को प्रतिबद्ध थी। सुवासिनी विद्यापीठ में आचार्य की गंभीरता और घर में मित्र की आत्मीयता दोनों भूमिकाएँ अलग-अलग अंदाजों में निभाती। घर में चंद्रिका छोटी बहन थी, विद्यापीठ में एक शिष्या। किंतु अन्य शिष्य-शिष्याओं से कुछ अधिक स्वतंत्र और इसलिए लोगों को यह मित्रता बड़ी टिकाऊ लगती। चंद्रिका अकसर सुवासिनी के घर जाती और पुष्पलता के प्यार व स्वागत से अभिभूत होकर घर लौटती। कभी-कभी चंद्रसेना को भी साथ लाती; किंतु माँ-बेटी के बीच वात्सल्य की नैसर्गिकता नहीं, राजदरबार की औपचारिकताएँ झलकतीं।

एक दिन जब चंद्रिका सुवासिनी के साथ किसी लंबी वार्त्ता में निमग्न दिखी तो पुष्पलता ने मौका देखकर चंद्रसेना से कहा—"सम्राज्ञी चंद्रसेना, आप मथुराधिपति महाराज चंद्रसेन की आत्मजा और मगधाधिपति महाराज घनानंद की अधिरानी, हम सबकी स्वामिनी हैं और आप दोनों की एकमात्र पुत्री मगध की भावी युवरानी परी-सी सुंदर,

चंचल और सुशिक्षित पुत्री चंद्रिका की स्नेहमयी माँ हैं। मुझे भी ठीक आप ही की तरह सुवासिनी जैसी पुत्री की माँ होने का सौभाग्य प्राप्त है। किंतु मैं आपकी अनुमति से यह निवेदन करना चाहती हूँ कि मुझे बार-बार लगता है कि माता-पुत्री के बीच वात्सल्य की निश्छलता की जगह दरबार की औपचारिकता ने ले ली है। आप बुरा नहीं मानें तो कृपया अपने मातृत्व की पीड़ा का कुछ रहस्य खोलने की कृपा करें।''

चंद्रसेना बोल पड़ी, ''पुष्पलता, माँ और बेटी के बीच दो पीढ़ियों का अंतराल तो होता ही है। मेरी ही पुत्री नहीं, आपकी भी और आपकी ही नहीं, अन्य सभी माताओं की पुत्रियाँ माँ से कई गुना अधिक महत्त्वाकांक्षी होती हैं। अपनी महत्त्वाकांक्षाओं और सपनों को सार्थक करने के उद्देश्य से प्रेरित कुछ पुत्रियों का जुड़ाव माँ से कटकर पिता की ओर झुक जाता है। कभी-कभी तो पिता से भी हटकर पति की ओर और यदा-कदा तो पति से भी विरत होकर प्रेमी की ओर—कभी किसी मंत्री की ओर तो कभी किसी सेनाध्यक्ष की ओर। उसे लगता होगा कि उसकी माँ उसके पिता से उसे अपना राज्य नहीं दिला सकती। अतः उसने माँ से अधिक अपने पिता से सट जाना अधिक उपयोगी पाया होगा। मैं आपसे कहना चाहती हूँ कि चंद्रिका भले ही राजकोख की उपज है, किंतु राजकोष की अधिकारिणी उसकी दादी सुनंदा हैं और वह वही करती हैं, जो महारानी सुनंदा चाहती हैं। किंतु मैं आपको बतलाना चाहती हूँ कि सुनंदा ने मेरी मासूम सी बेटी को अनजाने में रखकर, विषाहार देकर विष-कन्या के रूप में तैयार किया है, ताकि जब घनानंद का सिंहासन हिलने लगे तो वह चंद्रिका के सौंदर्य की अमृत-वर्षा करने का नाटक करे और राजकुमारी के अंदर व्याप्त विष को उड़ेलकर किसी भी शत्रु राजा को यमराज के यहाँ भेज सके और इस तरह नीचे से खिसकते हुए सिंहासन पर पुनः आसीन हो जाए। पुष्पलता, मैं तो महामात्य की सहायता की आग्रही हूँ। उनसे कहिए, वे मुझे किसी तरह मगध के राजभवन के स्वर्ण-पिंजर से मुक्ति दिलाकर मुझे मेरे पिता-माता के पास मथुरा भिजवा दें।''

''चंद्रसेना, आप मेरी मित्र हैं और मित्र में आपके इस विश्वास-भाव का स्वागत है। किंतु मित्र, एक तो महामात्य राक्षस ने मुझे यह कठिन चेतावनी दी है कि धर्मपत्नी होने के नाते यदि राजकार्यों के दौरान मुझे उनसे कोई महत्त्वपूर्ण जानकारी प्राप्त भी हो जाए तो उसका उपयोग मैं अपने लिए या किसी भी अन्य व्यक्ति के लिए नहीं करूँ। मैं महामात्य से ऐसा कहकर मुझपर उनका जो अकाट्य विश्वास है, उसे धक्का नहीं पहुँचा सकती। मुझे लगता है, आपकी मुक्ति ही नहीं, राजभवन के विलासिता-संपन्न स्वकक्ष-कारागार में वर्षों-वर्षों से कैद महारानी मुरा भी एक विशेष स्थिति की ही प्रतीक्षा में हैं और आपको भी उस समय की प्रतीक्षा करनी चाहिए, जब मगध के सिंहासन पर चंद्रगुप्त का स्थान होगा और मगध की सत्ता की कुंजी मगध महाराज्य की

विचारधारा के जनक आचार्य चाणक्य के हाथों में होगी।''

''यह शुभ दिन कब तक आ सकेगा, पुष्पलता? मेरे अंदर का सारा घाव भर जाएगा उस दिन जिस दिन महादेवी मुरा मगध की राजमाता बनेंगी और मुरा-पुत्र चंद्रगुप्त जो नंद वंश का वास्तविक उत्तराधिकारी भी है, मगध महाराज्य का महासम्राट् होगा—महासम्राट् अर्थात् पृथु और इक्ष्वाकु जैसा, राम और कुश जैसा चक्रवर्ती सम्राट्। मुझे लगता है, यही कुछ कारण कहीं-न-कहीं काम कर रहा होगा महाराज महापद्मनंद के अंदर भी, जिस कारण महामात्य राक्षस के बार-बार प्रस्तावित करने के पश्चात् भी उन्होंने घनानंद का औपचारिक राजतिलक नहीं किया। भविष्य के लिए भी नंद वंश का अक्षत्रिय राज आबाद रहे, इस दृष्टि से सुनंदा तथा घनानंद चाह रहे हैं कि उन्हें कोई ऐसा अक्षत्रिय कुमार मिल जाए, जिसे घनानंद का दत्तक पुत्र बनाकर मगध साम्राज्य का उत्तराधिकारी कौन होगा—यह जानकारी राज्य के जन-गण-मन को दे दी जाए। पुष्पलता, आप ऐसा कुछ अवश्य कीजिए, ताकि मगध का यह जीता-जागता साम्राज्य जिसके साथ वृहद्रथ वृहद्रथ और जरासंध, का गौरवशाली इतिहास जुड़ा हुआ है, पुन: किसी क्षत्रिय कुलोत्पन्न शीलवान गुणवान राजपुत्र के सत्ताधीन हो सके।''

''चंद्रसेना, मैं सुवासिनी से इस विषय में वार्त्ता करूँगी और आपके सुझाव को क्रियान्वित करने हेतु संभवत: वह कुछ करने का प्रयास करेगी।''

''पुष्पलता, मैं कभी अकेली सुवासिनी से एकांत वार्त्ता करना चाहूँगी। किंतु मेरे लाख चाहने पर भी चंद्रिका के मेरे साए की तरह सदैव मेरे साथ होने के कारण संभवत: मुझे इस कार्य में सफलता नहीं मिले, यह सब राजमाता सुनंदा की चाल है, देवी। आप सुवासिनी को कहें कि मेरा संवाद वह किसी तरह मेरे छोटे भाई मथुरा के युवराज इंद्रसेन को पहुँचा दे कि उसकी बहन की जिंदगी साँसत में, बंधन में है और बहन की मुक्ति हेतु वह मगध के भावी सम्राट् के साथ अपनी पूरी सैन्य शक्ति के साथ मगध की वर्तमान सत्ता को ध्वस्त करने के लिए आक्रमण करे। मेरी मुक्ति का अर्थ होगा—मगध की मुक्ति, अज्ञात कुलशील ही नहीं, मगध साम्राज्य की रगों में क्षत्रिय-अक्षत्रिय के भेदभाव का जहर फैलानेवाले संस्कारहीन नंदों से मगध साम्राज्य को मुक्ति दिलाना। यदि आवश्यक हो तो सुवासिनी इंद्रसेन से मेरे गुप्त रूप से मिलने की भी व्यवस्था करे।''

इसी बीच चंद्रिका, जो सुवासिनी के साथ बैठी उसके कक्ष में वार्त्ता में संलीन थी, माताश्री की खोज करती अंदर आ गई। पीछे-पीछे सुवासिनी भी आ ही गई। चंद्रिका ने चंद्रसेना से बहुत विलंब हो जाने की चर्चा करते हुए पुष्पलता से घर लौटने की अनुमति माँगी। संध्या अपना अंधकार फैलाती जा रही थी। रथ आकर द्वार पर लग जाने की सूचना द्वारपाल ने दी और माँ-बेटी चल पड़ीं राजभवन की ओर। माँ अंत:पुर स्थित अपने कक्ष में तथा पुत्री दादी सुनंदा के कक्ष में।

: 30 :

धनानंद के अंतःपुर में अब निस्संकोच सुवासिनी का प्रवेश होने लगा था; किंतु अंतःपुर की गलियों को पार कर सकना उसकी बुद्धि और समझशक्ति से बाहर की चीज थी। चंद्रिका से उसका संपर्क अकसर सुनंदा के कक्ष में होता तो यदा-कदा चंद्रसेना के कक्ष में भी; किंतु सुनंदा और चंद्रसेना के कक्षों के बीच कोई संपर्क नहीं था। चंद्रसेना ने कभी उसे बताया था कि सुनंदा या मुरा के परिसरों में जाना उसके लिए वर्जित है और इस कारण यदि चंद्रिका उसके पास स्वयं न आती तो माता-पुत्री मिलन भी संभव नहीं हो पाता। अंतःपुर को लोग सम्मोहनपुरी कहते—जिस गली में, जिधर भी जाओ, सबकुछ पूर्णरूपेण एक ही तरह—सम्मोहन मंत्र से मति मार दी जाती है जैसे। पता ही नहीं चलता कि किधर से आए हैं, किधर जा रहे हैं। सुवासिनी को द्वारपालों, गोपालों, मत्स्यपालों, वृद्ध अंगरक्षकों, किन्नरों-अर्द्धपुरुषों या वृद्धा गणिकाओं का मार्गदर्शन उपलब्ध करना पड़ता, तभी वह चंद्रिका से मिल पाती। जब कभी सुवासिनी चंद्रसेना के साथ एकांत में होती तो वह उससे चंद्रगुप्त के संबंध में बातें करतीं और जब कभी चंद्रिका के साथ एकांतवास मिलता तो चाणक्य की भावी रणनीतियों-कूटनीतियों की। चंद्रिका को मन-ही-मन अच्छा लगता; किंतु यह रहस्य वह न तो सुनंदा के समक्ष खोल सकती और न चंद्रसेना के समक्ष। किंतु सुवासिनी से उसकी दिन-प्रतिदिन बढ़ती मित्रता के पीछे यही रहस्य कार्यरत था। वह सुवासिनी से कभी चंद्रगुप्त के रूप-सौंदर्य की चर्चा छेड़ देती तो कभी उसके आनेवाले भवितव्य की। और यही कारण था कि दोनों के बीच गुरु-शिष्य भाव से अधिक प्रबल मित्रभाव हो गया। कभी-कभी वह चाणक्य और सुवासिनी के परस्पर प्रेम की चर्चा भी छेड़ ही देती—

"दीदी, आप मेरी गुरु होने के कारण बहुत ही श्रेष्ठ हैं और इस कारण अत्यंत ही आदरणीय। किंतु हैं तो आप मेरी ही तरह एक युवा हृदय कुमारी कन्या, जिसके अंदर किसी युवराज के लिए गगनचुंबी अनेक सपने पलते हैं। मुझसे यह बात भी छिपी नहीं है दीदी, कि आप अपने अंतरतम से आचार्य चाणक्य के लिए समर्पित हैं। मेरी माँ ने मुझे बताया है कि चंद्रगुप्त चाणक्य का पट्टशिष्य है और चाणक्य की दृष्टि में वही मगध साम्राज्य का अगला उत्तराधिकारी भी है। दीदी, आप मेरी पारिवारिक पृष्ठभूमि से पूर्ण परिचित हैं और संभवतः इस संदर्भ में मेरा चंद्रगुप्त के प्रति किसी तरह का आकर्षण न तो उचित है और न विघ्न-रहित। किंतु पता नहीं क्यों, मुझे बार-बार लगता है कि चंद्रसेना की कुक्षि से उत्पन्न चंद्रिका का कुछ-न-कुछ नैसर्गिक या आत्मिक-आध्यात्मिक जुड़ाव चंद्रगुप्त से है, अन्यथा बार-बार मेरे मन-मस्तिष्क पर यह चंद्रगुप्त का पूर्ण चंद्र

क्यों छा जाता? मैं आपके मुख से सुनना चाहती हूँ दीदी, कि आपके हृदय का सम्राट् चंद्रगुप्त नहीं है और ऐसी स्थिति में आप संभवतः मेरा सामीप्य संबंध चंद्रगुप्त से जोड़ने में किसी तरह चूकेंगी नहीं।

"चंद्रिका, यह महज कोई व्याकरणिक संयोग नहीं, कोई-न-कोई ईश्वरीय विधान है, जो चंद्रगुप्त को चंद्रिका से, चंद्रिका को चंद्रसेना से और चंद्रसेना को चंद्रसेन से जोड़ता है—इस विधान में किसी सुवासिनी-सुहासिनी-सुभाषिणी का कहाँ कोई स्थान है? चंद्रगुप्त क्षत्रिय कुलीन है, चंद्रसेना क्षत्रिय कुलीन और चंद्रिका क्षत्रिय कोख में उपजी राजकन्या। मैं तो चाहूँगी चंद्रिका, कि तुम्हें जीवन में वह आकाश मिल सके, जिस धरती की तुम अंकुर हो और जिसे तुम अमृत-रस से सींचकर आकाश तक पहुँचा सको और रक्त से रंजित मगध की धरती को सोमदेव की तरह तरल-सरस कर सको। किंतु चंद्रिका, इसके लिए तुम्हें भी, अप्रत्यक्ष रूप से ही सही, मेरे साथ सहयोग करना होगा। तुम्हारी दादी ने तुम्हें किसी दूसरी दुनिया से जोड़ने के उद्देश्य से ही तुम्हें चंद्रसेना से अलग-थलग कर अपने ढंग से तैयार किया है। तुम अपने आपको मगध की राजकुमारी नहीं, मगध की महारानी बनने के लिए तैयार तो करो। समय, संभव है, स्वयं तुम्हारी इच्छाओं को यथार्थ की भूमि प्रदान कर सके। और हाँ चंद्रिका, जिस दिन तुम मगध की महारानी बन जाओगी, चंद्रसेना के अंदर के सारे घाव भर जाएँगे। मगध के कंस का भी नाश होगा और मगध की मुक्ति-विरोधी धरती मथुरा-वृंदावन की प्रेम और भक्ति से सराबोर हो जाएगी।

चंद्रसेना और चंद्रिका को सुनंदा से काटने और उन्हें मुरा, मुरिय एवं मथुरा-वृंदावन से जोड़ने की योजना सुवासिनी की चाणक्य कूटनीति की वह चाल थी, जो नंद वंश की ऊँची अट्टालिका की नींव को जर्जर बनाने में उसी तरह उपयोगी सिद्ध होने लगी जिस तरह धरती के निम्नतम तल को छूनेवाले कुश की जड़ में महीनों मट्ठा डाल कर उसे उखड़ जाने के लिए विवश किया जाता हो। सुवासिनी ने अपने पंख फैलाने शुरू कर दिए और राजभवन व उसके अंतःपुर में आती-जाती उसने उन सभी दौवारिकों, गोपालकों, मत्स्यपालकों, पाकशाला प्रभारियों को चंद्रगुप्त के उन दिनों की याद दिलाकर अपना बना लिया, जब वे उसकी चरवाहा मंडली की मंत्रिपरिषद् के सदस्यों की भूमिकाएँ अदा करते थे। उसने इशारों-इशारों में ही उन्हें यह जानकारी दे दी कि वे दिन अब बहुत दूर नहीं रहे, जब उनकी मंत्रिपरिषद् का सम्राट् मगध का सम्राट् बन सकेगा। और इस तरह घनानंद के राजभवन की नींव को जर्जर कर देने की प्रक्रिया आरंभ हो गई।

मगध राज्य के अंदर तथा बाहर उसके शिष्य उसके राजदूतों की तरह दूर-सुदूर तक चंद्रगुप्त के मगधागमन और उसके स्वागत की तैयारी में संलग्न थे। वैशाली, अंग, कलिंग, काशी और कोसल की सेनाएँ मगध पर एक साथ आक्रमण की योजना को कार्यान्वित करने में जुटी हुई थीं। पंचनद-नरेश के निर्देशन में मद्र, मथुरा, मुरिय, गंधार

की सेनाएँ प्रस्थान कर काशी पहुँचने वाली थीं। पंचनद की सेनाएँ पंचनद के युवराज मलयकेतु के सेनापतित्व में तथा मथुरा और अवंती की सेनाएँ जयसेन प्रद्योत के नेतृत्व में मगधराज से प्रतिशोध लेने की मुद्रा में घातक आक्रमण हेतु चंद्रगुप्त को मगध का राजाधिराज बनाने हेतु किसी भी हद तक समर्पित हो तैयार थीं। और आश्चर्य यह था कि यह सबकुछ एक गृहवासिनी ब्राह्मण कन्या एक सफल सूत्रधार की तरह सँभाले हुई थी। किसी को यह पता नहीं चलता था कि इस सारी योजना के अंदर कौन सी शक्ति कार्यरत थी, कौन सी नीति, कौन सी कूटनीति, कौन सी राजनीति, कौन सा व्यूह, कौन सा चक्र व्यूह रचकर सारे भारतवर्ष को एक महाशक्ति का रूप देने में लगी थी।

इस चक्र व्यूह का अंतिम दरवाजा अंत:पुर का वह द्वार था, जो राज कोषागार की ओर जाता था और उस द्वार पर जो सैनिक रक्षा के लिए अनुबंधित थे, उन्हीं सैनिकों की हार्दिक प्रतिबद्धता अब सुनंदा से कटकर मुरा की ओर मुड़ चुकी थी। चक्र व्यूह का पहला दरवाजा मथुरा में तो दूसरा दरवाजा काशी में था और तीसरा वैशाली में, चौथा रत्नागिरि-धवलागिरि में, पाँचवाँ कौशांबी में, छठा श्रावस्ती में और सातवाँ या अंतिम पाटलिपुत्र में। इन सातों दरवाजों पर अब वे ही सैनिक कतारबद्ध थे, जो कभी-न-कभी घनानंद को शक्ति-संपन्न बनाए हुए थे और उसकी आपातकालीन नीतियों के शिकार होकर अब काशी-कौशांबी में श्रीवास्तव, मथुरा में माथुर, रत्नागिरि-धवलागिरि में द्रोण, कर्णाटक में कर्ण और कर्णाटक की सीमाओं के पार ठाकरे-भोंसले बनकर मोरचे सँभाल रहे थे। मगध घिर गया था, राजभवन व्यूहों में उलझ गया था, राजकोषागार महाराज के नियंत्रण से बाहर निकलकर खोखला हो चुका था। बस, एक झटका, एक जोर का धक्का लगना था और एक धमाके के साथ रावण के पेट के अमृत-घट को टुकड़े-टुकड़े होकर उसके मिट्टी में मिल जाने भर की देर थी।

चंद्रिका इसी परिणाम की आशंका से ग्रस्त थी और वह इस आशंका से अपनी दादी और मगध की वास्तविक महारानी को अनभिज्ञ नहीं रखना चाहती थी। एक रात जब शयनकक्ष में देर रात उसने सुनंदा को चिंताग्रस्त देखा तो उसने दादी की चिंता का कारण जानने की उत्कंठा जताई—

''परम श्रद्धेया दादीश्री, आप केवल मेरी दादीश्री ही नहीं, मेरी माँ भी हैं, मेरी धात्री भी और मैं जानती हूँ कि मेरी बीस की आयु का अधिकांश आपके सपनों, आकांक्षाओं, अपेक्षाओं और मगध साम्राज्य की मजबूरियों पर विजय पाने की नीतियों, रणनीतियों, कुचक्रों और कूटनीतियों के अमृत व विष दोनों के अनथक सेवन तथा चिंतन-अनुचिंतन से निर्मित करने के पीछे आपका कोई-न-कोई निहितार्थ अवश्य है और इस कारण मैं आपके नींद नहीं आने के कारणों व उपायों पर आपसे कुछ बातें करना चाहती हूँ। मैं यह भी भलीभाँति जानती हूँ दादीश्री, कि आप मगध साम्राज्य की

महारानीधिरानी भी हैं और जब मगध में कुछ भी ठीक-ठाक नहीं चल रहा हो तो आपका चिंतित होना कितना स्वाभाविक है। राजकुमारी होने के नाते मेरा भी किसी भी युवती से अधिक अपने लिए सपनों का एक संसार सजाने में संलग्न हो जाना अस्वाभाविक नहीं था, किंतु आज सुवासिनी और उसकी माताश्री से अपने व अपनी माताश्री के वार्त्तालापों से मुझे लगा है कि अब वह समय बहुत ही समीप है, जब इस अंत:पुर की सारी विलासितापूर्ण साज-सज्जा और सारे सुखभोग मात्र ही हमसे नहीं छिन जाने वाले हैं, बल्कि आपका वह कुबेर-कोष, आपका वह स्वर्ण-निर्मित राजसिंहासन भी हमारा नहीं होगा और हम सब मगध कारागार के अंधकारमय कक्षों के वासी बना दिए जाएँगे। सारे धन और सारे आनंद के छिन जाने के पहले हमें सचेत हो जाना चाहिए दादीश्री, और बुरे दिनों के दंश से बचने की रणनीति-कूटनीति-राजनीति सब एक साथ तय कर लेनी चाहिए।''

''हाँ चंद्रिके, वह समय आगे आने ही वाला है; किंतु इस विषय पर अमात्यमंडल की कोई सभा आहूत करने के पहले तुम्हें स्पष्ट बताना चाहिए कि आनेवाला संकट क्या है, कितनी दूर है और भावी स्थिति को नियंत्रित करने हेतु तुम्हारी समझ से हमारी रणनीति-राजनीति-कूटनीति क्या होनी चाहिए। हाँ चंद्रिके, तुमने जो कुछ भी सुना है, उसे उसी तरह मेरे सामने उपस्थापित कर दो।''

''दादी, सुवासिनी की बातों से यह बात छनकर मेरे मस्तिष्क में जम गई है कि मगध साम्राज्य का भावी अधिपति मौर्यकुलीन क्षत्रिय-पुत्र चंद्रगुप्त होने वाला है और तक्षशिला के पश्चिमी प्रदेशों और पूर्वी सभी प्रमुख जनपदों की सेनाओं को एक साथ साजकर वह निकट भविष्य में ही पाटलिपुत्र के हमारे दुर्ग को ध्वस्त कर मगध साम्राज्य का अधिपति बनने वाला है। मुझे लगता है दादीश्री, कि आचार्य चणक के अभिनव अवतार चणक-पुत्र विष्णुगुप्त ने न केवल खतरनाक कुचक्रों का चक्रव्यूह रचा है, वरन् चंद्रगुप्त, पर्वतक-पुत्र मलयकेतु और चंद्रसेन-सुत इंद्रसेन के त्रिकोणीय आक्रमण के यज्ञ का कर्मकांडी आचार्य नहीं, अग्निकांडी अवधूत बनकर स्वयं प्रधान सेनापति के रूप में मगध की यात्रा पर प्रयाण कर चुका है। हाँ दादीश्री, अब धन और ऐहिक सुख-भोगों में डूबे हुए पिताश्री को जगाने का समय आ गया है और इसलिए आपको मगध अमात्यमंडल से विमर्श कर भावी रणनीति तय कर लेनी चाहिए और मगध की बाह्य व आंतरिक सुरक्षा को सुदृढ़ करने में लग जाना चाहिए।

''दादीश्री, इस संबंध में मेरा एक सुझाव भी आपके सामने है। संभवत: अमात्यमंडल राजाधिराज की इच्छाओं का आदर कर यह प्रस्ताव दे कि आपातकाल की अवधि का अगले एक वर्ष के लिए विस्तार किया जाए। किंतु मेरा अभिमत तो यह है कि जन-सहयोग और जन-समर्थन को जीतने की दृष्टि से हमें आपातकालीन अध्यादेश को न

केवल अविलंब निरस्त कर देना चाहिए, बल्कि आपातकाल लागू करने के अपने निर्णय के लिए जनता से क्षमायाचना करनी चाहिए। यदि ऐसा हो सका तो अस्त-व्यस्त तथा अवसादग्रस्त हमारी सेना एवं हमारे सेनापतियों का मनोबल बढ़ेगा और हम शत्रुओं का सामना पूरी शक्ति लगाकर कर सकेंगे। हमें यह भी चाहिए कि अपने वरिष्ठ गुप्तचर सैनिकों तथा पदाधिकारियों को पूरे भारतवर्ष में सक्रिय कर युद्ध की सारी आसूचनाओं को संगृहीत कर लें। मेरी समझ से, रूप-सौंदर्य की स्वामिनी गणिकाओं के और विष-कन्याओं को भी विरोधियों के सैनिकों तथा सैन्य प्रधानों के पीछे लग जाने का आदेश दे दिया जाए, यह भी आवश्यक है।''

''तुमने ठीक समय पर ठीक दिशा में मुझे सचेत किया है, पुत्री। मैं आज ही अमात्यमंडल की सभा आहूत करती हूँ। विशेष आमंत्रित सदस्यों की सूची में तुम्हारा भी नाम होगा और तुम्हारी सूचनाओं व सुझावों पर आवश्यक निर्णय आज ही ले लिये जाएँगे। चंद्रिका, तुम मगध की सुरक्षा का मेरा अंतिम अस्त्र हो। तुम मेरे साथ हो तो मगध का सिंहासन नंद वंश के ही अधीन रहेगा। किंतु चंद्रिका, तुम एक काम में अभी से लग जाओ। तुम सबसे पहले अपनी माता चंद्रसेना और चंद्रगुप्त की माता मुरा के साथ अपने गुप्तचरों को सक्रिय कर दो। आगे क्या-क्या होने वाला है, इसका संकेत तुम्हें इन दोनों से मिलने-जुलनेवाले भ्रमणार्थियों की भाव-भंगिमा से मिलता रहेगा।''

''अब तो शायद थोड़ी नींद आ जाए। रात ढलने को है। चलो, अब हम दोनों थोड़ा विश्राम कर लें।''

दोनों अपने-अपने शयन-कक्षों में विश्राम करने चली तो गईं, किंतु नींद नहीं आई। नींद तो उड़ चुकी थी। मगध की आँखों से ही भले ही सम्राट् की सुरा-भार से बोझिल पलकें खुलने को तैयार नहीं हों।

: 31 :

गंगा अपने उफान के चरम पर थी। लगता ही नहीं था, यही मुक्ति-प्रदायिनी माँ भी हो सकती है, सुरसा की तरह मुँह फैलाती चली जा रही लगती थी। पूरे पाटलिपुत्र को जैसे निगल ही जाएगी। किनारे कटते जा रहे थे। किले की दीवारें ढहती-भहराती गंगा में विलीन होती जा रही थीं। पाटनदेवी मौन थी। जिस नगर को उज्जयिनी की तरह बनाया था, तक्षशिला की तरह बसाया था और साकेतपुरी की तरह सजाया था, उसे उसी की अपनी ही बहन निगलती जा रही थी। किंतु देवी मौन थी, क्योंकि ऐसी किसी भी आसन्न विपदा से अनभिज्ञ-अचेत पाटलिपुत्र के नंद अपने अभेद्य दुर्ग के मध्य बने राजभवन के राजकक्ष में नित-नूतन गणिकाओं की गोद में कैद आनंद की बीन बजाने में

मस्त था, सुरापान के नशे में अलमस्त था। कोई छत्र तानती, कोई इत्र लगाती, कोई अंजन करती, कोई व्यंजन करती, कोई मनोरंजन करती संध्या रेशमी अलकें सजाए कब नंद के आनंद महल को चाँद-सितारों के रुपहले आगोश में जकड़ लेती और कब काली अलकें बिखराकर अंधकार के घटाटोप में दबोच लेती, कुछ पता ही नहीं चल ा था। बूढ़ी माँ सुनंदा ने पुत्र-विहीन घनानंद के उत्तराधिकारी की चिंता से ग्रस्त ढहते हुए महल को सँभाल पाने में सर्वथा असहाय-असमर्थ अपने अविश्वसनीय अमात्यों और विभागाध्यक्षों पर पूर्णतया आश्रित अब आपातकालीन शासन की उपलब्धियों की समीक्षा हेतु अमात्यों और अध्यक्षों की एक सभा आहूत कर आपातकाल को समाप्त कर कम-से-कम आपातकाल के पूर्व की स्थिति को पुनर्स्थापित करने का मन-ही-मन निर्णय कर लिया था। किंतु इसके पूर्व वह घनानंद तथा चंद्रिका से पूरे परिदृश्य पर विचार कर लेना भी उचित समझती। उसने आज ही पारिवारिक निर्णय और कल ही राज निर्णय लेने हेतु महामात्य से आदेश निर्गत करने की आज्ञा दे दी।

आज राजभवन के अंदर और राजभवन के बाहर दोनों जगह एक विचित्र सन्नाटा व्याप्त रहा। राजभवन के अंतःपुर में महारानी सुनंदा अपने पुत्र घनानंद तथा अपनी पौत्री चंद्रिका के साथ किसी गोपनीय विमर्श में तल्लीन थीं और राजभवन के बाहर प्रदेष्टा व स्थानिक तथा गोप-समाहर्ता से लेकर विभागाध्यक्षों के कार्यालयों में कल की सभा के लिए प्रतिवेदनों की तैयारी होने लगी थी। एक आतंक-सा व्याप्त था कि पता नहीं किनकी सेवा असंतोषजनक लग जाए और महारानी के आदेश से किस पर आपदा-विपदा का पहाड़ टूट पड़े। आपातकाल के अधीन न जाने कितने छोटे से लेकर बड़े पदाधिकारी तक सेवा-मुक्त या निलंबित हो चुके थे, कितने कारागारों में दम तोड़ रहे थे और कितनों को आर्थिक दंड के प्रहार ने क्षत-विक्षत कर दिया था। अनेक पदाधिकारियों की तो सारी संपत्ति ही जब्त कर ली गई थी तथा आवास गृहों पर तालाबंदी करा दी गई थी। अधिकांश आरोपित अधिकारी तो पाटलिपुत्र छोड़कर, मगध छोड़कर अन्य जनपदों में पलायित हो चुके थे। कोई कहता—कल की सभा में महारानी पूरे अमात्यमंडल को समाप्त कर अमात्यों को कारागार भेजने का आदेश भी क्रियान्वित कर सकती हैं तो कोई कहता कि कुछ अध्यक्षों के विरुद्ध कठोर कारवाई संभव है अथवा कम-से-कम सभी विभागों के अध्यक्षों के परस्पर स्थानांतरण के आदेश तो लागू हो ही जाएँगे। यह भी चर्चा थी कहीं-कहीं कि सभी सेनाध्यक्षों को उनके विभागों की समीक्षा के उपरांत बाहरी आक्रमणों से सामना करने के लिए आवश्यक तैयारियों के आदेश भी दिए जा सकते हैं।

इन सारे ऊहापोहों के बीच अंतःपुर का महारानी का मंत्रणा कक्ष गंभीर गोपनीय विमर्श में तल्लीन था। आज सम्राट् घनानंद पूरे होशो-हवास में मंत्रणा कक्ष में पधारते दिखे और उनके पधारने के पूर्व से ही राजमाता सुनंदा तथा राजकुमारी चंद्रिका विमर्श-

कक्ष में उपस्थित देखी गईं। पुत्र ने माताश्री का चरण-स्पर्श किया और पुत्री ने पिताश्री का और मंगलाशीष व वात्सल्य के वातावरण में वार्त्ता आरंभ हो चली—

"पुत्र घनानंद, तुम्हारे परामर्श पर संपूर्ण मगध राज्य में पूरे दो वर्षों तक आपातकालीन शासन-व्यवस्था लागू रही। हमने एक वर्ष के आपातकाल का कई बार विस्तार भी किया और यह आशा करते रहे कि हम अपनी आर्थिक समस्याओं का निदान तो कर ही लेंगे। इसी बीच हम अपनी इस कूटनीति में भी सफल हो जाएँगे कि तुम्हारे लिए एक अक्षत्रिय दत्तक पुत्र का चयन भी कर लें और युवराज के रूप में उसके अभिषेक की औपचारिकता भी पूरी कर लें। मुझे लगता है पुत्र, कि तुम इस कार्य को महामात्य को सौंपकर राज-सुख में लिप्त हो गए और महामात्य ने जान-बूझकर इस महत्त्वपूर्ण कार्य की अनदेखी कर दी। तुम अच्छी तरह जानते हो घनानंद, कि महामात्य राक्षस और आचार्य चणक सहाध्यायी-सहकर्मी ही नहीं, सजातीय भी हैं और चणक के अपमान का प्रतिशोध चाणक्य ले सके, इसके पूर्व उसका मित्र-गोत्र राक्षस ही ले लेना चाहेगा। मुझे लगता है कि अब जब कल ही आपातकालीन स्थिति के अंत की घोषणा होगी, हमारे किसी अक्षत्रिय दत्तक पुत्र को मगध का राजसिंहासन सौंपने की योजना का भी अंत हो जाएगा। और यदि यह हो ही गया पुत्र, तो समझो, शताब्दियों-सहस्राब्दियों के बाद मगध की गद्दी पर एक अक्षत्रिय-अब्राह्मण के राजवंश की जो संभावना सफल हो सकी थी, उसका तो सदा-सदा के लिए ही अंत हो जाएगा और देखते-देखते मौर्य चंद्रगुप्त नंद वंश के सिंहासन पर बैठकर सिंह-गर्जन करते हुए हम अक्षत्रियों को लोमड़-शृगाल घोषित करते हुए इतिहास के बियाबान में एक बार फिर पलायित हो जाने को विवश कर देगा। चणक यही चाहता था, चाणक्य यही चाहता है, राक्षस-कात्यायन-शकटार सब यही चाहते हैं। केवल वे ही नहीं पुत्र, पूरे भरतखंड के क्षत्रिय और क्षत्रिय केवल मूल सूर्यवंशी-चंद्रवंशी ही नहीं, वे सब तथाकथित नव-क्षत्रिय—कुरु, पुरु, यदु, तुर्वसु से लेकर द्रह्यू और अनु सब और सबके सब वंशज।"

"तुम शायद यह नहीं जानते बेटे, कि सूर्यवंश और चंद्रवंश के ये तथाकथित अनुवंशी ही क्षत्रिय नहीं हैं, वरन् मूल रूप में आज के तथाकथित राजत्यागी इन सभी ब्राह्मण और मूल क्षत्रियों में भी रक्त-संबंध रहे हैं और ये सभी वस्तुतः एक ही वर्ण और गोत्रवाले हैं। हमारे लिए तो ये सबके सब क्षत्रिय कुलीन हैं और आज की परिस्थिति में इसीलिए उन सबकी योजना है किसी तरह घनानंद हटे और सिंहासन पर सिंह पुत्र मौर्य चंद्रगुप्त आसीन हो जाए।"

"किंतु इस विषय पर हमें राजसभा में तो कोई विमर्श करना नहीं है, अतः तुम्हें तुम्हारी पुत्री चंद्रिका के समक्ष बुलाया है, ताकि तीन पीढ़ियाँ साथ मिलकर यह तो निर्णय कर लें कि हमारी अगली योजना क्या होनी चाहिए।"

घनानंद बोलने लगा—"माताश्री, राक्षस डाल-डाल तो बैताल पात-पात। ऐसा नहीं है कि घनानंद इस विषय पर अंधकार में है या राक्षस के किसी कुचक्र से अनभिज्ञ। आपके एक संकेत पर राक्षस के मायाजाल को हम कुतरकर समाप्त कर देंगे। माते, चंद्रिका अब बालिका नहीं, वधू होने योग्य हो चुकी है। आप आदेश दें तो मैं रातो-रात किसी शक्ति-संपन्न बृहत्तर अक्षत्रिय समाज से किसी युवक की खोज करूँ और हम चंद्रिका का पाणिग्रहण संपन्न करा दें तथा अकस्मात् किसी शुभ दिन को उसे मगध के सिंहासन पर आसीन होने हेतु युवराज के रूप में अभिषिक्त भी कर दें। शासन तो हमारी पुत्री करेगी और इस तरह नंद वंश का रत्न-जड़ित ताज महापद्मनंद के ही कुल में रह जाएगा और आपने चंद्रिका के निर्माण मैं जो भी खून-पसीना और बुद्धि-वैभव लगाया, है वह भी फलीभूत हो जाएगा।"

महारानी ने तुरंत घनानंद का प्रतिवाद किया—"पुत्र, चंद्रिका के बारे में कोई निर्णय केवल मैं लूँगी और यह निर्णय कब, क्या और क्यों होगा, यह न तो तुम्हें जानने की आवश्यकता है, न चंद्रिका को। बस, इतना भर जान लो कि तुम्हारा यह प्रस्ताव मगध और नंद वंश के हित में विचारणीय नहीं है। प्रतीक्षा करो, आज की सभा में मैं चंद्रिका के बारे में सही निर्णय अवश्य ले सकूँगी।"

"क्यों, दादी माँ," बोल उठी चंद्रिका—"पिताश्री का ऐसा प्रस्ताव तो इतिहास सम्मत प्रस्ताव है। आपको यह मान्य नहीं है; इसका कोई कारण हो तो हमें जानने का अधिकार तो है ही। आपको स्मरण दिला दूँ दादी माँ, कि ऐसी ही स्थिति में कोसल के राजा ने कभी अपनी पुत्री का विवाह निम्न कुलीन किसी युवक से कर दिया था जिस कारण अक्षत्रिय पुत्र प्रसेनजित् कभी कोसलाधीश बन सका था। इसी तरह का निर्णय एक बार मगध में भी हुआ माते, जिसके फलस्वरूप मगध के क्षत्रिय सिंहासन पर अक्षत्रिय बिंबिसार आरूढ़ हो सके थे। आपको भी इस दिशा में सोचना-विचारना चाहिए और कोई निर्णय लेने में शीघ्रता बरतनी चाहिए।"

"चंद्रिका, तुम्हें इससे भी बड़ी भूमिका का निर्वाह करना है और वह भूमिका तब सामने आएगी, जब नंद वंश का आधिपत्य खतरे में पड़ जाएगा। तुम्हें नंद वंश की लाज तथा उसके अस्तित्व को बचा लेने की जिम्मेदारी है, चंद्रिके। तुम समय की प्रतीक्षा करो। तुम इतनी रूपवती-गुणवती हो कि इस देश का कोई भी राजकुमार तुम्हें पाकर धन्य-धन्य हो जाएगा और तुम्हें पाने के लिए मर मिटने को तत्पर हो जाएगा। वह दिन देखो, कब आता है, पुत्री।"

"दादी माँ, मैं सुवासिनी और पुष्पलता के बीच संपन्न गोपनीय वार्त्ता का कुछ अंश भर श्रवण करने के बाद यह कह सकने की स्थिति में हूँ कि चाणक्य बड़े-बड़े राज्यों की सेना के सहयोग से मगध पर आक्रमण करने वाला है और किसी ऐसी

संभावना से इनकार नहीं किया जा सकता कि चंद्रगुप्त विजयी हो और मगध का सम्राट् बने। हमारी सैनिक तैयारी इस योग्य नहीं कही जाती है कि हम चंद्रगुप्त के आक्रमण का प्रत्युत्तर दे सकें। ऐसी स्थिति में क्यों नहीं हम इस तरह की एक संधि का एक प्रस्ताव चाणक्य के पास भेजें कि हम चंद्रगुप्त को मगध की गद्दी पर कालक्रम से आसीन करने हेतु नंद वंश के युवराज के रूप में अभिषिक्त कर सकते हैं। आखिर वह भी तो एक तरह से महापद्मनंद का क्षेत्रज पुत्र ही तो माना जाएगा।

"और तब तो उसे और भी लुभावने इस प्रस्ताव की ओर भी इशारा किया जा सकता है कि यदि वह चाहे तो उसका विवाह भी महापद्मनंद की एकमात्र पौत्री चंद्रिका से किया जा सकता है। इस तरह माँ, नंद वंश की गद्दी नंद वंश में रह जाएगी। अब तो हमें क्षत्रिय-अक्षत्रिय रक्त के अंतर को पाटने के लिए तत्पर होने का समय भी आ गया है, दादी माँ!"

"चंद्रिका, तुम बच्ची हो। तुम नहीं जानतीं कि किन अपमानों और किन अत्याचारों से अभिप्रेरित और किन खतरों से जूझकर नंदिवर्द्धन ने नागदशक जैसे तथाकथित क्षत्रिय राजा की हत्या करने के पश्चात् मगध के सिंहासन को क्षत्रियों से छीना था। और यदि तुम जानतीं तो शायद ऐसा प्रस्ताव नहीं देतीं। यह पूरा-का-पूरा भारतखंड क्षत्रियों के छत्र के नीचे है और संपूर्ण ब्राह्मण समाज 'सर्वदेवमयोराजा' मंत्र का जाप कर रहा है। उस क्षत्र और उस मधु छत्र को तोड़कर जिसने सत्ता का मधु हम अक्षत्रियों के मुख में दिया है, उस अमृत से नंद वंश को कौन कहे, पूरे अक्षत्रिय समाज को वंचित करने की बात तुम भी करो, यह शोभा नहीं देता।

"चंद्रिका, आज से कई वर्ष पूर्व जब मैंने घनानंद के अभिषेक हेतु किसी ज्योतिषी से इसकी कुंडली पढ़वाई थी और जब उसने मुझे कुंडली का फलादेश सुनाया था तो मैंने उक्त ज्योतिषी को कठोर दंड देने का आदेश तो दे दिया, किंतु मैं अंदर-ही-अंदर भावी अशुभ की आशंका से भयभीत हो गई थी। उसने डरते-डरते मुझे बताया था कि घनानंद की कुंडली में ग्रहों के स्थान को देखने से कालसर्प योग की संभावना बनती है। उसने कालसर्प के विभिन्न प्रकारों की व्याख्या करते हुए यह भी बताया था कि घनानंद के जीवन-काल में मगध की प्रगति अवरुद्ध रहेगी, राजा का मान-सम्मान समाप्त हो जाएगा, आर्थिक संकट छा जाएगा, संपन्न होने योग्य कार्य भी असफल हो जाएँगे, राजा के जीवन में स्थिरता नहीं रहेगी और पुत्रयोग नहीं रहने के कारण वंश आगे नहीं बढ़ सकेगा। मैं देख रही हूँ, वह सबकुछ सामने है। अब तो चंद्रिके, मेरी आस्था भी ब्राह्मणों की इस तथाकथित ठगी विद्या में जमने लगी है। मैंने तुम्हारे दादाजी की कुंडली में कथित सर्वार्थसिद्धि योग की भी हँसी उड़ाई थी। किंतु उन्हें तो देखा, मिट्टी का ढेला छू दिया तो स्वर्ण में परिवर्तित हो गया। मैंने निर्णय लिया है—मैं यथाशीघ्र इस कालसर्प के

शमन हेतु आवश्यक जप-जाप तथा पूजा-अर्चना की व्यवस्था करूँगी; किंतु अब किसी भी परिस्थिति में आपातकाल का विस्तार संभव नहीं होगा।''

फिर घनानंद को देखते हुए उसने कहा, ''कल की सभा में मैं आपातकाल की समाप्ति से संबंधित अध्यादेश जारी करने की उद्घोषणा तो कर ही दूँगी। दत्तक पुत्र के चयन और वरण-अलंकरण की जिम्मेदारी भी मेरी ही रहेगी, बेटे। तुम मुझे यह बताओ कि आसन्न चाणक्य-चंद्रगुप्त के आक्रमणों का सामना करने के लिए हमें कौन-कौन से आवश्यक कदम उठाने आवश्यक हैं और इसके लिए आगे आनेवाले समय में शासन की ओर से क्या-क्या आदेश निर्गत होने आवश्यक हैं?''

घनानंद ने कहा, ''माताश्री, जहाँ तक मेरी जानकारी है, पिछले तीन वर्षों से सैन्य सुरक्षा शीर्ष के अंतर्गत हमारा व्यय नगण्य है। न तो पदाति सैनिकों की नियुक्ति हुई है, न किसी तरह के शस्त्र-अस्त्र का क्रय और न रथों की मरम्मत, न पुराने हाथियों और घोड़ों की जगह पर नए हाथी-घोड़ों का क्रय या उनका प्रशिक्षण ही। माते, आपके समक्ष यह स्वीकार करना होगा कि ऐसा मैंने जान-बूझकर किया था और वह भी आपको प्रसन्न करने के लिए अधिक। मैंने चाहा था कि सैन्य बल में नियुक्ति पर प्रतिबंध लगाने के फलस्वरूप सैन्य शक्ति में क्षत्रिय बल का प्रभुत्व घट सकेगा। ये सत्ता-विरोधी लोग जीविका की खोज में कहीं दूर देश चले जाएँगे और तब हम गैर-क्षत्रिय गैर-ब्राह्मण समाज के लोगों को सेवा में स्थान देकर अपने मनोनुकूल सैन्य बल का निर्माण संभव कर लेंगे। इसी तरह समाहर्ता, गोप, स्थानिक और प्रदेष्टाओं में अधिकांश को हम सेवा से हट जाने या हटा देने में सफल होने के कारण आज ऐसी स्थिति में हैं कि ब्राह्मणों और तथाकथित ब्राह्मणों (लेखक समाज) को समाहरणालयों से बाहर कर अब अब्राह्मण अक्षत्रिय समाज के लोगों को इन सभी पदों पर पद स्थापित कर सकेंगे। हाँ माते, थोड़ी बदनामी तो मेरी हुई, किंतु महत्त्वपूर्ण पदों पर आसीन ब्राह्मण, क्षत्रिय और तथाकथित ब्राह्मणों-क्षत्रियों का हमने सफाया कर दिया है। और आनेवाले समय में बड़ी संख्या में इन स्थानों पर नियुक्तियाँ की जा सकेंगी और चूँकि प्राय: वे सभी लोग अब मगध से बाहर हैं, इन पदों पर हम अपने वर्ण के युवकों की नियुक्ति कर अपने अपमानों का प्रतिशोध और उनके अरमानों की पूर्ति कर सकेंगे।''

''तो चलो, हम आज की मंत्रणा-सभा का विसर्जन करते हैं और कल की सभा में इसी आलोक में काररवाई करने का निर्णय देते हैं।'' कहा सुनंदा ने।

आज बहुत दिनों के बाद लगा कि मगध का राजभवन जग गया है और आनेवाले दिनों में कुछ-न-कुछ परिवर्तन अवश्य देखने को मिलेगा। किंतु ऐसा ही न तो सुनंदा को लग सका, न घनानंद को, न ही चंद्रिका को। सुनंदा के मन में यह बात घर कर बैठी कि न तो चाणक्य-चंद्रगुप्त के आक्रमण के दिन दूर हैं और न नंद वंश के विनाश के

दिन। चंद्रिका चंद्रगुप्त के साथ अपने संबंधों की दूरी कम करने की कूटनीति में तल्लीन हो गई और घनानंद अपनी शाम को रंगीन बनाने की चिंता में बेचैन।

: 32 :

शूरसेन के महाराज शौरसेन के पुत्र मथुरा-नरेश उग्रसेन की पौत्री और महाप्रतापी मथुराधिपति महाराज कंस की भ्रातृजा चंद्रसेन-सुता चंद्रसेना का दुर्भाग्य ही तो था कि वह अपने जीवन में कभी न तो पूर्णिमा देख सकी और न अपने यौवन में कोई रास-लीला। जगमग तारों की बारात में छूम-छनन करती तो जरूर रही, द्वितीया की चाँद-सी, चतुर्थी-पंचमी की शशि-सी भी, किंतु चौदहवीं का चाँद बनने के पहले ही जैसे किसी धूमकेतु ने उसे दबोच लिया अपने पंजे में—किसी बाज-सा किसी कपोती को। ऐसा कुछ भी मथुरा में तब तक नहीं हो सका, जब तक मथुरा के राजा और जरासंध के जामाता कंस का शासन था। वस्तुतः पंचाल से मथुरा तक अथवा मथुरा से उधर कंबोज-मद्र तक ही नहीं, इधर मगध और अंग-बंग तक के प्रायः सबके सब राजपरिवार मूलतः एक ही वंश के वंशज के थे, एक ही वंश संस्कृति की उपज—शाकल की शक्तिसंपन्न धरती की संस्कृति या नवचंद्र अर्थात् नवक्षत्रियों के उद्भव की संस्कृति। देश-काल की स्वाभाविक भिन्नताओं के कारण वे केवल देखने में भिन्न थे—संस्कार से बिलकुल एक समान। यों अवंती के प्रद्योत वीतिहोत्र थे, मगध के ब्राहद्रथ जरासंध पुलिंद थे, कोसल के प्रसेनजित या शूद्रक-हर्यंक, मथुरा के शौरसेन कंस कैवर्त। ये चारों परिवार, जो मूलतः यदुवंशी थे और चारों ने एक साथ शाकल अर्थात् उत्तर मद्र अर्थात् तक्षशिला से पारगमन किया था, यों ही वैवाहिक सूत्रों में कैसे बँध जाते?

कैवर्त कंस यदुवंशी हैहय थे, पुलिंद जरासंध ब्राहद्रथ। यदुवंशी हैहय के सौ पुत्र थे—शूरसेन, वृष्णि, मधु, तालजंध, कृतवीर्य इत्यादि, जिन सबकी राजधानी मथुरा-मथुरा अर्थात् मधु की राजधानी, मथुरा अर्थात् मधुमती की जन्मभूमि और क्रीड़ाभूमि। वीतिहोत्रों की राजधानी थी उज्जयिनी और कभी कौशांबी किंतु चूल की तरह—मूल तो मथुरा ही था। मथुरा की एक बेटी थी मधुसुता मधुमती, जो पंचाल-नरेश भर्याश्व से ब्याही गई थी। एक ऐसा दुखद दिन भी आया, ऐसा दुर्भाग्य कि उसी शक्तिशाली यादव संस्कृति के केंद्र में रहकर शासन करनेवाले उग्रसेन की प्रपौत्री को मगध के एक अज्ञात कुलशील गणिका पुत्र के पुत्र ने संपूर्ण हैहय कुल हेतु उनके पौरुष को चुनौती देते हुए उसकी एक चंद्रमुखी किशोरी कन्या चंद्रसेना का अपहरण कर लिया और उससे विवाह कर उसे अपनी अंकशायिनी बना लिया। संपूर्ण यदुकुल विक्षुब्ध था और

प्रतिशोध के लिए उचित समय की प्रतीक्षा में था। पुलिंद मौर्य चंद्रगुप्त की सहायता में खड़ा हो जाना सदियों पुराने उनके संयुक्त प्रतिशोध का एकमात्र और मात्र एक अवसर था। शाकल से चलकर जब चंद्रगुप्त अपनी सेना के साथ मथुरा पहुँचा तो क्या पंचाल, क्या शूरसेन, क्या कोसल, क्या कंबोज, क्या मद्र, क्या अवंती, क्या वत्स सारे-के-सारे एक ही मूल के राजे उसे एक ही जगह मिल गए थे और इंद्रसेन के नेतृत्व में मगध पर आक्रमण करने की सबने ध्वनि मत से स्वीकृति दे दी।

चंद्रसेना जानती थी कि कोई भी उसके निजी दूत की तरह घनानंद तथा नंद कुल से मिले उसके अपमान और प्रताड़नाओं की सही-सही जानकारी मथुरा पहुँचा दे तो यह संपूर्ण यदु कुल के प्रतिशोध की अग्नि में घी का हविष्य बन जाएगी और नंद साम्राज्य के सर्वस्व को स्वाहा कर देने का काम कर देगी।

सूरज ढल चुका था—अस्ताचल के अंक में और अँधेरा छाने लगा था अंत:पुर में।

तुलसी चबूतरे पर दीप जलाने के पश्चात् चंद्रसेना पूजा के आसन पर बैठी भगवान् कृष्ण की छवि को पता नहीं निहार रही थी या पुकार रही थी, याज्ञसेनी पंचाली की तरह किसी कृष्ण को एक बार और एक बहन की अस्मिता बचाने की आवश्यकता आन पड़ी है—"हे यदुनंदन! धर्म की ग्लानि अपने चरम पर है। आओ, आ जाओ एक बार और...पर हस्तिनापुर में नहीं, पाटलिपुत्र में और एक बहन की आन की रक्षा करो, मथुरा की शान की रक्षा करो और एक बेटी, एक कुमारी कन्या की प्रतिष्ठा को एक कुलशील-विहीन सत्ता के चरणों पर बलिदान होने से बचा लो।"

खोज रही थीं उसकी आँखें मथुरा-द्वारका के नायक को और खड़ी थी उसके पास उसकी आँखों के सामने काशी की कुमारी कन्या अंबा की आधुनिक अवतार की एक जीवंत आकृति, जैसे साक्षात् पंचाली—यज्ञकुंड से सद्य: प्रस्फुटित यज्ञ की अग्नि के अंगारे की तरह भासमान प्रतिशोध की कोई नित नूतन संस्करण देवी याज्ञसेनी-सी कराली काली की नई अवतरण—महादेवी सुवासिनी। सुवासिनी दुर्गा तो थी ही, किंतु दुर्गा के साथ-साथ थी वह सरस्वती भी, लक्ष्मी भी। माँ पुष्पलता के निर्देशानुसार आज देर संध्या वह मगध के अंत:पुर में उस समय प्रवेश कर सकी, जो अंत:पुर से बाहर निकलने का अंतिम समय हुआ करता।

"आओ बेटी सुवासिनी! कहते हैं पाटलिपुत्र के लोग कि एक देवी हो तुम, तीन मुखोंवाली—पार्वती भी, लक्ष्मी भी, सरस्वती भी एक साथ सुवासिनी, सुभाषिणी और सुहासिनी तीनों। जैसे ही तुम इस आँगन में प्रवेश करती हो, लगता है, पुरवाई के झोंके के साथ वासंती रजनीगंधा की सुगंध-सी छा गई। जब तुम बोलती हो कुछ तो लगता है अमराई में जैसे अचानक कोई कोयल-सी कूक उठी और जब तुम्हारे अधरों से

हलकी-सी मुसकराहट की धवल चाँदनी छिटकती है तो लगता है जैसे किसी गुब्बारे में कैद खुशियों की खुशबूदार पंखुड़ियाँ बरस गईं। हाँ, आओ सुवासिनी! आओ, मेरे कक्ष के अंदर आओ और मुझे धन्य-धन्य कर दो। आज मैं हूँ और तुम हो और हम दोनों के बीच और कोई तीसरा-तीसरी कुछ नहीं है। आओ, कुछ बातें करूँ तुमसे और अपने चेतन-अवचेतन ही नहीं, अचेतन मन की सारी पीड़ाओं, सारी ग्रंथियों एवं सारी कुंठाओं को खोलकर तुम्हारे समक्ष रख दूँ और चंद्रगुप्त-चाणक्य के कैदखाने में एक प्रसन्न हृदय क्षत्राणी-सी सुख का जीवन जीने के लिए स्वेच्छापूर्वक प्रवेश कर जाऊँ। हाँ सुवासिनी, मैंने तुम्हें इसी स्थिति को सुलभ्य बनाने की तैयारी करने के उद्देश्य से पुष्पलता से तुम्हारे यहाँ आने का अनुरोध किया था।

''सच सुवासिनी, नंद-नंदन के कारागार से तथाकथित घनानंद बिहार से निकलकर चंद्रगुप्त-चाणक्य के घोषित कारागार में प्रवेश करने में भी मुझे मुक्ति का सुख ही प्राप्त होगा, यदि मैं विगत छत्तीस वर्षों से अपने अंतर में जमी अपनी पीड़ाओं, अपनी ग्रंथियों, अपनी कुंठाओं को निकालकर तुम्हें सौंप दूँगी।''

''हाँ माते, मैं आपकी पीड़ाओं का अनुमान तो करती रही हूँ, किंतु आपकी ग्रंथियों और आपकी कुंठाओं को तो केवल अनुमान से ही नहीं जाना जा सकता। लगता है, इंद्रलोक की तरह सजा-सँवरा तथा अप्सरा-लोक की तरह छूम-छनन और रुनझुन रव से गुंजित-अनुगुंजित यह घन और आनंद का संसार किन्हीं कारणों के चलते ही तो आपको प्रिय नहीं लग सका। सुनाइए माते, अपनी अंतःकथा सुनाइए और अपने मन को हलका कीजिए।''

चंद्रसेना कहने लगी—''मेरी कथा बड़ी दारुण है सुवासिनी। मेरी कहानी बड़ी ही दर्द भरी है, बड़ी ही दुर्भाग्यजनक। यह कहानी किसी महाकाव्य की नायिका के हरण की तरह की कोई कहानी नहीं है—किसी रुक्मिणी-हरण जैसे हरण की कथा। मेरी कहानी काशिराज की कन्याओं—अंबा, अंबिका, अंबालिका की रूपवती कन्याओं के महाबली भीष्म द्वारा बलपूर्वक अपहरण कर ली गई कथा की तरह की भी कोई कथा नहीं; क्योंकि हस्तिनापुर के समक्ष काशी का अस्तित्व ही नगण्य था। यह बड़ी ही दुर्भाग्यपूर्ण कथा है, सुवासिनी। इंद्र से भी अधिक शक्तिशाली चंद्रवंशी हैहय कुल की एक अबोध किशोरी राजकुमारी चंद्रसेन-सुता चंद्रसेना के बलपूर्वक अपहरण की एक कहानी—किसी पापी काले कौए जयंत की तरह, जिसने क्षुद्रतावश किसी सीता के सीने में चोंच मार दी हो। किसी अहंकारी, पाखंडी रावण ने साधु का वेश धारण कर किसी राजदुलारी रघुकुल भामिनी का अपहरण कर लिया हो।''

''सुनाइए माते!'' कहा सुवासिनी ने। और चंद्रसेना बोलने लगी—

''यह अपहरण-कथा तो वस्तुतः बहुत ही मर्मांतक लगती है। कैसे-कैसे हुआ

आपका अपहरण—आपका अर्थात् हैहय वंश के सौ कौरवों से बलशाली पुत्रों की अस्मिता और आत्मसम्मान की प्रतीक उस भोली-भाली कन्या का अपहरण, जिसके एक छोटे से राजा कार्तवीर्य ने कभी जमदग्नि ऋषि की माँ सदृश पूज्य गोमाता नंदिनी का अपहरण कर लिया था।''

''हाँ पुत्री, कथा कुछ वैसी ही दारुण है; किंतु कुशल था यदुकुल का कि जमदग्नि के तो मात्र एक ही पुत्र थे—परशुराम, किंतु हैहय के पूरे सौ बिलकुल कौरवों की तरह, जो आँखें फाड़कर देखते रह गए और बलराम ने दिन-दहाड़े दुर्योधन की पुत्री लक्ष्मणा का अपहरण कर लिया।''

शरत् की पूर्णिमा थी। चाँदी के चूर्ण जैसी चाँदनी बरसाती, अमृत वर्षा से भीगती-घुलती चंद्रिका-सिक्त रास की रात-कृष्ण की रासलीला की महिमामयी तिथि। मथुरा और वृंदावन जैसे जुड़कर एकात्म हो गए थे और यमुना के दोनों किनारों पर रासोत्सव का आनंद ले रहे थे। आधी रात का समय था। पूर्ण चंद्र के शीश से वैसे ही अमृत की बूँदें बरस रही थीं जैसे गजेंद्र के शीश से बरसता है मधुर रस, जैसे—आम्र मंजरियों से टप-टप गिरती हैं मधु की बूँदें। मथुरा और वृंदावन माधव-रस से भीग रहे थे—वृंदावन की कुंज गलियों से लेकर मथुरा के बड़े-बड़े मंदिरों तक में।

मैं राजभवन के शीर्ष से यह सारा आनंद-रस पी रही थी कि एकाएक किसी गोपी ने आवाज दी—''चंद्रसेना, चंद्रमा, पूर्ण चंद्रमा इधर धरती पर उतरने ही वाला है और तुम उधर उसे आकाश में ढूँढ़ रही हो। आओ नीचे, हम तुम्हें कृष्ण जन्मभूमि ले चलें और स्वर्ग में भी अनुपलब्ध रास के अमृत-रस का पान इसी धरती पर कराएँ।'' मेरा किशोर मन उद्वेलित-उत्तेजित हो गया और मैं चल पड़ी। किंतु कृष्ण जन्मभूमि नहीं, पास ही प्रतीक्षित किसी स्वर्ण रथ पर बैठाकर पाटलिपुत्र पहुँचा दी गई—मथुरा जैसी व्रज भूमि के बदले मगध जैसी बज्र भूमि में। देवसेना तो कभी हारी ही नहीं, बेटी, किंतु यह चंद्रसेना पहली ही बार हार गई, कैद में डाल दी गई। और फिर क्या था बेटी, मेरे साथ अत्याचारों का जो सिलसिला शुरू हुआ, प्रताड़नाओं का जो एक पूर्व नियोजित क्रम प्रारंभ हुआ, वह आज तक थमा नहीं। मैं माँ भी बनी, किंतु अपने ही शिशु को अपने अंक में कभी खिलखिलाते नहीं देखा। दूध से भरी मेरी ही छाती का दूध मेरी ही संतति को पी पाने का सौभाग्य नहीं प्राप्त हो सका। उसका नामकरण भी हुआ—चंद्रिका अर्थात् चंद्रसेना की पुत्री, चंद्रसेन की पौत्री, चंद्र वंश की बेदाग छवि की प्रतीक धवल वर्ण नंद वंश की राजकुमारी चंद्रिका, किंतु चंद्रिका अपनी जननी से बिलकुल अलग रखकर पालित-पोषित होती रही।

''सुवासिनी, मैंने तुम्हें यह कहने के लिए इस एकांत मिलन को संभव किया है कि तुम मेरी पूरी मनःस्थिति तथा नंद वंश की संपूर्ण वस्तु स्थिति से मेरे छोटे भाई

इंद्रसेन को अवगत करा दो और फिर प्रतीक्षा करो कि मगध आगे किस दिशा में चलने को अपना कदम उठाता है। इंद्रसेन मथुरा से लेकर द्वारका तक, अवंती और वत्स तक के क्षेत्र को एक संघ के रूप में अर्थात् एक राष्ट्र या एक महाराज्य के रूप में ढालने के प्रयास में रत है। इंद्रसेन अभी मथुरा के कूटनीतिक संदर्भों में मगध से युद्ध करना नहीं चाहता। तुम किसी तरह अपहृत और पीड़ित-प्रताड़ित एक बहन का संदेश उसके अनुज तक पहुँचा दो और उसे बता दो कि मुझे रानी बनाकर भी घनानंद ने एक दासी की तरह ही रखा है और मेरा यह संदेशा मेरे भाई से कहो कि वह मुझसे एक बार अवश्य मिले और श्रेष्ठ कुल चंद्र वंश के सिर पर नंद वंश के लहराते गणिक कुल के परचम को उतार फेंके। यदि नंद वंश की कब्र पर इंद्रालय के बदले चंद्रालय का ही शिलान्यास हो जाए तो यह तो सुवासिनी, हमारे आर्यावर्त के इस भारतखंड के लिए एक और भी विराट् आदर्श की उपलब्धि होगी। तुम उसे मगध पर आक्रमण में संपूर्ण यदुवंशी शक्ति के साथ सम्मिलित होने का मेरा संदेश किसी तरह पहुँचा दो सुवासिनी, और यदि आवश्यक हो तो किसी तरह मुझसे मिलवा दो उसे।''

''राजमाते, आप धन्य हैं और धन्य है यदुवंश का वह जीवाणु, जो आपकी आत्मा में बसकर इस आदर्श विचार की उद्‍भावना कर रहा है। मैं आपको विश्वास दिलाना चाहती हूँ कि मैं इस स्थिति में हूँ कि आपकी सारी इच्छाओं की पूर्ति कर दूँ। किंतु अभी तो क्षमा कीजिए देवी, देर हो रही है और मुझे राजभवन के कई कठिन सुरक्षा घेरों से निकल सकने का आशीर्वाद दीजिए। किंतु इस रहस्य पर से तो अब परदा उठा ही दीजिए माँ, कि सुनंदा द्वारा चंद्रिका के गुप्त रूप से लालन-पालन किए जाने और नितांत एकांत में अपने निजी पर्यवेक्षण में शिक्षित-प्रशिक्षित किए जाने के पीछे कौन सी कार्ययोजना सक्रिय रही है?''

''तो लो, यह भी सुन ही लो, सुवासिनी। मैं चंद्रिका की जननी हूँ और चंद्रिका की प्रारंभिक पोषिका-पालिका। उसे मैंने अपनी कोख में सुरक्षित कर कम-से-कम नौ महीने तक तो अवश्य पाला है और उसके भावी जीवन का मूल तंत्र खड़ा किया है। कोख में संपन्न निर्माण की रासायनिक प्रक्रिया का प्रतिफल जो संतति-स्वरूप है पुत्री, उस पर कोख के बाहर रहते हुए जो भी क्रिया-प्रतिक्रिया बाहरी प्रभावों के अधीन घटित होती है, उसकी सूचना किसी बेतार संवाद की तरह कोख को क्षण-प्रतिक्षण मिलती ही रहती है। संतति भले नादान होने के कारण क्रिया-प्रतिक्रिया तथा उनके प्रतिफल से अवगत नहीं हो पाए, किंतु कोख को तो यह सूचना मिलती ही है। मुझे ही नहीं, हरेक माँ को यह अधिकार प्रकृति-प्रदत्त है। और यही कारण है सुवासिनी, कि महारानी सुनंदा ने भले ही चंद्रिका को यह जानने-समझने से वंचित कर रखा हो कि उसके पालन-पोषण में विभिन्न प्रकार के विषों का उपयोग कर उन्होंने किसी

अप्सरा से भी सुंदर-सुकोमल मेरी फूल की पंखुड़ी और चाँदनी के चूर्ण से नहाई मनभावन-सुहावन मेरी बेटी को अमृत जीवन और अक्षय यौवन और अशेष सौभाग्य देने के बदले उसे एक जहरीली विष-कन्या के रूप में तैयार किया है। सुनंदा ने ऐसा शौक से नहीं सुवासिनी, बहुत बड़ी मजबूरी में किया होगा—ऐसा मैं नहीं जानती, यह भी नहीं है। मैं जानती हूँ कि ऐसा उन्हें भी यह देखकर करना पड़ा होगा कि घनानंद इस बुरी तरह कीचड़ में डूबा है कि वह नंद वंश और नंद साम्राज्य की रक्षा करने में किसी भी तरह समर्थ नहीं है। चंद्रिका नंद साम्राज्य को बचा लेने के हित में सुनंदा का अंतिम और कदापि असफल नहीं होनेवाला हथियार है—ठीक वही हथियार, जिसे द्वापर में ब्रह्मास्त्र कहते थे और त्रेता में रामबाण।''

''आप ज्ञान-विज्ञान में चली गईं माते। मुझे वर्तमान संदर्भों में सुनंदा की कार्ययोजना में चंद्रिका की उपयोगिता स्पष्ट कर बता दीजिए, ताकि मैं चाणक्य-चंद्रगुप्त को चंद्रिका के हितार्थ निर्णय लेने की पृष्ठभूमि से अवगत करा सकूँ।''

''तो सुनो सुवासिनी, चंद्रिका सुनंदा की ब्रह्मास्त्र है, जिसका उपयोग वर्तमान संदर्भों में वह तब करना चाहती है जब ये दोनों योद्धा तथा दोनों ब्रह्मचारी घनानंद को बंदी बना लेते हैं या दोनों में से कोई एक नंद वंश के सिंहासन पर आसीन हो जाता है। चंद्रिका को मगध की रानी बन जाने का प्रलोभन देकर उसे चंद्रगुप्त या चाणक्य किसी के साथ प्यार का खेल खेलने की छूट दी जा सकती है और तुम जानती हो, इसका प्रतिफल क्या हो सकता है—सम्राट् चंद्रगुप्त या प्रधान सेनापति चाणक्य अथवा दोनों गुरु-शिष्य प्रेम के जाल में फँसकर स्वयमेव मृत्यु के शिकार बन जा सकते हैं और इस तरह नंद वंश की एक बेटी नंद वंश का छिना हुआ साम्राज्य वापस ला सकती है।

''सुवासिनी, तुम इस तथ्य से दोनों को—चाणक्य को भी और चंद्रगुप्त को भी—पूर्णरूपेण अवगत करा दो। यही चंद्रसेना और सुवासिनी दोनों के लिए सबसे बड़ी राज-भक्ति होगी पुत्री, सबसे बड़ी राष्ट्रभक्ति।''

''मैं सबकुछ समझ गई, माते। अभी तो चलने दीजिए, फिर कभी हम दोनों मिलेंगे और नंद वंश की इस निम्नतम कोटि की कूटनीति की अर्थता-अनर्थता पर बातें करेंगे।''

संध्या गहराने लगी थी। डरती-डरती सी सुवासिनी किसी तरह दुर्ग से बाहर निकल चुकी थी और उधर चंद्रसेना चिंताओं के भँवर में कभी डूबती, कभी उतराती यह निष्कर्ष निकालने में संलग्न कि अब तक तो अवश्य ही सुवासिनी सकुशल प्रधानामात्य के आवास पर पहुँच चुकी होगी।

: 33 :

प्रारंभिक मानव सभ्यता के विकास की कहानी अधिकांशतः मानव की मूलभूत आवश्यकताओं की स्वाभाविक पूर्ति की दिशा में स्वतः घटित घटनाएँ हो जाती थीं, कोई योजनाबद्ध कार्यक्रम नहीं—चक्रवर्ती ऐक्ष्वाकु सम्राट् पृथु द्वारा पृथ्वी के समतलीकरण और कृषि सभ्यता के विकास तक। समाज के किसी विशेष व्यक्ति या समुदाय द्वारा समाज का प्रभुत्व हस्तगत करना अथवा किसी अन्य विशेष व्यक्ति या समुदाय का बौद्धिक नेतृत्व धारण करना या किसी अन्य विशेष व्यक्ति अथवा समुदाय द्वारा कृषि कार्य एवं व्यवसाय के क्षेत्र में अग्रणी बन जाना तथा शेष विभिन्न समुदायों द्वारा शेष सेवाओं की आवश्यकताओं की पूर्ति द्वारा जीवन-यापन प्रणाली विकसित होने की सारी घटनाएँ आवश्यकताजनित घटनाएँ ही थीं।

किंतु कैसा विचित्र एक कालखंड था यह भी—एक सुव्यवस्थित जीवन-प्रणाली बिखर रही थी। मगध का गढ़ टूट रहा था और बिना किसी योजना संचालित घनानंद द्वारा कराई गई जनगणना से यह दिखाई पड़ने लगा कि कैसे समय की गति के साथ मगध की प्राचीन जीवन-शैली खंड-खंड होकर समस्त भारत खंड में फैलने लगी थी। मगध के अग्रणी समुदायों का पलायन हो रहा था और आस-पास के जनपदों के अंदर मगध की सभ्यता संक्रमित होकर एक विशिष्ट सभ्यता को नया आकार दे रही थी।

तीन वर्षों तक प्रशासन तथा सेवा में कोई नई नियुक्ति नहीं होना एक ऐसी ही घटना थी। क्षत्रिय समुदाय का एक बलशाली-शक्तिशाली वर्ग मगध से काशी, वत्स, अवंती, मथुरा, कर्णाटक, पंचनद से लेकर सौराष्ट्र, कंबोज, गंधार तक ही नहीं, हिमाचल, विंध्याचल से आगे नीलांचल तक फैलने लगा—क्षत्रिय युवक मगध से असंतुष्ट होकर शेष जनपदों की सेनाओं के एक महत्त्वपूर्ण अंग बनने लगे थे और मगध के गढ़ को तोड़ने की दिशा में एक महत्त्वपूर्ण भूमिका निभाने लगे थे। इसी तरह प्रबुद्ध ब्राह्मणों का एक तथाकथित कायनिष्ठ कायस्थ वर्ग, जो मगध शासन में राजस्व-वसूली और लेखा संधारण की लेख्यकारी भूमिका में समाहर्ता, गोप, स्थानिक या प्रदेष्टाओं के रूप में कार्यरत था, राजकीय दंडात्मक काररवाइयों के आतंक से पलायित होने लगा था तथा यही वर्ग बाद में कायस्थ जाति बनकर अन्य जनपदों में स्थान लेने लगा और मगध प्रशासन की कुश जैसी बेजोड़ जड़ों में मट्ठा डालने लगा था। इन्हीं ब्राह्मणों का एक विशिष्ट ब्रह्मर्षि अंग मगध के योजनाबद्ध क्षरण की योजनाओं का सृजन मगध से प्रव्रजित अन्य जनपदों में करने लगा था। व्यावसायिक कारणों से कृषकों का समुदाय भी टूट रहा था और पलायित होकर काशी-मथुरा ही नहीं, अन्य

दूर-सुदूर जनपदों तक पहुँचने लगा था।

सुनंदा की प्रेरणा पाकर घनानंद ने आपातकाल की समाप्ति की अवधि में इस नई सामाजिक स्थिति का आकलन करवाने का कार्य किया और इस प्रकार मानव सभ्यता के इतिहास में जातीय या व्यावसायिक दृष्टि से विकसित तथा तब के उपेक्षित समाज की स्थिति ही जनगणना प्रारंभ करने-करवाने का यह पहला सौभाग्य घनानंद को ही प्राप्त हो सका।

आज की समीक्षा सभा में इस जनगणना के नए आँकड़ों के साथ सभी अमात्य और सभी समाहर्ता उपस्थित थे। सेनाओं में नई नियुक्तियों से लेकर राजकीय सेवाओं में रिक्त कार्मिक पदों पर उपेक्षित वर्गों की नियुक्तियों की दिशा में इस जनगणना का प्रतिवेदन एक आधार-स्तंभ बन चुका था। घनानंद ने आपातकाल की समाप्ति की घोषणा के साथ ही यह अध्यादेश भी प्रख्यापित किया कि अगले तीन महीनों के अंदर सभी रिक्त पदों पर क्षत्रियों-ब्राह्मणों के लिए पूर्व से अप्रत्यक्ष रूप से आरक्षित पदों पर अन्य समुदाय के योग्य कार्मिकों की नियुक्ति की जाए। अप्रत्यक्षत: लागू आरक्षण को समाप्त कर सभी राजकीय सेवाओं के लिए नियुक्ति के सभी पद पूरे समाज के योग्य कार्मिकों के लिए खोलने की दिशा में यह एक ऐसा कदम था, जिसकी प्रशंसा तथा जिसका अनुमोदन एक अत्यंत महत्त्वपूर्ण घटना थी। ब्राह्मणों और तथाकथित लेखा संधारी ब्राह्मणों (कायस्थों) तथा क्षत्रियों और तथाकथित कुरुओं, पुरुवों तथा यादवों के तथाकथित अग्रणी वर्ग के विरुद्ध आम लोगों के हित में गठित यही नीति तत्कालीन समाज की एक प्रगतिशील धारा के रूप में आकार ग्रहण करने लगी।

सुनंदा ने सोचा था कि मगध की शासन-व्यवस्था में यह नया कदम एक क्रांतिकारी कदम होगा और इसके लिए शासन सभी संबंधित अमात्यों को सतर्क रहने के आदेश जारी कर देगा। आज विभागों की समीक्षा के क्रम में मुख्यत: दो विभागों के अमात्यों और समाहर्ताओं की राजकीय प्रशंसा की गई, क्योंकि शासन के इन्हीं दो-तीन विभागों ने ही आपातकालीन शासन के दौरान उल्लेखनीय एवं प्रशंसनीय जिम्मेदारियाँ निभाई थीं। सभी विभागों से अधिक आय गणिका विभाग द्वारा प्राप्त हुई थी और इस दृष्टि से दूसरा स्थान मद्य विभाग को तथा तीसरा स्थान द्यूत विभाग को प्राप्त हुआ था। सीता (कृषि-पशुपालन) विभाग तथा वाणिज्य कर विभाग बहुत पीछे हो गए थे।

घनानंद ने कहा, ''महामात्य, संयोगवश आप स्वयं मद्य विकास विभाग के प्रभारी अमात्य हैं, जिसके अभूतपूर्व संचालन तथा जिसकी उपलब्धियों के आलोक में महनीया महारानी सुनंदा ने महाराज महापद्मनंद की ओर से आपको बधाई देने का निर्देश मुझे दिया है। किंतु महामात्य, आपका सबसे महत्त्वपूर्ण विभाग प्रतिरक्षा विभाग है, जिसकी वर्तमान स्थिति अत्यंत ही दयनीय तथा शोचनीय हो गई है। सारे आयुध अनुपयोगी हो

चले हैं हस्ति-शाला, अश्वशाला तथा रथागार—सबके सब युद्ध के सर्वथा अयोग्य हो गए हैं। सैन्य बल से सतत सेवानिवृत्तियाँ तो होती रहीं, किंतु रिक्तियों को भरने की दिशा में कोई काररवाई नहीं हुई प्रतीत होती है। मगध जैसे बलशाली जनपद, जिसके भय से कभी विश्व-विजयी सिकंदर ने पंचनद से आगे बढ़ने का साहस नहीं किया, उसी मगध के विरुद्ध आए दिन वैशाली, अंग, कलिंग और काशी जैसे छोटे-छोटे जनपद भी ताल ठोंकने लगे हैं। नहीं चाहते हुए भी मुझे मगध सम्राट् को यह अभ्युक्ति संसूचित करने को विवश होना पड़ रहा है कि हमारी गुप्तचर व्यवस्था भी चरमरा गई-सी प्रतीत होने लगी है; जबकि स्वयं महामात्य इस विभाग के शीर्षस्थ प्रभारी हैं। जिस मगध साम्राज्य के प्रधानामात्य आचार्य वर्षकार ने कभी प्रधानमंत्री का पद छोड़कर किसी मगध विद्रोही पंडित के रूप में वैशाली में एक साधारण विद्यालय के शिक्षक के रूप में कार्य करते हुए वर्षों गुप्तचरी की थी, उसी मगध के वेतनभोगी गुप्तचर आज मगध के विरुद्ध वैशाली, काशी और अंग-कलिंग में विरोधियों के पक्ष में गुप्तचरी कर रहे हैं। मुझे तो यहाँ तक जानकारी है महामात्य, कि स्वयं आपके घर के अंदर मगध-विरोधी गुप्त मंत्रणाओं का सिलसिला जारी है और महामात्य या तो असहाय सबकुछ देखकर मौन हैं या गुप्तचरों की साजिशों में स्वयं सम्मिलित।'' घनानंद ने इसके पूर्व अधिक तीखी टिप्पणी महामात्य के विरुद्ध कभी भूलकर भी नहीं की होगी। हाँ, कभी-कभी व्यंग्यबाण अवश्य चलाए थे, किंतु आज महारानी के समक्ष भरी सभा में इस तरह की टिप्पणी करने के निहितार्थ से पूरी सभा आश्चर्यचकित थी। इसी बीच आचार्य कात्यायन ने कार्यवाही की दिशा बदलने की नीयत से एक महत्त्वपूर्ण टिप्पणी करने हेतु अनुमति चाही—

कात्यायन बोलने लगे, ''महारानी, वर्तमान समय एक-दूसरे के कार्यों में छिद्रान्वेषण करने का नहीं है। अब तो हमें इस बिंदु पर समीक्षा और निर्णय करने का समय आ गया है कि आपातकाल ने हमारी आर्थिक स्थिति को कितनी संपन्नता दी और उस स्थिति में हम अपनी सैन्य शक्ति को समुचित सुदृढ़ता प्रदान करने की स्थिति में पहुँच सकते हैं या नहीं, जब हमारा सैन्य संगठन पूरी तरह चरमरा गया हो। हमें उसे सुदृढ़ करने के लिए सभी लोगों को साथ लेकर चलना होगा।''

सुनंदा ने कहा, ''आचार्य कात्यायन, आप तो स्वयं एक महत्त्वपूर्ण विभाग के अमात्य हैं और संभवत: इसी कारण आपके अधीन मात्र एक ही विभाग दिया गया था कि आप महाराज महापद्मनंद की सबसे महत्त्वपूर्ण आकांक्षा नालंदा विद्यापीठ को तक्षशिला विश्वविद्यालय से भी समृद्ध और संपन्न विश्वविद्यालय के रूप में आकार देकर पूरी कर सकेंगे। बहुत कुछ हो सका है, आचार्य; किंतु मुझे यह भी जानकारी मिली है कि आपके विश्वविद्यालय में कार्यरत कुछ ऐसे भी आचार्य हैं, जो मगध शासन

के विरुद्ध गुप्तचरी के कार्य में लगे हुए हैं। आपकी शिष्या चंद्रिका यहाँ उपस्थित है। आप कभी राजभवन में आएँ तो आपको इस संबंध में विस्तृत सूचनाएँ दे सकूँगी।''

कात्यायन बोलने लगे, ''महारानी, नालंदा विश्वविद्यालय उस मार्ग पर चल चुका है, जिसका लक्ष्य नालंदा को वैश्विक ज्ञान का सर्वश्रेष्ठ केंद्र घोषित करने के दिन अब बहुत दूर नहीं हैं। शिक्षा, स्वास्थ्य और नागरिक सुविधाओं से संबंधित विभाग तो व्यय के विभाग ही हैं। आय के विभाग कृषि, पशुपालन, खान-खनिज, जंगल, वाणिज्य आदि विभाग हैं; किंतु आपातकाल के तीन वर्षों में इन सभी विभागों की आय में ह्रास-ही-ह्रास होता गया है। महारानी, मुझे यह कहने में संकोच का अनुभव हो रहा है कि हमारी आय सिर्फ दो विभागों में ही बढ़ी है; खूब बढ़ी है; किंतु इसी वृद्धि के लिए हमारी ख्याति में वृद्धि की जगह अपूरणीय क्षरण हुआ—मगध के अंदर ही नहीं, बाहर भी। मद्यपान की खुली अनुज्ञप्तियों से और मद्य की खुलेआम उपलब्धता से राज्य की आय तो बढ़ी है, किंतु कुलवधुओं की सुख व शांति छिन-सी गई है। पारिवारिक हिंसा में वृद्धि हुई है, अकर्मण्यता बढ़ी है, अपराध बढ़े हैं और मगध की प्रतिष्ठा घटी है। यही नहीं महारानी, आज मंदिरों, पाठशालाओं तथा उपासना-स्थलों के आस-पास तक मद्यपान पर छूट दे दी गई है। गौतम बुद्ध और भगवान् महावीर ने समाज को शांति व सेवा का जो संदेश दिया था, वह भी समाप्त हो चला है। उन्होंने जिस गणिका वृत्ति को समाप्त कर सारी गणिकाओं को भिक्षुणी संघ से जोड़ दिया था, वही गणिका वृत्ति से बाहर जानेवाली गणिकाओं से आज प्रतिगणिका 24 हजार पणों की राशि वसूलने का आदेश जारी है। गणिका-पुत्रों के भी गणिक समाज छोड़ने का शुल्क 12 हजार पण की राशि निर्धारित है। महारानी, आप इसे अवश्य ही दुर्भाग्यपूर्ण मानेंगी, ऐसा मेरा विश्वास है।''

धनानंद से यह टिप्पणी सहन नहीं की जा सकी। उन्होंने कात्यायन को बीच में ही रोका—''आचार्य कात्यायन, आप बुद्ध की दृष्टि से नहीं, एक प्रबुद्ध मंत्री की दृष्टि से क्यों नहीं देखते इस विषय को? जब तक हमारे पास कराधान द्वारा आय नहीं आएगी, हम विकास और जन-सुविधाओं के लक्ष्यों को कैसे पूरा कर सकेंगे? हमने गणिका विभाग का विस्तार किया, गणिकाओं की कई श्रेणियाँ बनाईं और उन्हें राज्य की सुरक्षा से लेकर विदेश विभाग तक की कई महत्त्वपूर्ण जिम्मेदारियों से जोड़ा तथा गणिका विभाग को एक राजस्व बढ़ानेवाले विभाग में बदल दिया। गणिक सेवाओं को जन-सुलभ किया, नागरिकों के सुख के मौलिक अधिकारों को उन तक पहुँचाया और राज्य की आय की वृद्धि की, उसके विकास के कार्य किए और उस आय से विश्वविद्यालय के विकास को भी कार्यरूप दिया तो इसमें अनर्थ क्या है? इसी तरह मद्यपान भी तो एक जन-सुविधा है—कम-से-कम यह समृद्ध लोगों का एक मौलिक अधिकार है।

जिनके पास पर्याप्त धन है, उन्हें धन के उपभोग के लिए वांछनीय सुविधाएँ देकर जन सुलभ बनाया, नगर के विभिन्न भागों और गाँवों की सुदूर बस्तियाँ तक को मद्यपान की राजकीय सुविधा प्रदान की तो इसमें बुरा क्या किया? आचार्यवर, आप अपने विभाग और अपनी जिम्मेदारियों के प्रति ही अधिक सचेत रहें तो शायद अधिक श्रेयस्कर हो सके।''

कात्यायन की मुखाकृति पर जो प्रकाश की आभा थी, घने कुहासों में समा गई जैसे।

धनानंद ने शकटार को संबोधित करते हुए कहा, ''आचार्य शकटार, समाज की विभिन्न श्रेणियों के नागरिकों की आजीविकाओं तथा नंद शासन के नवीन कार्यों के लिए उनके नाम भावी इतिहास के पन्नों में स्वर्णाक्षरों में उल्लिखित किए जाएँ। संभवत: इतिहास इसे विश्व को सर्वप्रथम जातीय जनगणना तथा तदाधारित योजनाबद्ध विकास की एक महत्त्वपूर्ण घटना के रूप में स्मरण करे।''

शकटार के मुखमंडल पर प्रसन्नता की एक ज्योति दिखाई दे गई—''हाँ महाराज, आनेवाला समय और उसके पुरोधा राजाओं एवं समाज-शास्त्रियों के लिए यह जनगणना वर्णाश्रम व्यवस्था की परिभाषाओं को परिवर्द्धित-संशोधित करने में अवश्य ही सहायक होगी। इस जनगणना के आधार पर आज हम यह कह सकने की स्थिति में हैं कि जातियों और उनकी आजीविकाओं को समय के साथ परिवर्तित करना एक महत्त्वपूर्ण राजधर्म होता है। हमारी जनगणना के अंतिम प्रतिवेदन के अध्ययन से यह स्पष्ट होता है कि सेना में नियुक्त सैनिकों के प्राय: सारे पद आज तक क्षत्रियों, ब्राह्मणों और नवक्षत्रियों—यदु, कुरु, पुरु, तुर्वसु और द्रह्यु आदि के लिए जैसे आरक्षित हों तथा अन्य वर्णों के लिए वर्जित। महाराज, आज वह समय आ गया है, जब इन वंचितों-शोषितों को सेना के रिक्त पदों पर नियुक्त किया जाए। इन उच्च वर्णों के पलायन के फलस्वरूप इन वर्णों से अभी हमें यथावश्यक योग्य उम्मीदवारों की उपलब्धता भी संभव नहीं है। अभी तो हमें आगे भी इन वंचित वर्गों के लिए रिक्तियाँ आरक्षित रखनी होंगी और ब्राह्मणों, क्षत्रियों एवं नवक्षत्रियों को नियुक्तियों से वंचित रखना होगा। न्याय तो तभी होगा न।''

शकटार की बातें धनानंद के मन की बातें थीं जैसे। उसने प्रसन्न मुद्रा में कहा, ''यही समय है अमात्य शकटार, कि हम सारे रिक्त पदों को इन्हीं वंचित-शोषित लोगों के योग्य उम्मीदवारों के लिए आरक्षित कर दें तथा जिन परिवारों के योग्य लोग पलायन कर चुके हैं, उन्हें चिह्नित कर उन सारे लोगों को अगले तीन वर्षों के अंदर होनेवाली नियुक्तियों से वंचित रखें।''

फिर महारानी सुनंदा की ओर देखते हुए उसने कहा, ''माते, अब वह अवसर आ गया है, जब पिताश्री महाराज महापद्मनंद का वह सपना भी पूरा हो सकेगा, जिसके

अंदर उन्होंने चाहा था कि ऊँचे पदों और सैन्य सेवाओं में निम्नतम वर्ण के लोगों को आरक्षण देकर सभी तरह से प्रभावोत्पादक पदों पर अजगर की तरह कुंडली मारे पदस्थ उच्च वर्णों का हम सफाया कर देंगे और भारतखंड में पहली बार सामाजिक न्याय की दिशा में कुछ ठोस काररवाई की जा सकेगी।''

महारानी की प्रसन्नता तथा अनुमोदन की मुद्रा को देखते हुए उसने पूरी सभा के अधिकारियों को इस दिशा में सतत सतर्क रहने का आदेश दिया—''आचार्य शकटार, समाहर्ता और उसके अधीनस्थ सारे स्थानों एवं गोप, स्थानिक तथा प्रदेष्टा आदि के पलायन के उपरांत हुई सारी रिक्तियाँ भी इसी वंचित वर्ग के लोगों से भरी जाएँ।''

अंत में उसने प्रधानामात्य राक्षस को आज के सारे निर्णयों के परिप्रेक्ष्य में आदेश-अध्यादेश जारी करने का निर्देश दिया और सभी सभासदों का धन्यवाद करते हुए सभा को विसर्जित घोषित कर दिया।

: 34 :

मोक्ष प्रदायिनी सात पुरियों में सर्वश्रेष्ठ मानी जानेवाली पुरी—काशी नगरी में लगता था जैसे आज सप्त तीर्थों का कोई सम्मेलन हो, कोई सभा आयोजित हो, जिसमें अयोध्या-कोसल के राजा सुमित्र, मथुरा के राजा इंद्रसेन, उज्जयिनी के वृषकेतु प्रद्योत, द्वारका-कंबोज का प्रतिनिधित्व करते स्वयं मथुरा-नरेश इंद्रसेन, हरिद्वार अर्थात् पंचनद हिम प्रदेश के राजा पर्वतक (द्वितीय), कांची अर्थात् रुक्म के राजा रुक्मबहुल—सब काशी में उपस्थित हों और इसकी अध्यक्षता कर रहे हों काशिराज दिवोदास—सप्तपुरियों में श्रेष्ठ पुरी के सर्वस्वीकृत-सर्वसम्मत महाराज और जिसके संचालन की जिम्मेदारी सँभाल रहे हों मगध के विचाराधीन महाराज्य के प्रधान सेनापति आचार्य चाणक्य तो फिर क्या शेष बचा भारतीय राष्ट्र का? भारत के मानचित्र पर हिम प्रदेश के हरिद्वार को यदि विदेह तथा अयोध्या से जोड़ दें और विदेह को काशी से, काशी को उज्जयिनी से उज्जयिनी को शूरसेन-पंचाल-कंबोज के केंद्रीय स्थल मथुरा से और मथुरा को कर्णाटक-अमरकंटक और विदर्भ से और यह पूरा क्षेत्र मगध-अंग-बंग और कलिंग से जुड़ जाए तो बस यहीं से शुरू हो जाता है ये भारतीय खंड का राष्ट्रीय स्वरूप और इसी भारतखंड का सम्राट् होना था चंद्रगुप्त को और उसी के प्रधान सेनापति आज की सभा का संचालन कर रहे थे—राष्ट्र के स्वरूप के स्वप्नद्रष्टा आचार्य चाणक्य।

आचार्य चाणक्य के पार्श्व में पाटलिपुत्र से पधारी प्रसिद्ध नालंदा विद्यापीठ के कूटनीतिशास्त्र विभाग की आचार्य सुवासिनी भी सभा में उपस्थित थीं—मगध राज्य की वर्तमान स्थितियों से परिचित कराने हेतु विशेष आमंत्रित सदस्या के रूप में। सदियों

नहीं, सहस्राब्दियों बाद यह गरिमा लौटी थी जलते सूर्य की दीप्ति लेकर एक बार फिर काशी के मस्तक पर, जो कहते हैं—बसी ही हुई है शिव के त्रिशूल पर, जहाँ के विश्वेश्वर ज्योतिर्लिंग के विग्रह का दर्शन-पूजन ब्रह्मानंददायक माना गया है। ऋग्वेद तथा शुक्लयजुर्वेद के ब्राह्मणों में तो यदि किसी पुरी की चर्चा है तो वह एकमात्र काशी है। कहा जाता है कि त्रेतायुगीन राजा दशरथ और राजा रामचंद्र ज्योतिर्लिंग के दर्शनार्थ काशी ही आते रहते थे। और शिवभक्त रावण का क्या कहना—उसका तो सर्वश्रेष्ठ तीर्थस्थान ही थी काशी। जब काशी थोड़ी कमजोर पड़ी महाभारत काल में तो हस्तिनापुर के नायक-अभिभावक महाबली भीष्म ने राजा इंद्रद्युम्न की तीन बेटियों—अंबा, अंबिका, अंबालिका का अपहरण कर काशी के ऐतिहासिक मनोबल को ध्वस्त कर दिया और इसी मनोबल का पतन एकमात्र कारण था, जिसके शिकार कोसल के राजा प्रसेनजित-क्षुद्रक आदि और मगध के राजा बिंबिसार-अजातशत्रु आदि ने इसे पराधीन बनाकर किया और प्रतिफल था—काशी का निरंतर अपमान, निरंतर पराधीनता और इस सारे अपमान की प्रतिक्रिया-स्वरूप ही तो आज काशी के राजभवन में पाटलिपुत्र के विरुद्ध युद्ध का बिगुल फूँकने की तैयारी चल रही थी।

तीन दिन पहले ही प्रधान सेनापति और मगध के भावी राजा चंद्रगुप्त काशी पहुँच चुके थे और कल ही पहुँच चुकी थीं नालंदा विद्यापीठ की आचार्य तथा मगध के महामात्य की पुत्री तथा कूटशास्त्र विभाग की प्राध्यापिका आचार्य सुवासिनी। कल अपने मामा आचार्य कपिल के निवास पर सुवासिनी ने प्रधान सेनापति और भावी सम्राट् को मगध के पड़ोसी जनपदों और पाटलिपुत्र के अंत:पुर में घटित-फलित तथा आसन्न संभावित सारी महत्त्वपूर्ण गुप्त आसूचनाओं से अवगत करा दिया था। सभा में सुवासिनी की उपस्थिति सबके लिए चर्चा का विषय बनी रही। किंतु सुवासिनी को तो चाणक्य से और भी बहुत सारी बातें करनी थीं और इन्हीं बातों को ध्यान में रखकर वह आई भी थी काशी। उसने कपिल से ऐसी इच्छा व्यक्त की और अपनी बातें समाप्त होते ही पाटलिपुत्र लौट जाने की आवश्यकता पर बल दिया।

चाणक्य और सुवासिनी के परस्पर वार्त्तालाप की व्यवस्था बगल में सुशोभित पुष्पवाटिका के एक कोने में कर दी गई। बहुत दिनों के बाद पुष्पों के बीच सुवासिनी को पाकर चाणक्य आनंद-विह्वल हो रहे थे, किंतु आनंद की धारा में बहकर कर्तव्य-च्युत होने का प्रश्न ही कहाँ था। चाणक्य का मन कहता कभी-कभी कि संभव है, सुवासिनी का काशी-प्रवास किसी चिर वियोगिनी नायिका के प्रिय मिलन की प्रबल कामना के वशीभूत काशी पहुँचकर अपने स्नेह की प्यास तृप्त करने का एक बहाना हो। उसने उसकी परीक्षा लेनी चाही और विनोदपूर्वक कहा—"पता नहीं, कल क्या हो जाए इस युद्ध में, सुवासिनी! आज तुम्हारे अंतरतर से जो स्नेह की सुरभि निकलकर सीधे मेरे

अंतरतम में समा रही है, वह वस्तुत: बड़ी ही शक्ति-प्रदायिनी है। तुम्हारा स्नेह ही मेरी ऊर्जा की जन्मभूमि है, मेरी सारी सफलता की कुंजी। मेरे अभीष्ट को हंस्तामलक कर लेने की सेतुबंध तो केवल तुम हो। तब तो पाटलिपुत्र से दूर रहकर भी मैं पाटलिपुत्र में क्षण-प्रतिक्षण उपस्थित रहा और मगध की जनता को न्याय और न्याय के साथ उसे शक्तिशाली बनाने के रास्ते तलाशता रहा। पाटलिपुत्र के नंद दुर्ग पर विजय-पताका लहराकर युवराज चंद्रगुप्त का राजतिलक कराने में क्या-क्या बाधाएँ हैं—मुझे बताओ, सुवासिनी?''

सुवासिनी ने कहा, ''विशुद्ध हृदय एक मासूम बालक की तरह अपनी तरुणी तथा चिर वियोगिनी प्रिया से प्रथम मिलन में चंद्रगुप्त के राजतिलक से अपनी चिंता जताकर तुमने वस्तुत: मेरे मन को आनंद से गद्गद कर दिया, प्रियवर! तब तो तुम अवश्य ही अब यह जानने की भी इच्छा व्यक्त करोगे कि चंद्रगुप्त की कौन सी प्रेमिका उसके मगध के सिंहासन पर आरूढ़ होने की स्थिति में कैसे-कैसे सपने सजा रही है। सुवासिनी से पाणिनि के सूत्रों का विश्लेषण करनेवाला कभी का काष्ठ शुष्क गुरु इन खिले हुए फूलों और उन चहचहाती हुई चिड़ियों की चर्चा ही क्यों करें? खैर, छोड़ो इन बातों को—मोह और छोह की बातों को, प्यार और मनुहार की बातों को। ये बातें तुम्हारे कूट की ओट में छिपे रहनेवाले कुटिल मन को क्यों भाने लगीं? चलो और सुनो मगध साम्राज्य के प्रधान सेनापति, अभी तक की तुम्हारे काम की सूचनाएँ ये हैं कि तुम्हारे निर्देशों के आलोक में आज तीन दिन पूर्व ही मगध की सेनाओं को घनानंद द्वारा तीन टुकड़ियों में तोड़कर वैशाली, अंग और कलिंग के तीन मोरचों पर आरूढ़ किया जा चुका है। पाटलिपुत्र में जो भी सेना है, उसे नगर के दुर्ग के बाहर और अंदर सुरक्षार्थ तत्पर कर दिया गया है। यही समय है प्रियवर, कि तुम्हारी सेनाएँ पाटलिपुत्र नगर को चारों दिशाओं से घेर लें और नगर के चारों दरवाजों पर कब्जा करने के साथ ही दुर्ग पर आक्रमण कर दें।''

''यह तो ठीक है सुवासिनी, किंतु अंत:पुर की कूटनीति क्या है, क्या-क्या तैयारियाँ हैं और उन तैयारियों को नाकाम करने में हमें किस-किसका क्या, क्यों और कैसे उपयोग करना होगा, इसका पूरा विवरण दे सको तो दे दो मुझे।''

''तुम्हारे भावी सम्राट् चंद्रगुप्त के राज्यारोहण के पूर्व तुम्हें यह बता दूँ कि सुनंदा की योजनानुसार घनानंद की पुत्री चंद्रिका चंद्रगुप्त के ऊपर प्रेम के नागपाश का प्रयोग कर सकती है। चंद्रमुखी है, नृत्य-गायन कलाओं में पारंगत है और सबसे उल्लेखनीय यह है कि वह भी नहीं जानती कि पूर्ण चंद्र की सोलहों कला-सी चंद्रमुख से टप-टप अमृत बरसानेवाली यह चंद्रिका वस्तुत: वह नहीं वरन् भयंकर विषों के सतत प्रयोग से तैयार की गई वह एक अचूक विष-कन्या है—सुनंदा के नंद शासन को बचा लेनेवाली

अंतिम हथियार। तुम भी बचना कौटिल्य; किंतु अपने भावी राजकुमार को तो अवश्य बचाकर रखना।''

''तो तुमने मुझे यहीं तक समझा है, मेरी प्रियतमे! आओ, तुम्हें इस समझ के लिए धन्यवाद कह दूँ, किंतु यह जान लो कि तुम्हारा यह कौटिल्य भर्तृहरि नहीं जो विषफल और अमृतफल की पहचान नहीं रखता। तुम भले कह दो उसे कुटिल, कूटनीतिज्ञ कहो, कूटज्ञ कहो कृष्ण की तरह; किंतु विष्णुगुप्त की तो एक ही आराध्या नायिका है—विष्णु की लक्ष्मी की तरह—क्षीरसागर में शेषनाग के फन पर विश्राम करता शांताकार विष्णुदास या विष्णुगप्त का असली सत्य। हाँ सुवासिनी, मुझे आशा है कि मेरे प्यार का सागर भी वैसा ही एक सागर है—स्वच्छ, धवल और निर्मल; किंतु यह तो स्वीकार है कि मैं भगवान् नहीं हूँ, मनुष्य हूँ—शेषनाग से सतर्क रहता हूँ। मैं कच नहीं हूँ, प्यारी सुवासिनी; किंतु कच के सर्वथा विपरीत यह देवयानी मेरे प्राणों से भी अधिक प्रिय है। मेरे जीवन में मेरा यह प्यार, यह प्रथम प्यार प्रथम स्थान पर ही अवस्थित है और प्यार तुम्हें पाकर द्विगुणित शक्ति से काम करता है; किंतु यह भी सत्य है कि मैं मातृभूमि के नाम पर बलिदान होने की आकांक्षा अंदर-अंदर पालता हूँ, ठीक उसी कच की तरह। उसी की पुकार है सुवासिनी, कुछ भी त्याग देने की—माता और मातृभूमि के नाम पर। प्यार त्याग का ही दूसरा नाम है सुवासिनी—मातृभूमि के लिए प्यार और किसी के लिए अपने वैयक्तिक प्यार को कभी-कभी बलिदान तो करना ही पड़ता है न। बलिदान नहीं तो उसका उपयोग किए जाने में कौन सा अन्याय है सुवासिनी, यह मुझे नहीं दीखता।

''और देखो प्रियतमे, मैंने तुम्हें अमृतलता-सी हरी-भरी पल्लविनी पुष्पलता में प्रस्फुटित होनेवाले फूलों की खुशबूवाली सुवासिनी मात्र कभी नहीं समझा। तुम तो मेरे अंतर में, मेरी अंतरात्मा में, मेरे चेतन से अचेतन तक सब में वास करनेवाली शक्ति का एक नाम भर हो, सुवासिनी। तुम फूलों की सुगंध भर नहीं—तुम 'मैं' हो और मैं 'तुम' हूँ तुम्हारा। किंतु छोड़ो, अभी देश का प्रश्न है, मातृभूमि का प्रश्न है, भारतीय महाराज्य का प्रश्न सामने है। आओ, आज हम महाराज्य अर्थात् संघ राज्य की अवधारणा को एक रूपाकार दें काशी के इस महातीर्थ की महिमामयी भूमि में।

''चलो, मगध को राष्ट्र का स्वरूप देने तक हमारा-तुम्हारा प्यार एक-दूसरे की प्रतीक्षा करता रहे—आनंद इसी में है, प्यारी सुवासिनी। फिर मिलेंगे ही। अभी तो सम्मेलन का समय हो चला है। चलो, चंद्रगुप्त को साथ ले लें और चलें राजाओं के साथ वार्त्ता हेतु काशिराज के सम्मेलन कक्ष में।''

और निर्धारित समय से ही सम्मेलन की कार्यवाही आरंभ हो गई। वृत्ताकार सभामंडप के मध्य में विराजमान थे—राजा दिवोदास (द्वितीय) और उनके पार्श्व में दाईं ओर मुरिय नरेश चंद्रगुप्त—मगध पर प्रस्तावित आक्रमण में समस्त राजकुलों के एकमात्र

प्रतिनिधि और बाईं ओर सभा के संचालन प्रभारी और संपूर्ण सेनाओं के प्रधान सेनापति कौटिल्य-सिकंदर के अनुसार कण-कण वक्र और वर्ण-वर्ण तीक्ष्ण एवं मारक शक्तिवाले कुटिल आचार्य कौटिल्य नहीं, कूटनीति तथा कूटशास्त्र के जनक आचार्यश्रेष्ठ चणक-पुत्र चाणक्य।

सभा के विषय तथा उद्देश्यों पर प्रकाश डालते हुए महाराज दिवोदास के आदेशानुसार चाणक्य ने संभावित मगध-विजय का विश्लेषण करते हुए बताया कि "वस्तुत: पाटलिपुत्र पर प्रस्तावित आक्रमण न तो मगध के विरुद्ध होनेवाला कोई युद्ध होगा और न युद्ध में विजय का अर्थ मगध की पराजय। वस्तुत: इस विजय का अर्थ होगा नंद वंश के कुशासन तथा अनियंत्रित वैयक्तिक भोग-विलास के हित में होनेवाली राजतंत्री व्यवस्था का विनाश और एक नई राजनीतिक संस्कृति—संघ राज्य की संस्कृति की अवधारणा का जन्मोत्सव।"

आज के सम्मेलन को सप्ततीर्थों की काशी की सर्वश्रेष्ठ पुरी में आयोजित होनेवाली इस ऐतिहासिक सभा को उन्होंने राजनीतिक से अधिक एक सांस्कृतिक परिवर्तन की घटना बताते हुए सप्तद्वीप, सप्तदेश, सप्तसिंधु, सप्तस्वर, सप्तरंग, सप्तरस आदि की व्याख्या करते हुए कहा कि "आज की सभा में उपस्थित राजागण वस्तुत: समग्र भारतवर्ष की जनता और उसकी इंद्रधनुषी सप्तरंगी संस्कृति तथा समरसता की सरगम ध्वनि में गुंजरित साम संगीत की स्मृति को जीवंत कर रहे हैं। यदि ये राजागण इस प्रस्ताव को अपनी सहमति दे दें कि अब आगे आनेवाला मगध एक संघ होगा और उस संघ का केंद्रीय स्थल पाटलिपुत्र होगा—अर्थात् यह भारतीय महाराज्य की पहली राजधानी होगा तथा सभा मंडप में आसीन मुरिय नरेश मौर्य चंद्रगुप्त उस नए महाराज्य के प्रथम महाराज। यह भारतीय विचारधारा के प्रवाह और विस्तार के हित में बहुत महत्त्वपूर्ण ऐतिहासिक घटना होगी। हमारी योजना व उद्देश्य बहुत पवित्र और उतना ही महान् है और वह यह है कि हम सब बृहत् पाणिरथ के स्वर्णनिर्मित रथ से घनानंद को उतारकर उस रथ के सारथि का दायित्व मौर्य चंद्रगुप्त की सबल भुजाओं में सौंपेंगे और हम अर्थात् हम भारत के लोग उसी रथ से संपूर्ण विश्व की यात्रा करेंगे तथा 'कृण्वंतो विश्वमार्यम्' के वैदिक संकल्प को साकार करके दिखाएँगे।"

उक्त प्रस्ताव की प्रत्याशा सबको पहले से ही थी। दिवोदास ने भी इस प्रस्ताव पर अपनी स्वीकृति देते हुए सभी राजाओं से उनके मंतव्य की अपेक्षा की और ध्वनि मत से चाणक्य का यह प्रस्ताव पारित हो गया।

मथुरापति इंद्रसेन तथा उज्जयिनी के महाराज वृषकेतु प्रद्योत की सहमति होते ही एक-एक कर सभी राजाओं ने विशेष रूप से भी अपनी सहमति दे दी और इस मगध महाराज्य या मगध संघ को भविष्य में भारत राष्ट्र की संज्ञा देने की अनुशंसा भी कर दी।

आज रात्रिकाल ही किसी शुभ नक्षत्र में संयुक्त सेना के प्रयाण की जिम्मेदारी चाणक्य को देते हुए महाराज दिवोदास ने सभा को विसर्जित कर दिया।

: 35 :

गंधार, आर्केशिया, कंबोज और मद्र जैसे बड़े जनपदों तथा पश्चिमोत्तर के अनेकानेक अन्य छोटे शक, कुषाणादि तथा विदेशी कुनबों की छोटी-छोटी सेनाओं का संयुक्त सेनापतित्व स्वयं चाणक्य सँभाल रहे थे; जबकि पंचनद और मुरिय का सेनापतित्व पर्वतक (द्वितीय) के युवराज तथा एकमात्र पुत्र मलयकेतु। चंद्रगुप्त के जिम्मे पंचाल, मथुरा, अवंती, कोसल, काशी एवं अंग-बंग-कलिंग एवं वैशाली के राजाओं की सेनाओं और सेनापतियों से आवश्यक समन्वय तथा आवश्यकतानुसार उनके प्रभावी उपयोग को व्यवस्थित करने का प्रभार था। महाराज पर्वतक (द्वितीय) पूरी समन्वित सैन्य शक्ति की पर्यवेक्षकीय तथा संरक्षकीय भूमिका में थे। पूर्व निर्णय के अनुसार वैशाली, अंग-बंग तथा कलिंग द्वारा निर्धास्ति योजनानुसार निश्चित तिथि पर मगध पर आक्रमण होने के पूर्व मद्र-कंबोज-गंधार की सिकंदर-सेल्यूकस की सैन्य विशिष्टताओं के साथ प्रशिक्षित सेना को काशी-मगध की सीमा पर सन्नद्ध हो जाना था, जिसकी स्वीकृति काशी-नरेश से प्राप्त की जा चुकी थी और जिसकी संपूर्ण स्थानीय व्यवस्था का प्रभार काशिराज के प्रधान अमात्य आचार्य कपिल के अधीन था।

चाणक्य, चंद्रगुप्त और महाराज पर्वतक के संयुक्त निर्णयानुसार सारे सेना-प्रमुखों को यह स्पष्ट निर्देश था कि मगध पर वैशाली, अंग और कलिंग के युद्ध की सूचना पाते ही चाणक्य-चंद्रगुप्त की संयुक्त सेना एक साथ काशी से पाटलिपुत्र के लिए प्रस्थान करेगी और इस संयुक्त सेना का नेतृत्व प्रधान सेनापति चाणक्य करेंगे। स्पष्ट निर्देश यह था कि हरे रंग पर नृत्यरत राष्ट्रीय पक्षी मयूरवाला विशिष्ट मौर्य ध्वजधारी सेना 'मगध मुक्तिवाहिनी' की विशिष्ट संज्ञा धारण करने के साथ प्रस्थान करेगी। संयुक्त सेना के प्रस्थान के पूर्व प्रधान सेनापति वाहिनी के नाम अपना अंतिम संदेश भी देंगे।

इसी तरह का एक निर्णय हरिहर क्षेत्र से प्रस्थान करनेवाली मलयकेतु की सेना के संबंध में भी लिया गया। इस निर्णय के आलोक में मलयकेतु की सेना का नामकरण 'जन-गण कल्याण वाहिनी' होगा। एक सर्वसम्मत निर्णय यह भी था कि ये सेनाएँ पाटलिपुत्र की चहारदीवारी की सीमा के अंदर तब तक प्रवेश नहीं करेंगी, जब तक उन्हें प्रधान सेनापति चाणक्य से स्पष्ट आदेश प्राप्त नहीं हो जाए। सभी सेनाओं को आदेश दिया गया था कि किसी भी स्थिति में जन-जीवन की शांति-सुव्यवस्था में हस्तक्षेप वर्जित रहेगा। चाणक्य अपने पूरे सैन्य बल के साथ काशी पहुँच चुके थे, चंद्रगुप्त अपने

पूरे दल-बल के साथ अवंती में विराजमान थे तथा पर्वतक एवं मलयकेतु श्रावस्ती में और प्रतीक्षा थी इस सूचना की कि मगध की तीन टुकड़ियों में विभक्त सेना एक साथ तीन-तीन मोरचों पर सन्नद्ध है और पाटलिपुत्र का राजगृह पूर्णरूपेण असुरक्षित और महाराज की शोभा बढ़ानेवाले कुछ रथों व अश्वारोहियों के प्रदर्शन तक सीमित।

कार्तिक मास की अंतिम तिथि पूर्णिमा का पुण्य-प्रदायक पर्व आज ही था और आज ही दैवयोग से उषाःकालीन वैभव के उदय के साथ सर्वत्र विकीर्ण प्रभा वाली मार्गशीर्ष की परिवा तिथि। गंगा के उत्तरी तट पर मेला था हरिहर क्षेत्र का—ग्राह के ग्रहण से गज की मुक्ति का पर्व और दक्षिणी तट पर कुरुक्षेत्र के आतंक का साया। पश्चिमी क्षितिज पर अस्ताचल की गोद में डूबता पीत वर्णी एक चंद्रमा था तथा घनाच्छादित सारा आकाश था तो पूर्वी क्षितिज पर उषा का लहराता गुलाबी आँचल था और उस आँचल में धीरे-धीरे दृश्यमान हो रहा एक बालारुण नक्षत्र था, प्रताप और प्रकाश का एक महापुंज—ज्योति की असंख्य किरणोंवाला एक वृत्ताकार ब्रह्मांडों और संपूर्ण पृथ्वी का एकमात्र नियंता—एक सर्वशक्तिमान सूर्य। पाटनपुर की जनता हरिहर क्षेत्र में थी तो पाटलिपुत्र की सेना कुरुक्षेत्र में। चंद्रिका पूरी रात सोती रही और सुनंदा सारी रात कालसर्प योग का अर्थ लगाती जागती-रोती, करवटें बदलती, बड़बड़ाती-छटपटाती।

घनानंद की जन्मकुंडली बता रही थी कि वह समय आ चुका है, जब राहु और केतु आमने-सामने होंगे और दोनों के बीच में होगा—चंद्रमा; जबकि सारे-के-सारे पुण्य ग्रह कुंडली की वाम दिशा में और कुंडली के सारे-के-सारे दक्षिण स्थित घर खाली थे। कुंडली यह भी बता रही थी कि वाम दिशा में स्थानापन्न अधिकांश पुण्य ग्रह एक ही घर में केंद्रित होंगे। लगता था जैसे आज की रात ही घनानंद की सौभाग्य रेखा के पंद्रह वर्षों के राज के शुक्लपक्ष की अंतिम रात हो—प्रलय की रात जैसी कोई भयानक रात, कालसर्प तक्षक के राजा परीक्षित के सुरक्षित राजमहल में घुसने और डँस देने की निर्धारित तिथि।

अंतःपुर के हरे-भरे उद्यान में अभी तक प्रातःकालीन सूर्य की किरणों का प्रवेश नहीं था। एक बीमार और उदास चाँदनी जैसे अपनी अंतिम साँस गिन रही हो। स्वयं महाराजाधिराज नंदकुल-गौरव महापद्मनंद द्वारा निर्मित पद्म सरोवर उदास था—बिलकुल श्रीहीन। अभी तक पूरे सरोवर में एक भी पद्म ने पलकें नहीं खोली थीं। लगता था, वे राजा घनानंद के सोने के पहले सो जाते हैं और जगने के बाद जागते हैं। महारानी अंदर से बेचैन उद्यान की पगडंडियों पर कभी तेज तो कभी धीमी गति से भ्रमणशील थीं कि अकस्मात् प्रतिहारी ने सूचना दी कि राजद्वार पर अमात्य शकटार प्रतीक्षित हैं और महाराज घनानंद या महारानी सुनंदा किसी से मिलकर कुछ आवश्यक सूचना देना चाहते हैं। अंदर का आतंक जैसे बाहर विस्फोट करना चाहता हो, वह शीघ्र मंत्रणा कक्ष की ओर चल पड़ीं और प्रतिहारी को आदेश दिया कि महामात्य शकटार को मंत्रणा कक्ष में

पधारने की सूचना दी जाए।

शकटार ने 'महारानी की जय हो' कहते हुए साभिवादन मंत्रणा कक्ष में प्रवेश किया और बोल पड़े—"महारानी, अंग, कलिंग और वैशाली तीनों सीमाओं पर हमारी सेनाएँ युद्ध के लिए सन्नद्ध हैं। अभी-अभी सूचना मिली है कि चंपा और कलिंग में आज युद्ध आरंभ हो चुका है और हमारी सेनाएँ बहादुरी के साथ शत्रुओं के दमन व शमन में लगी हुई हैं। हमें आशंका है कि हरिहर क्षेत्र की ओर से भी कोई आक्रमण होने वाला है और संभवतः यह आक्रमण वैशाली के पक्ष में पंचनद-नरेश पर्वतक के नेतृत्व में होगा। महामात्य का विचार है कि अंग और कलिंग पर हमारी विजय तो सुनिश्चित है, किंतु वैशाली का आक्रमण सांघातिक हो सकता है। और यदि ऐसा हुआ तो शत्रुओं को समुचित प्रत्युत्तर देने के लिए महाराज घनानंद को भी तैयार रहने की सूचना देनी चाहिए।"

"उपामात्य, सम्राट् घनानंद कहने को महाराज हैं, बिलकुल सम्राट् दुर्योधन की तरह महाराज। नंदकुल भूषण महापद्मनंद अभी जीवित हैं—यद्यपि पूर्णतः स्मृति विभ्रंश, किंतु अभी आँखें सबकुछ देख सकती हैं—देख रही हैं। उनके आदेशानुसार ही घनानंद की माता मैं सुनंदा, राज्य की सारी व्यवस्था की मुख्य संचालिका के रूप में उनके प्रशासनिक दायित्वों का निर्वाह कर रही हूँ। मुझे भी लगता है कि पर्वतक का प्रत्युत्तर देने के लिए घनानंद जाएँ। किंतु इससे भी अच्छा है कि मुख्य सेनापति की भूमिका का निर्वहन प्रधानामात्य आचार्य राक्षस करें। आप सभी जानते हैं—घनानंद सम्राट् होने की अर्हताओं के अभाव में सेनापति नहीं हो सकते, भले ही वे सम्राट् के लिए कर्णांकित सारी सुख-सुविधाओं का भोग कर रहे हैं। शकटार, घनानंद अभी तक भोग-शय्या में विश्राम कर रहे हैं। उन्हें विश्राम करने दें और वैशाली की रणनीति का संचालन करने हेतु स्वयं महामात्य को तैयार करें। उन्हें कहें—यही महारानी का आदेश है और वे स्वयं भी मुझसे मिलकर राज्यादेश का पालन करें। उन्हें बता दें कि जब चाणक्य जैसे आचार्य स्वयं चंद्रगुप्त की एक सेना के सेनापतित्व की भूमिका में युद्धक्षेत्र में उतर चुके हैं तो उचित तो यही होगा कि युद्ध विद्या में प्रवीण राक्षस भी अब मगध की प्रतिष्ठा के हित में हाथों में हथियार उठा ही लें और राजा बिंबिसार के महामात्य आचार्य वर्षकार की तरह मगध के प्रति अपनी निष्ठा और प्रेम का प्रमाण प्रदर्शित करें। शकटार, आपको यह भी बताना चाहती हूँ कि यदि महामात्य ने यह जिम्मेदारी नहीं निभाई तो यह जिम्मेदारी शकटार को निभानी होगी और ऐसी स्थिति में मगध के अगले महामात्य आचार्य शकटार होंगे।"

"एवमस्तु महारानी, मैं आपके आदेश की यथावत् जानकारी महामात्य तक पहुँचा दूँगा और यदि उन्हें पर्वतक तथा मलयकेतु का सामना करने में कोई परेशानी हो तो वैशाली के मोरचे पर मैं स्वयं सेनापति की भूमिका में सन्नद्ध रहूँगा।"

अपनी प्रिय पौत्री चंद्रिका के माध्यम से सुनंदा राक्षस की पुत्री सुवासिनी की पूरी कार्य योजना से अवगत थीं और उनका विश्वास था कि किसी भी स्थिति में अब महामात्य राक्षस पर निर्भर रहना राज्य के हित में नहीं था। राक्षस और चाणक्य के बीच जब राक्षस की पुत्री और चाणक्य की भावी जीवन-संगिनी सेतु के रूप में खड़ी हो तो चाणक्य और राक्षस के बीच किसी प्रकार के विभेद या मतांतर का प्रश्न ही नहीं उठता।

किंतु सुनंदा को इस बात का आभास तक नहीं था कि चाणक्य की सेना मगध की पश्चिमी सीमाओं पर काशिराज के संरक्षण में डटी हुई है और उचित समय एवं आवश्यक आदेश की प्रतीक्षा कर रही है। कभी सोचा तक नहीं था सुनंदा ने कि काशिराज, जिसने सदियों से चली आ रही मगध की अधीनता स्वीकार की थी, दशकों की नंद शासन की अपमान-जनित हीनता अब आगे झेलने के लिए जैसे तैयार नहीं होंगे और प्रतिशोध के लिए इस सीमा तक उतर जाएँगे। इसकी कोई प्रत्याशा नहीं की जा सकती थी। सुनंदा के कान खड़े हो गए थे। किंतु कालसर्प तो अब राजभवन की दीवारों पर प्रतीक्षारत था और किसी भी समय राजा परीक्षित को डस सकता था। किंतु सुनंदा ने शकटार से ऐसी किसी संभावना का उल्लेख करना आवश्यक नहीं समझा और उन्हें सबसे पहले वैशाली के प्रतिशोध से मगध के विनाश को बचाना श्रेयस्कर समझकर उन्हें आगे की काररवाई हेतु कदम बढ़ाने के निर्देश दे दिए।

ऐसे ही एक समय में जब पाटलिपुत्र की पश्चिमी दीवार की सुरक्षा के निमित्त एक प्रहरी भी उपलब्ध नहीं था और यही वह समय भी था, जब अपनी पूरी सैन्य शक्ति के साथ चाणक्य को काशी से आगे बढ़कर पाटलिपुत्र के आस-पास डेरा डाल देना था। महापद्मनंद की पद्म संख्यक सेनाएँ भी घटकर नील संख्यक हो चुकी थीं तथा तीन भागों में विभक्त ही नहीं हो गई थीं बल्कि सब तरह से दुर्बल भी हो चली थीं। सबको यह आभास हो चुका था कि जिस पर्वतक की सेना ने सिकंदर के दाँत खट्टे कर दिए थे, उसके सामने मगध की एक-तिहाई फौज और वह भी शकटार जैसे सेनापति के नेतृत्व में पर्वतक-पुत्र मलयकेतु के समक्ष बहुत दिनों तक खड़ी रहने में समर्थ नहीं थी। राजा से लेकर साधारण प्रहरी तक असहाय और असुरक्षित अनुभव करने लगे थे। किंतु रानी को लगता था कि नंद को राजगृह तक या राजगृह के अंत:पुर तक या राजगृह के कोषागार तक किसी भी बाहरी व्यक्ति का प्रवेश संभव नहीं था।

आज की शाम महारानी तीनों सीमाओं पर लड़े गए युद्ध की प्रगति का प्रतिवेदन लेती रहीं और रात भर कल की संभावित आवश्यकताओं की आपूर्ति की व्यवस्था में लगी रहीं। रात ढलने लगी तो रानी की पलकें भी झुकने लगीं और अंत:पुर के प्रहरियों की भी शिथिलता बढ़ने लगी।

सुवासिनी एवं सुवासिनी के गुप्तचरों ने चाणक्य को तथा चाणक्य के गुप्तचरों ने

चंद्रगुप्त को अवंती से काशी और काशी से पाटलिपुत्र तक प्रस्थान के संकेत समयानुसार दे रखे थे।

चाणक्य की योजनानुसार उत्तर से मलयकेतु और पश्चिम से चंद्रगुप्त को सभी बाधाओं को पार करते हुए पाटलिपुत्र नगर को चारों दिशाओं से घेर लेना था और चाणक्य के सांकेतिक संदेश की प्रतीक्षा में सतर्क रहना था।

चाणक्य ने रात के प्रथम प्रहर में ही राजभवन को चारों ओर से घेर लिया और चंद्रगुप्त को यह संदेश पहुँचा दिया कि वह सेना को उप-सेनापति के नियंत्रण में पाटलिपुत्र की बाहरी दीवारों के पास छोड़ दें तथा स्वयं अपने अंगरक्षकों के संरक्षण में अंत:पुर की ओर प्रस्थान करें।

अब अंत:पुर को घेरने का समय आ गया था। अंत:पुर क्या था, मानो एक सम्मोहन-गृह—इंद्रप्रस्थ जैसा ही—किंतु युधिष्ठिर के लिए नहीं, दुर्योधन-दु:शासन के लिए। उसकी जादुई तथा घुमावदार पगडंडियों से तो चंद्रगुप्त पूर्व परिचित ही था। उन चक्करदार दीवारों के अंदर घुसने के लिए प्रत्येक कक्ष के प्रवेश मार्ग पर एक प्रहरी पहरा दे रहा था। किंतु एक तो वे सभी प्रहरी चंद्रगुप्त के पूर्व परिचित थे, दूसरे वे सभी जान रहे थे कि मगध का भावी सम्राट् चंद्रगुप्त ही है।

चाणक्य के निर्देशानुसार पाटलिपुत्र के पश्चिमी दरवाजा से चंद्रगुप्त के पीछे एक सहस्र सेना ही प्रवेश के लिए आदेशित थी, शेष को प्रहार एवं प्रतिवाद की मुद्रा में सतत जाग्रत् एवं चौकन्ना रहना था तथा इस बात से पूर्णतया सावधान कि किसी भी स्थिति में पाटलिपुत्र के नगरवासियों को अपना शत्रु नहीं माना जाए, उन पर अकारण अथवा अनाक्रमण की स्थिति में किसी तरह का कठोर व्यवहार नहीं किया जाए। एक सहस्र सैनिकों में से 500 पदाति सशस्त्र सैनिकों को राजभवन के अंदर संकेतानुसार आवश्यक पालियों में प्रवेश का आदेश था तथा शेष 200 अश्वारोहियों को दो पंक्तियों में संदेश वाहक के रूप में पश्चिमी दरवाजे के संपर्क में रहना था। 200 रथों को भी दो पंक्तियों में आक्रामक मुद्रा में सशस्त्र सैनिकों के साथ सन्नद्ध हो जाना था तथा सबसे अंत में 100 हाथियों की सशस्त्र सेना को सैनिकों तथा घातक हथियारों के साथ प्रहारक मुद्रा में सन्नद्ध खड़ा रहना था और चंद्रगुप्त को इस सारी व्यवस्था को सुनिश्चित तथा पर्यवेक्षित करते हुए चाणक्य के साथ अंत:पुर में प्रविष्ट होना था।

प्रत्येक घुमाव के पहले एक प्रहरी मिलता और चंद्रगुप्त को नमस्कार करते हुए आगे के रास्ते की ओर संकेत करता जाता—चाणक्य, चंद्रगुप्त और उसके शतक भर अंगरक्षक पंक्तिबद्ध आगे बढ़ते जाते। ऐसे चार चक्करों के बाद आगे एक बड़ा सा वृत्ताकार पड़ाव-सा था। वहाँ आकर गुरु-शिष्य को लगा, वे किसी षड्यंत्र के शिकार-से किसी महाजाल में फँस गए—सारे सैनिक टेढ़े-मेढ़े रास्ते में यत्र-तत्र ठिठके खड़े,

अचंभित और भयभीत-से किसी सांकेतिक आदेश के लिए प्रतीक्षारत प्रतिक्षण आकुल-व्याकुल। चाणक्य सुरक्षा कर्मियों के संरक्षण में आगे-आगे थे और उसके ठीक पीछे था चंद्रगुप्त—कल के मगध का सौभाग्यशाली सम्राट्।

"यह क्या हो गया? चंदू।" चाणक्य ने कहा। "लगता है, हमें नंद के इन प्रहरियों ने किसी दुष्चक्र का शिकार बना दिया।"

"ऐसा नहीं हो सकता। गुरुदेव," चंद्रगुप्त ने कुछ उद्विग्न होकर पुकारा, "मंगल! ऐ मँगरू!! हम कहाँ फँस गए?"

इसी उद्विग्नता में चंद्रगुप्त ने अपना दाहिना पैर जोर से पटका कि उसके पैरों के अंदर से एक प्रहरी ऊपर आ निकला—

"चंद्रगुप्त, मंगर तो पीछे मिला होगा। मैं शनीचर हूँ, तुम्हारे छद्म मंत्रिमंडल का मत्स्य तथा पशुपालन मंत्री। मैं अपने महाराज चंद्रगुप्त को प्रणाम करता हूँ।"

"शनीचर, वाह भाई शनीचर! हमें बताओ, हम किधर जाएँ, फिर किधर से किधर और कैसे बाहर निकलें?" चंद्रगुप्त ने शनीचर नामक निषाद मित्र को गले लगा लिया।

शनीचर ने उन्हें चार अदृश्य से दरवाजे दिखाए—"चंदू, यह दरवाजा राजा का अंत:निवास है, जिसमें सात कक्ष मिलेंगे। पाँचवें, छठे या सातवें कक्ष में, हाँ किसी भी कक्ष में घनानंद गाढ़ी निद्रा में मिल सकता है, किसी उत्तम कोटि की गणिका की बाँहों में आबद्ध। किंतु ऐसा भी हो सकता है कि वह किसी कक्ष में नहीं मिले।

"तो फिर तुम आ जाना फिर इसी गोल चक्कर और इस दूसरे दरवाजे को धक्का देना। दूसरे दरवाजे के अंदर भी सात कक्ष मिलेंगे—सात रानियों व पटरानियों के। सातवें कक्ष में रानी चंद्रसेना रहती हैं, जो शायद ही कभी राजा की प्रतीक्षा करती हों। शेष छह दरवाजे भी कभी-कभी खुलते हैं और जिस रात इनमें से कोई दरवाजा खुलता है, वह रात सारी रात जगते रहने की रात होती है—मंत्रणाओं की, षड्यंत्रों की, प्रतिस्पर्धा की, ईर्ष्याओं की। तुम्हें आसानी से पता चल जाएगा, राजा कहाँ हैं?

"तीसरे दरवाजे को धक्का देने से भी सात कक्ष ही मिलेंगे—प्रथम कक्ष में महारानी सुनंदा और उनकी पौत्री चंद्रसेना, द्वितीय कक्ष में महाराज महापद्मनंद बुद्धि-विभ्रंशता के शिकार, सर्वांग अक्षम तथा लुंज-पुंज महाराजा। तृतीय कक्ष में महारानी मुरा तुम्हारी जननी, तुम्हारी और तुम्हारी नहीं तो मृत्यु की प्रतीक्षा करती महारानी मुरा। शेष कक्षों में सेविकाएँ। और देखो चंदू, यह है चौथा दरवाजा—उत्तर का दरवाजा, जो नंद वंश के कोषागार के सामने है। आगे बढ़ोगे तो प्रहरी केंद्र मिलेगा, अत: आगे नहीं बढ़ो तो अच्छा! और सबसे पहले अपने सारे सुरक्षा कर्मियों को आदेश दो कि वे प्रहरी केंद्र का रास्ता रोककर खड़े रहें।

"और हाँ, इस बात पर सतर्क दृष्टि रखें कि प्रहरी केंद्र और कोषागार के बीच कोई एक स्थान है, जहाँ दुर्ग से जुड़ी एक सुरंग खुलती है। सुरंग के इसी दरवाजे से राजपरिवार के सदस्य कहीं पलायन करते हैं—हाथ में पत्र-पुष्प और पूजा की घंटी धारण किए हुए। ऐसा इसलिए है कि वे यह प्रदर्शित कर सकें कि वे इसी राजमार्ग से माता पाटनदेवी के पूजन हेतु जा रहे हैं।

"कोषागार के दरवाजे पर जोर से पैर से धक्के मारना, नीचे से निकलेगा तुम्हारा बचपन का अर्थमंत्री सोमनाथ। वह तुम्हारे हाथ में अर्थात् नंद वंश के युवराज के हाथ में कोषागार की कुंजी सौंप देगा।"

"शनीचर, इन्हें प्रणाम करो। गुरुदेव चणक के पुत्र विष्णुगुप्त को। अब चाणक्य और हम सबके नियंता, मार्गदर्शक एवं सब कुछ।" चंद्रगुप्त ने कहा।

शनीचर ने गुरुदेव का चरण-स्पर्श किया तथा क्षण भर के अंदर भूमि के अंदर अंतर्धान हो गया।

: 36 :

अंतःपुर की चक्करदार गलियों में ही नहीं, संपूर्ण पाटलिपुत्र में एक रहस्य भरा सन्नाटा था। किंतु ठीक इसके विपरीत गंगा के उस पार हरिहर क्षेत्र में 'जय हरिहरनाथ' तथा 'हर-हर महादेव' की ध्वनि गूँज रही थी। लगता था जैसे अंतर से स्वतः स्फूर्त कोई दिव्य ध्वनि संपूर्ण वातावरण में प्राण फूँक रही हो, ग्राह के चंगुल से गज मुक्त हो चुका हो।

हरिहर क्षेत्र ही नहीं, संपूर्ण सारण्य प्रदेश में विजयोत्सव था। संपूर्ण वैशाली, संपूर्ण विदेह या संपूर्ण मिथिलांचल में मेला का, मिलन और मिलनोत्सव का आनंद था, धूमधाम थी। ऋषभनाथ तथा भृगुनाथ से लेकर गोरखनाथ महादेव के धाम तक पूरे नाथ क्षेत्र में एक ही दिव्य भाव जग गया हो जैसे। पाटलिपुत्र की संपूर्ण राजकीय व्यवस्था सोनपुर से संचालित थी और सोनपुर की स्वर्णपुरी में स्वर्णपरी नाच रही थी, गा रही थी तथा जय-जय की अखंड ध्वनि थी मेले के सभी पथों पर, उपपथों पर। रजनी न जाने कब की प्रस्थान कर चुकी थी और पूरी स्वर्णपुरी पर उषा का स्वर्णिम आँचल पसर गया था।

मेले के ठीक मध्य में अवस्थित पाटलिपुत्र प्रशासन का सूचना एवं प्रसारण मंच सहसा आज अरुणोदय के साथ ही सक्रिय हो उठा था और विभागीय मंच से स्वयं सारण्य मंडलाधीश द्वारा ढोल-नगाड़ों के साथ कुछ उद्घोषित किया जा रहा था—"पाटलिपुत्र के नए महाराजाधिराज मौर्य श्रेष्ठ सम्राट् चंद्रगुप्त के आदेशानुसार पाटलिपुत्र नगर के साथ-साथ संपूर्ण मगध साम्राज्य के नागरिकों एवं ग्रामीणों को सूचित किया

जाता है कि—'मगध के सिंहासन पर महाराज महापद्मनंद के सर्वांग अक्षम हो जाने के फलस्वरूप मगध प्रशासन की लुंज-पुंज व्यवस्था को नई ऊर्जा और संजीवन शक्ति से अनुप्राणित करने के उद्देश्य से नंद साम्राज्य के वैधानिक उत्तराधिकारी मुरा-पुत्र मौर्यश्रेष्ठ चंद्रगुप्त ने भोग-विलास की वैतरणी में डूबे कामांध घनानंद को अपदस्थ कर शासन की बागडोर अपनी शक्तिशाली भुजाओं में अधिगृहीत कर ली है। गज की तरह ही जन, गण और गणेश सब अब पूर्णरूप से मुक्त-उन्मुक्त हैं। नई शासन-व्यवस्था की उद्घोषणाएँ तो प्रतिदिन लगातार 45 दिनों तक होती रहेंगी ही, किंतु यह पूरा कालखंड संक्रांति का काल होगा। अभी यह सूचना संपूर्ण पाटलिपुत्र के जन-गण तक पहुँचनी आवश्यक है कि जन-गण कहीं से भी असुरक्षित नहीं है। यही घोषणा आज पाटलिपुत्र के सारे पथों-उपपथों पर भी की जा रही है। केवल आज भर के लिए यह अनुरोध है कि लोग अगली घोषणा तक अपने घरों से कृपया बाहर नहीं निकलें। हरिहरनाथ मंदिर ही नहीं, संपूर्ण हरिहर क्षेत्र मेला पूर्ववत् क्रियाशील रहेगा—पूर्णतः सुरक्षित एवं व्यवस्थित।"

इस उद्घोषणा का जैसे सर्वत्र स्वागत होने लगा। किंतु मेले के हस्ति बाजार और अश्व उपखंड में पटाखे फूटने लगे। आर्यावर्त के कोने-कोने से ही आए नहीं, विदेशी व्यापारियों के बीच भी यह चर्चा तेज हो गई कि अब तो मगध की लुंज-पुंज सैन्य व्यवस्था को पटरी पर लाने के उद्देश्य से संभव है, ये सारे-के-सारे लोक चयनित हाथी और घोड़ों का राजकीय क्रय हो जाए मुँहमाँगे दामों पर। और व्यापारियों ने तय कर लिया कि वे मेले में अपना डेरा अज्ञात काल तक जमाए रहेंगे।

नौजवानों और पूर्व सैनिक पृष्ठभूमिवाले परिवारों के बीच यह आशा बँधने लगी कि अब उनकी सुयोग्य और बलशाली संततियों को शायद मगध से पलायन करने की स्थिति फिर न आए।

व्यापारियों के बीच चर्चा होने लगी कि अब सब लौटो मगध। एक बार फिर अपनी पूरी पूँजी का निवेश अपनी मातृभूमि में करो और मगध के सर्वांगीण विकास के सहयोगी बनो।

किंतु मेले के एक विशेष उपखंड में जैसे भगदड़-सी मच गई। द्यूत-क्रीड़ा में संलग्न व्यापारी अपना बिस्तर समेटने लगे। गाँव-देहात से छले गए युवक सँभलने लगे और जुआ बाजार में देखते-देखते एक मूर्धनी-सी छाने लगी। जुआ बाजार ही नहीं—द्यूत खंड में ही नहीं, मद्य-मद्यप खंड में तो जैसे भगदड़-सी मच गई थी।

मद्य और द्यूत खंडों में तो मात्र भगदड़ ही थी, हलचल नहीं। हलचल थी तो बस एक बड़े उपखंड में सजी-सँवरी गलियोंवाले संगीत की ध्वनि और घुँघरुओं की झनझनवाले, चूड़ियों की खनखनवाले, चाँदी व सोने के सिक्कों की ठन-ठनवाले, हँसी-ठहाकेवाले, इत्रों की महकवाले, तबलों की ठनकवाले, फूलों की गमकवाले उस

गणिका बाजार में—जिसमें भारत के कोने-कोने से ही नहीं, देश-विदेशों से पधारी हुई सुंदरियों का जमावड़ा था। सबके पास स्थायी-अस्थायी अनुज्ञप्तियाँ थीं—फिर भी हलचल थी, परेशानी थी, उद्विग्नता थी। गणिका विभागाध्यक्ष से लेकर गणिकामात्य तक के माथे पर परेशानी की लकीरें थीं। बुद्ध को तो कब का अशुद्ध कर दिया था मगध के इन शासकों ने, किंतु चाणक्य की इस गति को अवरुद्ध करना खिलवाड़ नहीं था।

फिर भी चलती रहीं मेले की गतिविधियाँ। नाटक मंडलियाँ निराश नहीं थीं, लोक गायक उत्साह में थे। शास्त्रीय विधाओं के संगीतकारों के अंदर नई आशाएँ जगने लगी थीं। कलाकार, शब्दकार, खेतिहर, बुनकर से लेकर छोटे-छोटे नट-नटी तक उत्साह से भरे थे। फिर भी, वातावरण में एक रहस्य-सा जैसे संचारित था। यह रहस्य का कुहरा पाटलिपुत्र की गलियों में अभी देर तक भी साफ नहीं हो सका था और आम जन-जीवन अपने-अपने घरों में वैसे ही कैद था जैसे घनानंद या सुनंदा आदि अंत:पुर के अपने कक्षों के अंदर।

चाणक्य का आदेश था कि महारानी सुनंदा एवं महाराज महानंद के निजी कक्षों को ही कारागार घोषित किया जाए तथा इस बात को सुनिश्चित किया जाए कि उन्हें सामान्य जन के रहन-सहन की सारी सुविधाएँ उपलब्ध हैं। महारानी मुरा अंत:पुर के अंदर पूर्णरूपेण स्वतंत्र जीवन व्यतीत करेंगी। किंतु युवराज घनानंद तथा उनकी रानी चंद्रसेना सामान्य सुविधाओं के साथ अपने कक्षों में कारागारीय जीवन बिताएँगे। चंद्रिका के लिए अलग आदेश था—उसे स्वतंत्र रूप से पिता-माता तथा दादा-दादी की सुख-सुविधाओं की देखरेख करने के लिए अंत:पुर में कहीं भी आने-जाने की पूरी स्वतंत्रता थी। उसे यह भी छूट थी कि वह आवश्यकतानुसार सम्राट् चंद्रगुप्त तथा प्रधान सेनापति चाणक्य से व्यक्तिगत रूप से संपर्क भी कर सकती है।

पूरे 500 सैनिकों का एक सशस्त्र सैन्य बल अंत:पुर की गलियों सहित कोषागार तथा राजसिंहासन के आस-पास पहरे पर पद-स्थापित था तथा पूरे 5,000 सैनिक औदक दुर्ग को चारों ओर से घेरे रहे। पाँच लक्ष की सशस्त्र सेना को आदेश था कि वह पाटलिपुत्र की चारों दिशाओं में सन्नद्ध रहे और पूरे मगध राज्य में कभी भी किसी उपद्रव की स्थिति में सैन्य कारवाई में चूके नहीं।

दोपहर होते-होते सारा कुहरा भी साफ था और राजभवन से सभी आदेश-अध्यादेश तथा अधिसूचनाएँ सैन्य कार्यालय से प्रसारित होने लगी थीं। आदेशों-अध्यादेशों या प्रसारित सूचनाओं-अधिसूचनाओं के अनुसार—आज की संपूर्ण परिघटनाएँ कोई युद्ध नहीं थीं—सत्ता-परिवर्तन की एक महत्त्वपूर्ण स्थिति भर थीं—कुशासन से सुशासन की ओर चल पड़ी एक बहुत बड़ी क्रांति, किंतु पूर्णत: रक्तहीन। नई राजसत्ता यह चाहती थी कि नागरिकों या ग्रामीणों अथवा कारीगरों एवं सामान्य मजदूरों को कम-

से-कम सारी मानवोचित सुविधाओं की व्यवस्था नि:शुल्क अर्थात् बिना किसी कराधान के की जाए। अब तक यदि कोई कराधान किया जाता रहा हो तो वह समाप्त किया जाता है।

अन्य घोषणाएँ इस प्रकार थीं—

'नई राजसत्ता की मान्यता है कि कराधान राज-सुख के निमित्त नहीं, जन-जीवन को सुखी बनाने के हित में ही किया जाना चाहिए। जन-हित और राज्य का आर्थिक विकास दोनों समानांतर चलें। नई राजसत्ता यह मानती है कि आर्थिक विकास की गति का निर्धारण सामाजिक न्याय के मानक करें।

'आम जन-जीवन के साथ कोई अन्याय नहीं हो, इस हेतु समाहर्ता, अमात्य, मंत्री, प्रधानमंत्री, राजा तथा राजपुरोहित के विभिन्न सभी स्तरों पर जन-गण की शिकायतों की सुनवाई प्रति महीने कम-से-कम एक दिन अवश्य की जाए तथा कोई भी आदेश या अंतिम निर्णय तभी लिया जाए, जब हर स्तर पर गठित जन-गण के प्रतिनिधि एवं पुरोधा मंडल का अनुमोदन प्राप्त हो जाए। समाहर्ता की अध्यक्षता में गोपादि के विरुद्ध प्राप्त शिकायतों की सुनवाई अमात्य की अध्यक्षता में, समाहर्ता के विरुद्ध प्राप्त शिकायतों की मंत्री की अध्यक्षता में, अमात्य के विरुद्ध प्राप्त शिकायतों की प्रधानमंत्री की अध्यक्षता में, मंत्रियों के विरुद्ध प्राप्त शिकायतों की राजा की अध्यक्षता में तथा राजा के विरुद्ध प्राप्त शिकायतों की सुनवाई प्रधान पुरोहित या राजपुरोहित की अध्यक्षता में की जाए। कथित जनप्रतिनिधि पुरोधा मंडल में समाज के ऐसे पुरोधा व्यक्ति ही लिये जाएँगे, जो समाज में अपने ज्ञान, अपने अनुभवों तथा अपने त्याग के लिए प्रमाणों के साथ प्रसिद्ध हों। उनके सुझावों को दृष्टि के केंद्र में रखकर ही राज्यादेशों की रचना की जाए।

'सुशासन से संबंधित आदेश-अध्यादेश समय-समय पर आवश्यकतानुसार प्रसारित होते रहेंगे। सभी जन-गण से अनुरोध है कि नई राजसत्ता को अपना सहयोग प्रदान करें।

'पुराना अमात्यमंडल तथा विभागाध्यक्ष सहित सभी विभागीय पदाधिकारी अगले आदेश तक पूर्ववत् अपने-अपने पदों पर कार्यरत रहेंगे।'

संध्या के आते-आते न केवल पथों-उपपथों का सामान्य जनजीवन पुनर्स्थापित हो गया था, बल्कि नगर के सभी भवनों की छतों पर तथा बाजारों की गलियों में दीपावली का दृश्य था, जिससे प्रतिभासित हो रहा था कि पाटलिपुत्र की जनता इस सत्ता-परिवर्तन से कितनी प्रसन्न और संतुष्ट है। सारे-के-सारे कार्यालयों में पूर्ववत् कार्य संचालन चलने लगा था, मिठाइयाँ बँटने लगी थीं। मंदिरों में आज की शाम अभ्यर्थियों एवं दर्शनार्थियों की अपूर्व भीड़ थी। पूजा की मंत्र-ध्वनियों से गगनांचल गूँजने लगा था। आज दिन भर सारी उठा-पटक के विपरीत मगध की तीनों सीमाओं पर युद्ध जारी रहा, किंतु सत्ता-परिवर्तन के समाचार सीमाओं पर भी पहुँच चुके थे और

तीनों सीमाओं से राजदूतों के दल और गुप्तचरों की टोलियाँ पाटलिपुत्र की राजनीतिक स्थिति के आकलन हेतु इधर-उधर चक्कर काट रही थीं। उन्हें आचार्यवर कौटिल्य से मिलने की आतुरता थी और परिवर्तित सत्ता से अनेक अपेक्षाएँ। सत्ता द्वारा अधिसूचित आदेशों-अध्यादेशों के आलोक में तीनों जनपद—वैशाली, अंग और कलिंग संधि वार्त्ता के लिए बेचैन थे।

वैशाली के राजदूत ने अमात्य कात्यायन से भेंट कर मगध की राजसत्ता की राजस्व-केंद्रित शासन व्यवस्था में लोकतंत्र के प्रवेश पर वैशाली की ओर से चंद्रगुप्त मौर्य के सम्राट् घोषित होने को अपना समर्थन पत्र भी सौंप दिया। अंग, बंग और कलिंग भी वार्त्ता कर समर्थन पत्र समर्पित करने हेतु अपनी मन:स्थिति का निवेदन कर रहे थे। राजपुरोहित कौटिल्य ने कल ही तीनों जनपदों के राजदूतों से वार्त्ता का समय निर्धारित कर दिया और प्रस्ताव पर सम्राट् का अनुमोदन भी प्राप्त कर लिया।

अमात्य मंडल एवं विभागाध्यक्षों को संबोधित एक आदेश यह भी निर्गत था कि आज संध्या समय उन सब अधिकारियों की एक गोपनीय सभा राजभवन के केंद्रीय कक्ष में आहूत है, जो आज की अंतिम महत्त्वपूर्ण सभा होगी और इस सभा में सबकी उपस्थिति अनिवार्य रहेगी।

देर रात तक सभा चलती रही और नई शासन-व्यवस्था की कार्य-प्रणाली की व्याख्या होती रही। सभा की अंतिम घोषणा, जो प्रधान सेनापति सह प्रधान न्यायाधीश सह राजपुरोहित द्वारा की गई, वह यह थी कि कल पूर्वाह्न वेला में ही मौर्यश्रेष्ठ चंद्रगुप्त को मगध के सम्राट् के रूप में अभिषिक्त किया जाएगा। अभिषेक की विधि राजमाता मुरा की उपस्थिति में स्वयं राजपुरोहित आचार्य चाणक्य द्वारा संपादित होगी। अभिषेक पर्व में ये सभी मंत्री तथा अमात्य एवं अधिकारीगण सहभागी बनेंगे। राजमाता मुरा को विधिवत् अवसरोपयुक्त औपचारिक वेश में तैयार करने की सूचना आचार्य कात्यायन अंत:पुर की सहायिकाओं को अभी ही देंगे तथा निर्देशित समय पर उन्हें स्थानापन्न कर देना सुनिश्चित कर देंगे।

सधन्यवाद सभा विसर्जित हो गई, किंतु राजभवन के प्रभारी अमात्य तथा न्यायाधीश, सह-सेनापति, सह-राजपुरोहित रात भर जगते रहे और राज्याभिषेक की तैयारियों में संलग्न रहे।

: 37 :

मगध में ब्रजगिरि से राजगिरि तक अथवा ब्रजगृह से राजगृह तक और राजगृह से राजपुरी तक और राजपुरी से पुष्पपुरी अर्थात् पाटलपुरी अर्थात् पाटनपुरी तक

कोलाहल-ही-कोलाहल सुनाई पड़ता था। जहाँ उपवन-ही-उपवन था, जीवन-ही-जीवन था, वहीं आज विचित्र सन्नाटा छाया हुआ था। राजधानी पाटलिपुत्र तो वैसे ही कभी सोती नहीं थी, आज चढ़ती दोपहरी में भी गाढ़ी निद्रा में थी जैसे। जिस गंगा के तट पर ईरघाट से वीरघाट तक, राजघाट से रानीघाट तक, गायघाट से बाँसघाट तक, दुर्गघाट से दीर्घाघाट या दिग्घाघाट तक केवल जीवन की हलचल थी, वहीं पता नहीं कहाँ से मृत्यु का, श्मशान का सन्नाटा पसर गया था। लंबी-चौड़ी सड़कें हों या टेढ़ी-मेढ़ी-सँकरी पगडंडियाँ—सर्वत्र सुनसान, सर्वत्र सन्नाटा, सर्वत्र कुछ अनहोनी हो जाने जैसा भय, कुछ अवश्यंभावी अप्रत्याशित घटना घटित हो जाने का आतंक। गंगा के उस पार हरिहर क्षेत्र की जीवंतता और गंगा के इस पार महाभारत के बाद वाली कुरुक्षेत्र की मूर्छनी। पाटलिपुत्र की चारों दिशाओं में दहशत का साम्राज्य। सभी दरवाजे बंद। राजपथ पर चंद्रगुप्त की सेना द्वारा किया जा रहा पहरा और राजभवन के हर दरवाजे पर चंद्रगुप्त के सैनिकों का छापा। घोषणा यह कि आज कोई भी नर-नारी पाटलिपुत्र की सड़कों पर अपने घरों से निकलकर बाहर नहीं दिखाई पड़े।

पाटलिपुत्र के घर-घर में यही चर्चा थी कि कोई बड़ा परिवर्तन, कोई बड़ा व्यवस्था-परिवर्तन, कोई बहुत बड़ा युग-परिवर्तन हो रहा है और जिस तरह की चर्चा घरों में मौसम की संभावनाओं के आधार पर हो रही थी, ठीक उसी तरह की चर्चा घटनाओं के आधार पर राजभवन में जारी थी। प्रधान सेनापति आचार्य चाणक्य ने अपना कर्तव्य समझकर सैन्य छावनी के गोपनीय सभागार में सभी सेनाओं के सेनापतियों की एक सभा आहूत की थी और विशेष आमंत्रित के रूप में मगध के भावी सम्राट् चंद्रगुप्त को भी उपस्थित रहने हेतु अनुरोध किया था। गंधार, कंबोज, मद्र, पंचाल, शूरसेन, अवंती, मथुरा, वत्स, काशी इत्यादि जनपदों के सभी सेनापति सभा में उपस्थित थे और उन्हीं के साथ उपस्थित थे पंचनद के राजकुमार मलयकेतु, जो हिमगिरि जनपद के भावी राजा थे और वर्तमान सेनापति। भावी मगध सम्राट् चंद्रगुप्त की उपस्थिति इसलिए भी अनिवार्य समझी गई थी कि वे मुरिय गणतंत्र के राजा भी थे, सेनापति भी। विदेह, वैशाली, अंग और कलिंग के सेनापति तो सभा में उपस्थित नहीं थे, किंतु उनके कूटनीतिक प्रतिनिधि अवश्य उपस्थित थे।

चाणक्य ने सबका अभिवादन किया, स्वागत किया, अभिनंदन किया और सविनय यह सूचना दी कि मगध पर अब नंद वंश के कुशासन की छाया नहीं रही। मौर्य वंश का रक्षा-क्षत्र लेकर चंद्रगुप्त उनके बीच उपस्थित हैं। चाणक्य बोले जा रहे थे—कैसे-कैसे सत्ता-परिवर्तन की कहानी शुरू हुई थी और कैसे यह कहानी अपनी तार्किक परिणति तक पहुँच सकी है। चाणक्य बोल रहे थे—

"मित्रो, मगध में व्यवस्था-परिवर्तन एवं सत्ता-परिवर्तन के वर्तमान और अतीत

से आप पूर्ण परिचित हैं और आप परिचित ही नहीं, सहभागी भी हैं इस परिवर्तन के। आप अवगत हैं कि गंधार से मगध तक और पंचनद से श्रावस्ती व वैशाली तक हमने कैसे युद्ध की तैयारी की है और आप साक्षी हैं इस बात के भी कि हमारी लड़ाई में हथियारों से अधिक काम किस तरह हमारी नीतियों ने किया। हाँ मित्रो, जब कोई घिसी-पिटी नीति रणनीति बन जाती है तो उसके कमजोर दीखते रक्षा-सूत्र भी किसी भी घातक हथियार से अधिक तीक्ष्ण प्रहार लगते हैं, ऐसे प्रहार कि बिना रक्त की एक बूँद बहाए एक घातक युग का परिवर्तन हो जाता है। मैं बार-बार कहूँगा मित्रो, कि हथियारों की रणनीति और उनसे लड़े युद्ध के सहारे जब किसी कुरुक्षेत्र में विजय होती है और कोई युग बदलता है तो वह द्वापर से भी बदतर कलियुग हो जाता है और कूटनीति के हथियार और नीति के बल पर जो युद्ध लड़ा जाता है, उसमें जब द्वापर बदलता है तो वह कलियुग न होकर त्रेता और त्राता बनकर खड़ा हो जाता है। कूटनीति की नीति भी तो मूलत: नीति ही है, यद्यपि दोनों में एक अंतर है—एक छोटा सा अंतर। नीति सर्वग्राह्य होती है, सर्वविदित, सर्वसमर्थित। कूटनीति की बस एक ही विशेषता है—वह सबकी समझ में नहीं आती, शत्रु राष्ट्र के लिए तो एक अबूझ पहेली जैसी, उसके रास्ते में एक अलंघ्य पर्वत जैसा। वही हुआ है मित्रो, आज मगध में और उस नीति और कूटनीति के योद्धा हम और आप हैं। कूटनीति सफल तब कही जाती है, जब वह हथियारों और सैनिकों की तैयारी तो युद्ध में विजय पाने के लिए करती है, किंतु चाहती है कि हथियारों का उपयोग न हो, किसी का खून नहीं बहे और परिवर्तन का अरुणोदय रात के अंधकार के बाद उषा की किरणों की तरह दिखाई पड़ने लगे। मगध की यह यात्रा कलियुग की यात्रा नहीं है, त्रेता की यात्रा है और इस ऐतिहासिक क्षण में मैं आप सबका हार्दिक अभिनंदन करता हूँ।

सभा में सन्नाटा था, किंतु वह सन्नाटा भय का नहीं था, वह सन्नाटा आत्मतुष्टि का था।

सभी सेनानायकों ने चाणक्य की रणनीति और कूटनीति दोनों के लिए उन्हें साधुवाद दिया। तत्पश्चात् मलयकेतु ने महाराज से बोलने की अनुमति माँगी और अनुमति प्राप्त कर कहने लगे—“हम लोग अपने प्रधान सेनापति आचार्य चाणक्य की रणनीति देखते ही रहे हैं, कूटनीति की सफलता तो आज देख रहे हैं कि किस तरह दुनिया के इतिहास में एक अभिनव क्रांति हुई है, एक बहुत बड़ी क्रांति हुई है और वह भी रक्तहीन क्रांति। इस विषय को यहीं स्थगित करते हुए मैं कहना चाहूँगा कि प्रधान सेनापति हमें दिशा-निर्देश दें कि नीतियों के अनुसार अब उनके कार्यक्रम का अगला चरण क्या है?”

चाणक्य बोलने लगे—“लंकाकांड के बाद अगला चरण क्या होता है मलयकेतु,

आप जानते हैं। अगला चरण होता है अयोध्या में राम का पदार्पण तथा रामराज्य की स्थापना। हम भी मगध में और मगध ही नहीं, अपने सभी सोलह जनपदों में भी रामराज्य की स्थापना करना चाहते हैं और उस स्थापना में आप सभी जनपदों की भागीदारी अपेक्षित है, ताकि मगध का राज्य एक साम्राज्य नहीं, एक महाराज्य के रूप में विकसित हो सके और अपनी सभी इकाइयों को साथ लेकर पूरे भारतखंड को सप्तसिंधु से सप्तगंगा तक और सिंधु सागर से बंग सागर तक, हिम सागर से हिंदसागर तक एक डोर में जोड़ सके और संसार के सामने एक आदर्श समाज का प्रारूप उपस्थापित कर सके। हमारे मार्गदर्शक महात्मा बुद्ध ने हमें यही राह दिखाई है। यही संघ शक्ति से उद्‌भूत राज्य का नया स्वरूप है महाराज्य—राज्य की छोटी इकाइयों को एक महासंघ के रूप में विकसित करने की राह—संघं शरणं गच्छामि और संघे शक्ति कलियुगे की राह। चंद्रगुप्त मौर्य मगध के सिंहासन को संघीय शासन के रूप में परिवर्तित कर सकेंगे, ऐसी हमारी अपेक्षा है।''

तत्पश्चात् मथुरा के इंद्रसेन ने मलयकेतु की तरह ही अपने विचार व्यक्त किए और कहा, ''नीति, रणनीति और कूटनीति की पेचीदगियों या गुत्थियों को तो हम सुलझाते रहेंगे और सुलझा लेंगे—चाणक्य जैसे प्रधान सेनापति के रहते हुए इसमें हमें कोई कठिनाई नहीं होगी; किंतु मथुरा जैसे राज्य का यह अनुभव है कि रण में विजय के बाद राजा और राज्य की शासन-प्रणाली के परिवर्तन में विलंब नहीं करना चाहिए। हमारी पहली आवश्यकता यह है कि हम चंद्रगुप्त मौर्य का मगध के सिंहासन पर राज्याभिषेक करने की व्यवस्था शीघ्रातिशीघ्र करें।''

इंद्रसेन ने अपनी बात समाप्त की तो एक स्वर से सभी बोल उठे, ''घनानंद और महापद्‌मनंद का कारावास में बंद करने के बाद सिंहासन खाली रखना नीति के अनुकूल नहीं है, कूटनीति के अनुकूल भी नहीं है। मेरा अनुरोध है कि चंद्रगुप्त के राज्याभिषेक की काररवाई तुरंत की जाए तथा मगध के राजतंत्र को एक अभिनव रूप, एक संघीय शासन की नूतन प्रणाली प्रदान करते हुए हम भारत के नवनिर्माण की दिशा में आगे बढ़ें।''

सभी सेनापतियों ने अपनी सहमति दिखाई और यह निर्णय हो गया कि वे सभी अपने-अपने जनपद या राज्य के राजा को सूचना देकर कल के राज्याभिषेक में उपस्थित रहने का आग्रह करें और अपने राजा के साथ-साथ कल के राज्याभिषेक समारोह में स्वयं भी उपस्थित हों।

शाम होने को थी। मंदिरों में दीया जलाने का समय शुरू होने वाला था। घरों में दीवाली का त्योहार मनाने का मौका आ गया था। आज राम चौदह वर्षों के वनवास के बाद अयोध्या लौट रहे हैं। तुरंत चाणक्य ने यह उद्‌घोषित करने का आदेश दे दिया कि

गली-गली में यह उद्‌घोषणा कर दी जाए कि मगध में शांति है, अभूतपूर्व शांति और पाटलिपुत्र में उत्सव है। आज ज्योतिपर्व है, कल विजयपर्व। आज दीपावली होगी, कल खुशियाली, जब मगध के सिंहासन पर घनानंद की जगह मौर्य कुमार चंद्रगुप्त आसीन होंगे। और इसी के बाद आज की सभा विसर्जित घोषित कर दी गई।

: 38 :

तृतीया की तिथि, कृष्णपक्ष-बृहस्पतिवार। मार्गशीर्ष का पवित्र मास—'मासानां मासोत्तमे मासे मार्गशीर्ष मासे कृष्णेपक्षे बृहस्पतिवासरे चंद्रवंशे काश्यपगोत्रे मौर्यकुले उत्पन्नोहं चंद्रगुप्त शर्माऽहम्' के दिव्य मंत्रोच्चार के साथ आज मौर्यश्रेष्ठ चंद्रगुप्त का राज्याभिषेक होगा—चर्चा थी सर्वत्र-सर्वत्र खुशियाँ थीं, उत्साह था। किंतु चंद्रगुप्त की बूढ़ी माँ मुरा, जिन्हें राजमाता के रूप में पुत्र-रत्न को मगधराज के रूप में अभिषिक्त होने के साथ आशीषों की वर्षा करनी थी—बड़े द्वंद्व में थीं। उन्होंने चाणक्य को संवाद भेजकर कुछेक घड़ियों के लिए उनसे मिलने की आकांक्षा व्यक्त की—

"आचार्यवर, आप मेरे पुत्र चंद्रगुप्त को मात्र आशीर्वाद देकर कृतार्थ करनेवाले गुरुदेव ही नहीं, उसके संपूर्ण जीवन के निर्माता तथा भविष्य के सर्वार्थसिद्ध मार्गदर्शक पिता सदृश भी हैं। आप हर प्रकार से उसके कल्याण की ही कामना करते हैं और करेंगे ही। किंतु अपने मन के एक द्वंद्व को आपके सामने रखने की अनुमति चाहती हूँ। द्वंद्व यह है गुरुवर, कि नंद कुल की यह एक पुरानी मान्यता है कि तृतीया की तिथि उसके लिए बड़ी शुभदायक-सुखदायक होती रही है। कहते हैं कि वह तिथि भी तृतीया ही थी, जिसकी एक शुभ घड़ी में मगध के सिंहासन पर नंद वंश के राज्य की स्थापना हुई थी और हम यह मानते रहे कि तृतीया की तिथि में जिस कार्य का भी शुभारंभ होता है वह नंद कुल की वैभव-बेलि की तरह नित्य नवजीवन से उच्छ्‌वासित तथा विकसित होता रहता है। किंतु गुरुदेव, हमारा ही एक यह भी अनुभव रहा है कि महाराज नंद ने इसी तृतीया तिथि को महापद्मनंद के नाम से अपने साम्राज्याधिपति होने की प्रथम अधिसूचना प्रसारित कर मगध राज्य को मगध साम्राज्य घोषित किया था और मगध के पतन की कहानी भी उसी दिन से शुरू हो गई। महाराज महापद्म महापंक ही नहीं, महाधूलि में मिल गए, शरीर से भी रोगग्रस्त हो गए और राज्य का शासन अपने पुत्र घनानंद के कंधों पर डाल दिया और फल यह है कि कुल का अंतिम दीपक बुझने की स्थिति में है और उसी राज्य का अंत उसी महापद्मनंद के जीवनकाल में ही हो गया। यदि हो सके आचार्य, तो मेरे पुत्र को इस तृतीया और त्रयोदशी—तीन और तेरह दोनों अंकों से बचाइए।"

"नहीं देवी, यह तीन और तेरह का फेरा सोलह गोत्रों की लड़ाई तक सीमित है,

वह भी ब्राह्मण कुलों के बीच। भारतीय संस्कृति में सोलह जनपदों का गौरवशाली इतिहास तो बस इसी 'तृक' तत्त्व की आधारशिला पर खड़ा है—त्रिदेव, त्रिकाल, त्रिलोक, त्रिधातु, त्रिवेद, त्रियज्ञ तथा त्रिगोत्रों की महिमामयी आधारशिला पर। किंतु यह भी नहीं है देवी, कि तेरह और त्रयोदशी भी कम महिमामय हैं। त्रयोदश गोत्र पराशर, भरद्वाज आदि गर्ग-गौतम-शांडिल्य त्रिगोत्रों से कहाँ कभी कम गौरवमय रहे हैं? उसी तरह यह त्रयोदशी तिथि और उसमें भी कृष्णपक्ष की त्रयोदशी तो देवाधिदेव महादेव की ही पूजन तिथि है। इन तिथियों का वस्तुत: शुभदायक या अशुभदायक होना ज्योतिषीय गणनाओं पर आधारित होता है। राजमाते, आप पता कर लेंगी—ज्योतिष विज्ञान के अनुसार यह तृतीया तिथि यदि मंगलवार को पड़े तो वह सर्वसिद्धि योग में फलित होती है, बुधवार को पड़े तो मृत्युयोग में तथा पुन: यदि बृहस्पतिवार को पड़ जाए तो अमृतयोग में।

"आज बृहस्पतिवार है देवी, और आज जिस राजकुमार का राज्याभिषेक होगा, वह राजा इतिहास में अमर होकर रहेगा। आप निश्‍िंचत होकर राज्याभिषेक का उल्लास मनाइए। चंद्रगुप्त केवल मगध का नहीं, मात्र भारतखंड का ही नहीं, पूरे आर्यावर्त अर्थात् संपूर्ण ब्रह्मावर्त यानी पूरी धरती अर्थात् संपूर्ण ब्रह्मांड का सबसे प्रतापी राजा बनेगा। हाँ देवी, वह राजा, जिसे हमारे शास्त्र 'चक्रवर्ती सम्राट्' कहते हैं।

"आज मध्याह्न के ठीक पूर्व की पुण्य घड़ी में जब भगवान् भुवन भास्कर आकाश के मस्तक पर प्रचंड दीप्ति के साथ मार्तंड प्रभा-संपन्न होंगे अथर्व वेदोक्त मंत्रोच्चारों के बीच आपके महान् मौर्य कुल के सूर्य के समान प्रदीप्त महापुरुष आपके प्रतापी पुत्र के मस्तक पर आपके चंद्रवंशी पुरूरवा कुल पुरोहित के कर-कमलों से अक्षत-चंदन का तिलक लगाया जाएगा और आपके ही आदेश से नियुक्त मगध के राजपुरोहित अर्थात् मगध महाराज्य के प्रधान न्यायाधीश सह प्रधान सेनापति मगध की राजभाषा पालि और देववाणी संस्कृत में सम्राट् के रूप में उन्हें अपने पद से संबंधित अधिकारों व कर्तव्यों की शपथ दिलाएँगे।

"देवी, यह मगध महाराज्य का एक गौरव पर्व होगा कि पूरे संसार के राजतंत्र के इतिहास में पहली बार राजा राष्ट्र की प्रतिनिधि सभा में अपने पद से संबंधित अधिकारों और कर्तव्यों के लिए शपथ ग्रहण करेगा। राजतंत्र के परंपरागत सिंहासन, किंतु वस्तुत: स्वर्ण-निर्मित कमलासन पर चंद्रगुप्त के आसीन होने के ठीक पूर्व पुष्पपुर की पुत्री, मुरिय की मयूरी, मौर्य भूमि की पूर्व महाराज्ञी तथा नंद कुल की वर्तमान महारानी महिष्मती माता आप महारानी मुरा आर्य चंद्रगुप्त के कंठ में स्वर्ण वर्ण कमलों का वह हार पहनाकर आशीषों से महिमामंडित करेंगी, जो उन अष्ट शताधिक स्वर्ण शत दलों से निर्मित होगा और जो पुष्प सद्य:प्रस्फुटित उस महापद्म सरोवर से चयनित होंगे, जिसका निर्माण तथा जिसकी सजावट-बुनावट सप्तसर या सप्तराग के एक समन्वित स्वरूप के

प्रतीक के रूप में स्वयं सम्राट् महानंद ने किया था और जिनके कंठ में यही स्वर्णहार इसी तृतीया की तिथि को अर्पित किया गया था। यह तो मगध का दुर्भाग्य था महारानी, कि उस दिन की यह तृतीया तिथि न तो मंगलवार वाली तिथि थी, न आज की तरह बृहस्पतिवार वाली—बृहस्पतिवार, जिसे शास्त्रों ने गंभीरतापूर्वक 'गुरुवार' की संज्ञा से अभिहित किया है।

"आज का योग अमृत योग है। महानंद द्वारा अपने मस्तक पर विधिवत् मणिपद्म मुकुट धारण कर स्वयं को साम्राज्य पति घोषित करने की तिथि बुधवार थी और योग मृत्युयोग का था और जो होना था वह सबकुछ तो हो चुका और जो कुछ भी हो चुका, उसके लिए आचार्य चणक की ज्योतिष विद्या नहीं, महाराज नंद की जिद जिम्मेदार है। उन्होंने जिद पकड़ ली कि यह प्रथम चक्रवर्तोत्सव बुधवार को ही होगा और इसलिए होगा कि यही वह शुभ दिन है, जिसकी एक पुण्य घड़ी में उनके प्रथम पुत्र धन्यधन ही नहीं, घनानंद का जन्म हुआ था। उन्होंने मणिपद्म मुकुट धारण करने एवं साम्राज्योत्सव के लिए एक दिन का भी विलंब स्वीकार नहीं किया। अब तो जो होना है माते, उसका शुभारंभ आपके आज के आशीष-वर्षण से होगा और जैसे ही आप स्वर्ण कमलों की माला पुत्र के गले में पहनाएँगी, दसों दिशाओं से सहस्रों पुष्प-दल, सातों वर्णों के पुष्प-दल कमलासन पर बरसने लगेंगे, जिस पर मौर्य चंद्रगुप्त शपथ-ग्रहण के ठीक पश्चात् आसीन हो जाएँगे और राजपत्र पर स्वर्णाक्षरों में अपने हस्ताक्षर अंकित कर देंगे। राष्ट्रों के इतिहास में ये हस्ताक्षर विश्व के प्रथम हस्ताक्षर के रूप में गौरवान्वित होंगे—महारानी।"

महारानी बोलने लगीं—

"और हाँ, यदि मैं मौर्य शासन की राजमाता का स्थान ग्रहण कर चुकी होऊँ पूज्य राजपुरोहित महाराज, तो मैं चणक-पुत्र चाणक्य को मौर्य वंश के प्रधान सेनापति के अतिरिक्त राजपुरोहित सह प्रधान न्यायाधीश के रूप में नियुक्त करती हूँ। आप राजपुरोहित होंगे आज से मौर्य कुल के और इस तरह मौर्य शासन के राजतंत्र में सर्वाधिक स्वत्वपूर्ण एवं सर्वाधिकार-संपन्न पथ-प्रदर्शक गौरव पुरुष। पुरोहित अर्थात् राष्ट्र पुरोहित अर्थात् राष्ट्रपिता और संघ का महान्यायवादी। राजपुरोहित होगा अब वस्तुतः संघ-पुरोहित, जिसका अर्थ राजा का पुरोहित नहीं होगा। राज्य का वह पुरोधा व्यक्तित्व, जिसे यह शक्ति होगी कि वह यदि राजा के राज्यादेश में भी लोक तथा संघ की आस्था का अभाव देखे तो उसके कार्यान्वयन पर भी निषेधाज्ञा लागू कर सके और जिसकी आज्ञा को उलट सकने का अधिकार जनता के अतिरिक्त अन्य किसी को भी नहीं हो।

"पता नहीं, इस गौरवमयी घड़ी में आपको मैं कैसे अभिवादित-अभिनंदित करूँ। लेकिन इसके पूर्व मैं चणक-पुत्र को यह बताना चाहती हूँ कि जिस तरह मुरा-पुत्र

चंद्रगुप्त की माता पुष्पपुर की पुण्यभूमि की पुत्री रही है, ठीक उसी प्रकार पुष्पपुर की एक और पुत्री ने मगध को गौरवान्वित किया है और वह है चणक-प्रिया तथा चाणक्य की जननी और मेरी प्रिय बहन वत्सला। चाणक्य, आप मेरे भी उसी तरह के पुत्र हैं, जिस तरह चंद्रगुप्त—समान रूप से प्रिय, किंतु सम्राट् से भी श्रेष्ठ और पूजनीय। मैं वत्सला से वय में भी छोटी होने के कारण चणक के विवाहोत्सव तथा (चाणक्य) विष्णुगुप्त के जन्म के दिनों की भी साक्षी हूँ और इसलिए आनंदातिरेक से सराबोर। मैं चाहूँगी, विष्णु और अपने राजपुरोहित से अनुरोध करूँगी कि इस राज्याभिषेक समारोह में यदि मेरी उपस्थिति आवश्यक है तो मेरे साथ मेरी बड़ी बहन वत्सला भी मेरे पास अवश्य उपस्थित रहें और मेरा शतशः शुभाशीष है, पुत्र। तुम दोनों की युगल उपस्थिति को कभी भी और किसी भी शत्रु की कुदृष्टि न लगे। ईश्वर चाहेगा तो तुम दोनों को विश्व के इतिहास में प्रथम चाक्रवर्त्य स्थापित करने का गौरव प्राप्त होगा।''

इसी आशीर्वचन के साथ मुरा ने चाणक्य को राजभवन के लिए विदा किया और स्वयं सुरंग के मार्ग से पटनदेवी पूजन के लिए चल पड़ीं। आगे-आगे कुलपुरोहित, फिर मुरा और उनके पीछे-पीछे दासियों-अनुदासियों की टोली। इधर राजभवन के केंद्रीय कक्ष में आगत अतिथियों तथा सभासदों की आसन व्यवस्था तथा स्वागत से संबंधित आदेशों को मंत्रियों-अमात्यों के निर्देशन में कार्य रूप प्रदान होने लगा था।

शीर्ष प्रशासकीय आदेशानुसार केंद्रीय कक्ष के मध्य में स्थित स्वर्ण-निर्मित कमलासन के वामांग में राजमहिषी के लिए कर्णांकित रजत-निर्मित श्वेत वर्ण नीरजासन तो रिक्त रहेगा, किंतु ठीक उसी के सामने की जो पंक्ति होगी, उस पर दो देवियाँ आसीन होंगी—राजमाता मुरा और राजमाता की बड़ी बहन वत्सला। वत्सला के दक्षिणांग में एक विशिष्ट आसन एवं ताम्र निर्मित किंतु रत्नखचित आसन होगा, जो राजपुरोहित से सुशोभित होगा और जिसके आगे एक ऊँचा स्तंभ होगा, जहाँ खड़े होकर सम्राट् सभासदों के बीच महाराज्य के उच्चतम पद के लिए शपथ ग्रहण करेंगे—आगे-आगे राजपुरोहित राज्यादेश का पाठ करेंगे और पीछे-पीछे सम्राट् अपने नाम, पद तथा कर्तव्यों के साथ पद एवं गोपनीयता की शपथ लेंगे।

सभासदों की प्रथम पंक्ति गंधार से लेकर कलिंग तक, विदेह से लेकर विदर्भ तक, पंचनद से लेकर पंचाल-शूरसेन तक, मद्र से लेकर सौराष्ट्र तक तथा अवंती से लेकर काशी-कोशल तक के सभी जनपदों के सभी सहयोगी राजाओं से सुशोभित रहेगी। प्रथम पंक्ति का प्रथम स्थान सेल्यूकस के अनन्य मित्र-प्रतिनिधि तथा यायावर, विश्व-भ्रमणार्थी, भाषा वैज्ञानिक तथा इतिहासकार मेगस्थनीज जैसे विशिष्ट अतिथि की उपस्थिति से गौरवान्वित होगा। दूसरी पंक्ति में राज्य के मंत्रिगण की उपस्थिति होगी और तीसरी पंक्ति में नालंदा विश्वविद्यालय के सभी विभागों के वरिष्ठ आचार्य शोभा

पाएँगे और इन आचार्यों की पंक्तियों में पहली पंक्ति में शोभायमान होंगी आचार्यश्री चणक की प्रिय शिष्या तथा नालंदा विद्यापीठ की आचार्य सुवासिनी और फिर सुवासिनी की शिष्या और राजरानी चंद्रसेना की चंद्रमुखी पुत्री चंद्रिका। अन्य पंक्तियों में मगध साम्राज्य एवं पाटलिपुत्र नगर प्रशासन से जुड़े प्रसिद्ध नागरिक तथा सभी संगठनों के सदस्य सुशोभित होंगे।

संपूर्ण व्यवस्था स्वयं चाणक्य के पर्यवेक्षण में अक्षरशः सुनिश्चित की गई और सारे कार्यक्रम सुनिश्चित शुभ घड़ियों में संपादित एवं संपन्न कर दिए गए। संपूर्ण समारोह का भव्यतम दृश्य था—शपथ ग्रहण का वह परिदृश्य, जो सोलह राज्यों या जनपदों के एकात्मकता मंडित जीवन का सबसे महत्त्वपूर्ण ऐतिहासिक क्षण था—राजतंत्र में जन-गण-मन के स्तंभ के रूप में खड़े सप्त स्वरों में सज्जित राजपुरोहित चाणक्य का मंत्रों-सा नपा-तुला वह अग्नि-साक्षिक ब्रह्मवर्चस सप्तवचनोच्चार, जिसे सम्राट् उसी पवित्रता तथा संकल्प शक्ति से पीछे-पीछे दुहराते रहे, ठीक उसी पवित्रता और उसी आत्मशक्ति के सहित, जिसके साथ विवाह के सात फेरे लेते अग्नि के समक्ष विवाह के सात जन्मों के बंधन में बँधते होते वर-कन्या युगल करते होते हैं—

''मैं मौर्य राजकुलोत्पन्न काश्यपगोत्रीय चंद्रवंशी मुरिय-नरेश सर्वार्थसिद्धि तथा महारानी मुरा का पुत्र चंद्रगुप्त मौर्य आज मार्गशीर्ष कृष्णपक्ष की तृतीया तिथि की पूर्वाह्न वेला की प्रकाश वेला में संपूर्ण मगध महाराज्य की इस प्रतिनिधि सभा में उपस्थित मगध के जन-गण के बीच अग्निदेव के जीवंत प्रतीक नक्षत्र-मंडलाधीश सप्तदेशों, सप्तद्वीपों, सप्तसागरों, सप्तभाषाओं और सप्ताश्व रथारूढ़ सप्तरंगी भगवान् भास्कर को अपने भृकुटि केंद्र में स्थापित करते हुए तथा भारतखंड के सभी जनपदों के राज्याधीशों को साक्षी-सहयोगी-सहभागी मानते हुए यह शपथ लेता हूँ कि मैं मगध संघ के सम्राट् के रूप में जो कुछ भी करूँगा, वह निजी या मगध जनपद के राज-हित में नहीं—राष्ट्र-हित में, जन-हित में तथा गण-हित में करूँगा और इस दृष्टि से मेरे मंत्रियों या अधिकारियों द्वारा जो भी आदेश मेरे समक्ष प्रस्तावित-उपस्थापित होंगे, उनकी सम्यक् समीक्षा करने के पश्चात् ही प्रस्तावित आदेश का अनुमोदन करूँगा।

''मैं यह भी शपथ लेता हूँ कि संघ-हित में जब कभी भी निर्णय लेने में कोई द्वंद्व होगा, मैं राजपुरोहित को राजगृह सादर आमंत्रित करूँगा और विचार-विमर्शोपरांत उनके निर्देशन के आलोक में ही कोई भी आदेश पारित करूँगा। मैं यह भी घोषित करना चाहता हूँ कि मगध शासन के समक्ष आसन्न आपात स्थितियों में राजपुरोहित को यह अधिकार होगा कि वह राज्यादेशों में आवश्यक संशोधन या परिवर्द्धन के लिए उनको लागू करने पर रोक लगा दे तथा यदि व्यक्तिगत सुख के लिए राजा संघ की संपत्ति का उपयोग करे या संघ एवं उसके किसी राज्य को कोई हानि पहुँचाए तो ऐसे आदेशों-

अध्यादेशों को निरस्त घोषित कर दें।

''मैं शपथपूर्वक यह अभिज्ञापित करता हूँ कि भारतखंड के वे सभी राज्य या जनपद, जिन्होंने मगध को अपना सहयोग-समर्थन दिया है, के सम्यक् विकास तथा मूलाधिकारों की स्थापना तथा वैभव-अभिवृद्धि हेतु केंद्रीय राजकीय कोष में एकत्र धन का यथासंभव उपयोग करूँगा या अविकसित-अर्द्धविकसित जनपदीय शासनों को विशेष आवश्यक निधि उपबंधित करूँगा।

''मैं यह भी अधिघोषित करना चाहता हूँ कि आज से ही मेरा प्रयास होगा कि संपूर्ण विश्व को एक सुखी और निरामय आर्य परिवार के रूप में विकसित करने की दिशा में अपना सर्वस्व समर्पित कर सकूँ।

''मैं सभी विभागाध्यक्षों एवं अमात्यों के विधि-सम्मत प्रस्तुत प्रस्तावों की सघन वैधानिक परीक्षा तथा सभी मंत्रियों के कार्यों की शास्त्र-सम्मत समीक्षा तथा मूल्यांकन के उपरांत ही उनकी प्रोन्नति या अवनति अथवा पद-स्थापनों के संबंध में त्वरित निर्णय लूँगा तथा कर्तव्यों में असफल या शिथिल पाए जाने पर उन्हें विधि-सम्मत आवश्यक दंड देने में कोई विलंब नहीं करूँगा। मैं अपने दायित्वों के निर्वहन में श्रेष्ठ व निपुण एवं सिद्ध अमात्यों तथा मंत्रियों को पदोन्नत कर पुरस्कृत भी करूँगा तथा उनको नियुक्त करते समय शास्त्र-सम्मत निर्देशों को दृष्टि में रखूँगा।

''आज से मैं मगध के महाराज के रूप में मूल रूप से कार्यरत रहते हुए एक लोक-कल्याणकारी राष्ट्र के सिद्धांतों पर चलकर संपूर्ण भारत ही नहीं, संपूर्ण विश्व को एक महाराज्य बनाने की दिशा में सतत सक्रिय रहूँगा तथा इस कार्य हेतु नीति-निर्देशक तत्त्वों का निर्माण विद्वान् तथा पुरोधा वर्ग के मनीषियों से कराने की दिशा में सन्नद्ध रहूँगा।''

खचाखच भरी तथा सजी-सँवरी संघीय प्रतिनिधि सभा ने करतल-ध्वनि से सम्राट् चंद्रगुप्त के राज्यारोहण का स्वागत व अभिनंदन किया। राजमाता ने 108 स्वर्ण शतदलों की माला सम्राट् के गले में डाली तथा पूरा मंच पुष्प की वर्षा से भींगता रहा। इसी बीच राजपुरोहित के संकेत के अनुपालन में सम्राट् ने दाहिनी ओर के रजत-पटल पर अभिरक्षित राज्याभिषेक पंजी पर अपने प्रथम हस्ताक्षर अंकित कर दिए। फिर राजपुरोहित का चरण-स्पर्श कर उनसे आशीर्वाद प्राप्त किया तथा राजमाता के चरण छुए, आशीष लिये। इसी बीच राजपुरोहित के संकेत पर दो दिशाओं से दो देव-कन्याओं की तरह दो कुमारी कन्याएँ मंच पर आ पहुँचीं—सुवासिनी दाईं ओर से तथा चंद्रिका बाईं ओर से। एक प्रधानामात्य की पुत्री तो दूसरी पूर्व सम्राट् की—और चंद्रगुप्त को मगध शासन के स्वर्णिम कमलासन पर आसीन करा दिया। तत्पश्चात् सभा मंच के सामने बाईं पंक्ति से नालंदा विश्वविद्यालय के सात आचार्यों ने समवेत स्वर में यजुर्वेद के स्वास्तिक मंत्रों का वाचन किया—''विश्वेदेवा: शांति: ब्रह्मशांति: सर्वेशांति: शांतिरेव शांति: सा मा शांतिरेधि।''

अंत में राजपुरोहित ने अथर्ववेद की एक ऋचा पढ़ी—

"दूराच्चकनाय प्रतिपाणायाक्षए।
आस्मा असृण्वन्नाशाः कामेनाजयनयन स्वः॥"

तथा उसका लोक-भाषांतरण भी किया—"आज मेरी सुनवाई हो गई है। मुझे मेरा प्रतिपालन मिल गया है। मैं सुखी हो गया हूँ। दिशाओं ने मेरी प्रार्थना को सुन लिया है—मेरा अभीष्ट प्राप्त कराकर मुझमें उसका सुख उत्पन्न कर दिया है। सचमुच, इस प्रभु की सृष्टि में कोई सत्य संकल्प व्यर्थ नहीं जाता।"

और इसी के साथ साभिवादन-सधन्यवाद समारोह को विसर्जित घोषित कर दिया।

: 39 :

रिक्ता तिथि—'चतुर्थी-चतुर्दशी-नवमी रिक्ता'—लोकोक्ति हो सकती है, शास्त्रोक्ति नहीं। शास्त्रों ने तो इस तिथि को शुभदायक माना है। वही शास्त्रीय, मार्गशीर्ष मास की—'मासानां मासोत्तमे मासे कृष्णपक्षे चतुर्थ्यां तिथौ', जो किसी भी महीने में बोलते ही हैं पुरोहित-पंडित लोग—कर्मकांडों के निर्वहन क्रम में चतुर्थी तिथि थी। वस्तुतः आज की चतुर्थी मार्गशीर्ष मास के कृष्णपक्ष की, 'गीता' के कृष्ण के मार्गशीर्ष मास के कृष्णपक्ष की अति विशिष्ट चतुर्थी तिथि थी—तिथियों में उत्तम तिथि, विष्णु एकादशी की तरह या भाद्रपद की कृष्णाष्टमी की तरह अथवा चैत्र मास की नवमी रामनवमी की तरह। आज की यह चतुर्थी एक ऐसे देवता की जन्मतिथि थी, जिनका स्मरण-आवाहन 'सर्वकार्येषु सर्वदा'—किसी भी कार्य को निर्विघ्न प्रारंभ तथा निर्विघ्न संपन्न करने हेतु किया जाता है—अर्थात् 'गणानां त्वा गणपति गुंग्वामहे' वाले गणपति का जन्मदिन अर्थात् सर्वार्थसिद्धि के नियामक सिद्धि विनायक गणपति गणेश की जन्मतिथि—पवित्र एवं पुण्य फल प्रदायिनी चतुर्थी तिथि। इतना तो सभी जानते हैं और इसलिए इतना तो जानते ही थे सभी लोग और मन-ही-मन आनंद-विह्वल थे कि आज सिद्धि विनायक की पूजा-अर्चना के साथ उन्होंने अपने नवजात महाराज्य मगध के प्रथम महाराज मौर्य कुलश्रेष्ठ चंद्रगुप्त के साथ मगध में एक नई शासन प्रणाली का शुभारंभ किया था—जनतंत्र-गणतंत्र से भी एक चरण आगे चलते हुए संघीय शासन-प्रणाली का सूत्रपात, विश्व में पहली-पहली बार।

कल राजमाता मुरा तरह-तरह से राजपुरोहित चाणक्य को समझा-बुझाकर जब इस प्रयास में थीं कि किसी भी तरह चंद्रगुप्त के राज्याभिषेक की तिथि एक दिन आगे

बढ़ जाए—तृतीया से चतुर्थी हो जाए तो—इसमें लोग तो लोग चाणक्य जैसे नीति-धर्म-धुरीण ही नहीं, नीति और कूटनीति के बृहस्पति को भी इससे अधिक कुछ नहीं आभास हो सका था कि अरे, राजमाता मुरा चंद्रगुप्त और मगध महाराज्य के नए जीवन-यज्ञ का शुभारंभ बस, गणपति पूजनोत्सव के साथ करना चाहती होंगी। किंतु वह सारा रहस्य राजमाता ने आज खोला और घनी-घनी भरी-भूरी भौंहों और झीनी-झीनी काली-काली पलकों के अंदर हवा के हर झोंके पर हलकी-हलकी लहराती बड़ी-बड़ी भीगती-भिगोती आँखों को बड़े प्यार से खोला। उन्होंने सिद्धि विनायक की पूजा-अर्चना की—विधि-वैधानिक आचारों-औपचारिकताओं के निष्पादन के बाद यह रहस्य खोला कि वे आज की पुण्यमयी तिथि को ही राज्याभिषेकोत्सव मनाना चाहती थीं और इसलिए चाहती थीं, आज से बीस वर्ष पूर्व आज की तिथि को ही जब वे मगध महाराज्य की महारानी नहीं, मुरिय गणराज्य की रानी थीं—उन्होंने इस पूजनोत्सव-महोत्सव के लोक मांगलिक अवसर पर अपने यशस्वी पुत्र चंद्रगुप्त को जन्म दिया था। सिद्धि विनायक के परमभक्त राजा सर्वार्थसिद्धि तब से आजीवन आज की इस चतुर्थी तिथि को न केवल पारंपरिक गणपति उत्सव के दिन के रूप में मनाते थे वरन् प्रतिवर्ष—आज के दिन वे जब तक जिए, चंद्रगुप्त के जन्मदिन महोत्सव के रूप में भी मनाया ही करते थे।

इस अवसर पर अंतःपुर के पूजागृह में उपस्थित सभी अमात्य गण तथा उनके परिवार के अन्य स्त्री सदस्य हर्षोत्फुल्ल थे। पुष्पलता थीं, माता वत्सला थीं, आचार्य सुवासिनी थीं, राजकुमारी चंद्रिका थीं—और सबकी आँखें नम थीं। पलकें भीगीं नहीं, किंतु भारी-भारी—आनंद से, सुख से, तृप्ति से, संतोष से विह्वल-विभोर जो होना चाहिए था, वह तो हो गया। सब सोचते—जब कालदेवता को कोई बड़ा सा वरदान सार्थक करना होता है तो उसे कभी-कभी बड़ा कठोर हो जाना पड़ता है। गणपति को गणाधिपति नहीं, गणेश नहीं, जब महेश होना होता है, जब महादेव होना होता है, जब देवाधिदेव होना होता है तो स्वयं गणेश को भी विघ्नों के पहाड़ पर चढ़ना पड़ता है, आपदाओं के समंदर को तैरना पड़ता है, समस्याओं के दहकते अग्निपथ पर खाली पैर चलना पड़ता है। आज गणपति-पूजन के साथ उस अग्निपथ को पार कर सम्राट् चंद्रगुप्त मगध के महाराज्य की तथाकथित सम्मोहनपुरी में घनानंद के गणिकोत्सव की जगह पर गणोत्सव मना रहे थे—जन-गण-मन का उत्सव और उस पूजनोत्सव के राजपुरोहित सेनापति आचार्य चाणक्य मुरा की आँखों के सामने साक्षात् सर्वार्थसिद्धि की जीवंत आकृति के रूप में खड़े थे।

वत्सला ने आशीष दिए—“चंद्रगुप्त, इक्कीसवें जन्मदिवस पर मेरा आशीर्वाद लो। संपूर्ण भारतखंड ही नहीं, संपूर्ण विश्व में तुम्हारा जन्मदिन इसी खुशी के वातावरण में मनता रहे—मगध से मुरिय तक, मुरिय से मेरु तक, मेरु से सुमेरु तक—जहाँ-जहाँ

तक चंद्र और मार्तंड जाते हैं, वहाँ-वहाँ तक।''

चंद्रगुप्त ने वत्सला के चरण छुए और वह आशीष देती रही और अंत में अपनी यह इच्छा भी प्रकट की—''अब राजप्रासाद की शोभा उस चंद्रप्रभा वधू की माँग कर रही है जिसे हेलेन कहते हैं और दुनिया भर के लोग, जिस नाम और जिस सौंदर्य के दीवाने हैं।''

''इतना ही क्यों, माताश्री?'' चाणक्य ने हँसते हुए वत्सला से कहा, ''माते-इक्कीसवाँ जन्मदिन है—दो पर एक अर्थात् दूसरे जन्म का पहला जन्मोत्सव। एक जीवन में कई-कई जन्म होते हैं महापुरुषों के, माते! पहला जन्म गणपति के रूप में हुआ था न—मुरिय गणराज्य के युवराज के रूप में, यह दूसरा जन्म है मगध महाराज्य के गणेश के रूप में। और आज हम प्रथम गणेशोत्सव के, गण के ईश के जन्मोत्सव के आनंद में खड़े हैं और मोदक-प्रसाद मगध के राजप्रासाद में ग्रहण कर रहे हैं। किंतु माँ, चंद्रगुप्त के लिए यह भी आशीर्वाद दीजिए न कि उसकी हेलेन यूनानी नायक ऑरिस्टीस की प्राणप्रिया हेलेन न होकर रह जाए और भारतवर्ष की शांति व वैभव को अशांति व पराभव की ओर न मोड़ दे। हाँ माते, यूनान के लोग हेलेन के नाम सुनकर ही किसी अशुभ की आशंका से काँपने लगते हैं। कहते हैं—हेलेन नाम की कोई सुंदरी हुई थी कभी वहाँ, जिसके कारण यूनान को एक बड़ा युद्ध लड़ना पड़ा था और वैभव के शिखर पर आसीन यूनान विनाश के कगार पर पहुँच गया था।''

चाणक्य-वचन के कूटार्थ समझकर मुरा के साथ-साथ सभी उपस्थित अतिथियों के मुख-मंडल पर प्रसन्नता की प्रभा छा गई।

परिहास और विनोद की मुद्रा में तभी सुवासिनी ने छेड़ दिया—''तुम्हारा जन्मदिन भी हम इसी तरह मनाना चाहते हैं, विष्णु। माताश्री वत्सला भी हैं। यह रहस्य आप भी आज खोलिए ही माताश्री, कि चाणक्य के इस दूसरे जन्म का पहला जन्मोत्सव कब आने वाला है?''

चाणक्य गंभीर हो गए—चिंतन की मुद्रा में। मन दूर अतीत की ओर दौड़ लगाने लगा, जैसे अंतरतम की सुप्त वीणा के तारों को किसी ने छेड़ दिया या दुखती हुई नसों को किसी ने उँगली से मसल दिया, रगड़ दिया। बोलने लगे चाणक्य—

''माँ से नहीं पूछो सुवासिनी, मुझसे पूछो न। ज्योतिषाचार्य पिता का ज्योतिषाचार्य पुत्र हूँ—मुझसे पूछो। और इतना ही भर जानो कि चंद्रगुप्त मौर्य के इस द्वितीय जन्म के साथ मेरा भी द्वितीय जन्म हो ही चुका है। किंतु संयोग ही समझो इसे मित्र, कि मेरा जन्म किसी राजकुल में नहीं, आकाशवृत्ति पर जीनेवाले एक ऐसे कुल में हुआ है, जिसमें जन्मोत्सव मनाने की न तो परंपरा रही है और न सामर्थ्य ही। फिर भी, यदि तुम चाहो तो मेरे द्वितीय जन्म का एक उत्सव तुम जरूर मना लेना, द्वितीय ही नहीं, तृतीय

भी, तृतीय ही नहीं, चतुर्थ भी, पंचम भी और···न जाने कितने जन्मों में कितने जन्मोत्सव।''

''हाँ-हाँ, यही सही, द्वितीय जन्म का उत्सव कब होगा, अभी तो यही बता दो, हम तैयारी तो करें। फिर अगले जन्मों के अगले उत्सव के बारे में आगे सोचेंगे। हम भी, तुम भी।'' कहा सुवासिनी ने।

''तो सुनो सुवासिनी, तुम्हें भी विदित है और सबसे अधिक अवगत है यह आचार्य कात्यायन को, जिन्होंने मुझे चंद्रगुप्त के साथ पाटलिपुत्र से गुप्त पलायन करने के पहले अपने स्वर्गीय पिताश्री आचार्यवर चणक का श्राद्ध कर्म संपन्न करने का निर्देश दे रखा था। मैंने उन्हें बताया था कि 'आचार्यवर, मेरी तार-तार खुली-बिखरी इस शिखा की लंबाई को देखिए। मैंने पिताश्री को तिलांजलि देने के क्रम में गंगा की गोद में खड़े होकर, आदित्यदेव को साक्षी रखकर इस शिखा को खोलते हुए यह शपथ ली थी कि जब तक पिताश्री के अपमान का बदला नंद वंश से उसके अंशानुअंश के सत्यानाश के साथ नहीं चुका लूँगा, मैं यह शिखा बाँधूँगा नहीं।' मैंने अपनी प्रतिज्ञा पूरी कर ली। आज नंद वंश में चंद्रिका के अतिरिक्त अब कोई पुरुषांश नहीं दिखनेवाला कहीं। आज मैं यह शिखा बाँधकर महाराज चंद्रगुप्त के इसी जन्मोत्सव में अपने दूसरे जन्म का उत्सव भी तो मना ही सकता था। किंतु नियमतः यह सबकुछ तभी उचित होगा जब मैं पिता का वर्षों से स्थगित श्राद्ध कार्य संपन्न कर लूँ। अगली अमावस्या के दिन इस श्राद्ध कर्म का योग बनता है। मैं शीघ्रातिशीघ्र विष्णुपुर जाऊँगा। वहाँ से पिताश्री का अस्थिशेष-कलश उठाऊँगा, उसका तर्पण गंगा की उपधारा फल्गु में करूँगा और विधिवत् पिताश्री का श्राद्ध कर्म पूर्ण कर वहीं मंत्रोच्चार के साथ अपना शिखा बंधन करूँगा, जिसे प्रेतलोक से महापद्म तथा घनानंद देखते रहेंगे। तुम शायद नहीं जानतीं सुवासिनी, इस शिखा के बँधने का अर्थ क्या होता है। इस शिखा के बँधने का अर्थ होता है—सुरों व असुरों दोनों की शक्ति के बिखरे सूत्रों का एकलय होना और उसका लक्ष्य होता है समुद्र-मंथन और अमृत घट के साथ लक्ष्मी का अवतरण। अब जब सबकुछ हो चुका मगध के आँगन में अमृतघट लेकर लक्ष्मी का अवतरण भी हो ही चुका तो तुम चाहो तो अमावस्या को विष्णुपद तथा रुद्रपद की यात्रा में मेरे साथ उपस्थित रहो और मेरा भी जन्मदिन मना लो—बिना मोदक के जन्मदिन, बिना उत्सव और मनोरंजन का जन्मोत्सव। इसी पिंडदान के दिन मेरा जन्मदिन हो—मेरे संकल्पों का उत्सव हो सुवासिनी, और मेरी प्रतिज्ञाओं का, शपथों का शिखा-बंधन भी हो। और फिर तुम प्रतीक्षा करो मेरे अगले जन्म की, फिर उसके आगे का जन्मदिन और फिर, और फिर युग-युगांतर के जन्मोत्सवों की, अनेक जन्मदिनों की प्रतीक्षा।

''यह एक ऐसा जन्मोत्सव होगा, जब तुम नहीं भी रहोगी सुवासिनी, मैं भी नहीं रहूँगा, तब भी मेरा जन्म तो होता रहेगा युग-युगांत तक। मैं बुद्ध नहीं हूँ मित्र, कि यह

कहकर मुक्त हो जाऊँ कि जो करना था, जो होना था—कर चुका, हो चुका। मैं तो बस, अपने संकल्पों के साथ ही यह शरीर त्याग सकता हूँ। मैं मुक्ति नहीं चाहता। मैं तो बार-बार जन्म लेने का अभिलाषी हूँ, तब तक जब तक मेरे सारे संकल्प परिपूर्ण नहीं हो जाते। मेरे संकल्प पूरे भी होंगे क्या—गणतंत्र के भविष्य और भावी आदर्शों की ऊँचाई कौन जानता है?''

सुवासिनी ने पहली-पहली बार चाणक्य की यह दार्शनिक भाषा सुनी थी। मौन हो गई। फिर बोली—''कितने युग-युगांतरों में कितने जन्म लोगे, मित्र? पता नहीं कितने जन्मों तक हमारा-तुम्हारा साथ रह सके और कब कहाँ टूट जाए—अमावस्या को ही सही। लौटो विष्णुपद तीर्थ से तो आओ एक जन्म—इस महाराज्य के जन्म के प्रतीक एक जन्म को तो सुवासिनी के साथ जी लो अगस्त्य की तरह—और सुवासिनी धन्य हो जाए और मुक्त हो जाए जीवन के बंधन से, बार-बार मरने और बार-बार जन्म लेने के बंधन से—लोपामुद्रा की तरह।''

''सुवासिनी, छेड़ो मत अपने विष्णुगुप्त को, माता वत्सला के विष्णु को, पिताश्री चणक के चाणक्य को, चाचा कात्यायन के विष्णुदास को, राजा महानंद के विष्णु शर्मा को या सिकंदर के कौटिलीय (कुटीवासी) या कौटिल्य (कुटिल गतिवाले) को। मगध साम्राज्य का मगध महाराज्य या भारत राष्ट्र के रूप में उद्भव मेरा नहीं, पहले मेरे पिताश्री के संकल्पों का प्रतिफल है, तब शायद मेरा और इसलिए पहले यह उनका पुनर्जन्म है, बाद में मेरा। मेरी कामना है कि चणक और चणक-पुत्र दोनों गणराज्य और संघ राज्य के नित नूतन संस्करणों तक पहुँचें और हमारे महाराज्य के आदर्शों के प्रतीक रूप में हमारे कुल में इसी तरह महापुरुषों का जन्म-पुनर्जन्म होता रहे।

''जानती हो सुवासिनी, ऐसा भी एक समय आएगा, जब हमारे कुलानुयायियों की संख्या उत्तरोत्तर बढ़ती चली जाएगी। मेरे पिता की तरह नीतिकार मेरा कोई बीज पुत्र तो नहीं होगा, किंतु ऐसा एक वंश अवश्य होगा जिस वंश के सुपुत्र विश्व के कोने-कोने में जन्म लेकर चाणक्य नीति और कौटिलीय शास्त्र के सिद्धांतों के राजनीति के अंदर रणनीति बनकर प्रमुख स्थान दिलाकर दिखा देंगे।''

राजमाता महारानी मुरा, माता वत्सला तथा अन्य सभी उपस्थित परिजन एवं अमात्यगण स्तब्ध थे।

मुरा से नहीं रहा गया। बोल पड़ीं राजमाता—''हाँ राजपुरोहित, तो अमावस्या को ही आपका जन्मोत्सव हो और आपके जन्मोत्सव के अवसर पर ही रिक्त पदों के लिए शेष मंत्रियों का शपथ-ग्रहण भी हो जाए—संकल्प दिवस का पहला राजकीय पर्व। और मेरा आदेश है कि इस अवसर पर हेलेन भी रहे, सुवासिनी भी। हेलेन महारानी के आसन पर अभिषिक्त हो और सुवासिनी मंत्री पद का शपथ-ग्रहण करें—मगध नवराज्य

के नवम अमात्य के रूप में। अष्टामात्यीय नहीं रहेगा मगध, इसके नौ अमात्य होंगे, जो काव्य के नवरसों की तरह अथवा राजसभा के नवरत्नों की तरह शोभायमान होंगे। मैं राजमाता की पदेन प्राप्त शक्तियों के अनुसार राजपुरोहित को उसी महिमान्वित बेला में मगध सेना का प्रधान सेनापति, महान्यायवादी लोकपाल तथा मगध राष्ट्र का पिता घोषित करना चाहती हूँ। यह निर्णय ले भी लिया गया है कि आचार्य चणक तथा आचार्य चाणक्य दोनों का जन्मोत्सव प्रतिवर्ष मार्गशीर्ष की अमावस्या तिथि को चाणक्यायन समारोह के नाम से मगध में साम्राज्य-महाराज्य के राजकीय महोत्सव की तरह मनाया जाएगा।''

मुरा बोलती रहीं—''जो कुछ भी देखा था सर्वार्थसिद्धि के सर्व ऐश्वर्य-संपन्न मुरिय की शासन-प्रणाली में, वह चाहती थी, वैसा ही सबकुछ नहीं, शेष भी सबकुछ हो जाए पाटलिपुत्र में भी।''

राजमाता ने क्षण भर कुछ सोचा और फिर बोलने लगीं, ''किंतु राजपुरोहित चाणक्य, मार्गशीर्ष की अमावस्या तो श्रद्धांजलि की तिथि है न—पितरों को तृप्त करने की तिथि? हेलेन का महारानी होना, चाणक्य का नीति नियामक, महान्यायवादी लोकपालक और राष्ट्रपिता घोषित होना और सुवासिनी का नवम अमात्य के रूप में शपथ-ग्रहण करना चंद्रगुप्त के गणराज्य की बहुत ही शुभदायी घटनाएँ हैं। एक पक्ष बाद आ रही है पूर्णिमा—अग्रहण पूर्णिमा, शिशिर कौमुदी की रात, अमृत वर्षा की रात, चंद्रमा सहित देवताओं के अमृत-पान की रात, इंद्रालय में मेनका-उर्वशी के आनंदकारी नृत्य-गायन की रात, उर्वशी और पुरूरवा के प्रथम मिलन की रात और सबसे बड़ी बात—राधा व कृष्ण के महामिलन और महासमाधि की रात। जानते हैं आचार्य, सारे शुभ कार्य हमारे यहाँ इसी अग्रहण पूर्णिमा को ही संपन्न करने की प्रथा इसीलिए है। मेरी कामना है कि मगध के मंगलमय भविष्य के हित में, अमृत पर्व के रूप में यह सबकुछ इस अग्रहण पूर्णिमा को ही संपन्न हो। सारी वसुधा अमृतरस में भीगती रहे—जन्म-जन्मांतर तक और चाणक्य नव-नवोन्मेषकारी अवतार ग्रहण कर नित नूतन गंतव्यों का मार्ग प्रशस्त करते रहें।''

□□□